国家社会科学基金项目资助（15XJL006）
西安电子科技大学“双一流”建设项目资助
（Sponsored by First-class Universities and Academic Programs of Xidian University）
西安电子科技大学学科建设项目资助

FINANCIAL SUPPORT SYSTEM FOR THE DEVELOPMENT OF NEW-TYPE URBANIZATION

面向新型城镇化发展的金融支持体系研究

张建军◎著

中国经济出版社
CHINA ECONOMIC PUBLISHING HOUSE
北京

图书在版编目（CIP）数据

面向新型城镇化发展的金融支持体系研究 / 张建军著 . -- 北京：中国经济出版社，2020.4

ISBN 978-7-5136-6168-3

Ⅰ . ①面… Ⅱ . ①张… Ⅲ . ①城市化 – 金融支持 – 研究 – 中国 Ⅳ . ① F299.21

中国版本图书馆 CIP 数据核字（2020）第 082236 号

责任编辑 贺 静
责任印刷 巢新强
封面设计 华子设计

出版发行 中国经济出版社
印 刷 者 北京九州迅驰传媒文化有限公司
经 销 者 各地新华书店
开 本 710mm × 1000mm 1/16
印 张 25.25
字 数 310 千字
版 次 2020 年 4 月第 1 版
印 次 2020 年 4 月第 1 次
定 价 69.00 元
广告经营许可证 京西工商广字第 8179 号

中国经济出版社 **网址** www.economyph.com **社址** 北京市东城区安定门外大街 58 号 **邮编** 100011
本版图书如存在印装质量问题，请与本社销售中心联系调换（联系电话：010–57512564）

序

新型城镇化是党的十八大和十九大提出的事关国家全局的重大发展战略之一，是中国“新四化”的重要载体，更是当前影响我国经济社会健康稳定发展的重大战略问题。截至 2019 年年末，我国的城镇化率将突破 60%，目前正处于城镇化加速发展的关键阶段。要全面推进我国新型城镇化高质量发展，就离不开现代金融体系强有力的支持。金融是经济系统的重要命脉，“金融活，经济活；金融稳，经济稳”，金融发展水平在很大程度上决定并影响着区域经济的发展水平，并成为直接影响和制约我国新型城镇化发展的“核心动力”之一。金融支持不力是当前影响和制约我国新型城镇化发展及其质量的主要因素之一。因此，深入研究新型城镇化进程中的现代金融支持体系及其发展路径成为一个非常有价值的科学问题，也是当前我国区域经济管理中的一个难点问题。

本书是作者主持的国家社会科学基金项目“面向新型城镇化发展的金融支持模式创新研究”（项目编号：15XJL006）的最终研究成果。这本专著以我国新型城镇化发展为研究背景，重点对当前“四化同步”发展背景下的新型城镇化发展特点及规律、新型城镇化进程中的金融“瓶颈”因素度量等进行了研究，对当前我国各省份区域金融支持体系发展现状、存在问题及影响因素进行评测分析，提出并构建了“四化同步”背景下我国新型城镇化发展的层级金融网络支持体系等。其工作取得了预期的研究结果，对于我国各省份全面推进新型城镇化建设、加强新型城镇化的金融支持体系建设等具有重要的指导作用和借鉴意义。

该书的核心研究内容和学术贡献主要体现在以下几个方面。

一是首先对当前我国新型城镇化发展的特征及其金融支持需求进行了研究。目前我国正处于城镇化高速发展阶段，城镇化率以每年 1 个百分点以上的速度保持较快的增长，城镇化建设取得了可喜的成就。但这一发展过程具有农业经济向工业经济、计划经济向市场经济转型的“双重转型”背景，具体表现为人口城市化（异地转移）和农村城镇化（就地转移）“双重城镇化方向”，是在“政府推动”和“市场拉动”双重动力驱动下的城镇化，同时也是在制度变迁方面自上而下的城镇化和自下而上的城镇化的“双重发展模式”。还存在“城镇化水平极其不均衡，东西部差距较大”“城镇化水平总体落后，新型城镇化进程滞后于现代工业化进程”的问题，城镇化质量亟待提高，部分地区出现“半城镇化”或“伪城镇化”，城镇化进程中的环境破坏严重与资源消耗量过大等诸多问题。为了全面分析评价新型城镇化发展与金融支持体系之间的互动关系，该书进行了相应的量化分析，对新型城镇化的金融需求进行了度量分析。

二是对我国的新型城镇化进程中的金融约束进行了测度。由于金融支持体系对于推动新型城镇化发展具有十分重要的作用，金融支持体系的滞后发展或者服务功能不到位会在一定程度上约束或抑制新型城镇化的发展进程。为了深入考察金融在多大程度上对新型城镇化发展造成了约束，有必要对这一问题进行全方位的量化分析。在通过对新型城镇化与金融发展之间作用机理进行梳理的基础上，作者构建了多维度的评价指标体系，并选取了 1995—2016 年的相关数据，以改进熵值法分别测度出新型城镇化与金融发展的综合水平。然后运用层次分析的方法，以灰色关联度法测度出人口、经济、社会、环境城镇化分别与金融规模、结构、效率之间的关联程度，利用主成分回归法测度出了12个金融发展指标分别对新型城镇化综合发展水平的影响程度。研究结果表明，金融在推动新型城镇化发展的同时，受金融自身发展水平所限，在一定程度上制约着城镇化及城乡经济的发展。

三是对我国金融支持新型城镇化发展存在的主要问题进行了深入分析。本书的研究结果表明，近年来，随着我国金融业的飞速发展，金融对新型城镇化建设的逐步推进提供了新的动力源泉，进而产生了积极而长远的影响。但是，金融支持新型城镇化的过程中，仍面临诸多难题和“瓶颈”因素需要解决。金融系统作为引导其他要素禀赋转变及资源配置调整的先导要素，应当先于新型城镇化进程完成其制度与结构的变迁，以发挥供给因素的先导作用。但是目前受制于金融发展水平的限制和现实制度的约束，金融支持新型城镇化仍面临不小的困境，主要表现在新型城镇化的基础设施建设融资渠道单一、产融结构不协调、中小企业融资难、农村城镇化的金融供给不足等方面。

四是提出并构建了中国新型城镇化发展的层级金融网络支持体系。作者根据对我国各重点城市金融综合发展水平与城市网络流强度的量化计算结果，提出了在全国范围内构建一个以北京、上海、广州、深圳为核心层级金融增长极，以成都、天津、青岛、济南、大连、哈尔滨、南京、杭州、苏州、重庆、西安、长沙、武汉、郑州、昆明和石家庄为次核心增长极的层级金融网络支持体系。各金融增长极在网络中处于不同的地位和层级，以交通和信息网络为联结通道，高层级的金融增长极对低层级的金融增长极发挥其辐射和带动作用，低层级的增长极对高层级的增长极产生极化和聚集效应，它们之间形成一个有内在联系的开放型金融网络系统，通过层级金融增长极网络的协同和共振作用，能够使整个金融网络发挥其乘数效应、外部效应和溢出效应，不断创新金融产品和服务，建立多元化、广覆盖的新型城镇化投融资体系，真正实现金融体系为集约、智能、绿色、低碳的新型城镇化建设保驾护航的宏伟目标。

最后，在上述研究的基础上提出了若干推动我国新型城镇化发展的金融支持对策措施与政策建议。这些对策措施及建议具有很强的针对性和可操作性，对于我国相关省份在推进本区域新型城镇化发展及管理中具有重要的参考和借鉴意义。相信也能给国内外关注和研究中国新型城镇化进程的读者与研究人员提供一个新颖的研究视角和案例。

希望大家共同关心和支持中国的新型城镇化发展进程，更好地推动“新四化”战略协同高质量发展，为早日实现中华民族复兴的中国梦而努力奋斗。

汪寿阳

发展中国家科学院院士

国际系统与控制科学院院士

西安电子科技大学经济与管理学院名誉院长

2020 年初春

目　录

1 中国新型城镇化发展的演进及现状分析

1.1 中国新型城镇化发展的历史演进

新型城镇化作为“新四化”战略的重要载体，是我国在社会主义事业深入发展的过程中提出来的一个新命题和新战略。现代意义的城市化虽然较早地产生于欧洲，但是新型城镇化是在城镇化基础上发展起来的一个颇具中国特色的经济学概念，是对小城镇、城镇化以及城市化概念的扬弃，是具有“城镇化”概念的“中国化”。党的十八届三中全会审议通过的《中共中央关于全面深化改革若干重大问题的决定》阐释了新型城镇化的内涵，就是“坚持走中国特色新型城镇化道路，推进以人为核心的城镇化，推动大中小城市和小城镇协调发展、产业和城镇融合发展，促进城市综合承载能力”。推进新型城镇化发展无疑是我党立足全局、着眼未来、与时俱进的重大战略决策，也是中国现代化建设发展到一定阶段中对现阶段突出矛盾的一次求解。

1.1.1 新型城镇化概念的提出

新型城镇化来源于城镇化及小城镇建设，没有城镇化就没有新型城镇化。1949—1978年，我国的城市化率从10.6%提高到17.9%，同时，城市发展布局有了较大改善，城市管理水平有了较大提高，但也同时存在城镇结构不合理、城市经济结构失衡等问题，导致城市容纳劳动力空间不足。加上20世纪70年代末出现的大批上山下乡的知识青年回城现象，导致城市就业形势严峻。改革开放初期，面对当时城市就业困难的状况，邓小平提出要研究两个问题，即城市结构问题、城市里开辟新的领域的问题。1980年10月召开的全国城市规划工作会议初步确立了我国城镇发展的基本方针：坚定不移地控制大城市规模，合理发展中等城市，积极发展小城市。改革开放期间，我国苏南农村地区依托良好的工商业文化基础，凭借临近上海、毗邻杭州的区位优势，采取“三来一补”方式发展经济，一批批乡镇拔地而起，吸引了本地农村人口“离土不离乡，进厂不进城”前来就业，从而带动了农村人口、农村经济与农村社会的转型与变迁。1983年，费孝通把这种以集体经济和乡镇企业为核心、追求共同富裕的城镇化发展道路概括为“苏南模式”。

20世纪80年代，小城镇的蓬勃发展是我国城镇化的一大亮点。1984年，国务院先后放宽农民进镇落户限制和建制镇设置标准，为小城镇的发展创造了宽松的政策环境。在商品经济发展和乡镇企业异军突起的推动下，传统的小城镇逐步得到恢复，许多新兴小城市和集镇也在商品集散地基础上发展起来。邓小平指出：乡镇企业的发展，“解决了占农村剩余劳动力百分之五十的人的出路问题。农民不往城市跑，而是建设大批小型新型乡镇”，“大量农业劳动力转到新兴的城镇和新兴的中小企业，这恐怕是必由之路”。与此同时，城市经济政策的调整和经济体制改革的展开，特别是对外开放步伐的不断扩大，也极大地带动了我国大中城市特别是沿海地区城市的发展，城市化水平不断提高。

20世纪90年代后期，小城镇建设从一般的工作任务上升到整个经济社会发展战略的高度。经过改革开放20年的发展，我国经济发展进入新的阶段，总体上已经从卖方经济转变为买方经济，开始出现结构性产品过剩和内需不足的情况；随着国企改革的深入推进和农业比较收益的不断降低，国企下岗工人和农村富余劳动力两路就业大军汇合，使得城市就业形势十分严峻。同时，1997年爆发的亚洲金融危机也使我国经济发展面临严峻的外部形势。在此背景下，党中央适时地提出扩大内需的战略决策，同时决定实施小城镇、西部大开发和“走出去”战略，以拓展我国经济的发展空间。

1998年7月，李克强到河南工作开启了城镇化探寻新路。2000年，李克强在组织研究全省经济社会发展第十个五年计划时，把实施城镇化发展战略、带动河南跨越式发展的问题摆在了一个十分重要的位置。2002年12月，李克强在省委经济工作会议讲话中，首次完整地提出了“加快工业化、城镇化，推进农业现代化”的思路，要求推动数以千计的农业劳动力转向非农产业，使数以千计的农民从农村走向城市，大幅增加农民收入，提高全省整体发展水平。

2000年6月13日，中共中央、国务院印发了《关于促进小城镇健康发展的若干意见》。世纪之交，我国经济发展面临一些突出矛盾和深层次问题，最主要的是经济结构不合理，表现为产业结构不合理、地区发展不协调、城镇化水平低、工农业生产技术水平落后、国民经济整体素质不高。对此，江泽民明确提出：“发展要有新思路”。新思路的一个重要方面，就是要实行经济结构的战略性调整，推动两个根本性转变，即经济体制从传统的计划经济向社会主义市场经济转变；经济增长方式由粗放型向集约型转变。江泽民认为，这是“新世纪之初我国经济发展的大思路”。贯彻这个大思路的战略举措之一就是实施城镇化战略，以解决城镇化滞后于工业化的突出矛盾，促进城乡经济协调发展。

2000 年 10 月召开的党的第十五届五中全会通过的《关于制定国民经济和社会发展第十个五年计划的建设》（以下简称《“十五”计划建设》）提出：“我国推进城镇化条件已渐成熟，要不失时机地实施城镇化战略，积极稳妥地推进城镇化。”《“十五”计划建议》还提出了推进城镇化的方向：“要从各地的实际情况出发推进城镇化，逐步形成合理的城镇体系。注意发展城市间的经济联系，发挥中小城市对小城镇发展的带动作用”，“走出一条符合我国国情、大中小城市和小城镇协调发展的城镇化道路”。“城镇化”一词正式被使用，这是中国在最高官方文件中首次使用“城镇化”。时任国务院总理朱镕基特别强调：“中国的城镇化不能照搬别国的模式，必须从自己的国情出发，积极稳妥地推进城镇化，走有中国特色的城镇化道路。”2001 年，我国公布了《中华人民共和国国民经济和社会发展第十个五年计划纲要》（以下简称《纲要》），《纲要》进一步强调，“要不失时机地实施城镇化战略”。《纲要》指出：“推进城镇化要以党的十五届五中全会精神为指导，遵循客观规律，与经济发展水平和市场发育程度相适应，走符合我国国情、大中小城市和小城镇协调发展的多样化城镇化道路，逐步形成合理的城镇体系。”

2002 年，党的十六大进一步明确了我国推进城镇化的根本方向，即坚持大中小城市和小城镇协调发展，走有中国特色的城镇化道路。党的十六大以后，城镇化在统筹城乡、区域协调发展中加快深入推进。2005 年建设社会主义新农村的战略任务提出之后，社会上产生了一些疑问：既然提城镇化，为什么又要提新农村建设？新农村建设与推进城镇化位置如何摆？党中央明确指出：稳妥推进城镇化和扎实推进社会主义新农村建设，是统筹城乡发展的两个“重要方面”，“我们推进的城镇化，是能够带动农村发展的城镇化；我们要建设的新农村，是城镇化进程中的新农村”，强调要把两者结合起来，使之相辅相成、相互促进，“成为我国现代化进程的双轮驱动”。具体原则和主体形态不断明确，成为这个时期推进城镇化的新亮点。党的十六届五中全会通过的“十一五”规划建议第一次明确提出了推进城镇化的具体原则。

党的十七大报告对新型城镇化作了进一步补充:“走中国特色城镇化道路，按照统筹城乡、合理布局、节约土地、功能完善、以大带小的原则，促进大中小城市和小城镇协调发展。”2007 年 12 月，时任国家主席胡锦涛在新进中央委员、候补委员学习贯彻党的十七大精神研讨班上，将“中国特色城镇化道路”作为构成“中国特色社会主义道路”这条“总道路”的诸多具体道路之一加以论述，充分表明了其重要地位。

2007 年以来，中央数次提出要“推进以人为核心的新型城镇化”建设，发布了《国家新型城镇化规划（2014—2020 年）》，下发了“新型城镇化综合试点方案”，力争到 2020 年全面推广试点地区的成功经验。这些政策实践为我们深化新型城镇化研究提供了现实根据。

党的十八大报告中明确提出:“坚持走中国特色新型工业化、信息化、城镇化、农业现代化道路，推动信息化和工业化深度融合、工业化和城镇化良性互动、城镇化和农业化互相协调，促进工业化、信息化、城镇化、农业现代化同步发展。”这些政策的实践为我们深化新型城镇化研究提供了现实依据。

党的十八大以来，中央根据中国经济社会发展的形势，从人的城镇化、现代化角度出发，致力于“创新、协调、绿色、开放、共享”的新型城镇发展理念，提出以人为本的新型城镇化发展战略与发展道路，扎实推进我国从“城镇化”向“新型城镇化”方向的转型与升级。

习近平总书记在党的十九大报告中指出，要“推动新型工业化、信息化、城镇化、农业现代化同步发展”。走“四化”同步发展道路，是全面建设中国特色社会主义现代化国家、实现中华民族伟大复兴的必然要求。推动“四化”同步发展，必须牢牢把握新时代新型工业化、信息化、城镇化、农业现代化的新特征，找准“四化”同步发展的着力点。新型工业化、信息化、城镇化、农业现代化不是孤立的，需要相互融合、相互促进。要推进信息化与新型工业化深度融合，着力培育战略性新兴产业，大力发展智能制造和现代服务业，积极培育新产业、新业态和新商业模式，构建现代产业发展新体系。其中，特别要推进互联网和实体经济深度融合，加快传统产业数字化、智能化，做大做强数字经济，拓展经济发展新空间。要推进信息化与城镇化融合，实施“互联网＋教育”“互联网＋医疗”“互联网＋文化”等，促进基本公共服务均等化。要推进信息化与农业现代化的融合，加快农村互联网建设步伐，扩大光纤网、宽带网在农村的有效覆盖，以信息化提高农业生产智能化、经营网络化水平。要促进新型工业化、城镇化与农业现代化融合，坚持以工补农、以城带乡，加快形成工农互促、城乡互补、全面融合、共同繁荣的新型工农城乡关系。

1.1.2 新型城镇化建设的历史必然性

中国是世界上最大的发展中国家，也是一个社会主义经济大国。推进新型城镇化发展，既是我国实现现代化的关键之举、深化改革的内在要求、解决“三农”问题的重要途径、实现全面建成小康社会的历史选择，又是当前我国扩大内需和重塑经济增长的主要方式，体现了历史发展的必然性。

（1）新型城镇化是我国实现现代化的关键之举

18世纪以来，特别是工业革命以后，世界上许多国家的城镇化都进入了加速推进阶段。当前，西方发达国家的城市化率已经达到80%以上，世界城镇化平均水平也已超过50%，全球有一半以上的人生活在城镇。一个国家或地区随着其社会生产力、科学技术及产业结构的不断发展，农村人口居住地点逐渐向城镇迁移，从事农业生产的劳动力也逐渐向城镇第二、第三产业转移。随着人口向大中小城镇转移，城镇在数量上不断增加，城镇规模也不断扩大。

近年来，城市化成为衡量一个国家现代化程度的重要标志。改革开放以来，中国的社会经济发展取得了举世瞩目的成就，国际竞争力和综合国力不断提高，人民生活水平也不断提高。这是因为我们的社会结构首先开始变革，也就是从推进新型城镇入手，通过破除社会领域的二元结构，来进一步激活经济发展潜力。这是因为城镇化是整合综合资源并提高资源配置效率、推进打造中国经济升级版、承载中国未来发展红利的重大战略平台。

（2）新型城镇化是深化改革的必然之路

新型城镇化不仅仅是增长和发展战略，实际上是一个系统改革战略。要深化改革，推进城镇化发展。加快新型城镇化的发展转型，是我国实现公平可持续发展的大战略。因为新型城镇化不是简单的人口比例增加和城市面积扩张，更重要的是实现产业结构、就业方式、人居环境、社会保障等由“乡”到“城”的重要转变。就改革的具体内容而言，首先，要树立经营城市的理念，推动农村产权制度改革，引入市场机制，盘活土地资源，实现以城建城、以城养城、以城兴城。其次，要改革城市建设管理体制，健全和完善与城镇化相适应的户籍、社保、财税、用地、行政管理和公共服务等管理制度，完善和落实城镇化的各项政策保障机制、工作运行机制和协调机制，推动城镇化健康发展。最后，要加快政府职能转变。各级政府要加快建设服务型政府，切实把着力点放在积极服务、主动服务上来，避免走政府主导型“造城运动”道路，而应该走一条政府调控与市场机制相结合的城镇化建设之路。

（3）新型城镇化是解决我国“三农”问题的根本路径

“三农”问题是事关国民经济大局的大问题。解决“三农”问题的根本路径就在于走中国特色的新型城镇化道路、统筹城乡社会经济协调发展。新型城镇化不仅是物质文明进步的体现，而且伴有精神文明的进步。它起源于工业化，可以促进现代化，带动农村自然经济转化为城镇社会化大生产。要解决“三农”问题，必须跳出传统的就农业论农业、就农村论农村的局限，统筹城乡社会经济发展，打破城乡分割的二元格局，实现工业与农业、城市与农村发展的良性互动与协调发展。

（4）新型城镇化是全面建成小康社会的强力支撑

党的十八大明确提出了全面建成小康社会的奋斗目标，就是把我国由目前较低水平的小康社会建设成一个惠及十几亿人口的，经济、政治、文化、社会、生态文明等“五大文明”全面发展的，为实现中华民族伟大复兴的“中国梦”奠定了坚实基础的小康社会。推进新型城镇化战略是全面建成小康社会的重要途径和强力支撑，也是全面建成小康社会的一项重要目标和任务。新型城镇化的核心问题是经济发展，以经济发展带动社会全面发展。当前，我国发展不平衡的最大表现是城乡差距拉大、小康水平整体较低。城镇化滞后、城镇化质量不高，造成我国产业结构不合理、第三产业发展滞后，以及劳动生产率偏低、环境污染、发展难以持续等诸多问题，因此，这些问题也必须依靠推进城镇化才能解决。

（5）新型城镇化是当前我国经济最大发展潜力和扩大内需的主要方式

一国的经济增长潜力主要取决于需求的潜力、生产要素的供给和成本等，而扩大内需主要是通过扩大国内投资和国内消费带动国民经济增长。李克强曾指出："中国已进入中等收入国家行列，但发展还很不平衡，中国城乡差距量大面广，差距就是潜力，未来几十年最大的发展潜力在城镇化。我们推进城镇化，是要走工业化、信息化、城镇化、农业现代化同步发展的路子。要保证粮食安全，中国的粮食要立足自身，不可能靠世界市场解决，要更加注重绿色发展，加强环保节能，还要深化改革，加强社会建设，推进完善基本公共服务等。"这里充分强调了新型城镇化是中国未来的经济引擎，将为中国经济增长提供中长期动力。中国城镇化率还没有达到与经济发展水平相适应的高度，中国新型城镇化有很大潜力可发掘。

1.2 中国新型城镇化发展现状及存在的问题

1.2.1 中国新型城镇化发展现状分析

1978 年改革开放以来，我国城镇化建设伴随着现代工业化进程的推进经历了一个起点低、势头猛、速度快的发展过程。城镇常住人口从 1978 年的 1.7 亿人增加到 2017 年的 8.1 亿人，相应的城镇化率从 17.92% 提升到 58.52%，图 1–1 表明，改革开放以来，我国城镇人口与常住人口城镇化率均保持较快的增长。表 1–1 清楚地展示了 2011—2016 年 5 年时间我国 400 百万人以上的城市数量增加了 3 个，地级及以上城市数量从 287 个增加到 297 个，中小城市数量均有所增加。同时，城市中的水、电、气、公共交通等基础设施建设水平显著提高，教育条件、医疗卫生、文化体育与社会保障等社会公共服务水平均有明显提升，人均公园绿化面积大幅增加。表 1-2 表明，我国城镇固定资产投资占全社会固定资产投资的比重由 1990 年的 72.49% 逐渐提升到 2016 年的 98.35%；人均城市道路面积由 1990 年的 3.1 平方米迅速增加到 2016 年的 15.8 平方米，26 年间增加了 5 倍多；燃气普及率、用水普及率 2016 年均达到 95% 以上；同时，可以清楚地看到 1990—2016 年主要年份我国人均公园绿地面积、每万人拥有公交车辆与城镇每千人医疗卫生机构床位数的数量变化情况。近年来，我国城镇化进程的推进，吸纳了大量的第一产业剩余劳动力，新型城镇化建设提供了更多的就业机会，使得城乡之间的生产要素快速流动、资源配置效率得以提高，促进了国民经济的持续快速健康发展，并且加剧了社会结构快速变革，全面提升了城乡人民的生活水平，取得了令人瞩目的成就。

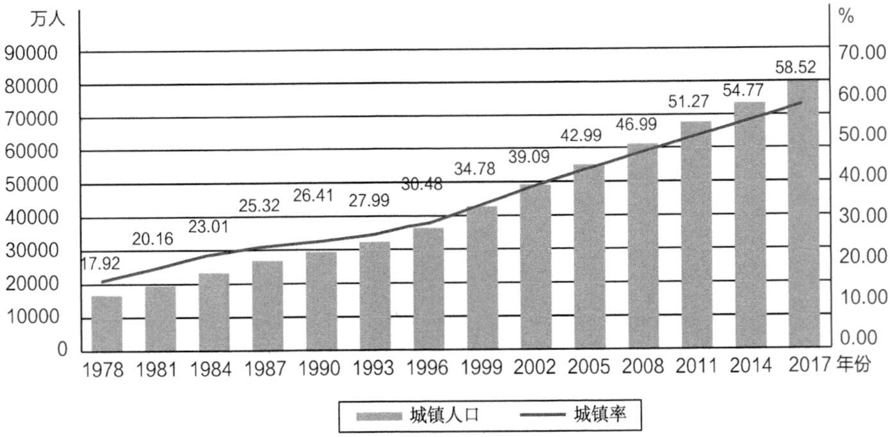

图 1-1　改革开放以来中国城镇人口与常住人口城镇化率

资料来源：历年中国统计年鉴。

表 1–1　2010 年年底、2015 年年底与 2016 年年底中国全部地级及以上城市对比情况

单位：个

	2011 年年底	2015 年年底	2016 年年底
400 万人以上	14	15	17
200 万～400 万人	30	38	43
100 万～200 万人	81	94	96
50 万～100 万人	109	92	90
20 万～50 万人	49	49	43
20 万人以下	4	7	8
全部地级及以上城市合计	287	295	297

资料来源：历年中国统计年鉴。

表 1–2　城市基础设施和服务设施变化情况

指　标	1990	2000	2010	2016
城镇固定资产投资占全社会固定资产投资的比重 /%	72.49	79.66	96.87	98.35
人均城市道路面积 / 平方米	3.10	6.10	13.20	15.80
燃气普及率 /%	19.10	45.40	92.00	95.80
用水普及率 /%	48.00	63.90	96.70	98.40
人均公园绿地面积 / 平方米	1.80	3.70	11.20	13.70
每万人拥有公交车辆 / 标台	2.20	5.30	11.20	13.84
城镇每千人医疗卫生机构床位数 / 张	2.32	2.38	5.94	8.41

资料来源：历年中国统计年鉴。

1.2.2　中国新型城镇化发展中存在的主要问题

由以上分析可知，我国的新型城镇化建设自改革开放以来得到了较大程度的发展，2015 年年底我国城镇化率约为 56.1%，城镇常住人口数量增加至 77116 万人，地级及以上城市数量总计达到 295 个，城镇居民人均可支配收入为 31194.8 元。虽然在新型城镇化的进程中取得了一些可喜的成绩，但是不可避免地存在一系列问题，以下就其中的一些方面进行简单论述。

（1）我国城镇化水平极其不均衡，东西部差距较大

从表 1–3 中可以清楚地看出 2017 年我国 31 个省份的城镇化水平状况，上海、北京、天津三个东部直辖市以及广东等东部省份的城镇化水平较高，甚至高达 87.90%，东北部、中部、西部各省份的城镇化水平较低，西藏的城镇化水平最低，只有 30.90%。城镇化水平东、中、西部地区出现严重不均衡发展的状况，且差距较大，如图 1–2 至图 1–4 所示。

表 1–3　2012—2017 年中国各省份常住人口城镇化率的情况　（%）

地区	省份	2012	2013	2014	2015	2016	2017
东部地区	上海	89.33	89.61	89.57	87.62	87.89	87.90
	北京	86.23	86.29	86.34	86.46	86.52	86.50
	天津	81.53	82.00	82.27	82.61	82.91	82.93
	广东	67.40	67.76	68.00	68.71	69.20	69.85
	浙江	63.19	64.01	64.87	65.81	66.99	68.00
	江苏	63.01	64.11	65.21	66.52	67.72	67.60
	福建	59.61	60.76	61.80	62.59	63.60	64.80
	山东	52.43	53.76	55.01	57.01	59.02	60.58
	海南	51.52	52.74	53.82	55.10	56.82	58.04
	河北	46.80	48.11	49.32	51.33	53.32	55.01
东北地区	辽宁	65.64	66.45	67.05	67.37	67.36	67.49
	黑龙江	56.91	57.39	58.02	58.79	59.20	59.40
	吉林	53.71	54.20	54.83	55.32	55.98	56.65
中部地区	湖北	53.50	54.51	55.67	56.85	58.10	59.30
	山西	51.26	52.56	53.78	55.02	56.22	57.34
	湖南	46.65	47.96	49.28	50.89	52.76	54.62
	江西	47.51	48.87	50.22	51.62	53.09	54.60
	安徽	46.49	47.86	49.15	50.50	51.99	53.50
	河南	42.43	43.80	45.20	46.85	48.50	50.16

续表

地区	省份	2012	2013	2014	2015	2016	2017
西部地区	重庆	56.98	58.35	59.61	60.92	62.60	64.08
	内蒙古	57.75	58.69	59.52	60.29	61.19	62.00
	宁夏	50.70	51.99	53.63	55.24	56.30	57.98
	陕西	50.01	51.30	52.58	53.92	55.34	56.79
	青海	47.47	48.44	49.74	50.34	51.60	53.07
	四川	43.54	44.90	46.30	47.68	49.21	50.79
	新疆	43.98	44.48	46.08	47.25	48.33	49.38
	广西	43.53	44.82	46.00	47.06	48.08	49.21
	云南	39.30	40.47	41.73	43.34	45.02	46.69
	甘肃	38.75	40.12	41.68	43.19	44.67	46.39
	贵州	36.42	37.84	40.02	42.01	44.16	46.02
	西藏	22.73	23.72	25.79	27.78	29.61	30.90

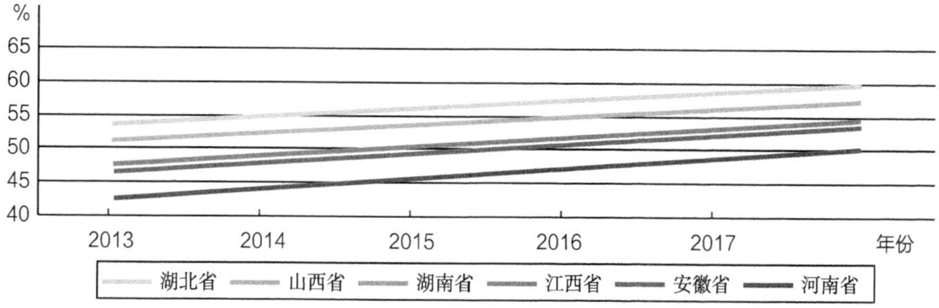

图 1-2　2013—2017 年中部地区常住人口城镇化率

（2）与发达国家相比，我国城镇化水平总体落后，新型城镇化进程滞后于现代工业化进程

总的来说，我国新型城镇化建设起步较晚，城镇化进程滞后于工业化的发展。此外，新中国成立初期我国实行重工业优先发展战略、计划经济体制等因素使得我国城镇化水平明显低于同等收入的其他国家。图 1-5 表明，1978—2017 年，我国的城镇化水平相对滞后于经济发展水平与工业化

水平。我国用非农增加值比重衡量的工业化水平平均增长幅度为 81.45%，最高达到 92.1%，而同时期我国城镇化水平的平均值仅为 35.69%，最高也只有 58.52%，与工业化水平相差很远。

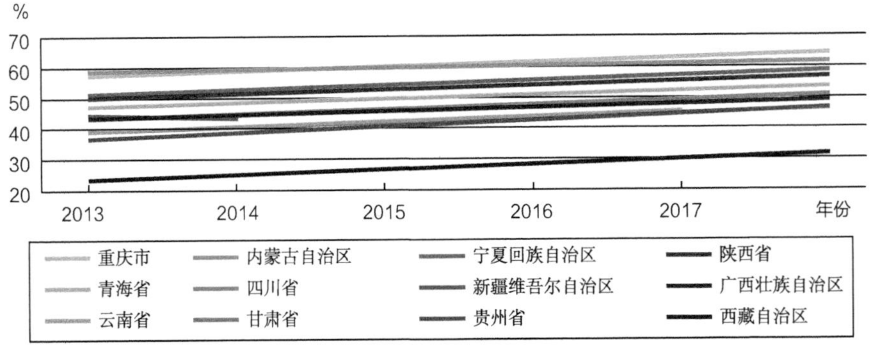

图 1-3　2013—2017 年西部地区常住人口城镇化率

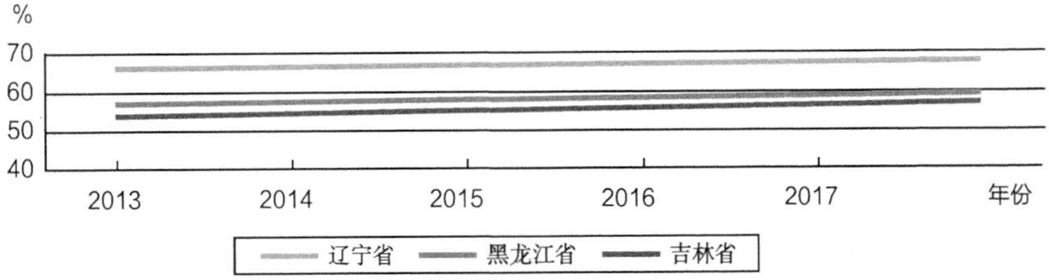

图 1-4　2013—2017 年东北地区常住人口城镇化率

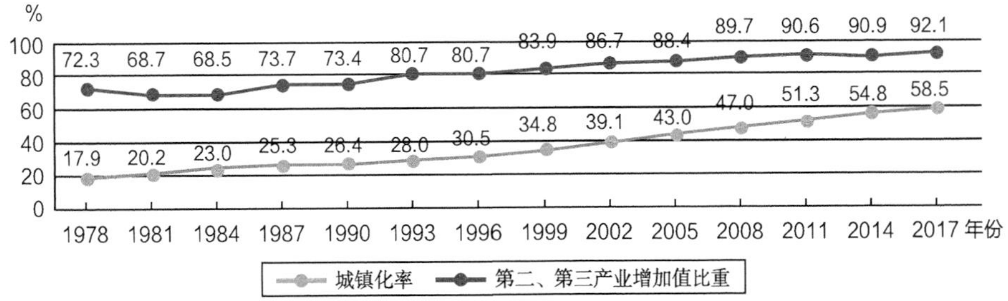

图 1-5　改革开放以来我国工业化和城镇化进程的比较

这里简单地采用城镇化率来衡量我国的城镇化水平，目前学者一般采用人均生产总值、非农产业增加值比重或非农就业比重作为指标来衡量工业化水平，而本书采用国家统计局的二、三产业增加值与一、二、三产业增加值的比值即非农产业增加值比值来衡量工业化水平。

工业化的发展能提供更多供给，为城镇化的建设提供动力引擎；城镇化的发展可以创造新的需求，为工业化的发展提供良好平台，即城镇化与工业化相互作用、协同发展。我国城镇化发展滞后的现状，不仅削弱了城镇的集聚辐射作用，而且使得城镇产业规模经济效应难以充分发挥，无法满足现代化建设的需要。所以要实现新型城镇化的目标，就要协调发展城镇化与工业化。

（3）我国城镇化的质量不高，部分地区出现“半城镇化”或“伪城镇化”现象

“半城镇化”指的是农业转移人口没有完全融入现代城市、处于一种“中间人”状态下的不彻底的城镇化，虽然实现了空间转移和职业转换，但他们只具有“应然”的市民头衔，并无“实然”的市民权利。其总体特征是：就业在城市，户籍在农村；劳力在城市，家属在农村；收入在城市，积累在农村；生活在城市，根基在农村。此外，农业转移人口的行为习惯、生活方式、价值观念与现代社会还有明显的隔离，他们对城市没有认同感和归属感，日益孤立和边缘化。农民工不能融入城市，多方负担被增加。长此以往，不但会损害社会公正原则，而且会带来各种各样的社会问题，不利于社会稳定，对国家的发展也有巨大影响。

1978 年，我国城镇人口只有 1.7 亿人，2017 年增加到 8.1 亿人，城镇化率也由 17.92% 上升到 58.52%。然而，当前我国是以当期城镇常住人口与总人口的比重为指标来统计城镇化水平的，如果按照户籍人口（即具有城镇户口的人数占总人口的比重）计算（见图 1–6），2017 年的城镇化率仅为 42.35%。

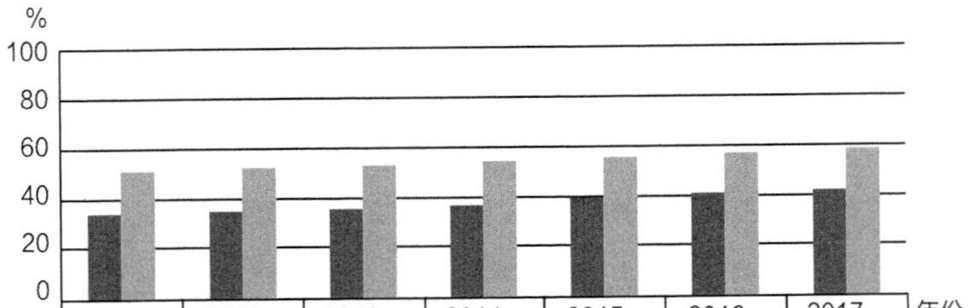

	2011	2012	2013	2014	2015	2016	2017
户籍人口城镇化率	34.71	35.30	35.70	37.10	39.90	41.20	42.35
常住人口城镇化率	51.27	52.57	53.37	54.77	56.10	57.35	58.52

图 1-6　2011—2017 年我国户籍人口与常住人口城镇化率的比较

资料来源：历年中国统计年鉴。

2011—2017 年，我国户籍人口城镇化率与常住人口城镇化率相比都有一定的缺口，截至 2017 年年底，我国常住人口的城镇化率为 58.52%，而户籍人口城镇化率大概仅有 42.35%。剩余 16.17% 的人口是从第一产业劳动力剩余转移出去的进城务工农民工及其家属，他们长时间居住在城市并且被统计为城镇人口，然而由于严格的户籍制度，城市没有将其看成市民，仅仅将其当作生产者或者劳动者。这一群体不能享受城镇居民在保障性住房、养老、医疗、子女受教育等方面的基本权利，没有选举权和被选举权，没有选举权和被选举权的政治权利，也无法像原始城镇居民一样融入现代城市生活。这就出现了我国新型城镇化进程中特有的现象，即“伪城镇化”或者“不完全城市化”，出现这种现象的最主要原因是我国目前存在的城乡户籍壁垒，其结果便是出现新的城市二元结构矛盾。

（4）城镇化进程中的环境破坏严重与资源消耗量过大

城镇化的质量高低与城镇环境密切相关，维持良好的生态环境是建设新型城镇化的前提。但现实中城镇化进程的开展、城镇规模的快速扩张、人口的大量集聚，超过了环境的承载能力，结果破坏了城镇的生态环境。

首先，随着我国城镇化进程的开展，能源和资源的消耗量大幅增加，二氧化碳的排放量也大量增长，因此，近年来一些城镇特别是大中城市出现了严重的雾霾现象。2015 年全国很多地方出现了连续雾霾天气，PM2.5 超标严重，据北京市环保局统计，2015 年北京市以 PM2.5 为首要污染物的重污染天数共 42 天，其中仅在 11—12 月就出现 22 天重污染，同比增加 15 天。其次，生活、生产的垃圾废弃物对环境污染严重。城镇化必然带来人口的大量集聚，城镇人口数量的增长必将带来更多的垃圾、污水与废水，然而这些大量的垃圾、污水与废水无处理地任意排放，极大地挑战了环境的承载能力。图 1-7 为 2016 年我国各城市城镇生活污水排放量情况。目前我国新兴城镇对生活垃圾、污水与废水的处理率较低，许多垃圾都是露天堆放，不仅占用了较多的耕地面积，一些经由雨水冲打的垃圾通过渗透液还会造成地表以及地下水的污染，造成了生态环境的严重破坏。

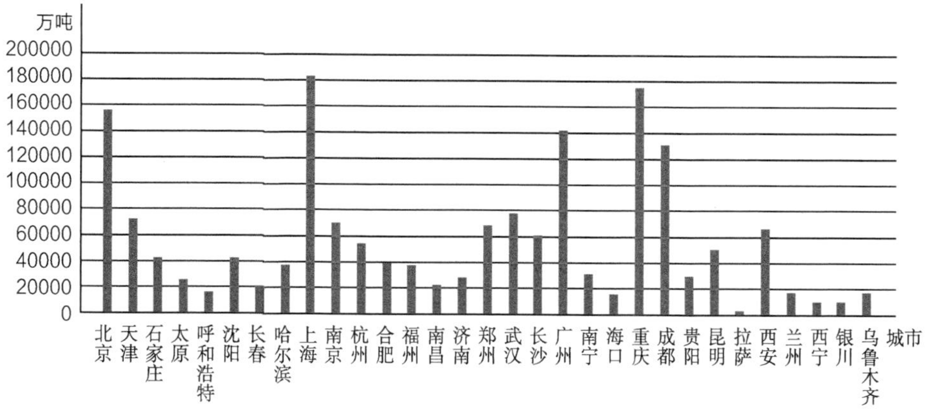

图 1-7　2016 年中国各城市城镇生活污水排放量

资料来源：2017 年《中国环境统计年鉴》。

1.3 “四化同步”背景下的中国新型城镇化发展特点及规律

城镇化是工业革命以来人类文明的大趋势，是任何一个国家实现现代化的必由之路。目前我国正处于城镇化的深入发展关键时期，中央明确提出要走新型城镇化道路，体现了对人类社会发展规律的深刻把握，指明了我国现代化事业的目标路径。在“四化同步”发展背景下，从我国实际国情和新型城镇化发展规律来看，我国的新型城镇化主要有以下五个特征。

（1）城镇化是一个经济社会自然演进的过程

城镇化是人类社会的自然演进历程，而且呈现出阶段性特征，从农业文明到工业文明，再到信息化时代，不同阶段表现不尽相同。一般来说，在城镇化率低于30%的中期阶段，工农业生产水平较低，工业提供的就业机会和农业释放的剩余劳动力有限，城镇化发展较为缓慢；在城镇化率为30%～70%的中期阶段，工业发展提速，农业生产率提升，能为大批农业剩余劳动力提供就业机会，城镇化加速发展；在城镇化率高于70%的后期阶段，农业人口比重较小，产业结构由工业向服务业转换升级，城乡一体化发展，城镇化质量提升。城镇化与经济发展相互促进、互为因果。美国经济学家钱纳里（1975）对世界各国的人均GDP和城市化水平进行统计分析，发现两者之间存在明显的正相关关系，即人均GDP越高，城镇化水平就越高。城镇化通过规模效应、集聚效应、产业升级、提高劳动生产率，会促进经济快速发展。

（2）新型城镇化必须以产业现代化为支撑

国际经验表明，城镇化是产业现代化的过程，与产业现代化共生共荣，城市文明是经济社会繁荣的体现。首先，城镇化以农业现代化为基础。凡是城镇化水平高的国家，农业现代化水平及农村发展效率也高。只有加快农业现代化，才能为新型城镇化提供充足的粮食和工业原料，提供大量富余劳动力和广阔的市场。同时，城镇化的健康发展，能够为现代农业解决“人往哪里去”“钱从哪里来”等问题。其次，城镇化要以工业化为支撑。城镇化与工业化是一个硬币的两面，当城镇化发展到一定的水平时，决定城镇化发展的是城镇本身集聚资本、劳动力等生产要素的能力，而非资源拥有量或城镇规模的大小。产业是城镇化的“火车头”，工业集群与城市群的有机结合是城镇化的发展趋势。推进新型城镇化，必须强化产业和就业支撑；否则，就只会出现贫民的空间转移，带来农村凋敝与城市病共生的严重问题。

（3）新型城镇化是以人为本的城市文明提升

城镇化的主体是人，根本目的是人，要以人为核心。城镇化不仅意味着将有更多的农民进入城镇，还意味着相应的教育、社会保障、医疗、住房等基本公共服务需求得到保障。从国外来看，忽视基本公共服务的城镇化，如拉美、中东、亚洲的一些国家由于缺乏适当的政策引导，城镇没有能力为迅速增加的外来人口提供住房、医疗卫生等基本公共服务，会带来大量社会问题。因此，新型城镇化要以人为本，使包括农业转移人口在内的建设者和居民都能享受到城市文明的成果，提高人民的生活水平和质量。

（4）新型城镇化须坚持走绿色可持续发展之路

早期工业化国家大多走过了资源掠夺、先污染后治理的路子，这样的历史条件已经不复存在。我国人口众多，资源环境“瓶颈”约束越来越严重，而且目前我国的能源资源利用效率低，如果工业化、城镇化继续走高消耗、高排放的老路是难以为继的。目前，我国一些重要能源矿产资源主要依赖进口，面临国家经济安全潜在风险。生态环境总体恶化趋势未得到根本扭转，一些地方生态环境承载能力已近极限，水、大气、土壤等污染严重，固体废物、汽车尾气、持久性有机物、重金属等污染持续增加，发达国家200多年工业化进程中分阶段出现的环境问题在我国集中出现。由于温室气体排放总量大、增速快，我国在应对气候变化国际谈判中面临压力。因此，走新型城镇化道路，必须对环境倍加保护，对资源精打细算，推动绿色可持续发展。

（5）新型城镇化须以市场机制为基础，以合理布局为前提

从国际来看，城镇化比较成功的国家，主要有以美国为代表的自由放任型模式，以及以英国和日本为代表的政府调控下的市场主导型模式，无不是市场机制发挥主导作用。以市场机制推进为基础、政府适度引导，是城镇化健康发展的基本条件。城市及城市群并不是单纯靠行政手段规划出来的，而是市场力量、技术进步与环境承载能力共同作用的结果。从世界城镇化的发展趋势来看，不能将城镇化片面地理解为发展大城市，不能将城镇化片面地理解为发展大城市，也不能搞遍地开花的小城镇，要以市场体系的发育为基础支撑，形成大中小城市、小城镇协调发展体系，并在空间布局上体现出非均衡规律。新型城镇化一定要坚持市场在资源配置中的决定性作用，破除行政规划的体制惯性，促进生产要素包括人口的自由流动，通过市场调节促进不同区域、不同规模的城镇有序发展，使城镇化更有效率、更具活力。

2　当前中国各省份“新四化”融合发展水平测度对比研究

2.1 “新四化”融合发展的时代背景

2.1.1 “新四化”概念的提出

改革开放初期，由于人力、物力、财力及科技实力等资源有限，我国实际上采取了“非均衡发展”战略。这种“非均衡发展”战略在当时对我国经济社会发展起到了很大的积极作用。但随着我国现代化进程的不断推进，这种战略所带来的社会贫富差距加大、农村经济发展明显滞后于城市等问题逐渐显现。在这种背景下，2012 年党的十八大提出了“四化同步”的发展理念，2015 年 10 月召开的党的十八届五中全会进一步指出:“促进新型工业化、信息化、城镇化、农业现代化同步发展，在增强国家硬实力的同时注重提升国家软实力，不断增强发展整体性。”

“新四化”同步发展理念是在一定的历史背景下，通过实践不断演化、改进形成的。1954 年，工业、农业、国防、交通“四个现代化”在首届全国人民代表大会上第一次被提出，自此，“四化”在我国长期发展中占据特殊地位。1964 年，周恩来总理在第三届全国人民代表大会上进一步将

“四个现代化”表述为现代工业、现代农业、现代科学技术和现代国防，1979年，邓小平将其量化为在20世纪末实现人均GDP1000美元的小康目标。2003年，党的十六大首次提出城乡统筹发展，并提出走新型工业化道路，指出要“以信息化带动工业化，以工业化促进信息化”。党的十七大又进一步提出“走中国特色农业现代化道路”，“大力推进信息化和工业化深度融合”，党的十七届五中全会首次明确提出工业化、城镇化和农业现代化三者协调发展。在“三化”的基础上，党的十八大及十八届五中全会进一步提出要增强“新四化”发展的整体性。

“新四化”同步发展理念的提出，是目前解决我国当前面临的产业结构不合理、城乡差距大、环境污染等社会矛盾的关键选择，也是全面实现小康社会的必然要求。与此同时，我国各地区对于“新四化”子系统以及综合发展水平处于一个怎样的发展阶段，“新四化”融合水平以及融合发展水平如何，各区域“新四化”融合发展是否存在显著差异以及发展趋势如何等关键问题依然认识模糊。因此，本书选择31个省份，对“新四化”概念内涵进行界定，分析“新四化”融合发展的理论依据和相互作用机制，对各地区“新四化”的融合发展水平进行测度对比分析，试图系统、深入地回答上述问题。最后，根据研究结论提出有针对性的政策建议，对促进区域“新四化”联动发展具有重要意义。

2.1.2 中国“新四化”的概念及其理论内涵

本书所研究的“新四化”是指新型城镇化、工业化、农业现代化以及信息化，与传统“四化”相比，其重点是突出“新”的内涵。关于城镇化，不同的学科对其有不同的解释，本书所研究的城镇化是指与工业化、农业现代化以及信息化密切相关的新型城镇化。它是剩余劳动力不断从农村向城镇转移的过程；是伴随非农产业向城镇集聚，第一产业所占比重不断减少的过程；不以牺牲农业和粮食、生态和环境为代价，而是以科学发展观为统领，以工业化和信息化为动力，以统筹兼顾为原则，着眼农民，涵盖农村，逐渐实现城乡一体化的过程；是城镇的生活生产方式能够适应并且促进社会生产力的进步，城镇功能不断得到完善的动态发展进程。这种新型城镇化主要包括人口城镇化、经济城镇化、社会城镇化、生活城镇化、设施城镇化以及生态城镇化（见图 2–1）。

传统的工业化是从产业结构或者经济结构出发，它是指工业（特别是制造业）在国民收入和劳动人口中的比例连续上升的过程。本书所研究的新型工业化不仅包含传统工业化的含义，还更加注重工业效率、资源消耗以及环境污染，是一种以信息化为支撑、以科技水平为引领、以生态文明和循环经济为理念的新型工业化。

与传统的农业现代化不同，本书所研究的新型农业现代化不仅仅指现代农业，而是与其他“三化”相融合、相互促进、协调发展的新型农业现代化。它是一种从传统手工农业向现代农业转化的过程；是一种以先进技术和现代工业武装农业，促使其走向产业化、规模化、集约化的过程；是一种现代经营管理理念不断渗透农业生产领域的过程；更是一种符合社会主义新农村要求，建设美丽、富饶、文明、和谐乡村的过程。

传统的信息化是指培养、发展以计算机为主的智能化工具为代表的新生产力，并使之造福于社会的历史过程。本书所研究的新型信息化不仅包括计算机，还包含移动通信、网站、传统报刊等一切有利于信息传播的载体，是一种渗透到人民生活、企业生产各个方面的过程；是一种与新型城镇化、工业化以及农业现代化不断融合的过程；是一种不断提高信息透明度、减少信息闭塞，从而促使各种生产要素更加有效利用的过程。

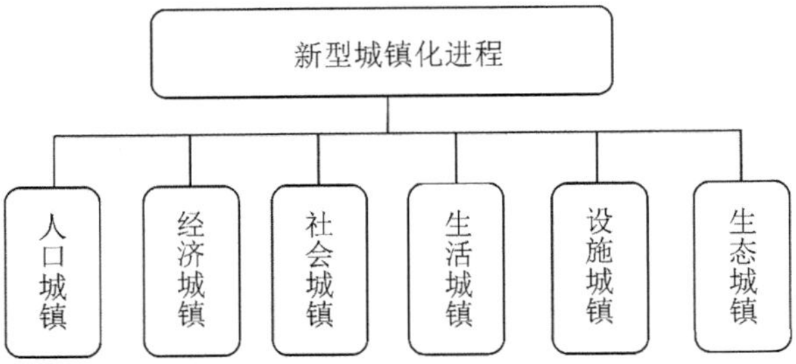

图 2-1 新型城镇化的特征

2.2 “新四化”融合发展的理论基础

2.2.1 系统论 >>>

系统论的基本思想是将研究对象看作一个系统，研究各要素在系统环境下相互关系和变动的规律，是研究系统一般规律和性质的理论。系统论认为系统一般都具有整体性与结构性、层次性与关联性、动态平衡与时序性的基本特征。系统论的核心思想是整体性，即任何系统都是按照一定的层次和结构组成的统一整体，系统整体的性质是各个孤立部分所不具备的，功能大于各个部分之和。

系统的结构性特征是指任何一个系统无论大小都有自己的结构，合理的结构能够推动系统向积极、有序的方向发展，不合理的结构则会使系统朝消极、无序的方向发展。系统论的层次性是指任何一个系统有其层次，如从低级到高级、从具体到抽象、从简单到复杂等。系统的动态平衡型是指任何系统都是处于不断的发展运动中，都有产生、发展、消亡的过程，它的平衡具有相对性和阶段性。

“新四化”同步发展理念就是系统论在实践应用的重要体现，新型城镇化、工业化、信息化以及农业现代化是我国社会发展中的各个子系统，它们相互联系、相互作用、相互影响，是一个有机整体。另外，“新四化”同步发展理念也体现了社会发展系统中内在要素的关联性和层次性，强调了各子系统发展的协调性。

2.2.2 循环累积因果论

著名经济学家缪尔达尔、卡尔多等（1957）根据系统论观点，延伸出循环累积因果关系论。他们认为一个动态经济系统各子系统之间存在循环累积效应，当某子系统发生初始变化时，会引起其他系统也发生变化，从而反过来又会加强原来系统的变化时，导致经济系统按照初始变化的方向继续发展下去，形成因果循环累积的趋势。本书所研究的“新四化”存在循环累积因果关系，当某子系统因为某种因素刺激其发展，会打破原有的结构和平衡，引起其他“三化”的变化，而这种变化反过来又会加强该子系统的发展。

根据系统论和循环累积因果关系论的观点，“新四化”作为一个有机整体，具有一定的结构性和层次性，各个子系统具有关联性。而且，某子系统的发展会影响其他子系统的发展，但这种影响具有滞后性，原有平衡被打破，系统的融合度降低，但随着其他子系统发展跟进，系统融合度会逐渐增强，达到新的较高平衡。也就是说，系统在发展过程中，其融合度是处于不断“下降—上升—下降”的波动中，但其发展水平不断上升。因此，“新四化”各子系统处于动态发展中。

2.2.3 耗散结构理论

耗散结构理论是一种关于非平衡系统的自组织理论，是指用热力学和统计物理学的方法，研究耗散结构形成的条件、机理和规律的理论。这一理论于 1969 年由比利时统计物理学家普里戈金（llya Prigogine）在一次“理论物理学和生物学”的国际会议上首次提出。

耗散结构理论提出了一个既适用于自然科学，又适用于经济社会科学的开放系统，只要它是一个远离平衡态的开放系统，当外界条件发生变化时，系统内部便会与外界交换物质和能量，直至系统内某个参量达到一定阈值时，这种非平衡状态可能引起质变，从而可能从原来的无序状态发展为一种时间、空间或功能上的有序状态。但是，耗散结构理论有一定的应用条件：其一，这个系统是开放的，因为要进行物质和能量的传递；其二，这个系统是远离平衡态的，如此系统与外界作用后才会把这些要素从远离平衡态的非线性区逐步推向平衡区；其三，系统内部要素之间的作用是非线性的，不满足叠加原理，如此才会产生新的东西；其四，存在涨落，对于一个远离平衡态的系统，通过外界作用，整个系统总会瞬间偏离平均效应，产生多种可能结果，这种瞬间的涨落和扰动造成的偶然性在平衡态或近平衡态会破坏有序结构，但在非平衡态可能使系统由无序走向有序。

耗散结构理论作为一种分析远离平衡态的开放系统工具，它的提出开始促使科学家们对自然界、生物界中复杂系统问题的探索，同时这种理论也被广泛应用于工程、医学、管理、经济等领域。

2.2.4 协同理论

协同理论创始于20世纪70年代，最早由德国物理学家哈肯（Hermann Haken）提出，通过几年的发展，至 1977 年，哈肯在《协同理论导论》一书中建立了协同理论的理论框架，标志着这门学科的诞生。同耗散结构理论一样，协同理论也属于非平衡系统理论之一，但它以耗散结构理论为基础，强调完全不同的复杂大系统在远离平衡时各子系统的协同行为，研究总系统由无序到有序又从有序到混沌的共同规律。

1981年，哈肯发现完全不同学科、不同系统的这种协同行为极其相似，无关于子系统的特性，由此在《协同学》一书阐明，协同理论不仅适用于物理学科，同样适用于生物、化学、社会与管理等学科，从更一般的角度探讨了系统的变化过程与原理，使之成为一门广泛应用于自然科学和社会科学领域的综合性学科。任何一个系统都由多个子系统组成，当各子系统之间相互作用较大而独立性较小时，整个系统就会表现出一种稳定的结构特征，则为有序；当各子系统之间相互作用较小，而独立性占主导地位时，整个系统就会“杂乱无章”，则为无序。因此，系统表现出无序性，往往是因为各子系统相互竞争而未有效合作的结果。如果用序参量来描述系统达到这种宏观有序的程度，系统最后形成的状态则取决于序参量之间的合作与竞争。一般来说，系统在不平衡状态一般都有几种系统结构的可能，若序参量竞争，则表现出某种占主导地位序参量所决定的状态，而合作又会形成另一种宏观结构。由此，整个无序与有序相互转变的过程都是在外界客观作用下自组织的过程，这一思路适用于众多领域，“协同学”的称呼由此而来。

协同是系统相关性与整体性的内在体现。系统协同发展是指系统内部以及各系统之间相互协调、相互促进、相互合作的集体行为。既涉及每个子系统的发展，也关系子系统之间的整体、综合发展，是各子系统之间相互关联与作用的动态反映。而协同理论中的“协同效应”，是指复杂的大系统中每个子系统相互作用而产生的集体效应，是一种由协同作用而形成的作用力。任何千差万别的系统都存在这种协同作用，而且这种协同作用能使系统达到某种临界状态时发挥出协同效应，使系统形成稳定结构，从无序走向有序，从有序走向混沌。因此，这种理论也适用于研究“四化”

同步发展问题。

2.2.5 圈层结构理论 >>>

圈层结构理论最早由德国农业经济学家冯·杜能（Johann Heinrich von Th ü nen）于19世纪20年代提出。他通过一系列假定将经济发展抽象化来探讨发展的区位地租，最后得出城市腹地农作区围绕城市中心呈向心环分布的结论。虽然其研究具有一定的局限性，但其研究方法和思想被之后很多学者借鉴，并不断发展完善。1925年，美国芝加哥大学社会学教授E.W.伯杰斯指出，城市地域空间结构的理想模式是按同心圆法则自中心城市向边缘地区有序配置的模式，其呈现出有序的圈层结构。1950年以后，日本学者狄更生和木内信藏也提出了近似的城市地区分异三地说，之后，又有许多学者围绕圈层结构理论进行了大量研究，并延伸、拓展形成了中心地理论、大城市圈构造论、核心边缘论、梯度推移理论等著名理论，为区域的空间结构发展奠定了坚实的理论基础。

圈层结构理论认为，城市作为区域发展的中心区，与周围城市有着密切联系，城市对区域的作用受城市空间作用“距离衰减”规律的制约，使得中心城市对周边地区的推动作用与空间距离成反比，这必然导致区域的发展呈现出以中心区为核心的集聚和向外扩散的圈层状的空间分布结构，伴随着的各种社会生活方式也呈现出类似的发展规律。

2.2.6 增长极理论 >>>

增长极理论最早产生于20世纪50年代初，由法国经济学家佩鲁（Francois Perroux）提出，后来由法国的布代维尔（J. B. Boudeville，1966）、美国的弗里德曼（John. Frishman，1966）、瑞典的缪尔达尔（Gunnar

Myrdal，1957）和美国的赫希曼（A. O. Hischman，1957）等经济学家不断完善和发展。

佩鲁增长极理论的核心是，在区域经济增长中，一些主导部门、有优势的企业或行业先在一定区域聚集，通过规模效应以较快速度发展形成发展极，然后通过不同渠道对邻近区域产生强大的辐射作用，从而带动周边地区的发展。增长极在区域增长的过程中主要有极化效应（回流效应）和扩散效应（涓滴效应）两种作用机制，这两种作用机制的综合影响则成为溢出效应。在区域发展的不同阶段，这两种效应所占的主导地区也不同，一般来讲，在发展的初期，极化效应强于扩散效应，净溢出效应为负值，增长极地区产生规模经济效益，同时整合区域各类资源要素快速发展，有利于增长极地区的发展；当区域发展到一定阶段，增长极为避免过度集聚不经济，相对落后区也在不断寻找发展机会，从而引起扩散效应逐渐增强并占主导地区，净溢出效应为正值，有利于相对落后地区的发展。

2.2.7 层级增长极网络理论

层级增长极网络就是指由处于不同层级的增长极组成的一个关系密切的、内在有机联系的开放型网络（从增长极的规模和发展梯度的角度来看，会呈现出不同的等级层次性，见图 2-2）（张建军，2006）。该理论认为在区域开发过程中，由于区域内各增长极的经济发展水平、科技创新能力、文化、资源、环境、地理位置、交通及通信条件等资源条件和禀赋各不相同，由此形成的核心竞争力不同，导致其在区域发展中所发挥的功能和作用也不同。从推动整个区域发展的角度来看，各个增长极处于不同的地位和层级，并且它们（我们把它们简单分为核心增长极、次核心增长极、边缘增长极）之间组成一个内在有机联系的开放型网络。

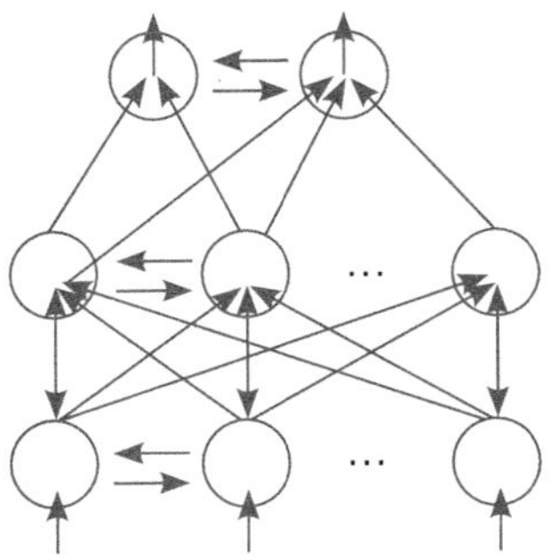

图 2-2　层级增长极网络拓扑结构

层极增长极网络理论以获得聚集经济和规模经济效应为目标，以在实现生产与人口极化式分布的基础上合理布局生产与人口，充分发挥各层级增长极的比较优势，调动各地区的积极性，促进整个区域经济增长为基本出发点，以追求西部区域、经济、社会全面发展为目标，以区域倾斜政策与产业倾斜政策相结合和区域补偿政策与区域扶持政策相结合为基本原则，以城市化为途径，吸纳了广义梯度推移理论中多梯度不平衡发展有利于扩散和聚集经济的理念，旨在克服区域经济空间格局不经济和受自然地理环境制约的弊端，在选准发展区位的前提下，构建层级增长极网络，明确各层级增长极之间的产业分工、发展方向和规模，促进区域内产业结构的有机耦合和升级，形成区域产业特色，实现优势互补。同时，建立核心增长极的区际经济传递机制，可以促进区域内要素的合理流动和区际产业科学、合理地转移，在实现生产与人口极化式分布的基础上，充分发挥层级增长极网络的极化效应和扩散效应，带动西部地区全面发展。

2.2.8　复杂网络理论

复杂网络理论是研究复杂性系统的重要理论之一，它主要通过网络的形式模拟复杂性系统，抽象网络中的对象作为节点，将对象间的某种关系作为网络的边，进而通过分析网络的整体或部分的统计特性得到复杂系统的性质。在复杂网络理论的发展过程中，出现了三种经典网络模型，分别是ER随机模型、WS小世界模型和BA无标度模型。“新四化”作为一个复杂的系统，它有众多的子系统参与，子系统与子系统之间形成了非常复杂的网络，这非常适合利用复杂网络理论进行研究，通过对网络性质的研究得到“新四化”之间的规律。

2.2.8.1 随机网络

随机网络ER模型有两种描述方式。第一种描述方式：给定网络节点总数N，网络中任意两个节点以概率P连线，生成的网络全体记为G（N，P），构成一个概率空间。由于网络中连线数目是一个随机变量X，取值可以从0到$N(N-1)/2$，有M条连线的网络数目为$C_{N(N-1)/2}^{M}$，其中一个特定网络出现的概率为$P(G_M)=P^M(1-P)^{[N(N-1)/2]-M}$。因此，可生成的不同网络总数为$2^{N(N-1)/2}$，它们服从二项分布。网络中平均连线数目为$pN(N-1)/2$。第二种描述方式：给定网络节点总数$N$和连线总数$M$，这些边线是从总共$N(N-1)/2$条可能的连线中随机选取的，生成的网络全体记为$G(N, M)$，构成一个概率空间。这样可生成的不同网络的总数为$C_{N(N-1)/2}^{M}$，它们出现的概率相同，服从均匀分布。网络中两个节点连线的概率为$P=2M/[N(N-1)]$。

设L_{ER}是ER随机图的平均路径长度，对于ER随机图中随机选取的一个点，网络中大约有$\langle k \rangle^{L_{ER}}$个其他的点与该节点之间的距离等于或非常接近于$L_{ER}$。因而$N \propto \langle k \rangle^{L_{ER}}$，即$L_{ER} \propto \ln N/\ln\langle k \rangle$，其体现了小世界特征。ER随机图中两个节点之间无论是否有共同的邻居节点，其连接概率均为p。因此，ER随机图的聚集系数为$C=p=\langle k \rangle/N<1$，这说明大规模的稀疏ER随机图没有高聚集性。

假设 ER 随机图的平均度 $\langle k\rangle$ 不变，则对于充分大的 N，ER 随机图的度分布可用 Poission 分布来表示：

$$P(k)=C_N^k p^k(1-p)^{N-k}\approx\frac{\langle k\rangle^k e^{-\langle k\rangle}}{k!}$$

当 N 趋于无穷大时，公式最后的近似等式是精确成立的。可以看出，虽然 ER 随机网络具有小世界特征，但其没有高聚集性且度分布也与大多数实际网络不一致，因而也不适合作为实际网络模型。

2.2.8.2 WS 小世界模型

规则的最近邻耦合网络具有高聚集性，但没有小世界特征。ER 随机图虽然具有小世界特征，但不具备高聚集性。它们都不能再现真实网络的一些重要特征。作为从完全规则网络向完全随机网络的过渡，Watts 和 Strogatz 于 1998 年引入一个小世界网络模型，称为 WS 小世界模型。对大量现实网络拓扑特征的研究表明，网络节点的度分布并不均匀，而是呈幂律度分布形式。WS 小世界网络虽然具有与实际网络特征相一致的平均路径长度和聚集系数，但是它和 ER 随机网络一样，所有节点的度都近似相等。因此，WS 小世界模型也不能完全用于描述现实网络。

2.2.8.3 BA 无标度网络模型

规则网络所有的节点具有相同的度，其度分布为 Delta 分布，它是单个尖峰；随机网络的度分布近似为 Poisson 分布；WS 小世界网络的度分布与随机网络类似。近几年的大量研究表明，许多网络的度分布可以用幂律形式 $P(k)\propto k^{-\gamma}$ 来描述。幂律分布也称为无标度（Scale-free）分布，具有幂律度分布的网络即为无标度网络。幂律分布函数的无标度性质：考虑一个概率分布函数 $g(x)$，若对任意给定的常数 m，存在常数 n 使得函数 $g(x)$ 满足如下“无标度条件”：

$$g(mx)=ng(x)$$

假定 $g(1)g'(1)\neq 0$，那么有：

$$g(x)=g(1)x^{-\gamma},\ \gamma=-g(1)/g \tag{2-1}$$

这说明幂律分布函数是唯一满足上述无标度条件的概率分布函数。

无标度网络概念是 20 世纪与 21 世纪之交由 Barabasi 和 Albert（1999）提出的，现在文献上通常将无标度网络基本模型称为 BA 模型。他们首先从动态、增长的观点研究了复杂网络具有幂律度分布的形成机理。

BA 模型的算法描述如下：

（1）初始：开始给定 n_0 个节点；

（2）增长：在每个时间步重复增加一个新节点和 m（$m\leqslant n_0$）条新连线；

（3）择优：新节点按照择优概率：

$$\prod(k_i)=k_i/\sum k_j \tag{2-2}$$

选择旧节点 i 与之边线，其中 k_i 是旧节点 i 的度数。BA 无标度网络的平均路径长度：

$$L_{BA}\propto\frac{\log N}{\log\log N} \tag{2-3}$$

这说明该网络具有小世界特性，但是 BA 网络与 ER 随机网络类似，当网络规模充分大时，其不具有明显的聚类特征。BA 网络的度分布函数为：

$$P(k)=\frac{2m(m+1)}{k(k+1)(k+2)}\propto 2m^2k^{-3} \tag{2-4}$$

这表明 BA 网络的度分布函数可由幂指数为 3 的幂律函数近似描述。描述网络度分布的方法一种是直接画出，即直方图；另一种是绘制累积度分布函数：

$$P_k = \sum_{k'=k}^{\infty} P(k') \tag{2-5}$$

表示度不小于 k 的节点的概率分布。若分布为幂律分布，即 $P(k) \propto k^{-\gamma}$，那么累积度分布函数符合幂指数为 $\gamma-1$ 的幂律：

$$P(k) \propto \sum_{k'=k}^{\infty} k'^{-\gamma} \propto k^{-(\gamma-1)}$$

幂律分布在对数坐标系中对应于一条直线。

2.2.9 核心—边缘理论 >>>

核心—边缘理论是一种关于空间结构演变的理论，试图解释一个区域如何由互不联系的孤立发展变成彼此联系的不平衡发展，再由极不平衡的发展变为相互联系的平衡发展过程。核心—边缘理论由美国的城市与区域规划学家弗里德曼于 1966 年在《区域发展政策》一书中正式提出，他利用熊彼特的创新思想建立了空间极化理论，认为发展是一个创新不连续累积的过程，城市的核心区是社会经济活动的集聚区，它一方面从边缘区吸收生产要素产生大量革新，因而具有较高的创新变革能力；另一方面又通过各种途径把这一革新向其边缘区扩散，在发展中核心区处于支配地位，外围区依附于核心区，共同组成一个相互联系完整的空间系统，但表现为不平衡的发展过程。随着空间系统的内部要素、信息交流的增加，外围区不断发展，核心区会通过供给系统、市场系统和行政系统等途径重新组织自己的外围区，从而新的核心区在外围区出现。这一理论对经济发展和空间结构变化都有很好的应用价值，常用于解释城乡关系、发达地区与落后地区关系、发达国家与发展中国家关系，因此，其对我国的区域发展也有很高的应用价值。

2.2.10 点—轴理论

点—轴理论最早由波兰经济学家萨伦巴和马利士提出，是增长极理论的进一步延伸。根据增长极理论，经济和产业发展的中心开始只在条件比较好、有区位优势的少数几个城市呈点状分布，随着经济的发展，中心城市数量不断增加，这些点城市间为进行各生产要素的交换，通过建立交通运输路线、通信设施线路、水电供应路线等方式把点连成线，由此形成点轴系统。点轴系统一旦形成，随着人口、产业等要素的流动，轴线便从一开始只为中心城市服务转而向轴的两侧扩散，由此，点—轴模式是一种由发达的中心城市通过轴线向周边不发达城市纵深发展的过程，是增长极模式的一种扩展。

我国经济地理学家陆大道（1995）在《区域发展及其空间结构》一书中初步提出了“点—轴系统”理论，并提出了我国国土开发和经济发展的“T”字形结构，即将海峡地带和长江沿岸作为我国第一级发展轴线的空间战略。“点—轴系统”理论认为整个区域是在轴线之间城市通过轴线有效联系整体带动发展起来的，轴线上的点城市并非孤立地发挥作用。

2.2.11 区域分工与合作理论

绝对优势理论、比较优势理论、要素禀赋理论和竞争优势理论作为区域发展的四大优势理论，为区域内各城市之间的合作、区域一体化提供了理论依据。

2.2.11.1 绝对优势理论

绝对优势理论源于英国古典经济学家亚当·斯密（Adam smith）的代表作《国富论》，实际上是比较优势的一种特例。斯密从降低成本、地域分工的角度阐述了每个国家或地区都有自己的有利生产条件或生产成本小于其他国家的优势产品，在市场经济中，由于利益的驱动，各国主观上都会认为可以通过分工和交换为自己的经济主体带来更高的效率和利益。具体表现为：每个国家都会通过分工，分别专业化地生产自己的优势产品，从客观上降低了生产成本，提高了生产效率，增加了整个社会财富。正是因为在此过程中，国家之间进行了区域分工，使得该国的生产成本往往比其他国家低，由此绝对优势理论也被称为绝对成本理论或地域分工说。事实上，这也是我国区域分工合作发展的理论基础。

2.2.11.2 比较优势理论

绝对优势理论阐述了每个国家在具有绝对优势的前提下的分工问题，但是并未对一个国家没有任何生产条件或产品具有绝对优势的条件下是否还能进行国际分工作出分析。为此，在斯密绝对优势理论的基础上，另一位英国古典经济学家大卫·李嘉图（David Ricardo）提出了比较优势理论，在他 1817 年出版的《政治经济学及赋税原理》一书中作出了详尽的解释，从而解决了这个问题。他认为国际贸易中起作用的是比较利益，而非绝对利益。也就是说，当一个国家所有的生产条件或产品都具有绝对优势，而另一个国家都具有绝对劣势时，还可以参与国际分工，因为无论一个国家或地区的技术水平有多高，生产条件有多好，产品成本有多低，都会存在相对的优势条件，具有绝对优势的国家只需生产具有相对优势的产品，而处于绝对劣势的国家可以生产劣势相对小的产品，也就是说，在优中取最优者，劣中取劣小者生产。因此，可以认为比较优势就是同质产品在不同地区的机会成本差异，而其产生根源是劳动生产率的差异。分工是在相对优势下进行的，因此，也称该理论为相对优势理论。

2.2.11.3 要素禀赋理论

瑞典的经济学家赫克歇尔（Eli F. Heckscher）和俄林（Bertil Ohlin）在比较优势理论的基础上提出了要素禀赋理论，试图解释造成不同地区在生产不同产品上的比较成本差别的原因。该理论是建立在不同地区的生产函数完全相同的前提下的，比较成本的差异便转向比较两个地区生产要素的差异上。在生产要素可替代的前提条件下，各地区应选择相对低廉的生产要素进行同产品的生产，也就是说，生产成本差异源于各地区生产要素禀赋的不同。也正是由于生产成本的差异造成了各地区同产品价格上的差异，由此产生了区域间的商品交换。要素禀赋理论表明各地区应生产那些密集使用本地区相对廉价、相对充裕要素的产品，通过区域分工实现区域间的合作。

2.2.11.4 竞争优势理论

竞争优势理论由哈佛大学商学院教授迈克尔·波特（Michael E. Porter）提出，他首先把比较优势理论的思想应用到企业竞争战略上，然后又把企业竞争优势的研究扩展到产业、国家、地区、城市的竞争优势研究中，从而提出了著名的国际竞争优势模型（又称钻石模型）。该理论认为，一个国家或地区的竞争优势主要源于四个关键因素：①要素条件；②需求条件；③相关与支持性产业；④企业战略、企业结构、同业竞争（Porter，1990），两个外加条件机遇和政府作为决定竞争优势的保障。通过钻石模型解释了在四个要素构成的竞争优势动态体系中，内部每一个因素都会相互推动影响到其他因素，从而影响一个地区的竞争优势。当然，最具竞争优势的一般是这四个要素环境都比较好的行业或地区，在竞争的同时，事件发生的偶然性（机遇）和政府的干预两个因素也不可忽视。

2.2.12 政府与市场关系论

根据经济学相关理论，政府和市场是构成现代市场经济的两个重要体系，它们是现代市场经济体系的“两只手”。政府是市场经济中“看得见的手”，它对资源的配置主要通过行政手段进行宏观调控，对市场经济生活有很大的影响。市场是一只“看不见的手”，它主要通过供求、价格以及竞争来配置资源。显然，政府和市场配置资源的机制、手段不同。市场通过价格机制来调节生产，通过竞争机制优胜劣汰，从而能实现合理、有序的生产消费，最大化地利用各种资源，市场决定资源的配置是市场经济的基本价值规律。“新四化”是社会经济发展的不可分割的重要系统，政府和市场同样对其产生重要影响。市场机制只有在信息完全的情况下才是有效率的，然而现实世界信息是不完全的，市场机制会发生失灵，信息化的发展则能有效促进信息的流动交换，大大缓解市场机制失灵的出现。

就“新四化”而言，循环累积因果论和政府—市场关系对其作用并非孤立的，二者是紧密联系的。在市场力的作用下，某个子系统的累积增长会对其他系统产生扩散效应和回流效应。一方面，扩散效应会使该子系统的发展对其他系统的发展产生积极的促进作用；另一方面，回流效应会使其他子系统的资金、技术等有利条件回流到该系统。扩散效应和回流效应往往是不对等的，这取决于该系统在市场力作用下的发展速度，结果导致弱者更弱、强者更强，进而引起系统之间差距越来越大。因此，要想达到各个子系统协调发展，不能单纯依靠市场机制，还需要政府部门的监督与调控。

2.2.13 区域一体化思想

在经济全球化背景下，发达国家之间、发展中国家之间、发达国家与发展中国家的合作促进了区域一体化的进程。从微观发展的角度来看，区域一体化的推动促进了区域内及区域间要素成本的降低、技术的进步和生产效率的改善；通过相互协作增强竞争力，提升产业发展层次，促进了产业结构的调整。从宏观发展的角度来看，区域一体化的推进在一定程度上消除了行政壁垒，通过政府配合打破了市场的行政分割和地方保护主义，促进了区域基础设施一体化、市场一体化和产业的一体化发展；通过区域之间的协调发展，促进了区域的分工与合作；通过辐射作用、外溢作用，促进了区域空间发展结构的调整。在此背景下，我国的区域一体化已经取得了一定成效，长三角、珠三角、环渤海城市群的发展已成为我国区域一体化的典范，中原经济区、皖江经济区、成渝经济区等的建立也推动了中西部地区的发展。目前，值得考虑的是，如何把区域一体化的思想应用于我国的“四化”发展中，以进一步推动全国的“四化”同步发展。

2.3 “新四化”相互作用机理

首先，工业化带动城镇化发展，城镇化是工业化的载体并促进工业化发展。城镇化的产生是建立在第二、第三产业不断壮大的基础上，在工业化不断发展进程中，产业加速聚集，产业结构以及产业间的关联不断优化升级，第二、第三产业所占比重会逐渐增加，这样就会吸引剩余农村劳动力不断向城镇转移，从而为城镇化的发展提供动力。另外，城镇通过聚集效应能聚集大量人口，尤其是能吸引众多熟练工人和优秀专业人才，这个过程不仅能解决工业化所需要的人力资源问题，而且大量人群自发形成的庞大消费市场反过来会刺激工业化的发展。城镇化作为工业化的载体，工业化在向深层次发展过程中需要依靠城镇多样的服务功能来降低投资成本，提高经济效率，以及汇集各种金融资源和物质资源。

其次，工业化与信息化深度融合，工业化是信息化发展的基础，信息化反过来会加速工业化的发展进程。信息化是工业化发展到一定阶段产生的，可以说没有工业化就没有信息化，信息化所赖以生存的信息基础设施及硬件都需要工业化的支撑。而信息化通过提高市场信息透明度、降低信息不对称所带来的影响，能够优化生产要素的配置，从而提高工业效率，加速信息化的发展。

最后，城镇化、工业化发展促进农业现代化水平的提升，农业现代化水平的提升支撑城镇化、工业化发展。前者的发展在吸引农村剩余劳动力的过程中，能够为农业提供资金财富支持，从而加大农业生产的投入，工业的发展还能为农业提供新技术，从而提高农业的生产效率。另外，农业现代化的发展可以为工业提供物质基础，例如，向工业部门提供必要的原材料和初级产品。随着机械化在农业中的应用，农业部门的生产效率会大大提高，必然进一步释放大量的剩余劳动，这又为城镇化、工业化的扩张提供了条件。

综上所述，新型城镇化、工业化、农业现代化以及信息化是相互联系、相互影响、相互促进的有机整体。其中，新型城镇化是载体，工业化是发动机，信息化是加速器，农业现代化是其他“三化”的基础。“新四化”的融合发展其实就是按照科学发展观的要求，每个系统在市场作用下各自发挥自身优势，实现“四化”彼此渗透、彼此促进、统筹兼顾，从而提高资源的优化配置，最终形成以工促农、以城带乡、工农互惠、城乡一体的发展格局（见图 2–3），从而实现国民经济和社会的健康发展。

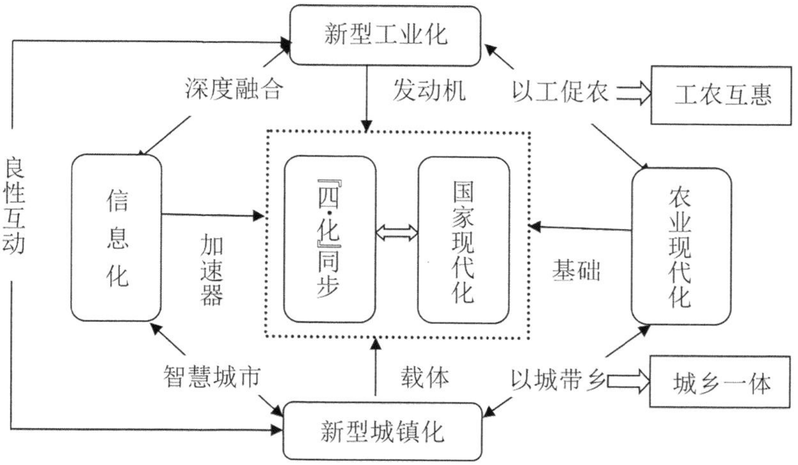

图 2-3 “新四化”相互作用机理

2.4 中国“新四化”融合发展评价指标体系与模型

在 2.1、2.2、2.3 部分，我们阐述了“新四化”的概念内涵、理论基础以及相互融合作用机制。人们往往仅从人口城镇化率、工业产业增加值等单一指标定性认识我国的城镇化、工业化发展水平，而且常常忽视我国信息化与农业现代化的发展水平以及四者间的融合发展状况。鉴于此，本部分将依据所探讨的“新四化”概念内涵，构建相关指标体系，利用主成分分析法，并建立基于离差系数的融合度模型，从而有助于我们正确认识我国当前各地区新型城镇化、工业化、信息化和农业现代化发展水平以及它们的融合发展状况。

2.4.1 “新四化”融合发展指标体系的构建

本部分在前人研究的基础上，围绕新型城镇化、工业化、信息化、农业现代化的内涵和特征，按照上文指标体系的设计原则，建立了新型城镇化、工业化、信息化以及农业现代化四个子系统指标，38 个二级指标，如表 2–1 所示。

表 2–1 “新四化”融合发展评价指标体系

目标层	子系统层	指标层
“新四化”互动融合发展水平	工业化水平	g_1：每万人规模以上工业企业个数；g_2：非农产业占地区 *GDP* 百分比；g_3：规模以上工业企业利润；g_4：总资产贡献率；g_5：工业成本费用利润率；g_6：人均工业产值；g_7：人均工业新产品研发费用；g_8：工业新产品研发费用产出比；g_9：第三产业与第二产业的比值
	城镇化水平	c_1：每万人公共交通车辆数；c_2：人均城市道路面积；c_3：人均公用绿地面积；c_4：每万人拥有公共厕所数量；c_5：城镇居民人均可支配收入；c_6：市容环卫专用车辆设备数；c_7：城镇医疗参保率；c_8：每十万人大学生数；c_9：城镇每千人医疗卫生机构床位数；c_{10}：城镇失业率；c_{11}：城镇人口百分比
	农业现代化水平	n_1：农村人均纯收入；n_2：农村每千人医疗卫生机构床位数；n_3：农村人均用电量；n_4：农村每千人卫生技术人员；n_5：农村人均机械动力；n_6：人均有效灌溉面积
	信息化水平	x_1：互联网普及率；x_2：地区域名数量；x_3：地区网站数量；x_4：电子商务企业占比；x_5：地区电子商务销售额；x_6：每万人移动基站数；x_7：人均移动电话交换机容量；x_8：移动电话普及率（部 / 百人）；x_9：固定电话普及率（部 / 百人）；x_{10}：每千人拥有公用电话数；x_{11}：每百人每年订刊数；x_{12}：企业每百人使用计算机数

根据上述指标评价体系，一般文献通常采用层次分析法（AHP）或者等比例法来确定各个小指标权重，显然主观性很强。本书采取主成分分析法（PCA）来确定四个子系统小指标的权重系数，该方法具有客观性，能够反映指标的绝大部分信息量，避免主观因素影响，从而能有效建立新型城镇化发展指数 $C(c)$、工业化发展指数 $G(g)$、农业现代化发展指数 $N(n)$ 以及信息化发展指数 $X(x)$。

主成分分析（PCA）的主要思想是将研究对象的多个相关变量简化为

少数几个不相关的变量，在确保数据丢失最小的原则下，以少数新的综合变量取代原有的多维变量，从而能够更简便、有效地对各个系统进行分析。其主要步骤如下：

（1）对原始数据进行标准化处理，从而消除不同指标计量单位不同所带来的误差。

（2）根据计算出来的特征值以及方差贡献率来选取主成分因子，使得主成分因子累积方差贡献率不低于85%。

（3）计算各主成分因子得分 F_i。

（4）计算各主成分因子的权重 ω_i，计算公式为 $\omega_i=\frac{\lambda_i}{\sum\lambda_i}$（$i$=1，2，3，…，$n$），其中 λ_i 为第 i 主成分特征值。

（5）最后计算每个研究对象在该子系统的最终得分 F，其公式为

$F=\omega_1F_1+\omega_2F_2+\cdots+\omega_nF_n$（其中，$\omega_i$ 为第 i 主成分因子的权重，F_i 第 i 主成分因子得分）。

根据上述步骤，我们可以计算出所研究的中国31个省份新型工业化、城镇化、农业现代化以及信息化水平。采用主成分分析法（PCA）对原始指标数据进行标准化处理，这就使得有些省份在某个子系统综合得分为负数，为了便于后续分析研究，在不改变它们相对发展水平的前提下，我们对各省份子系统进行归一化和指数化处理，计算公式为：

$$F'=\frac{F_m-2F_{min}}{F_{max}-2F_{min}}=\times 100\ (0<F'\leqslant 100) \quad (2\text{-}6)$$

其中，F_m 为中国 m 省份在某系统的得分，F_{max} 为该系统得分最高省份的数值，F_{min} 为该系统得分最低省份的得分。根据式（2-6），我们可以得到中国各个省份新型城镇化发展指数 C（c）、工业化指数 G（g）、农业现代化指数 N（n）、信息化指数 X（x）。

2.4.2 “新四化”综合发展指数

根据上文所述步骤，我们容易计算出各省份四个子系统的发展指数，在“新四化”同步发展理念下，可以认为新型城镇化发展指数 $C(c)$、工业化指数 $G(g)$、农业现代化指数 $N(n)$、信息化指数 $X(x)$ 同等重要。因此，我们将“新四化”综合发展指数 T 定义为这四个子系统的均值，即：

$$T=\frac{1}{4}\left[C(c)+G(g)+N(n)+X(x)\right] \tag{2-7}$$

2.4.3 基于离差系数最小化的融合度模型

关于衡量若干个系统的融合度，学术界通常引用物理学中各要素的耦合度模型，本书采用数理统计中的离差系数来推导基于离差系数最小化的融合度模型。离差系数被定义为一组数据的标准差与其相应的均值之比，它能够很好地衡量随机变量对其均值的离散程度，离差系数越小意味着该组数据越集中；反之，则越离散。设有两个子系统分别为 $f(x)$、$f(y)$ 且数值为正，μ、σ 分别为两个子系统的均值和标准差，其离散系数为 C_v，则根据定义有：

$$C_V=\frac{\delta}{\mu}=\frac{\delta}{\frac{f(x)+f(y)}{2}}=2\sqrt{\left(1-\frac{f(x)f(y)}{\left[\frac{f(x)+f(y)}{2}\right]^2}\right)} \tag{2-8}$$

我们希望离差系数 C_v 越小越好，那么对应式（2–8）可知 C_v 越小越好的充要条件是：

$$C=\frac{f(x)f(y)}{\left[\frac{f(x)+f(y)}{2}\right]^2} \tag{2-9}$$

C 越大越好，将两个子系统推广到 n 种子系统 $f_1(x)$，$f_2(x)$，…，$f_n(x)$，则可以得到基于离差系数最小化的融合度模型：

$$C=\frac{f_1(x)f_2(x)\cdots f_n(x)}{\left[\frac{f_1(x)f_2(x)\cdots f_n(x)}{n}\right]^n}\quad (0\leqslant C\leqslant 1)\qquad (2\text{-}10)$$

式（2–10）中 $f_1(x)$，$f_2(x)$，…，$f_n(x)$ 分别为 n 种子系统的综合评价函数，我们称 n 为调节系数，C 为融合度（$0\leqslant C\leqslant 1$），它是度量系统或者要素之间融合状况好坏的定量指标，其值越大表明系统或者要素之间越融合。

2.4.4 “新四化”融合度模型

在 2.4.3 中我们推导出了基于离差系数最小化的融合度模型，并给出了测算 n 种子系统融合度计算公式，考虑到本研究的“新四化”融合发展问题，我们根据式（2–10），取 n=4 构建“新四化”融合度模型：

$$C=\frac{C(c)G(g)N(n)X(x)}{\left[\frac{C(c)+G(g)+N(n)+X(x)}{4}\right]^4}\quad (0\leqslant C\leqslant 1)\qquad (2\text{-}11)$$

其中，$C(c)$、$G(g)$、$N(n)$、$X(x)$ 分别为新型城镇化发展指数、工业化指数、农业现代化指数以及信息化指数。C 为新型城镇化、工业化、农业现代化以及信息化之间的融合度。

2.4.5 “新四化”融合发展度测算模型

我们在实际问题分析中会发现，如果某个研究对象各个子系统发展水平都很落后，那么它们之间的融合度也会很高，显然仅用融合度并不能同时刻画系统融合和发展两方面的信息。为了弥补融合度的不足，我们同时考虑系统的综合发展指数 T（上文已给出测算方法）以及子系统的融合度 C，这样我们便提出系统融合发展度的概念，它综合考虑研究对象各子系统发展水平以及它们之间的融合水平，该值越高，说明该系统融合发展水

平越高，其测算公式如下

$$D=\sqrt{C\times T} \tag{2-12}$$

其中，D 为研究对象的融合发展度，它是衡量一个系统融合发展水平的定量指标；C 为研究对象四个子系统的融合度；T 为研究对象四个子系统的综合发展指数。

2.4.6 “新四化”融合发展水平等级划分 >>>

科学、有效地判断一个系统是否融合发展，不能仅以“融合发展”或者“排斥发展”来下结论。事实上，绝大多数系统的融合发展水平处于二者之间，这就需要我们对一个系统融合发展水平作一个等级划分。根据本模型的测算，“新四化”融合度 C 的取值范围在［0，1］区间，融合发展度 D 的取值范围在［0，10］区间，在参考前人研究的基础上，我们可以将“新四化”融合度和融合发展水平划为 10 个等级（见表 2–2、表 2–3、表 2–4）。

表 2–2　融合度等级划分

融合度 C	融合等级	融合度 C	融合等级
0.00 ～ 0.09	极度排斥	0.50 ～ 0.59	勉强融合
0.10 ～ 0.19	严重排斥	0.60 ～ 0.69	初级融合
0.20 ～ 0.29	中度排斥	0.70 ～ 0.79	中级融合
0.30 ～ 0.39	轻度排斥	0.80 ～ 0.89	良好融合
0.40 ～ 0.49	濒临排斥	0.90 ～ 1.00	优质融合

表 2–3　融合发展水平等级划分

融合发展度 D	融合发展等级	融合发展度 D	融合发展等级
0.00 ～ 0.99	极度排斥发展	5.00 ～ 5.99	勉强融合发展
1.00 ～ 1.99	严重排斥发展	6.00 ～ 6.99	初级融合发展

续表

融合发展度 D	融合发展等级	融合发展度 D	融合发展等级
2.00 ～ 2.99	中度排斥发展	7.00 ～ 7.99	中级融合发展
3.00 ～ 3.99	轻度排斥发展	8.00 ～ 8.99	良好融合发展
4.00 ～ 4.99	濒临排斥发展	9.00 ～ 10.00	优质融合发展

表 2–4 各子系统及综合发展水平等级划分

发展指数	发展等级	发展指数	发展等级
0 ～ 29.99	低级发展	60 ～ 69.99	中期发展
30 ～ 49.99	初期发展	70 ～ 79.99	中后期发展
50 ～ 59.99	中期初级	80 ～ 100	高级发展

2.5 中国各省份“新四化”融合发展水平的测度与对比

上文我们依据“新四化”各子系统的内涵概念，分别构建了新型城镇化、工业化、农业现代化以及信息化发展水平评价指标体系，并建立了基于离差系数的融合发展度模型。接下来我们将利用主成分分析法（PCA），通过式（2–6）计算 2005—2015 年我国 31 个省份、三大区域以及全国各子系统发展指数，并对它们的“新四化”融合发展度进行评测。其中，我们依据《中国卫生统计年鉴》，对东、中、西部三大区域的划分如表 2–5 所示。

表 2–5 我国东、中、西部三大区域划分

区域	省 份
东部	北京、上海、广东、江苏、福建、浙江、海南、山东、辽宁、河北、天津
中部	河南、湖北、安徽、山西、江西、湖南、吉林、黑龙江
西部	陕西、四川、重庆、甘肃、贵州、内蒙古、青海、广西、宁夏、西藏、新疆、云南

2.5.1 数据来源

我国各地区“新四化”子系统指标数据来源于2006—2016年《中国统计年鉴》《中国区域统计年鉴》《中国信息统计年鉴》以及各省份统计年鉴。针对所收集的数据，首先对其进行标准化处理，以消除量纲对研究的影响；其次利用SPSS统计软件进行主成分分析，得出我国31个省份2006—2016年新型城镇化、工业化、农业现代化以及信息化发展指数；最后利用式（2-7）～式（2-12）计算综合指数、融合度以及融合发展度。

2.5.2 “新四化”各子系统发展指数

利用SPSS统计软件对各子系统进行主成分分析，得到各省份历年各子系统得分，然后通过式（2-6），最终计算得到“新四化”各子系统发展指数。

2.5.2.1 新型城镇化发展指数与发展水平分析

我国31个省份、三大区域历年新型城镇化发展指数见如表2-6所示。

表2-6 各地区历年新型城镇化发展指数

地区	2007	2008	2009	2010	2011	2012	2013	2014	2015	2016	排名	均值	平均增长率/%
北京	70.79	74.53	80.94	74.15	81.65	86.40	91.11	96.62	98.25	100	1	85.44	3.91
山东	52.41	56.66	59.43	61.97	67.48	71.34	75.15	77.61	88.86	92.15	2	70.31	4.05
广东	47.98	54.60	60.50	62.62	70.22	76.46	78.95	81.40	85.80	90.36	3	70.89	6.69
江苏	56.77	60.72	65.58	66.52	71.16	74.67	78.11	82.20	86.16	89.21	4	73.11	5.71
浙江	52.06	57.33	61.87	62.81	68.23	72.97	77.86	83.18	86.15	86.98	5	70.94	6.42
内蒙古	45.85	48.58	52.81	55.05	60.18	64.98	70.34	73.87	77.08	80.25	6	62.90	4.38
宁夏	44.13	46.04	52.85	57.77	59.01	68.33	73.23	76.89	78.38	79.45	7	63.61	5.12
上海	60.60	61.47	67.50	63.89	67.04	68.71	70.81	72.53	74.93	78.83	8	68.63	4.50
河北	43.31	46.96	51.02	56.46	59.74	61.82	64.43	65.55	66.78	77.55	9	59.36	2.96
天津	54.11	57.89	62.26	64.83	71.05	74.32	76.36	74.73	75.17	77.33	10	68.80	5.15
重庆	37.59	41.35	45.33	46.76	57.09	68.09	71.04	72.84	74.78	76.10	11	59.10	5.87

续表

地区	2007	2008	2009	2010	2011	2012	2013	2014	2015	2016	排名	均值	平均增长率/%
辽宁	49.32	52.61	55.44	56.94	60.75	63.29	64.50	68.84	70.70	72.56	12	61.50	6.17
新疆	47.95	46.54	49.02	53.60	55.22	61.61	61.66	67.53	71.14	71.02	13	58.53	5.48
湖北	45.35	47.38	50.52	50.83	55.60	58.91	61.77	65.69	69.03	70.54	14	57.56	5.84
黑龙江	47.45	51.15	55.92	56.51	59.71	61.82	65.18	67.93	69.26	70.50	15	60.54	6.47
吉林	44.37	48.07	53.76	55.60	56.59	60.00	68.69	65.81	67.77	69.54	16	59.02	5.36
湖南	40.81	43.61	47.51	48.27	50.94	53.80	56.53	61.22	64.76	68.91	17	53.64	5.03
陕西	41.25	45.19	49.67	51.90	58.01	60.56	63.53	66.35	68.17	68.87	18	57.35	5.99
福建	42.08	47.53	52.01	53.48	58.01	60.98	62.80	64.80	66.42	68.04	19	57.61	7.29
四川	37.84	41.41	45.44	46.32	51.44	54.88	58.30	59.44	61.57	67.22	20	52.39	5.68
青海	49.49	50.67	52.69	54.64	57.61	59.91	60.64	63.95	64.78	66.94	21	58.13	6.19
海南	38.82	39.84	45.39	48.40	55.95	58.41	59.60	60.99	63.48	66.66	22	53.75	8.15
安徽	38.37	41.31	45.01	46.46	52.57	54.39	57.72	60.86	63.09	65.74	23	52.55	6.59
江西	38.61	42.94	46.95	48.09	52.67	56.39	57.17	59.16	60.95	64.36	24	52.73	9.05
贵州	29.42	30.98	33.40	36.00	38.53	42.74	47.75	54.63	59.40	64.15	25	43.70	6.27
云南	36.75	40.24	42.50	43.98	48.41	51.30	55.38	59.07	59.53	63.51	26	50.07	1.06
山西	38.53	41.60	45.27	47.53	51.62	54.87	58.24	59.33	60.52	63.48	27	52.10	5.86
河南	39.02	39.97	43.86	44.28	47.57	50.25	52.54	55.08	58.08	62.45	28	49.31	6.70
广西	35.56	37.38	42.87	43.06	47.03	49.51	51.82	52.86	56.38	58.48	29	47.49	3.41
甘肃	32.04	35.06	38.54	40.02	43.29	47.33	51.31	53.81	53.93	57.42	30	45.28	6.75
西藏	45.65	40.45	44.33	48.77	46.47	40.97	47.87	52.02	59.94	50.20	31	47.67	4.46
东部	51.66	55.47	60.18	61.10	66.48	69.94	72.70	75.31	78.43	81.79	1	67.30	5.49
中部	41.56	44.50	48.60	49.70	53.41	56.30	59.73	61.88	64.18	66.94	4	54.68	5.24
西部	40.29	41.99	45.79	48.16	51.86	55.85	59.41	62.77	65.42	66.97	3	53.85	5.44
全国	44.65	47.42	51.62	53.15	57.45	60.97	64.21	66.99	69.72	72.22	2	58.84	5.81

注：排名是指2016年最新排名。

（1）各省份新型城镇化发展水平分析

从目前我国各省份2016年新型城镇化发展现状来看，排名前五的省份分别是北京、山东、广东、江苏和浙江，其新型城镇化发展指数均在85以上。其中，北京作为我国的政治、经济、文化中心，新型城镇化发展水平排名第一。广东、江苏、浙江处于我国珠三角、长三角地带，是我国经济最发达地区之一，对外来人口一直具有很强的吸引力，人口城镇化、经济城镇化、设施城镇化等方面都有很高的水平，城镇化的规模、质量以及生态各方面均有明显发展优势。山东半岛处于我国沿海地区，经济、生态城镇化发展较好。

排名后五位的省份分别是山西、河南、广西、甘肃及西藏，其中西藏新型城镇化排名最低，且广西、甘肃、西藏新型城镇化发展指数低于60，其他两个省份新城镇化发展指数均高于60，这表明除了广西、甘肃、西藏，我国其他大部分省份新型城镇化发展水平均处于中等水平以上。排名后五位的均属于我国中西部地区，包括西部三个省份、中部两个省份。这些地区经济不发达，高等教育、科技创新能力落后，人口素质较低，城市基础差、起点低，在人口、经济、设施、社会城镇化方面均比较落后。

从各省份新型城镇化发展进程来看，北京、江苏、浙江近10年来稳定处于前5名的位置，其中，北京的新型城镇化发展排名一直处于第1位，不可撼动。与此同时，甘肃、广西三个西部地区近10年来新型城镇化发展指数排名一直稳定处于后五名的位置，由此可见，地区新型城镇化发展的固化现象依然十分严重。值得注意的是，重庆被国家确定为直辖市后，新型城镇化方面发展迅速，在2007年处于倒数第5名，但到2016年稳步上升到第11名，表现十分抢眼。天津新型城镇化发展基础较好，在近10年来也一直处于领先地位，但最近几年被山东、广东赶超。上海作为我国的经济发展中心，在2010年以前新型城镇化发展一直处于前五名的位置，其人口、经济城镇化水平一直处于优势，但城市设施、生态城镇化步伐没有跟进，从而逐渐被其他省份赶超。2007年，我国新型城镇化指数超过60的只有北京和上海；而在2011年，新型城镇化发展指数60分以上的达到10个，排名第一的北京到达81.65，达到良好发展水平，表明我国各省份新型城镇化发展跃上一个大台阶；而截至2016年，除了广西、甘肃、新疆，我国各省份新型城镇化发展指数均到达60以上，超过80到达良好发展地区的有7个。

从发展速度来看，年均增速最快的省份分别是江西、海南、福建、甘肃、河南、广东及安徽，增速均超过6.5%，增速最快的是江西，达到9.05%，明显高于其他省份。广东和海南属于东部地区，广东是我国经济最发达的地区之一，新型城镇化发展起点高，各方面增速较快；海南的新型城镇化指数从2014年才开始处于60以上，属于中等发展水平，但是其新型工业化发展水平处于全国落后位置，严重滞后于其新型城镇化的发展，这样会导致海南的工业化不足以支撑其城镇化的发展。甘肃属于西部地区，起点较低，虽然是我国新型城镇化发展增速最快的地区之一，但目前新型城镇化的发展依然比较落后，这表明西部地区新型城镇化发展正在奋力追赶，有利于缩小东西部之间的差距。其他地区均属于中部地区，新型城镇化也在迅速发展。

（2）区域新型城镇化发展水平分析

区域新型城镇化发展水平分析如图2-4所示。

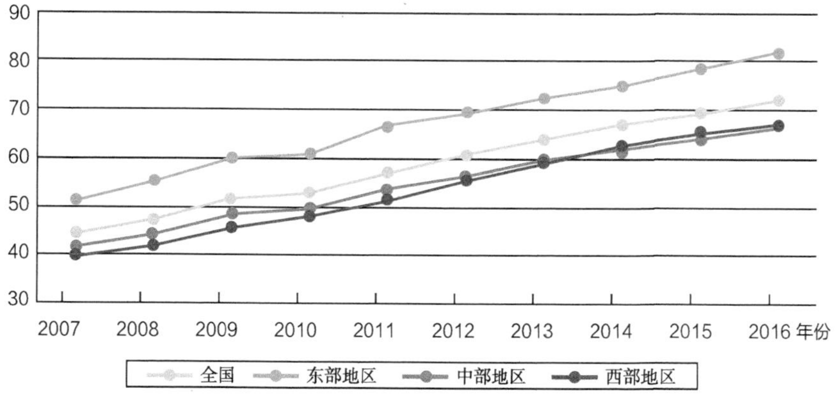

图2-4　各区域历年新型城镇化发展指数

从全国角度来看，截至2016年，我国新型城镇化发展指数从2007年的44.65发展到72.22，年均增速为5.81%，发展速度较快，其中2012年发展指数超过60，目前正处于发展的中后期阶段。从国家统计局的数据来看，2016年我国人口城镇化率为57.4%，2015年我国人口城镇化率就比世界平均水平高1.2个百分点，城镇化发展取得明显效果。当前，我国正处于新型城镇化中后期阶段，发展速度仍然较快，人口城镇化、土地城镇化、设施城镇化取得长足进步。但也应该清醒地认识到我国新型城镇化仍然面临很多问题，许多农民难以融入城市，从而引起了教育、医疗、社会等一系列问题。今后我国新型城镇化的发展不应该仅仅关注城镇规模，应重点树立生态发展、以人为本的发展理念，加速城镇居民市民化，打造绿色、舒适、健康、宜居的城市环境。

我国东部地区的新型城镇化发展水平一直高于全国水平，早在2009年，新型城镇化发展指数就超过60，比全国提前三年进入中期发展阶段。东部地区2007年的新型城镇化发展指数为51.66，到2016年，新型城镇化指数达到81.79，进入较高发展阶段，年均增速为5.49%。东部省份大多处于我国长三角、珠三角等沿海地区，城市数量众多、经济发达、交通便利、人口密度较大，城镇化发展基础较好。改革开放以来，国家给予了政策支持，优先发展该地区，大量人才、资金、技术、企业汇聚于此。东部地区发展到此阶段，新型城镇化速度可能存在下降现象，这是新型城镇化发展的必然规律，今后的发展更应该注重城镇化的质量，重点发展生态城镇化、社会城镇化及生活城镇化，着重提高城市的基础设施、医疗、公共服务，创造吸引高技术创新性人才的城市环境，从而提高城镇市民素质和人口城镇化质量。

从发展现状来看，中部地区目前新型城镇化水平和东部地区出现明显差距，且发展水平略低于西部地区。从发展进程和趋势来看，中部地区城镇化一直稳步上升，在前期，中部地区新型城镇化发展一直略高于西部，但年均增长速度略低于西部，导致被西部地区赶超。另外，中部地区内部新型城镇化发展差异不大，仅有河北、辽宁略高于全国水平。中部地区深处我国内陆，人口密度较高，城镇的空间聚集比较分散。中部地区交通优势明显，人口集中，但由于东部地区强大的虹吸效应，人口特别是人才流失严重，交通虽发达，但主要承担旅客、货物的中转任务，城镇对生产要素的聚集度不高。

西部地区新型城镇化发展指数比中部略高，总体来看，中西部地区几乎处于同一水平，明显低于全国和东部地区。从发展历史进程来看，中西部新型城镇化发展稳步上升，西部发展速度最快，具有后发优势。另外，西部地区新型城镇化发展水平内部差异较大，新型城镇化指数在 80 左右的只有有内蒙古和宁夏两个省份，而排名最靠后的西藏仅有 50.20，排名后五位的省份西部地区就有 3 个。我国西部地区幅员辽阔，自然资源丰富，包含 12 个省份，各地区经济、地理、环境差异较大，因此决定了西部地区内部新型城镇化发展水平差异较大。西部大开发战略提出较早，这也促使了西部地区包括新型城镇化的快速发展。

就三大区域对比来看，东部地区新型城镇化发展水平明显高于中西部地区，中西部地区几乎处于同一水平线上。从各地区内部差异来看，中部地区内部差异最小，东部地区次之，西部地区内部差异最大，这是因为中部各种资源禀赋、生产要素以及发展环境较为相似。总之，我们可以得出这样的结论：我国新型城镇化正处于中后期阶段，但各地区发展不平衡现象突出，东部地区明显高于中西部地区。在新型城镇化发展内部差异方面，西部地区内部差异最大，东部次之，中部内部差异最小。

2.5.2.2 新型工业化发展指数与发展水平分析

各地区历年新型工业化发展指数如表 2–7 所示。

表 2–7 各地区历年新型工业化发展指数

地区	2007	2008	2009	2010	2011	2012	2013	2014	2015	2016	排名	平均值	平均增长率 /%
江苏	57.73	69.90	70.56	77.80	81.58	85.20	90.63	93.59	95.23	100	1	82.22	6.29
广东	57.57	61.84	65.30	71.55	71.55	70.72	74.67	77.96	80.92	85.36	2	71.74	4.47
天津	65.13	70.23	72.04	79.11	81.91	84.54	84.87	85.36	84.21	83.39	3	79.08	2.78
上海	66.61	68.09	73.19	78.29	77.80	76.97	79.61	81.58	80.76	83.22	4	76.61	2.50
浙江	62.66	66.12	70.07	75.00	71.88	72.70	76.48	78.78	78.95	83.06	5	73.57	3.18
重庆	39.97	43.59	44.74	48.52	49.67	48.68	51.97	55.26	57.40	60.03	8	49.98	4.62
北京	49.84	49.34	52.80	54.28	55.10	56.74	57.57	59.05	58.88	59.38	9	55.30	1.97
河南	50.99	51.97	51.97	56.09	58.88	56.41	57.73	57.57	56.25	57.57	10	55.54	1.36
江西	35.86	40.46	40.46	46.22	49.18	51.48	55.26	55.92	55.92	57.24	11	48.80	5.33
湖北	37.83	40.95	43.26	49.67	49.67	51.48	53.45	55.26	55.43	56.91	12	49.39	4.64
内蒙古	48.36	50.00	52.96	61.68	65.46	61.84	60.03	54.28	55.92	56.58	13	56.71	1.76
安徽	32.89	37.83	41.61	48.03	48.68	50.49	51.48	51.81	51.48	53.78	14	46.81	5.61
吉林	40.95	39.64	46.22	50.66	52.63	52.63	52.80	54.61	51.48	52.80	15	49.44	2.86
湖南	38.98	42.93	52.30	50.99	53.95	53.45	54.28	52.96	52.96	52.80	16	50.56	3.43
陕西	48.03	52.63	48.19	55.92	60.20	59.70	60.03	57.24	52.14	52.80	17	54.69	1.06
河北	44.24	44.74	43.91	48.03	50.49	49.84	50.66	49.51	48.68	50.99	18	48.11	1.59
四川	34.21	36.84	39.64	44.08	47.37	48.19	48.03	47.04	45.39	46.22	19	43.70	3.40
广西	32.07	29.77	33.06	42.27	41.94	42.27	42.11	43.59	44.24	45.07	20	39.64	3.85
宁夏	34.87	34.87	38.49	41.28	42.60	40.63	41.78	40.13	40.79	42.76	21	39.82	2.29
辽宁	45.23	47.20	54.11	60.86	61.51	61.68	63.82	60.20	51.32	41.94	22	54.79	–0.84
贵州	34.05	33.55	33.55	38.16	40.95	44.08	40.95	40.46	39.64	41.28	23	38.67	2.16
青海	50.66	51.48	40.79	45.89	48.52	43.91	41.94	39.14	36.68	36.68	24	43.57	–3.52
山西	45.56	47.04	41.45	47.53	50.66	47.04	42.60	38.49	33.88	36.51	25	43.08	–2.43
西藏	41.94	29.28	34.38	37.66	38.16	35.20	30.43	51.97	28.95	33.88	26	36.18	–2.34
新疆	55.59	54.28	41.94	49.67	50.49	45.39	42.76	40.79	33.55	33.55	27	44.80	–5.46

续表

地区	2007	2008	2009	2010	2011	2012	2013	2014	2015	2016	排名	平均值	平均增长率/%
云南	39.14	35.69	36.51	41.28	40.30	38.16	37.99	36.02	35.53	33.06	28	37.37	–1.86
黑龙江	63.65	66.45	48.52	55.26	56.41	51.48	47.04	42.60	33.06	29.93	29	49.44	–8.04
甘肃	35.20	29.77	32.57	33.88	34.70	34.38	34.54	33.72	26.48	28.45	30	32.37	–2.34
海南	25.99	26.81	33.39	35.53	27.80	32.57	30.43	28.95	29.28	26.97	31	29.77	0.41
东部	52.92	56.06	59.42	64.58	64.91	66.22	68.30	68.93	68.18	69.15	1	63.87	3.02
中部	43.34	45.91	45.72	50.56	52.51	51.81	51.83	51.15	48.81	49.69	3	49.13	1.53
西部	41.17	40.15	39.73	45.02	46.70	45.20	44.38	44.97	41.39	42.53	4	43.13	0.36
全国	45.90	47.28	48.27	53.39	54.66	54.37	54.79	55.07	52.81	53.83	2	52.04	1.79

注：排名是指 2016 年最新排名。

（1）各省份新型城工业化发展水平分析

2016 年，新型工业化发展指数排名前五的分别是江苏、广东、天津、上海和浙江，也是我国仅有指数超过 80 的 5 个省份，而且排名第一的江苏与排名第二的广东差距显著，其他 4 个省份新型工业化指数较为接近。排名前五位的省份全部属于我国东部地区，其中江苏、上海和浙江处于长三角地区，天津处于环渤海地区，广东属于珠三角经济区，这些地区是我国经济、科技、工业最发达的地区。江苏一直是我国工业发展重地，近几年，江苏工业转型升级显著，过剩产能消化基本完成，现代服务业快速发展，互联网技术、邮政快递行业发展迅速，江苏的工业规模、效率、效益取得长足进步，从而使江苏新型工业化走在全国前列。广东是我国珠三角沿海开放的前沿，早期积累了雄厚的工业基础，近年来，广东的发展也迎来了新的变革，已经基本告别劳动密集型企业，进入了资本和技术扎堆的时代。天津是我国北方重要的工业基地，起点较高，工业体系相对完善，但创新能力有待增强。上海、浙江是我国的商业经济中心，互联网行业、金融服务业十分发达，有力地带动了新型工业化的发展，但制造业税负高、成本高、产能过剩，中小企业融资难、融资贵、人工成本攀升，税费负担偏重等问题对经济也造成了严重影响。

排名后六位的分别是西藏、新疆、云南、黑龙江、甘肃、海南。海南属于东部地区，其建省办经济特区以来，第二产业一直处于薄弱状况，且第二产业占比远低于全国平均水平。由于海南发展环境的制约，实体经济尤其是制造业的载体产业园区低水平运转、第二产业薄弱、本地消费市场狭小、有效需求不足又极度依赖岛外需求等因素均导致海南实体经济发展总体虚弱。黑龙江属于东北地区，其传统产业集中负向拉动，生产体制、模式受到限制，民营经济发展乏力，规模有限，创新不足，导致其新型工业化发展滞后。其他省份均属于西部地区，新型工业化指数均在30附近，这表明不少西部省份新型工业化发展十分落后。西部地区地广人稀，自然资源环境条件较好，这为新型工业化发展创造了条件，但气候条件、区位交通不便等条件又不利于新型工业化的发展。另外，经济发展落后，难以留住人才，工业基础薄弱，导致科技创新能力不足，这些都是制约西部地区新型工业化发展的关键因素。

从发展历史进程来看，各省份新型工业化发展虽然曲折，但整体上处于上升发展趋势。从具体各省份来看，近10年来，上海、天津、浙江新型工业化稳定保持在前五名，江苏稳定排名第六位，从2018年以后江苏加大了资本投入、科技投入，转变发展方式，经济发展水平迅速提升，从2012年开始新型工业化稳定排名全国第一。2009年之前，黑龙江、新疆、青海的新型工业化排名靠前，黑龙江甚至出现在全国前五位，但随着2008年全球金融危机后国家推出“四万亿”经济刺激计划的结束，各种弊端如落后产能过剩开始显现，这些地区的工业化浪潮迅速跌落，最近两年黑龙江工业化排名跌落到全国后五名。另一个值得注意的现象是，北京作为我国首都，新型工业化在2007年以后从未进过前五名，随着“京津冀一体化”战略的实施，一些高污染、高耗能工业转移到周边地区，而新型产业正在培育发展，使得其排名后退一些，但这都是暂时的“阵痛”，长远看来有利于新型工业化的发展。甘肃、西藏、云南等西部地区省份一直在后六名附近徘徊，这些地区地理位置偏远，交通不便，市场规模较小，工业化基础不足，适宜新型工业化发展要素环境的形成是一个长期渐进的过程，不可能一蹴而就。另一个值得注意的现象是，海南作为我国最大的省级经济特区，其新型工业化近10年一直处于全国后五位。其本身发展环境的制约、历史经济发展导向的错误，使得实体经济发展滞后、本地消费市场狭小、人才大量流失等，这都导致了海南经济发展速度不尽如人意。另外，2012—2015年，全国绝大部分省份出现了“逆工业化”现象，只有江苏、浙江、广东的新型工业化保持增长。结合当时的环境不难发现，这三个沿海地区早在国际金融危机爆发初期，就对它们影响很大，“倒逼”这些地区较早着手进行产业结构升级，为今后的发展打下了阶段性基础。

从各省份增长速度来看，新型工业化发展速度最快的省份分别是江苏、安徽、江西，其中江苏年均增速超过了6%，其他两个省份年均增速达5%以上。增长速度最快的省份属于东部地区，其次属于中部地区。增长速度出现负增长的省份为黑龙江、新疆、青海、山西、西藏、甘肃、云南、辽宁。辽宁、黑龙江、山西的国企工作效率低下、民营企业管理落后、市场培育力度不够，金融中介机构力量薄弱，中小企业融资难、融资贵等现象都使得其经济发展落后。其余地区均为西部地区，由于区位等因素，工业化效益质量发展较差。

（2）区域新型工业化发展水平分析

全国和东、中、西部三大区域新型工业化近 11 年发展趋势如图 2-5 所示。

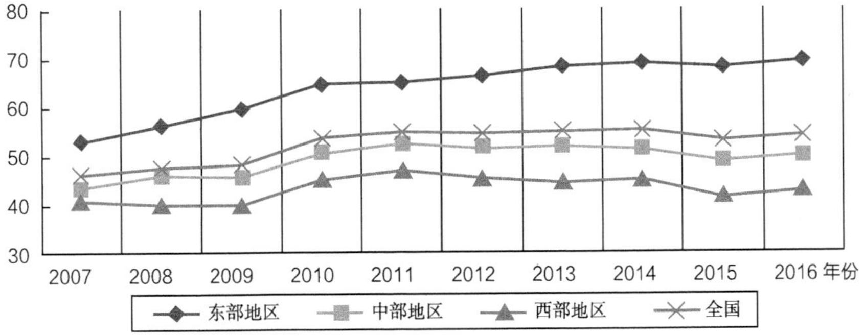

图 2-5　各区域历年新型工业化发展指数

从全国范围来看，2016 年，我国新型工业化发展指数达到 53.83，处于发展的中期初级阶段。年均增速为 1.79%，新型工业化发展水平整体处于上升阶段。从图 2-5 中可以发现，2007—2010 年，全国新型工业化发展指数处于上升阶段，增长幅度明显，2010 年之后平稳发展，2014—2015 年，全国新型工业化发展指数出现回落，即出现“逆工业化”现象，这一现象值得我们注意。2008 年全球金融危机爆发，为了防止经济大幅回落，我国迅速推出“四万亿”的财政政策刺激计划，主要投入基础设施建设、房地产行业，带动了钢铁、水泥一系列产业的发展，当时对全国经济、工业发展起到了短期刺激作用，使得工业化指数大幅上涨。同时也引起通货膨胀、房地产价格上涨、人力成本增加，这无疑会增加企业特别是制造业的成本，这些弊端不利于新型工业化发展。我们也注意到江苏、浙江、广东这些省份未出现这种现象，上文也给出了可能的原因。但出现这种现象与这些省份当时采取的政策措施、市场因素、经济区域特征等因素是否有关联，如果有关联，是怎样的关联，它们相互作用的机制原理又如何等问题仍需要深入研究，但限于本书内容和篇幅，这里不作深入探讨。这或许会涉及宏观经济学、财政学等学科知识，其研究结果对我国经济政策具有重要指导意义和理论现实意义。

就我国东部地区新型工业化而言，2007年其新型工业化指数为52.92，2017年达到69.15，年均增长3.02%，明显高于全国以及中西部地区水平。东部地区无论是整体新型工业化速度还是发展水平，都明显高于中西部地区。早在2010年，东部地区新型工业化发展指数已经达到60以上，这表明东部地区目前已进入新型工业化中后期阶段。东部地区主要包括环渤海地区、长三角、珠三角地区，这些地区开放程度高，政府早期给予了政策倾斜，依托沿海交通优势，国际贸易水平发达，工业化水平一直处于领先地位。另外，东部地区内部新型工业化发展水平差异较大，新型工业化指数最高的江苏远高于最低的海南，两极分化现象较为严重。

我国中部地区新型工业化指数从2007年的43.34发展到2016年的49.69，年均增长1.53%，增长速度在三大区域里排名第二，低于全国水平。中部地区新型工业化内部发展较为均衡，指数最高仅为57.57，发展水平整体依然处于初级中等阶段。中部地区工业化基础比较好，但由于思想观念开放较晚，市场机制还不是很完善，人才流失严重，新型工业化发展水平一直落后于东部地区。但同时中部地区新型工业化发展潜力依然很大，主要因为中部地区交通区位便利、人口密度大、市场潜力大，而且随着东部地区企业成本的不断增加，不少企业选择将公司搬迁到内地，如富士康等大型企业在郑州航空港落地。

西部地区新型工业化发展最为落后，新型工业化发展指数2017年为42.53，年均增长仅为0.36%，无论是发展水平还是增长速度都远落后于东、中部地区。西部地区除了重庆等少数省份工业底子好，其他地区都比较落后，这是因为西部地区新型工业化发展时间短、交通不便利、地广人稀，使得运输成本较大、市场潜力不足。另外，西部地区内部差异并不大，均处于发展的初级阶段。

总之，根据上述分析不难发现，东、中、西部地区新型工业化总体处于稳步上升趋势，但各区域发展差异较大。东、中、西部地区新型工业化发展水平呈依次递减的空间格局。就区域内部新型工业化发展而言，东部地区内部差异最大，中部次之，西部最小。总体来看，我国正处于新型工业化发展的中期初级阶段。

2.5.2.3 新型信息化发展指数与发展水平分析

我国各省份以及东、中、西部地区历年新型信息化发展水平如表2–8所示。

表 2–8 各地区历年新型信息化发展指数

地区	2007	2008	2009	2010	2011	2012	2013	2014	2015	2016	排名	均值	平均增长率/%
广东	52.81	48.35	52.57	48.79	41.35	44.27	46.07	42.94	47.43	100	1	52.46	7.35
北京	61.10	50.70	57.12	54.47	48.93	47.64	32.37	43.79	47.57	72.56	2	51.63	1.93
浙江	51.21	46.07	46.48	43.22	41.45	44.75	39.65	37.33	40.05	62.50	3	45.27	2.24
福建	35.06	37.50	34.10	31.38	28.87	28.32	27.03	27.34	33.53	50.29	4	33.34	4.09
上海	42.60	41.38	39.88	38.46	32.85	33.19	32.10	31.28	34.31	48.32	5	37.44	1.41
江苏	37.67	37.61	35.91	33.08	31.35	31.38	30.87	29.14	29.41	45.02	6	34.14	2.00
山东	35.70	36.52	36.69	33.12	26.15	26.45	32.30	28.80	26.56	43.76	7	32.60	2.29
河南	28.36	27.75	27.37	25.23	24.35	23.56	22.85	23.26	24.89	38.42	8	26.60	3.43
河北	25.98	25.33	24.38	22.48	21.01	20.78	19.55	19.45	21.35	36.86	9	23.72	3.96
辽宁	23.16	33.90	31.08	28.56	27.27	26.18	25.23	24.96	24.89	36.35	10	28.16	5.14
四川	26.62	27.88	25.98	23.84	22.68	22.14	21.42	21.05	21.80	35.87	11	24.93	3.37
西藏	24.28	28.39	23.60	23.02	20.74	20.06	18.29	15.03	14.82	35.19	12	22.34	4.21
新疆	33.25	31.59	30.13	28.02	26.11	24.52	24.38	23.77	22.37	34.82	13	27.90	0.51
陕西	29.92	27.24	26.59	25.57	22.85	22.07	21.35	21.22	20.27	34.34	14	25.14	1.54

续表

地区	2007	2008	2009	2010	2011	2012	2013	2014	2015	2016	排名	均值	平均增长率/%
湖北	30.53	29.38	28.46	25.09	24.07	22.95	23.36	22.17	23.84	33.36	15	26.32	0.99
吉林	20.61	26.18	26.22	23.43	22.65	21.39	20.95	20.33	20.16	33.29	16	23.52	5.47
天津	32.68	29.92	28.46	25.77	23.39	23.05	22.65	21.29	20.47	32.61	17	26.03	−0.02
山西	29.51	31.66	26.76	25.33	22.92	22.54	21.46	20.81	18.74	32.20	18	25.19	0.97
内蒙古	24.86	25.33	23.02	20.78	20.23	18.67	18.40	17.89	18.70	32.03	19	21.99	2.86
海南	28.73	28.73	25.40	22.95	21.35	20.03	19.14	18.09	17.14	31.42	20	23.30	1.00
黑龙江	21.39	30.30	27.24	24.82	23.50	22.92	21.63	20.33	19.14	31.25	21	24.25	4.30
湖南	26.25	27.07	24.92	24.21	22.65	21.66	20.03	19.55	19.59	31.15	22	23.71	1.92
宁夏	24.62	25.09	23.16	29.75	20.16	18.06	17.10	16.22	13.84	31.04	23	21.90	2.61
重庆	27.47	25.84	24.96	29.28	21.22	19.86	19.99	18.63	18.09	30.74	24	23.61	1.26
江西	26.22	26.08	24.86	24.01	22.58	21.29	20.37	19.55	19.86	30.67	25	23.55	1.76
甘肃	29.21	29.28	26.22	24.58	23.60	22.82	21.39	20.06	17.58	30.09	26	24.48	0.33
安徽	26.49	25.40	25.09	24.28	22.37	21.80	20.37	19.79	18.67	29.51	27	23.38	1.21
云南	24.28	24.52	23.73	22.34	21.32	20.03	18.23	16.76	17.34	29.38	28	21.79	2.14
贵州	23.12	22.34	21.42	19.93	19.45	18.94	17.38	16.70	15.10	28.22	29	20.26	2.24
广西	22.75	23.90	21.69	21.25	19.01	18.43	16.83	16.66	15.06	26.59	30	20.22	1.75
青海	23.26	23.12	21.18	19.65	18.50	17.41	16.05	16.73	16.76	15.88	31	18.85	−4.15
全国	30.63	30.79	29.50	27.96	25.32	24.75	23.51	22.93	23.20	38.18	2	27.68	2.48
东部	38.79	37.82	37.46	34.75	31.27	31.46	29.72	29.49	31.16	50.88	1	35.28	3.06
中部	26.17	27.98	26.36	24.55	23.13	22.26	21.37	20.72	20.61	32.48	3	24.56	2.43
西部	26.14	26.21	24.31	24.00	21.32	20.25	19.23	18.39	17.64	30.35	4	22.78	1.67

注：排名是指2016年最新排名。

（1）各省份新型信息化发展水平情况

2016年，我国各省份新型信息化发展水平排名前五位的分别是广东、北京、浙江、福建、上海，且均属于我国东部地区。新型信息化发展指数超过70的省份全国仅有广东、北京，且第一名的广东与第二名的北京差距明显。信息化是工业化发展的延伸，广东在珠三角经济圈中一直处于

“领头羊”的地位，一直是我国最开放的省份之一，以深圳为代表城市，以开放、包容的姿态吸引了不少人才流入。北京处于环渤海经济圈的“领头羊”地位，其淘汰了高污染、高能耗的落后产能，同时培育出以互联网产业为代表的新型产业，众多创业型互联网公司在这里“生根发芽”。上海作为长三角经济圈的中心，是我国的金融中心，在这里融资便利、高效，无疑是众多互联网金融公司的首选之地，而浙江、福建作为东南沿海省份，市场发展完善，政府积极鼓励互联网发展，其中以阿里巴巴为代表的众多电商公司聚集于此。不难发现，上述省份都拥有知名互联网及技术企业、高端科技人才、国家强有力政策支撑等良好的信息技术产业发展基础，形成了比较完整的产业业态，且产业规模仍在不断扩大。

排名后五位的省份分别是安徽、云南、贵州、广西和青海，信息化指数均在 30 以下，其中 1 个属于中部地区，4 个属于西部地区。这些省份由于工业化落后、经济不发达、信息闭塞、思想观念较为落后，不利于以互联网为代表的产业发展，特别是云南、青海等省份，其本身工业化程度就不高，很难推动信息产业的发展。

从信息化发展进程来看，近 10 年来，北京、广东、浙江一直稳居前三名，上海一直在第四名与第五名之间徘徊，江苏一直在第五名到第六名之间徘徊，山东与福建的信息化发展迅猛，会时不时地挤进前五名的行列，这说明广东、北京、浙江的信息发展水平地位是不容撼动的，上海、江苏与山东、福建的信息发展竞争十分激烈。另外，贵州、青海、广西一直稳居后五名，这也显示出信息化发展落后的省份固化现象比较严重，但也说明各个省份的信息化发展进程一直在稳步推进。这或许是因为其工业化一直比较强，带动了信息化与工业化的融合。

从年均增长速度来看，排名前五名的分别是广东、吉林、辽宁、黑龙江、西藏，信息化指数年均增速均超过了 4%，年均增速最高的广东达到 7.35%。其中有两个省份属于东部地区，两个属于中部地区，1 个属于西部地区。广东本身属于东部沿海地区，经济较为发达，信息化发展迅速并不奇怪。吉林、辽宁、黑龙江与西藏等中西部省份发展迅速，主要得益于国家政策强力支持宽带网络建设，中西部地区信息网络建设受政策驱动影响明显。排名最后五位的省份分别是山西、新疆、甘肃、天津和青海。天津属于东部发达地区，信息化起点较高，但在落实国家战略定位上存在短板，主要是科技自主创新的动力不足，究其深层次原因：一是北京信息化发展强势，大部分高科技企业、高科技人才都集中在北京，北京信息化发展的强势辐射和空间垄断挤压了天津信息化的发展，尤其是在金融、信息、科技等领域。二是天津工业基础雄厚，发展制造业的条件优于服务业，制造业发展的规模和速度远远超过服务业，所以信息化发展速度相对缓慢。三是全球经济下行和外需收缩，制约了天津和港口腹地的外向型经济发展，经济发展的总量规模依然偏小，发展速度在逐步放缓。其余的 1 个省份属于中部地区，3 个省份属于西部地区，这是因为国家政策对宽带网络建设的强力支持，使得中部地区和西部地区的差距逐渐缩小，但还是与东部地区存在一定的差距，主要是由于西部地区地广人稀，先进的网络基础设施建设和先进信息化应用投入跟不上东、中部地区的速度。

（2）区域新型信息化发展水平分析

截至 2016 年，全国和三大区域新型信息化发展趋势如图 2–6 所示。

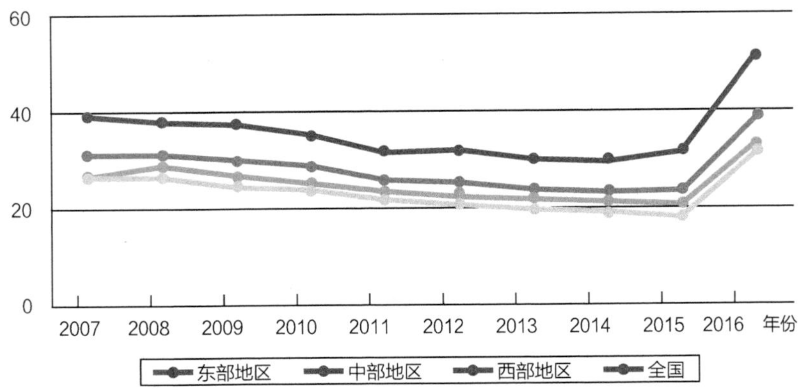

图 2-6 各区域历年新型信息化发展指数

资料来源：历年《中国信息化发展指数统计监测年度报告》。

从全国情况来看，新型信息化发展指数从 2007 年的 30.63 发展到 2016 年的 38.18，年均增速为 2.48%，这表明我国信息化基础薄弱，整体发展水平较低，新型信息化发展处于快速发展的初级阶段。从发展趋势来看，2007—2015 年全国信息化发展进程处于缓慢下降趋势，但是 2015 年以后迅速上升，上升幅度超过 2007 年，虽发展过程曲折，但最终结果处于上升阶段。这是因为在 2015 年以前，虽然互联网行业发展迅速，但乱象丛生，并未对新型信息化发展起到促进作用。

2015 年国家开始推动大数据的发展和应用，强力支持宽带网络信息建设，开启了“大众创业、万众创新”的创新驱动新格局，培育高端智能、新兴繁荣的产业发展新生态，“互联网 +”、大数据的浪潮推动中国信息技术迅速发展。当前的信息技术服务是未来工业转型升级的一个方向，借助于数据的浪潮，应当大力推进信息化与工业化深度，使信息交换更加快速，提高工业、市场发展效率。目前，信息化年均增速已经超过工业化增速，未来信息化将是推动“新四化”同步发展的重要力量。

东部地区新型信息化发展水平远远高于全国，发展指数由2007年的38.79提高到2016年的50.88，进入中等发展阶段。新型信息化排名前十的有九个属于东部地区，这也表明信息化的发展存在聚集现象。另外，东部内部地区信息化差异较大，北京、广东的信息化水平远远高于其他东部地区。从图2-7中不难发现，东部地区与中西部地区信息化发展差距很大，这是因为东部地区市场完善，拥有雄厚的资本、高端的技术和人才、强有力的国家政策支撑，科技创新能力较强，有较开放的创业环境和公平的竞争环境。

我国中部地区目前新型信息化发展水平较低，信息化指数只有32.48，年均增速为2.43%，低于东部地区和全国水平。中部地区信息化起点低，信息化基础设施较好，但受城镇化水平的影响，信息化在社会、人民生活中应用较少，因此，要加大中部地区城镇化与信息化的融合，进一步普及互联网在中部农村地区的应用。从发展趋势来看，中部地区和西部地区的信息化发展几乎同步，虽过程艰辛，但最终处于上升阶段。

西部地区的新型信息化发展水平也比较低，新型信息化发展指数只有30.35，年均增速达到1.67%，略低于中部地区，远远低于东部地区。由于信息化技术的快速发展，西部地区部分省份抓住机遇，大力推进软件、数字信息服务等信息技术，积极引入重点信息技术公司，从而实现信息技术的跨越式发展，逐渐缩小了与中部地区的差距，但西部地区地广人稀、信息基础设施较差，先进的网络基础设施建设和先进的信息化应用投入与东中部地区还有一些差距。

根据上文对全国及三大区域信息化发展的分析，可以发现我国信息化发展差异较大，东部地区明显高于全国、中部、西部地区。从图2-7中不难看出，中、西部地区新型信息化发展几乎同步，但都低于全国水平。总之，我国仍处于新型信息化发展初级阶段。

2.5.2.4 农业现代化发展指数与发展水平分析

我国31个省份以及三大区域农业现代化发展情况如表2-9所示。

表2-9 各地区历年农业现代化发展指数

地区	2007	2008	2009	2010	2011	2012	2013	2014	2015	2016	排名	平均值	平均增长率/%
上海	58.83	57.18	64.09	56.43	72.07	69.79	93.41	100	93.19	94.19	1	75.92	5.37
天津	55.30	49.56	58.64	52.70	65.09	60.23	68.23	64.80	72.45	80.90	2	62.79	4.32
新疆	53.67	41.42	58.67	51.01	66.69	42.23	76.84	49.95	84.39	75.53	3	60.04	3.87
浙江	44.95	44.80	49.02	54.16	56.10	57.04	63.28	64.70	70.91	72.26	4	57.72	5.41
黑龙江	43.11	36.55	49.85	42.30	60.00	46.39	70.78	55.95	77.65	68.72	5	55.13	5.32
内蒙古	49.74	41.65	57.56	49.59	65.27	52.45	71.08	60.21	79.86	68.57	6	59.60	3.63
江苏	42.27	38.81	47.00	47.03	55.40	41.11	61.98	57.53	68.81	67.27	7	52.72	5.30
山东	46.25	43.41	51.14	51.37	57.79	56.95	65.27	60.81	68.87	62.47	8	56.43	3.40
吉林	42.76	38.17	47.36	45.90	53.95	49.57	54.33	53.81	63.55	61.23	9	51.06	4.07
湖北	32.38	30.91	36.52	37.48	42.47	40.75	51.28	50.66	59.59	57.45	10	43.95	6.58
湖南	33.37	31.65	37.30	37.84	41.78	40.41	48.02	46.91	55.53	55.17	11	42.80	5.75
河北	42.70	38.72	47.00	43.61	51.72	44.38	56.10	51.86	61.45	54.89	12	49.24	2.83
辽宁	38.02	35.85	41.92	43.05	48.98	46.43	57.76	50.76	58.54	53.46	13	47.48	3.86
陕西	32.41	31.13	35.99	36.62	41.19	41.31	47.94	47.88	53.57	52.88	14	42.09	5.59
宁夏	39.39	34.51	43.49	38.05	49.01	42.24	52.88	46.95	59.36	52.39	15	45.83	3.22
安徽	32.45	29.50	36.25	35.46	41.43	38.70	48.25	44.19	54.05	52.10	16	41.24	5.40
河南	34.60	32.29	38.46	36.17	43.45	38.26	49.19	47.07	54.71	51.86	17	42.61	4.60
福建	32.45	32.12	36.22	38.86	41.04	42.00	49.01	47.74	53.66	51.77	18	42.49	5.33
西藏	34.28	32.38	39.10	36.60	43.83	37.59	47.56	45.87	53.61	51.28	19	42.21	4.58
四川	29.92	29.25	33.26	34.53	38.00	38.52	44.21	44.51	49.97	51.02	20	39.32	6.11
云南	28.54	27.53	31.63	32.30	36.10	36.16	42.65	42.50	48.51	49.18	21	37.51	6.23
重庆	30.34	30.12	33.96	35.82	39.16	40.34	45.69	42.91	48.38	48.95	22	39.57	5.46

续表

地区	2007	2008	2009	2010	2011	2012	2013	2014	2015	2016	排名	平均值	平均增长率/%
山西	37.30	35.64	40.70	42.99	45.56	37.79	49.44	48.05	53.99	47.59	23	43.91	2.74
青海	31.98	30.63	36.43	36.23	40.95	37.47	44.09	43.60	48.40	47.58	24	39.73	4.51
广东	31.37	32.88	35.21	36.13	40.32	37.71	43.61	45.76	47.85	47.50	25	39.84	4.72
广西	28.99	28.11	32.07	33.40	36.60	36.27	42.15	42.73	47.47	47.39	26	37.52	5.61
海南	30.73	30.79	35.11	37.18	39.42	38.95	44.13	44.33	47.71	47.33	27	39.57	4.92
江西	31.54	30.15	35.99	36.45	41.55	43.63	42.15	42.71	46.71	45.52	28	39.64	4.16
甘肃	30.95	29.36	34.95	33.69	39.18	37.42	44.30	42.48	49.12	45.46	29	38.69	4.37
贵州	23.73	23.52	26.75	28.48	30.95	31.57	37.87	38.45	43.32	42.56	30	32.72	6.70
北京	53.92	52.52	58.77	52.04	64.95	63.08	67.21	66.54	70.66	39.98	31	58.97	−3.27
全国	38.01	35.52	42.27	41.08	48.06	44.09	54.22	51.36	59.54	56.27	2	47.04	4.46
东部	43.35	41.51	47.65	46.60	53.90	50.70	60.91	59.53	64.92	61.09	1	53.01	3.89
中部	35.94	33.11	40.30	39.32	46.27	41.94	51.68	48.67	58.22	54.96	3	45.04	4.83
西部	34.50	31.63	38.66	37.19	43.91	39.46	49.77	45.67	55.50	52.73	4	42.90	4.83

注：排名是指2016年最新排名。

（1）各省份农业现代化发展水平分析

2016年，我国农业现代化发展水平排名前五位的省份分别是上海、天津、新疆、浙江、黑龙江，东、中、西部地区均有涉及，分布较为均匀。排名前四位的地区，新型农业现代化指数均在70以上。新疆与黑龙江的共同特点是地域辽阔、人口密度较小、土地肥沃、农业品种多样，气候环境十分适宜农业发展，地形地貌很适合大规模化的机械生产作业。上海、浙江的经济较为发达，拥有资金、技术优势，又处于江南地区，气候条件非常有利于农业现代化发展。天津作为环渤海经济中心，有着独特的地理优势和资源优势。近年来，天津推动供给侧改革，一方面，积极将传统的城郊型农业转变为都市型现代农业，打造现代农业示范园、各种标准化生产基地以吸引生产要素聚集，为农业现代化发展奠定了坚实基础；另一方面，依靠质量品牌，对农产品进行深加工、贸易，连接生产、加工、流通各个环节，形成完整的农业现代化产业链。

排名后五位的省份分别是海南、江西、甘肃、贵州、北京。除了北京，其他省份的新型农业现代化指数均在45附近，东、中、西部地区均有涉及。显然，农业现代化发展有其自身的特点，与各省份的地形地势、气候条件、土壤环境等有很大的关系。另外，也和市场规模、交通等有关。海南旅游业比较发达，但远离中国内陆，农业加工流通不便利，因此排名靠后。甘肃和贵州的气候、土壤等自然条件比较恶劣，经济发展比较落后，农业劳动力科技文化素质低，交通也不便利，因此农业现代化发展受到制约。江西资源利用率低、基础设施落后、农业生产要素组配不合理及科技创新驱动不足等也阻碍了现代农业化的发展。另外，值得注意的是，北京在2015年之前新型农业化发展一直稳居于全国前三，且新型农业化发展指数高达70.66，2016年处于全国倒数第一，新型农业化发展指数仅为39.98，这是因为北京新型工业化发展已经处于中后期阶段，其发展速度放缓属于正常现象。

从各省份农业现代化发展进程来看，近10年来上海、天津一直稳居前五名，北京在2015年之前农业化发展也一直居于前五名，从2013年开始发展放缓，新疆、浙江、山东一直在前五名附近徘徊，黑龙江在2013年以前排名虽然比较靠后，但从2013年之后迅速发展，开始进入前五名，并不断巩固其农业现代化地位。贵州、广西、云南一直稳居后五名，但从2015年开始，云南开始走出后五名，2016年广西也终于走出后五名。总体来看，我国各省份近10年来农业现代化稳步上升。2007年我国没有一个地区的农业现代化指数超过60，到了2016年有多达9个省份的农业现代化指数超过了60。

从年均增速来看，新型农业现代化增速最快的5个省份分别是贵州、湖北、云南、四川和湖南，中西部地区均有涉及，东部地区发展缓慢可能与其现代服务业、工业化、城镇化的快速发展有关，忽视了农业现代化的发展，而且其新型农业化的发展起点较高，发展速度缓慢也是必然趋势。中西部地区现代农业能够快速发展，首先是因为政府高效推进供给侧改革，并结合这些地方的市场需要和当地条件执行。例如，四川大力实施“现代农业千亿增收工程”，大力推进现代农业示范区建设，加快发展蔬菜（食用菌）、水果、茶叶、道地中药材等优势产业，积极发展蚕桑、花卉产业，加快创建良种化、标准化、专业化、规模化、集约化、品牌化基地建设，促进了全省优势特色农业持续快速发展和区域布局的进一步优化。其次，加大农业与工业融合，传统农业由单一种植向“种产加销”整条产业经济链转变。最后，这些地区不断完善现代农业支撑体系，生态农业快速发展。年均增速排名后五位的分别为北京、山西、河北、宁夏、山东。其中，山西是资源大省，土地贫瘠；青海的气候等自然环境比较恶劣，不适宜农业生产。北京、河北的工业发达，忽视了农业现代化的建设。山东一直都是我国的农业大省，现代化农业发展增速虽然缓慢，但是发展起点高，近年来新型农业现代化发展指数一直稳居全国前列，山东推动供给侧改革，打造现代农业示范园、各种标准化生产基地以吸引生产要素聚集，为农业现代化发展奠定了坚实基础。

（2）区域农业现代化发展水平分析

全国及东、中、西部三大区域2007—2016年农业现代化发展情况如图2-7所示。

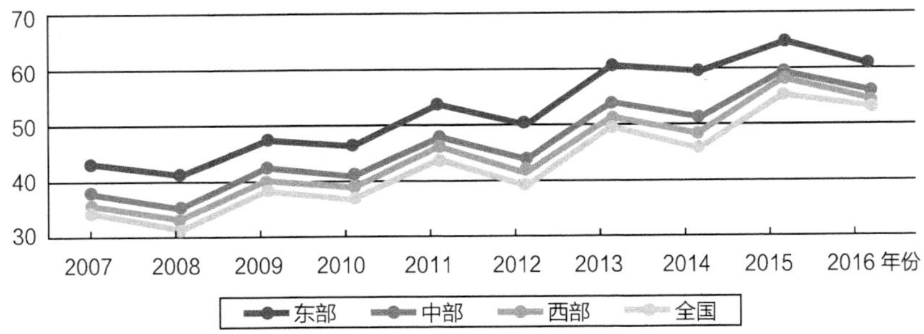

图 2-7　各区域历年农业现代化指数

资料来源：中国农业科学院《全国农业现代化评价结果》(2017)。

从全国资料来源角度看，2007 年我国新型农业现代化指数为 38.01，2016 年达到 56.27，目前发展水平较低，但一直保持增长，年均增速为 4.46%。由图 2-8 来看，从 2007 年开始，我国农业现代化发展过程虽然曲折，但整体处于上升阶段。

从区域角度来看，东、中、西部地区 2007 年的新型农业现代化指数分别为 43.35、35.94 和 34.50，到 2016 年这一指数分别为 61.09、54.96 和 52.73，年均增速分别为 3.89%、4.83% 和 4.83%。由此可见，新型农业现代化水平东、中、西部地区依然呈依次递减格局，但三大区域差距不大。在年均增速方面，增速最快的是中部地区和西部地区，东部地区最慢，最终三大区域农业现代化发展水平会呈现出一致势态。

2.5.3 “新四化”综合发展指数与发展水平分析 >>>

上文中，我们对全国各省份以及三大区域的新型城镇化、工业化、信息化、农业现代化发展情况进行了详细分析。在“四化同步”发展理念下，我们依据式（2-7）对全国各地区“新四化”综合发展水平进行分析，如表 2-10 所示。

表 2–10 各地区历年“新四化”综合发展指数

地区	2007	2008	2009	2010	2011	2012	2013	2014	2015	2016	排名	平均值	平均增长率 / %
广东	47.43	49.42	53.39	54.77	55.86	57.29	60.83	62.02	65.50	80.81	1	58.73	6.10
浙江	52.72	53.58	56.86	58.80	59.41	61.87	64.31	66.00	69.02	76.20	2	61.88	4.18
上海	57.16	57.03	61.17	59.27	62.44	62.16	68.98	71.35	70.79	76.14	3	64.65	3.24
江苏	48.61	51.76	54.76	56.11	59.87	58.09	65.40	65.61	69.90	75.37	4	60.55	4.99
山东	48.06	49.61	52.85	54.05	55.99	57.56	63.00	61.42	65.23	69.09	5	57.69	4.11
天津	51.80	51.90	55.35	55.60	60.36	60.54	63.03	61.54	63.08	68.56	6	59.18	3.16
北京	58.91	56.77	62.41	58.74	62.66	63.46	62.06	66.50	68.84	67.98	7	62.83	1.60
福建	39.69	41.91	44.11	45.98	47.44	48.33	50.54	51.17	54.68	59.63	8	48.35	4.63
内蒙古	42.20	41.39	46.59	46.77	52.79	49.49	54.96	51.56	57.89	59.36	9	50.30	3.86
河北	39.06	38.94	41.58	42.64	45.74	44.20	47.68	46.59	49.57	55.07	10	45.11	3.89
湖北	36.52	37.16	39.69	40.77	42.95	43.52	47.47	48.44	51.97	54.56	11	44.31	4.56
吉林	37.17	38.02	43.39	43.90	46.45	45.90	49.19	48.64	50.74	54.21	12	45.76	4.28
重庆	33.84	35.22	37.25	40.10	41.78	44.24	47.17	47.41	49.66	53.96	13	43.06	5.32
新疆	47.62	43.45	44.94	45.57	49.63	43.44	51.41	45.51	52.86	53.73	14	47.82	1.35
河南	38.24	37.99	40.42	40.44	43.56	42.12	45.58	45.74	48.48	52.57	15	43.52	3.60
陕西	37.90	39.05	40.11	42.50	45.56	45.91	48.22	48.17	48.54	52.22	16	44.82	3.63
湖南	34.85	36.31	40.51	40.33	42.33	42.33	44.71	45.16	48.21	52.00	17	42.67	4.55
宁夏	35.75	35.13	39.50	41.71	42.70	42.31	46.25	45.05	48.09	51.41	18	42.79	4.12
辽宁	38.93	42.39	45.64	47.35	49.63	49.40	52.83	51.19	51.36	51.08	19	47.98	3.06
安徽	32.55	33.51	36.99	38.55	41.26	41.34	44.45	44.16	46.82	50.28	20	40.99	4.95
黑龙江	43.90	46.11	45.38	44.72	49.90	45.65	51.16	46.70	49.78	50.10	21	47.34	1.48
四川	32.15	33.85	36.08	37.19	39.87	40.93	42.99	43.01	44.68	50.08	22	40.08	5.05
江西	33.05	34.91	37.06	38.69	41.50	43.20	43.74	44.34	45.86	49.45	23	41.18	4.58
山西	37.73	38.98	38.54	40.84	42.69	40.56	42.93	41.67	41.78	44.95	24	41.07	1.96
广西	29.84	29.79	32.42	35.00	36.14	36.62	38.23	38.96	40.79	44.38	25	36.22	4.51
贵州	27.58	27.60	28.78	30.64	32.47	34.33	35.99	37.56	39.36	44.05	26	33.84	5.34
云南	32.18	31.99	33.59	34.98	36.53	36.41	38.56	38.59	40.23	43.78	27	36.68	3.48
海南	31.07	31.54	34.82	36.01	36.13	37.49	38.33	38.09	39.40	43.10	28	36.60	3.70

续表

地区	2007	2008	2009	2010	2011	2012	2013	2014	2015	2016	排名	平均值	平均增长率/%
西藏	36.54	32.62	35.35	36.51	37.30	33.46	36.04	41.22	39.33	42.64	29	37.10	1.73
青海	38.85	38.97	37.77	39.10	41.39	39.68	40.68	40.85	41.65	41.77	30	40.07	0.81
甘肃	31.85	30.87	33.07	33.04	35.19	35.48	37.88	37.52	36.78	40.36	31	35.20	2.67
全国	39.80	40.25	42.92	43.89	46.37	46.04	49.18	49.09	51.32	55.13	2	46.40	3.69
东部	46.68	47.71	51.18	51.76	54.14	54.58	57.91	58.32	60.67	65.73	1	54.87	3.88
中部	36.75	37.87	40.25	41.03	43.83	43.08	46.15	45.61	47.96	51.02	3	43.35	3.71
西部	35.53	34.99	37.12	38.59	40.95	40.19	43.20	42.95	44.99	48.14	4	40.67	3.44

注：排名是指2016年最新排名。

（1）各省份“新四化”综合发展水平分析

2016年，我国各省份“新四化”综合发展水平排名前五位的省份分别是广东、浙江、上海、江苏和山东，全部属于东部地区。这些省份位于长三角、珠三角、环渤海经济区，是我国经济、科技最发达的地区。其中仅有广东“新四化”综合发展指数超过80，超过60的一共有6个省份。排名后五位的省份分别是甘肃、青海、西藏、海南和云南，这些省份的“新四化”综合发展指数均在44以下，除海南外全部属于西部地区，其位置偏远、自然环境较差、交通不便，经济发展水平较低；海南处于区位劣势，交通不便，市场需求少，人才流失严重，导致海南经济发展水平落后。

从“新四化”综合发展过程来看，我国各省份“新四化”保持稳步上升趋势，其中上海、浙江、江苏等省份长期稳居前五名，北京在2016年之前也一直稳居前五名，2016年广东和山东被挤出前五名行列，天津2014年之前一直排在前五名之内，2014年被广东挤出前五名，广东与山东一直在第五名左右徘徊，这充分说明了近几年广东、山东与其他省份之间的激烈竞争。甘肃、海南长期位于后五名，贵州、广西、云南、西藏一直徘徊在倒数第五名左右，“新四化”发展水平较低。从年均增长速度来看，增长最快的省份分别是广东、贵州、重庆、四川、江苏，这表明东西部省份“新四化”正在加速发展，最终可能达到均衡水平。

（2）区域“新四化”综合发展水平分析

2007—2016 年全国及三大区域“新四化”综合发展水平如图 2-8 所示。

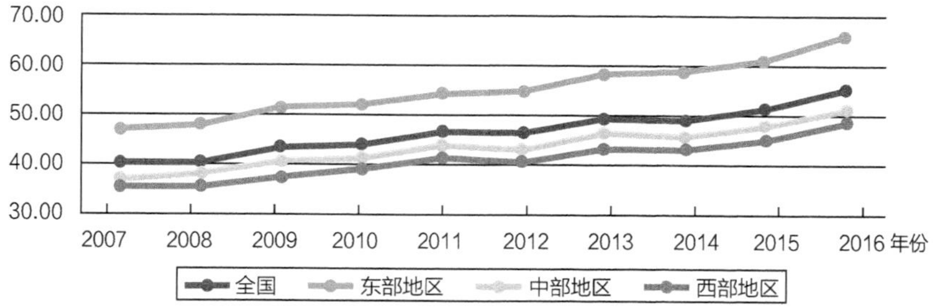

图 2-8 各区域历年“新四化”综合发展指数

注：经笔者计算整理所得。

从全国角度来看，我国“新四化”综合发展指数 2007 年平均为 39.80，到 2016 年发展为 55.13，年均增速为 3.69%。这表明我国“新四化”综合发展水平一直保持稳定增长，但目前仍然较低。

从区域角度来看，东、中、西部地区 2007 年“新四化”综合发展指数分别为 46.68、37.75 和 35.53，2016 年分别为 65.73、51.02 和 48.14，年均增速东、中、西部地区分别为 3.88%、3.71%、3.44%。显然，东部地区“新四化”综合发展指数明显高于中、西部地区，中部地区略高于西部地区。从年均增长速度来看，东部地区最高，中部地区次之，西部地区最低，虽然中、西部地区“新四化”综合发展低于东部地区，但仍然呈追赶态势，稳步上升。

2.5.4 各地区“新四化”融合度分析

根据式（2–9）和前文得出的各省份历年新型城镇化、工业化、信息化以及农业现代化指数，可以计算出历年“新四化”融合度，详细结果如表 2–11 所示。

表 2–11 各地区历年“新四化”融合度

地区	2007	2008	2009	2010	2011	2012	2013	2014	2015	2016	排名
浙江	0.972	0.949	0.945	0.923	0.915	0.924	0.873	0.834	0.851	0.968	1
福建	0.949	0.937	0.918	0.878	0.839	0.825	0.807	0.799	0.870	0.959	2
河南	0.913	0.893	0.899	0.847	0.823	0.812	0.790	0.793	0.805	0.938	3
西藏	0.894	0.961	0.900	0.871	0.833	0.868	0.751	0.645	0.576	0.929	4
四川	0.965	0.948	0.918	0.878	0.831	0.803	0.776	0.766	0.764	0.904	5
上海	0.948	0.936	0.902	0.880	0.812	0.820	0.746	0.714	0.770	0.888	6
陕西	0.931	0.867	0.885	0.833	0.763	0.742	0.722	0.716	0.695	0.888	7
山西	0.954	0.956	0.926	0.884	0.822	0.812	0.775	0.757	0.681	0.870	8
河北	0.913	0.896	0.859	0.804	0.749	0.744	0.692	0.695	0.707	0.870	9
辽宁	0.855	0.935	0.901	0.847	0.823	0.797	0.770	0.765	0.760	0.869	10
湖北	0.953	0.925	0.915	0.860	0.829	0.791	0.779	0.740	0.745	0.868	11
吉林	0.839	0.912	0.870	0.816	0.781	0.754	0.705	0.702	0.674	0.866	12
山东	0.939	0.917	0.917	0.862	0.753	0.739	0.797	0.749	0.688	0.862	13
江西	0.959	0.920	0.900	0.868	0.820	0.774	0.741	0.715	0.715	0.860	14
广东	0.904	0.900	0.900	0.878	0.860	0.838	0.865	0.843	0.856	0.859	15
广西	0.948	0.949	0.892	0.861	0.804	0.778	0.725	0.712	0.644	0.856	16
湖南	0.944	0.922	0.858	0.852	0.810	0.784	0.738	0.715	0.691	0.855	17
安徽	0.966	0.929	0.910	0.869	0.818	0.793	0.748	0.725	0.682	0.850	18
贵州	0.950	0.941	0.936	0.884	0.854	0.811	0.767	0.713	0.641	0.845	19
甘肃	0.991	0.988	0.962	0.942	0.906	0.876	0.815	0.780	0.674	0.843	20
江苏	0.935	0.863	0.868	0.812	0.785	0.721	0.741	0.696	0.695	0.837	21
云南	0.930	0.925	0.915	0.875	0.843	0.807	0.740	0.684	0.679	0.826	22

续表

地区	2007	2008	2009	2010	2011	2012	2013	2014	2015	2016	排名
重庆	0.955	0.911	0.893	0.921	0.773	0.693	0.681	0.637	0.618	0.811	23
北京	0.965	0.943	0.946	0.959	0.928	0.908	0.769	0.850	0.866	0.807	24
内蒙古	0.864	0.873	0.787	0.731	0.670	0.656	0.605	0.611	0.573	0.803	25
宁夏	0.913	0.913	0.842	0.892	0.748	0.660	0.605	0.571	0.491	0.791	26
海南	0.956	0.955	0.919	0.872	0.768	0.751	0.710	0.673	0.630	0.775	27
天津	0.884	0.831	0.798	0.729	0.668	0.650	0.635	0.613	0.593	0.770	28
新疆	0.925	0.927	0.891	0.882	0.800	0.813	0.707	0.762	0.577	0.752	29
黑龙江	0.750	0.833	0.869	0.820	0.766	0.779	0.685	0.692	0.554	0.719	30
青海	0.819	0.801	0.815	0.764	0.721	0.693	0.657	0.655	0.640	0.609	31
全国	0.922	0.915	0.892	0.858	0.804	0.781	0.739	0.720	0.691	0.843	3
东部	0.929	0.915	0.898	0.858	0.809	0.792	0.764	0.748	0.753	0.860	1
中部	0.910	0.911	0.893	0.852	0.809	0.787	0.745	0.730	0.693	0.853	2
西部	0.924	0.917	0.886	0.861	0.795	0.767	0.713	0.688	0.631	0.821	4

注：排名是指 2016 年最新排名

（1）各省份融合度水平分析

2016 年我国各省份新四化融合度排名前五位的分别是浙江、福建、河南、西藏、四川，东、中、西部均有涉及，前五名的融合度均在 0.9 以上，即 2016 年有 5 个省份区达到优质融合状态。排名后五位的省份分别是青海、黑龙江、新疆、天津以及海南，东、中、西部地区均有涉及。排名最后的黑龙江的融合度达到了 0.609 的初级融合水平，排名倒数第四的天津的融合度达到了 0.770，属于中级融合水平。显然，东部地区不仅各子系统发展比较好，融合状态也优于其他地区，这也能从侧面证明各子系统的发展是相互促进、相互融合的，某子系统的发展必然带动其他子系统的发展，最终有助于实现较高的融合状态。

（2）区域“新四化”融合度水平分析

全国及三大区域历年“新四化”融合度水平如图 2-10 所示。

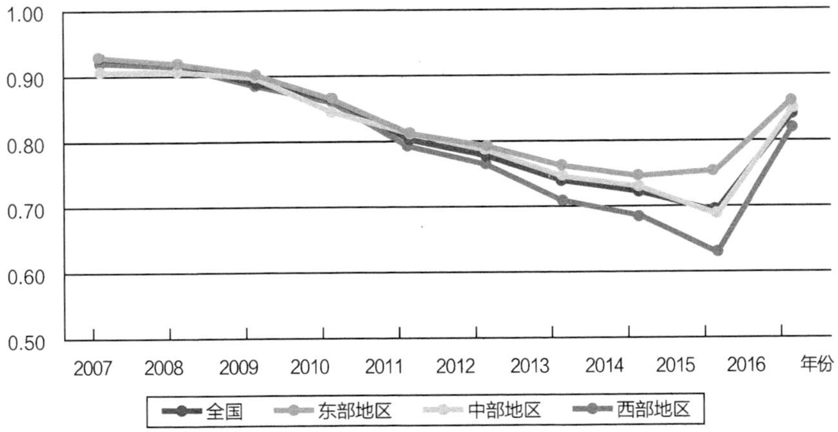

图 2-9　各区域历年“新四化”融合度水平

注：经笔者计算并整理所得。

从图 2-9 中可以看出，2011 年之前我国东、中、西部地区“新四化”融合度差距不大，2011 年以后我国三大地区“新四化”融合度开始拉开差距。首先，2016 年东部地区“新四化”融合度最高，中部地区次之，西部地区融合度最低，而且中部地区融合度略高于全国平均水平，西部地区低于全国平均水平。其次，全国及三大区域融合度呈“下降—上升”的态势，但总体呈下降趋势。这说明新四化系统中各子系统在不同发展水平存在均衡状态，当一个子系统发展时，会打破这种状态，从而使融合度下降，随后带动其他子系统发展，系统的融合度随之上升，依次循环直到均衡。最后，东、中、西部地区“新四化”综合发展水平依次递减，系统的融合度波动也依次降低，这可能表明在同等条件下，“新四化”综合发展水平较高的地区融合度也较高，更容易达到均衡的稳定状态。

（3）各省份历年融合度等级划分

我们已经计算出各省份历年“新四化”融合度，根据上文我们对融合度等级的划分，可得出地区融合度等级划分，结果如表 2-12 所示。

表 2-12 各地区历年“新四化”融合度等级情况

融合度等级	2007	2011	2015	2016
濒临排斥			宁夏	
勉强融合			天津、新疆、西藏、内蒙古、黑龙江	
初级融合		天津、内蒙古	江苏、陕西、湖南、山东、安徽、山西、云南、吉林、甘肃、广西、贵州、青海、海南、海南、重庆	青海
中级融合	黑龙江	江苏、吉林、重庆、海南、黑龙江、陕西、山东、河北、宁夏、青海	上海、四川、辽宁、湖北、江西、河北	宁夏、海南、天津、新疆、黑龙江
良好融合	西藏、天津、内蒙古、辽宁、吉林、青海	广东、贵州、云南、福建、西藏、四川、湖北、河南、辽宁、山西、江西、安徽、上海、湖南、广西、新疆	福建、北京、广东、浙江、河南	上海、陕西、山西、河北、辽宁、湖北、吉林、山东、江西、广东、广西、湖南、安徽、贵州、甘肃、江苏、云南、重庆、北京、内蒙古
优质融合	甘肃、浙江、安徽、四川、北京、江西、海南、重庆、山西、湖北、贵州、福建、广西、上海、湖南、山东、江苏、陕西、云南、新疆、河北、宁夏、河南、广东	北京、浙江、甘肃		浙江、福建、河南、西藏、四川

从表 2-12 中可以看出，2007 年达到优质融合的省份多达 24 个，所有省份都达到中级融合以上。到 2011 年，达到优质融合的省份只有 3 个，良好融合的有 16 个，中级融合的有 10 个，出现 2 个初级融合省份。到 2015

年，没有一个省份达到优质融合水平，良好融合省份只有 5 个，中级融合的也只有 6 个，甚至出现了 5 个勉强融合和 1 个濒临排斥状态的省份。而 2016 年，达到优质融合的省份增加到 5 个，良好融合的增加到 20 个，中等融合的减少到 5 个，只出现 1 个初级融合的省份。显然，随着时间的推移，我国"新四化"发展不平衡、不协调现象加剧，但是在自然状态下，理论上系统会逐渐恢复到动态的理想融合状态，但需要较长时间。总体来看，我国各省份"新四化"融合度较高，但这实际上是一种较低水平的融合。

2.5.5 各地区"新四化"融合发展度分析

根据各省份计算的"新四化"综合发展指数和融合度，利用式（2–12）可以计算出我国各省份历年融合发展度，详细情况如表 2–13 所示。

表 2–13 各地区历年"新四化"融合发展度

地区	2007	2008	2009	2010	2011	2012	2013	2014	2015	2016	排名
浙江	7.16	7.13	7.33	7.37	7.37	7.56	7.49	7.42	7.67	8.59	1
广东	6.55	6.67	6.93	6.93	6.93	6.93	7.26	7.23	7.49	8.33	2
上海	7.36	7.31	7.43	7.22	7.12	7.14	7.18	7.14	7.38	8.22	3
江苏	6.74	6.68	6.90	6.75	6.85	6.47	6.96	6.76	6.97	7.94	4
山东	6.72	6.75	6.96	6.82	6.49	6.52	7.09	6.78	6.70	7.72	5
福建	6.14	6.27	6.36	6.36	6.31	6.31	6.39	6.40	6.90	7.56	6
北京	7.54	7.32	7.68	7.50	7.62	7.59	6.91	7.52	7.72	7.41	7
天津	6.77	6.57	6.64	6.37	6.35	6.27	6.32	6.14	6.12	7.27	8
河南	5.91	5.82	6.03	5.85	5.99	5.85	6.00	6.02	6.25	7.02	9
河北	5.97	5.91	5.98	5.85	5.85	5.73	5.75	5.69	5.92	6.92	10
内蒙古	6.04	6.01	6.05	5.85	5.95	5.70	5.77	5.61	5.76	6.91	11
湖北	5.90	5.86	6.03	5.92	5.97	5.87	6.08	5.99	6.22	6.88	12
吉林	5.58	5.89	6.15	5.98	6.02	5.88	5.89	5.85	5.85	6.85	13

续表

地区	2007	2008	2009	2010	2011	2012	2013	2014	2015	2016	排名
陕西	5.94	5.82	5.96	5.95	5.89	5.84	5.90	5.87	5.81	6.81	14
四川	5.57	5.66	5.76	5.72	5.76	5.73	5.78	5.74	5.84	6.73	15
湖南	5.74	5.79	5.90	5.86	5.86	5.76	5.75	5.68	5.77	6.67	16
辽宁	5.77	6.29	6.41	6.33	6.39	6.27	6.38	6.26	6.25	6.66	17
重庆	5.68	5.67	5.77	6.08	5.68	5.54	5.67	5.50	5.54	6.62	18
安徽	5.61	5.58	5.80	5.79	5.81	5.73	5.77	5.66	5.65	6.54	19
江西	5.63	5.67	5.78	5.79	5.83	5.78	5.69	5.63	5.73	6.52	20
宁夏	5.71	5.66	5.77	6.10	5.65	5.29	5.29	5.07	4.86	6.38	21
新疆	6.64	6.35	6.33	6.34	6.30	5.94	6.03	5.89	5.52	6.36	22
西藏	5.72	5.60	5.64	5.64	5.57	5.39	5.20	5.16	4.76	6.29	23
山西	6.00	6.10	5.97	6.01	5.92	5.74	5.77	5.62	5.33	6.25	24
广西	5.32	5.32	5.38	5.49	5.39	5.34	5.26	5.27	5.13	6.16	25
贵州	5.12	5.10	5.19	5.21	5.27	5.28	5.25	5.17	5.02	6.10	26
云南	5.47	5.44	5.54	5.53	5.55	5.42	5.34	5.14	5.23	6.01	27
黑龙江	5.74	6.20	6.28	6.05	6.18	5.96	5.92	5.68	5.25	6.00	28
甘肃	5.62	5.52	5.64	5.58	5.64	5.58	5.56	5.41	4.98	5.83	29
海南	5.45	5.49	5.66	5.60	5.27	5.31	5.22	5.06	4.98	5.78	30
青海	5.64	5.59	5.55	5.46	5.46	5.24	5.17	5.17	5.16	5.05	31
全国	6.02	6.03	6.15	6.11	6.07	5.97	6.00	5.92	5.93	6.79	2
东部	6.56	6.58	6.75	6.65	6.60	6.56	6.63	6.58	6.74	7.49	1
中部	5.76	5.86	5.99	5.91	5.95	5.82	5.86	5.77	5.76	6.59	3
西部	5.71	5.64	5.71	5.74	5.68	5.52	5.52	5.42	5.30	6.27	4

注：排名是指2016年最新排名。

（1）各省份“新四化”融合发展度水平分析

2016年，我国“新四化”融合发展度前五名的省份分别是浙江、广东、上海、江苏和山东，全部属于东部地区，其中仅有浙江、广东、上海达到良好融合发展水平，山东的“新四化”融合发展度为7.72，为中级融合发展水平。东部地区经济发达、交通便利、市场比较成熟，各项社会制度比较完善，资本、科技、人才优势明显，是我国最具有创新活力的地区。排名后五位的省份分别是青海、海南、甘肃、黑龙江和云南，东、中、西部地区均有涉及，排名最后的青海的“新四化”融合发展度为5.05，为勉强融合发展水平。海南处于区位劣势，交通不便、市场需求少、人才流失严重，导致海南整体经济发展水平落后。黑龙江地处我国东北地区，有我国的老工业基地，近年来人口流失严重、经济发展不足，导致融合发展度较低，黑龙江可以加强利用以互联网为代表的现代服务业，充分发挥现代农业发展优势。西部地区由于自然环境条件恶劣、交通不便、人口稀少，其“新四化”综合发展水平较低。

（2）区域“新四化”融合发展度水平分析

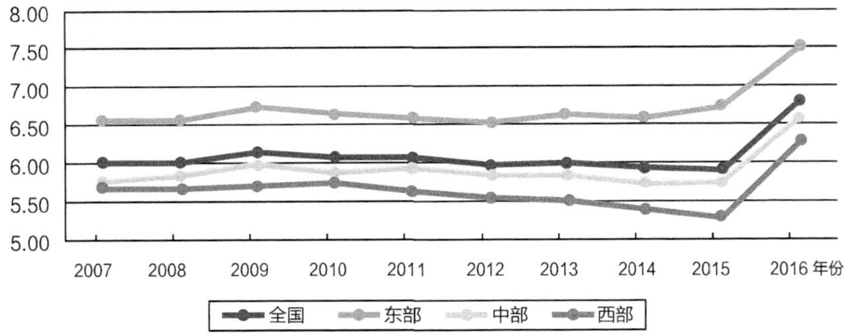

图 2–10　各区域历年“新四化”融合发展度

注：经笔者计算并整理所得。

图 2–10 反映了 2007—2016 年 10 年间全国及东、中、西部“新四化”融合发展度的情况。从全国角度来看，2007 年我国“新四化”融合发展度为 6.02，2016 年达到 6.79，通过近 10 年的发展，我国“新四化”融合发展水平有所提升，但仍处于初级融合发展水平。从发展趋势来看，2007—2015 年我国“新四化”融合发展度一直处于平稳状态，发展速度缓慢，到 2016 年发展速度加快。

从区域角度来看，东部地区2007年“新四化”融合发展度为6.56，属于初级融合发展等级，到2016年融合发展度为7.49，达到中级融合发展等级。中部地区2007年“新四化”融合发展度为5.76，属于勉强融合发展等级，2016年融合发展度为6.59，发展到初级融合发展等级。西部地区2007年“新四化”融合发展度为5.71，属于勉强融合发展等级，2016年融合发展度为6.27，也跃上一个台阶，达到初级融合发展等级。从图2–11中不难看出，东、中、西部地区“新四化”融合发展度也在一直上升，东部地区融合发展度最高，明显高于中西部地区，中部地区次之，西部地区最低，中部地区略高于西部地区，二者处于同一融合发展等级。

（3）各省份历年融合发展度等级划分

前文计算出了各省份以及全国各区域历年融合发展度，根据2.4.6节我们对融合发展度等级划分的标准，可得各省份历年“新四化”融合发展度等级，结果如表2–14所示。

表2–14 各省份历年“新四化”融合发展度等级情况

融合发展度等级	2007	2015	2016
濒临排斥发展		海南、甘肃、宁夏、西藏	
勉强融合发展	河北、陕西、河南、湖北、辽宁、湖南、黑龙江、西藏、宁夏、重庆、青海、江西、甘肃、安徽、吉林、四川、云南、海南、广西、贵州	河北、吉林、四川、陕西、湖南、内蒙古、江西、安徽、重庆、新疆、山西、黑龙江、云南、青海、广西、贵州	甘肃、海南、青海
初级融合发展	天津、江苏、山东、新疆、广东、福建、内蒙古、山西	江苏、福建、山东、河南、辽宁、湖北、天津	河北、内蒙古、湖北、吉林、陕西、四川、湖南、辽宁、重庆、安徽、江西、宁夏、新疆、西藏、山西、广西、贵州、云南、黑龙江

续表

融合发展度等级	2007	2015	2016
中级融合发展	北京、上海、浙江	北京、浙江、广东、上海	江苏、山东、福建、北京、天津、河南
良好融合发展			浙江、广东、上海
优质融合发展			

表 2-14 给出了我国各省份历年融合发展等级的迁移演化过程，2007 年，融合发展水平最高的 3 个省份也仅仅处于中级融合发展等级，没有一个省份能达到良好、优质融合发展等级，8 个省份处于初级融合发展状态，20 个省份处于勉强融合发展状态，我国绝大多数省份处于勉强融合发展状态，整体处于较低融合发展水平。到 2015 年，达到中级融合发展等级的省份增加到 4 个，但依然没有省份达到良好、优质融合发展状态，其中广东的融合发展等级上升了一个台阶，从初级融合发展状态进入中级融合发展状态；7 个省份处于初级融合发展水平，16 个省份处于勉强融合发展水平，甚至出现了 4 个濒临排斥发展的省份。近 9 年来，我国"新四化"的不均衡发展严重影响了"新四化"的融合发展，直到 2015 年，我国"新四化"整体依然处于较低融合发展水平。2016 年，浙江、广东、上海的融合发展等级上升一个台阶，进入良好融合发展水平；处于中级融合发展状态的增加到 6 个省份，均由 2015 年的初级融合发展状态演变进来；有 19 个省份处于初级融合发展状态，只有 3 个省份处于勉强融合发展状态。总体来看，我国各省份"新四化"融合发展水平正在向更高等级演化。

2.6 实证结果分析与讨论

2.6.1 实证结果分析

在上文中，我们对全国各省份以及三大区域的“新四化”各子系统发展水平、综合发展水平、各子系统的融合度和融合发展度进行了详细的实证分析，根据实证研究结果，我们可以得出以下基本认识。

（1）就“新四化”发展现状而言，根据“新四化”各子系统发展指数，我国目前新型城镇化正处于发展的中后期阶段，工业化处于发展的中期初级阶段，农业现代化处于中期发展阶段，信息化处于快速发展的初期阶段。从区域角度来看，东部地区目前新型城镇化正处于发展的后期阶段，工业化、信息化及农业现代化正处于发展的中期阶段；中西部地区新型城镇化、农业现代化正处于发展的中期初级阶段，工业化、信息化正处于发展的初期阶段。从“新四化”综合发展指数来看，我国目前“新四化”综合发展水平正处于快速发展的中期初级阶段，其中东部地区处于发展的中后期阶段，中西部地区处于快速发展的中期初级阶段。

（2）“新四化”各子系统发展水平不断提升，但发展的不平衡、不协调、不同步问题突出。一方面，我国新型城镇化、农业现代化、新型工业化、新型信息化发展水平差异较大，而且呈依次递减格局，其中新型工业化、信息化的发展明显滞后于新型城镇化、农业现代化，“新四化”各子系统发展不平衡、不同步问题明显。另一方面，在空间分布上，我国东、中、西部地区“新四化”发展水平呈依次递减的空间格局，区域间发展不平衡、不协调问题突出，其中，东部地区明显高于中、西部地区，中、西部地区差异不大，但西部地区内部差异更显著。

（3）全国及三大区域融合度呈波动状态，但总体呈下降趋势。这说明

“新四化”系统中各子系统存在均衡状态，虽然早期的融合度比较高，但这是一种低水平的融合，当一个子系统发展时，会打破这种状态，从而使融合度下降，随后带动其他子系统的发展，系统的融合度随之上升，依次循环直到均衡。东部地区“新四化”融合度最高，中部地区次之，西部地区融合度最低，而且中、西部地区融合度均低于全国平均水平。

（4）虽然我国“新四化”融合度较高，但这仍是一种较低水平的融合。目前，我国绝大部分省份都处于良好融合等级以上，整体融合度较高，但从融合发展度来看，仅有上海处于优质融合发展水平，处于良好融合发展水平只有6个省份，有将近一半的省份仍处于初级融合发展水平。

（5）我国各地区融合发展度水平不断提高，正在向更高融合发展等级演进。我国“新四化”融合发展度稳步上升，从勉强融合发展到中等融合发展水平，取得了很大进步。东、中、西部地区“新四化”融合发展度也一直上升，但东部地区最高明显高于中西部地区，中部地区次之，西部地区最低，呈现出东部 > 中部 > 西部的空间格局，中部地区略高于西部地区，二者处于同一融合发展等级。

（6）虽然我国目前各地区“新四化”发展水平存在不平衡、不协调问题，但中、西部地区正在呈追赶之势，未来地区差异可能会缩小。“新四化”各子系统以及综合发展水平年均增长速度基本呈现出中部 > 西部 > 东部态势，这表明落后地区后发优势明显，正在追赶先进地区，未来这种地域差异可能会逐渐缩小。

2.6.2 提升“新四化”融合发展水平的路径选择

根据上述基本认识，笔者提出以下发展建议。

（1）提升新型城镇化发展质量，创造其他“三化”快速发展环境我国新型城镇化正处于发展的中后期阶段，后续的发展应该更加注重城镇化发展的内涵和质量。长期以来，我国城镇化的建设重外延拓展、轻内涵提高，重城镇规模、轻城镇管理，重城镇视觉效果、轻功能完善等问题普遍。政府为了自身政绩，城镇建设大搞形象工程，偏重土地城镇化和经济城镇化，忽视了生活城镇化、社会城镇化及生态城镇化。结果导致盲目扩大城镇规模，城镇规划不合理，基础设施反复拆建，城镇居民看病难、就业难、出行难，环境污染严重等问题。从发展的客观规律来看，处于中后期的新型城镇化发展速度必然会下降，人口城镇化和经济城镇化对提升新型城镇化发展水平作用有限。因此，政府应该树立生态文明理念，加大对城镇医疗、养老、公共交通等公共服务的支持力度，将社会城镇化和生态城镇化摆在新型城镇化的重要位置。

一是降低城市落户门槛，推进城镇居民市民化。在合理控制大城市、严格限制特大城市的原则下，鼓励在中小城镇有一定居住年限、工作稳定的常住居民逐步落户转化为城镇市民。二是提高规划质量，尊重自然格局，将山、河、林、湖等生态元素融入城镇建设，使山、水、城融为一体。三是树立生态城市发展理念，扩大绿色空间，积极打造森林城市、园林城市，使自然环境与城市建设有机结合。四是打造文化城市，各地根据当地文化特色，在城镇建设中融入自身文化，形成一张属于自己的城镇文化名片。总之，应由过去片面追求城市规模扩张，转变为以提升城市文化、人文保障、公共服务等内涵为中心，实现人民安居乐业、宜居、平等自由享受社会公共福利的新型城镇化。

我国的新型工业化、农业现代化处于发展中期初级阶段，信息化处于发展初期阶段，仍有很大的发展潜力，政府应当创造其快速发展的环境。一是可以考虑定向减税等措施，引导资金流入环保行业、高科技企业，加大对排放污染物不达标企业的惩罚力度，利用市场机制淘汰落后产能，促进产业结构升级，提高工业企业效益。二是各地政府应该因地制宜，鼓励适宜大规模机械化农业生产的地区的土地流转，加大对农村、农业的投入。三是推动农业供给侧改革，鼓励地方特色农业加快发展，提高农产品多元供给和促农增收水平。四是可考虑引入民间资本投资信息基础设施，打破信息服务行业的垄断，从而降低信息服务成本，鼓励电子商务、“互联网+”等新兴行业发展，创造农业现代化和信息化快速发展的环境。

（2）各省份应根据自身情况，促进“新四化”各子系统协调发展

根据实证结果，我国各省份“新四化”各子系统发展不平衡、不协调问题突出，各地区应根据自身情况，补相应短板，促进自身各子系统融合发展。

一是深化产城融合发展。城镇化是产业集聚发展的空间载体，产业是城镇化建设的动力源泉，两者融合能够实现城镇化的顺利推进和产业的优化升级。首先，防止城镇建设以地产开发模式盲目扩张城镇规模。例如，前文实证结果分析提到的内蒙古，其新型工业化发展水平严重滞后于城镇化水平，导致内蒙古出现产业空心化现象，很多新城面临大量农业人口向城市人口转化、城市社会服务设施和基本功能薄弱、新区入住率偏低、产业竞争力弱、新老城区功能衔接不够等问题，结果出现了“鬼城”现象。其次，当地政府要优化空间布局，找准产业发展定位。各地政府应当根据自身资源禀赋、自然条件，充分发挥特色产业基础，加快提升产业质效，全面构筑竞争新优势。最后，政府要转变行政职能，提高办事效率，开发适合当地的产业，政府做好为人民、企业服务，才能吸引产业聚集地。总之，产城融合发展要求以城市为基础，承载产业空间和发展产业经济，以产业为保障，驱动城市更新和完善服务配套，达到产业、城市、人之间有

活力、持续向上发展的模式。

二是统筹城乡协调发展。我国应该逐步废除现行户籍管理制度，建立城乡居民自由迁移的人口管理制度。建立城乡统一、城乡居民可以自由选择居住地的人口登记制度，不再按人口登记地制定就业、社会保障、住房、教育、医疗等方面的差别化政策。逐步实现农村集体土地流转制度改革，建立科学、合理的集体建设用地流转收益分配制度，建立健全相关税费制度，有效保证集体土地流转的依法运行，实现农村集体土地收益。

三是发挥信息化的优化整合功能，促进工农协调发展。首先，深入推动信息化融入农民生产生活，实施“宽带农村”政策，这样才能减少信息闭塞，提升农民认知水平和经营理念。其次，重点发展当地特色农业，推动农业产、加、销一体化，延伸农业产业链，鼓励互联网企业建立产销衔接的农业服务平台，加快发展涉农电子商务。最后，提升农业技术装备水平和创新能力，加强农业科技自主创新，加快生物育种、农机装备、绿色增产等技术攻关，推广高产优质适宜机械化品种和区域性标准化高产高效的栽培模式。

（3）加大对中西部地区的帮扶力度，促进区域“新四化”发展平衡

针对地区“新四化”发展不平衡、不协调问题，国家应该在政策和资金上适当向中西部地区倾斜，特别是云南、贵州、甘肃、青海等长期“新四化”发展落后的西部地区，例如，与我国西部地区接壤的国家建立自贸区，加大开放我国西部地区门户。中西部地区应抓住机遇，充分发挥自身优势，寻找市场突破口，加速推进供给侧改革。首先，地方政府要努力加强自身建设，进一步转变行政职能，树立为人民、为市场服务的意识，减少不必要的行政干预，提高办事效率。其次，要进一步完善市场体系，让市场在资源配置中起决定性作用，激发公司等市场主体的生产经营积极

性。为了吸引人才，中西部地区政府应该加强人才补贴，完善各种有关吸引人才的配套措施。最后，加强地区间交流，建立互惠合作机制。各地区资源环境不同、优势领域不同，这就为地区间分工合作奠定了基础。地方政府应当建立高层协调机制，以区域论坛或者市长联席会议统筹区域合作的重大问题。建立地区间的帮扶体系，先进地区与落后地区结成一对一帮扶对子，在资金、技术、人才等方面帮助落后地区，落后地区发挥自身优势，实现跨越式发展。

3 中国新型城镇化发展的金融需求理论分析

3.1 新型城镇化发展的相关理论

新型城镇化作为现代化的必由之路和工业化的必然结果，受到社会各界的广泛关注。伴随城镇化进程的不断推进，相关理论体系日益丰富，代表性的理论主要来源于西方国家，包括区位理论、城乡结构转换理论、非均衡发展理论、协调发展理论（见表 3–1），这些理论的形成和演化为现阶段新型城镇化的建设奠定了稳固的基础。

表 3–1 城镇化发展的理论体系

类型	区位理论		城乡结构转换理论	非均衡发展理论	协调发展理论
代表性的理论	古典区位论 农业区位论 工业区位论 中心地理论 市场区位论	地域生产综合论	城乡二元结构论 就业结构转换论 城乡人口迁移论	不平衡增长论 增长极理论 中心—外围理论	田园城市论 卫星城市论 有机疏散论

3.1.1 区位理论

区位是城市建设的核心环节，城镇化的发展与其空间地理分布有着紧密的联系。区位理论指出，城市化是人力、物力、财力三大要素在地域结构上不断向城市聚集与扩散的过程，进而推动社会生产方式转变以顺应经济发展的要求，最终形成具有区位优势的城市系统。代表性理论有古典区位论和地域生产综合论，古典区位理论开始于19世纪末20年代初的德国，该理论以单个企业或中心区域为研究对象，追求产业、行业的成本最优化，代表性的观点包括杜能的农业区位论、韦伯的工业区位论、克里斯塔勒的中心地理论以及廖什的市场区位论。地域生产综合论由科洛索夫斯基于1948年提出，其主旨是通过对地域环境、交通条件和经济因素的考察，引领企业在区域范围内形成统一的经济结合体。此外，艾萨德在其著作《区域分析方法》(1960)中提出了区域发展的平衡理论，进一步深化了地域生产综合论，指出区域的经济发展状况、自然环境条件是城市建设的主要影响因素，城市与区位的关系是一个统一的综合体。

3.1.2 城乡结构转换理论 >>>

城镇化建设的目标是实现从“乡”到“城”的结构转换过程，其核心观点是农村人口不断向城镇迁移和聚集，生产生活方式和价值观念发生转变，生活水平和质量逐渐提高。该过程涉及的主要理论包括城乡二元结构理论、就业结构转换理论、城乡人口迁移理论及劳动力迁移理论。

(1)城乡二元结构理论

城乡二元结构理论由经济学家刘易斯于1954年提出，指出发展中国家由于传统农业部门的落后和现代工业部门的超前发展，形成了两种差异化显著的经济发展格局，从而导致了严重的城乡二元化结构(见图3–1)。城乡差异性的存在以及城市规模经济效益的存在导致农村剩余劳动力不断向城市靠拢，该理论旨在通过推动劳动力从农业部门向工业部门转化以及低级技术向高端技术演化的手段来缓解这种差异，促使进城农民拥有更多的就业机会，收入水平和生活质量不断提高，从根本上推动人口城镇化的发展。

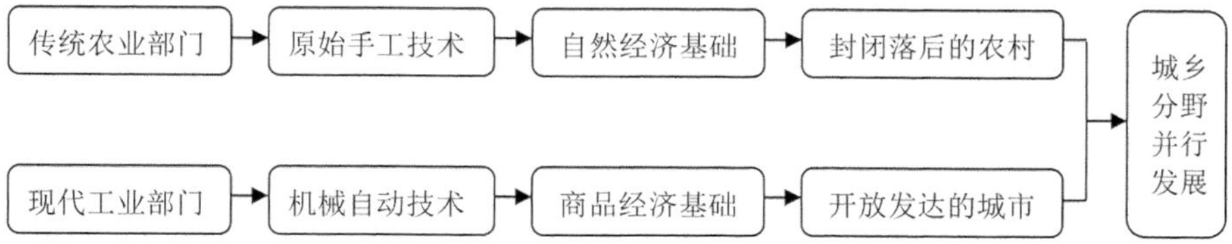

图 3–1　城乡发展二元结构

注：笔者整理得到。

伴随经济的发展，城乡二元结构不断转向城乡之间、城市内部和农村内部，由此形成了城乡双重结构，即乡村地区的农业和工业部门之间、城市地区的传统工业区和发达经济区之间具有鲜明的二元格局，使以往的城乡矛盾更加凸显。在城乡双重格局的基础上又衍生出了三元结构（见图 3–2），即以中间技术为引领，在乡镇中形成的介于农业部门和工业部门之间的非农业部门，其是传统农业向现代工业过渡和演化的中间桥梁，具有小城镇特色，有利于城乡协调一体化格局的形成。

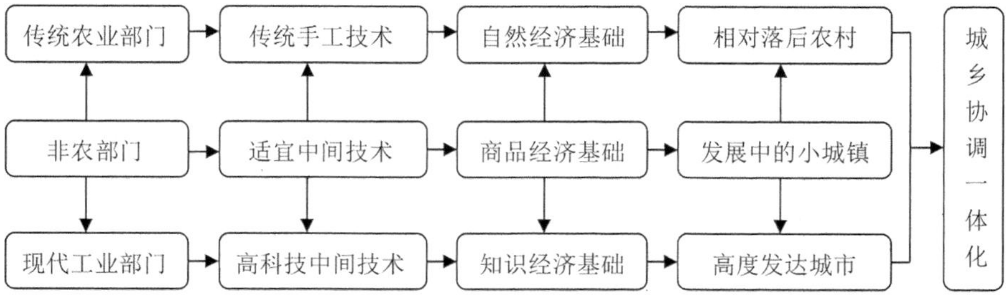

图 3–2　城乡发展三元结构

注：笔者整理得到。

（2）就业结构转换理论

就业结构转换理论是钱纳里和塞尔昆在《发展的型式 1950—1970》（1988）一书中提出的，主要解释发达国家和发展中国家在就业结构和经济发展方面存在的异同，指出发达国家在工业化进程中，伴随农村人口向城市迁移和集聚，剩余劳动力从农业部门向工业部门转化，相应的产业生产总值不断增长。但是在发展中国家中，由于工业技术和劳动力落后等原因，就业结构的转换滞后于产值结构的变化，说明就业结构更有利于反映真实的产业结构，更能说明真实的经济发展状况。

（3）城乡人口迁移理论及劳动力迁移理论

城乡人口迁移理论比较深入地解释了劳动力在城乡之间流动的条件、原因、规律等问题，该理论的代表性观点主要有推拉理论、成本—效益理论、劳动力迁移模型等。推拉理论起源于 19 世纪英国学者雷文斯坦提出的人口迁移定律，该定律指出人口迁移的主要动力是改善经济条件，并对迁移特征进行了归纳分析。巴格内根据该定律提出了推拉理论，主张人都是理性的，人口迁移的结果是迁出地的推力和迁入地的引力共同作用的合力体现。20 世纪 60 年代，美国学者 E. S. Lee 在迁移理论的文章中进一步完善了推拉理论，得出人口迁移与迁出地和迁入地的经济、地理条件以及人为因素紧密相关的结论。成本—效益模型起源于二战后的美国，主张人口迁移的主导因素是迁移效益和成本，迁移者往往会对迁入地的收入和费用进行估算，当迁入地和迁出地之间的收入差异比迁移成本大时，迁移意愿往往更加强烈。劳动力迁移模型是美国经济学家托达罗于 1969 年提出的，主要阐述了农村劳动力在迁移过程中的期望—收益大小，指出预期的城乡就业和收入差异是人口迁移的关键要素。

3.1.3 非均衡发展理论

非均衡发展理论指出，由于区域经济发展条件差异性的存在，不同国家乃至地区出现了经济发展的不平衡现象。该理论主要包括赫希曼的不平衡增长理论、佩鲁的增长极理论、弗里德曼的中心—外围理论。

（1）不平衡增长理论

不平衡增长理论由美国经济学家阿尔伯特·赫希曼于1958年在其著作《经济发展战略》中提出，他指出发展中国家由于资源和劳动力存在稀缺性，其在经济发展过程中的不平衡现状无法避免。因此，不平衡的增长策略成为发展中国家促进经济发展的有效途径，即通过充分利用稀缺资源，选择发展潜力和收益显著的产业和部门进行投资，并通过外部经济效益带动其他产业和部门发展，从而推动经济整体发展。赫希曼还提出了极化效应和涓滴效应，即在经济发展的萌芽期，地区发展的不平衡性会因极化效应而不断加剧，而当经济发展到某种程度时，涓滴效应的发挥会减小这种不平衡性。

（2）增长极理论

增长极理论由法国经济学家佛朗索瓦·佩鲁于20世纪50年代提出，他指出增长极通常先出现在某类关联性较强的主导型产业中，然后通过关联效应和扩散效应促进其他部门的经济增长。在此基础上，法国经济学家布代维尔（1957）将这一经济空间延伸到地理空间中，指出在城市配置和规划中增长极的作用不可忽视。概言之，增长极理论重点强调发展迅速、规模效益显著的主导产业部门带动产业间的协同发展，把经济增长视为从点到面、从局部到系统的不断累积过程，这一过程伴随极化效应和扩散效应的产生，前者通过增长极吸引外围地区的资源和要素集中到中心区域，利用规模经济效益推动极点的发展；后者通过增长极将各类生产要素向外围地区扩散，促进不发达地区的经济增长。增长极理论可以具体应用到城镇建设、产业规划以及部门发展中，旨在促进区域整体经济的发展。

（3）中心—外围理论

中心—外围理论由约翰·弗里德曼于1966年在其著作《区域发展政策》中提出，并在《极化发展理论》（2014）一书中明确指出该理论主要被应用于城乡之间的非均衡发展。核心—边缘理论将区域空间划分为核心和边缘两大部分，相比边缘区，核心区具备更有利于经济迅速发展的优势条件和主导地位，这将导致边缘区的生产要素不断向核心区转移。在经济发展初期，由于存在明显的区域差异，核心区的单核发展结构较明显，当经济发展到一定程度时，核心区通过反哺边缘依附区，扩散经济效益和创新成果，推动边缘区不断发展壮大，最终实现区域平衡化发展。该理论可作为城镇化建设过程中制定区域发展政策的参考。

3.1.4 协调发展理论 >>>

协调发展理论将人与自然可持续发展的理念融入城镇化建设中，代表性理论主要有霍华德的田园城市理论、恩温的卫星城市理论以及萨里宁的有机疏散理论。

（1）田园城市理论

田园城市理论由英国城市规划师霍华德于19世纪末提出，旨在限制过分膨胀的城市规模以及解决不断恶化的环境污染问题，主张构建集城市与农村于一体的田园城市。该城市拥有健康、丰富的生产生活方式，城市周边被广阔的农业用地所包围，具备独立的农产品市场，所有土地权归居民享有，并进行合理充分利用，城市居民与乡村自然融为一体。田园城市理论是城市与乡村、居民与自然环境协调发展的具体应用，为城市规划和重建提供了重要参考，卫星城市理论和有机疏散理论均是在此基础上衍生出来的。

（2）外星城市理论

卫星城市理论由恩温于1920年提出，认为卫星城是依附于大城市外围、与大城市具有一定距离并紧密相关的小城镇，建立卫星城的主要目的是将大城市中过度集中的人口和产业适当向周边小城镇扩散，可以缓解大城市规模无限扩张带来的一系列压力，小城镇通过吸纳中心城市在人力、物力和资本方面的优势条件而不断完善。卫星城理论有效缓解了人口和产业压力，在缓解“大城市病”和推动城乡协调发展方面具有积极作用。

（3）有机疏散理论

有机疏散理论由芬兰学者埃列尔·萨里宁于20世纪初期提出，主要目的是消除城市过度集中所导致的各种弊端，提倡把城市作为一个统一的有机体，对机体内部各组成部分进行合理布局和规划，即将中心城市中的产业合理疏散到与中心城市相联系的半独立城镇中去，促使小城镇的就业机会增多、中心地区的人口密度相对减少。此外，提倡充分利用城市空地进行绿化建设，减少交通设施的过度使用，建设更加舒适的居住环境。

3.2 区域金融发展理论

金融作为一国经济增长的助推器，是促进国家繁荣富强和实现共同富裕的基本手段，金融发展已成为直接影响经济增长的主要动力之一。区域金融泛指宏观金融体系在地理空间上的布局与运作，具体表现为不同类型、相互关联的各种金融活动集中于某地域的过程。区域金融发展理论是伴随经济发展过程而建立起来的，旨在提高金融市场运行效率以更好地服务于经济增长。面对发展中国家经济发展进程中遇到的各种“瓶颈”问题，为进一步处理好区域金融和经济增长之间的关系，早期国外学者从金融结构、金融机构、金融工具以及金融政策方面展开了一系列研究，为后期金融发展理论体系奠定了坚实的基础。主要代表性的理论包括金融结构理论、金融抑制—深化理论、金融约束理论，以及在此基础上衍生出来的新金融发展理论与金融可持续发展理论（见表 3–2）。

表 3–2　金融发展理论体系比较

金融发展理论	假定前提	对金融本质及金融发展的认识	理论及实证方法	政策建议	金融效率观
金融结构理论	金融相关率代表金融与经济的关系	首次提出金融结构概念；认为金融结构等同于金融发展	统计方法	金融分化	量性增长
金融抑制—深化理论	完全竞争	首次研究金融发展与经济增长的长期关系	新古典理论模型	金融自由化	帕累托有效
金融约束理论	引入信息不对称等因素	金融抑制与金融自由化均有悖于金融发展	新凯恩斯主义理论模型	金融约束	次优理论的逻辑
新金融发展理论	引入信息不对称等因素	强调金融系统的功能；注重金融发展与经济增长的实证研究	内生增长理论及计量经济分析	金融与经济增长存在双向因果促进关系；应注重法律制度建设	次优理论的逻辑
金融可持续发展理论	金融资源论的三个假设	金融的资源本质属性及金融是复杂系统；倡导可持续发展观	可持续发展理论；金融分析及多学科方法的综合	提高金融效率，实现金融与经济的协调可持续发展	全新金融效率观

资料来源：笔者整理得到。

3.2.1　金融结构理论

金融结构理论可以说是后期金融发展理论不断推进的雏形和基础，由经济学家雷蒙德·W. 戈德史密斯于 1969 年在其著作《金融结构与金融发展》中提出，旨在阐述金融发展的本质及其内在规律，他强调金融活动是通过各类金融工具、机构以及结构组织起来的，金融发展的本质在于金融结构的不断演化，其推动力是金融工具和金融机构的复杂多变性。戈德史密斯将35个国家大约100年的金融资料进行了横向和纵向对比，构建了金融结构指标体系，通过定性与定量研究总结出了金融发展的内在规律以及金融体系促进经济增长的主要途径。他指出金融结构中的金融相关率对经济发展的作用较大，并且与国民经济增长呈正向关系。金融相关比率通过金融机构资产总量占一国资产总量的比值表示，代表了储蓄与投资相对分离的程度，该值越大，说明金融资产和金融机构的规模增长效应对经济发展产生的作用越积极。概言之，金融结构理论的核心观点是不同国家在不同时期的金融相关率、金融机构以及资产配置等金融结构存在差异的同时，也具有一定的规律性，金融工具和金融机构的供给规模和运作机制是改善金融结构的关键，也是推动金融深化和经济增长的核心。

3.2.2 金融抑制—深化理论

金融抑制与金融深化理论是美国经济学家罗纳德·麦金农（R. J. Mckinnon）和爱德华·肖（E. S. Show）于1973年提出的，旨在解决发展中国家及地区存在的金融体制不完善、资本市场滞后以及政府过度干预等一系列阻碍经济发展的问题。该理论指出，长期以来发展中国家及地区经济发展滞后的主导因素是金融抑制带来的资本使用效率下降，而并不只是资本累积短缺造成的。金融抑制通常是由政府通过控制利率和汇率等过度干预金融活动的行为而引发的，利率和汇率的人为压低导致资本市场和外汇市场出现了严重的扭曲现象。一是利率的降低影响了资本的配置效率和信贷结构；二是资本持有者的储蓄意愿因实际收益的减少而降低，导致银行吸纳的存款数量减少，对生产企业的投资也相应收缩，只能依靠国外金融市场提供信贷资金，使本国经济发展出现萎靡现象。面对发展中国家的金融抑制情况，麦金农和肖主张推行金融深化，即金融自由化发展，指出政府应放宽对金融市场的管制，以实际的利率和汇率反映资本市场和外汇市场的供需情况，并通过储蓄和投资的不断转化提高资本的使用效率，进而推动经济发展。反过来，经济的良性发展有利于提高居民的收入水平、增加企业对资本的需求量，从而推动金融市场发展，最终形成金融体系与经济增长协调发展的良好局面。该理论是金融发展理论史上的重大成就，为发展中国家及地区制定金融相关政策、促进经济增长提供了参考。

3.2.3 金融约束理论

伴随金融自由化发展导致的众多弊端，经济学家赫尔曼等学者提出了金融约束论的观点，该理论是金融抑制和金融自由化之间的媒介，主张政府应充分发挥好金融与经济发展之间的职能作用，根据宏观经济现状有选择性地对金融活动进行适度干预。金融约束通常由政府部门制定相关政策以便为民营部门制造租金机会这一过程来实现，该租金往往大于竞争性市场带来的收益，其本质是政府为银行设立的一种特许权，目的在于缓解发展中国家由于金融压抑和金融自由化产生的金融市场扭曲现象，促进金融部门的有序发展。金融约束作用的发挥应具备经济运行合理、通货膨胀率不高以及实际利率为正等基本条件。在此基础上，政府可以通过采取调控市场利率、强化市场准入机制或者对经济活动主体进行干预等金融政策，调节租金在银行和企业之间的分配，引导金融机构吸纳民间闲余资金并进行合理有效投资，从而提高金融体系服务经济发展的效率，推动整体经济的发展。

3.2.4 新金融发展理论

随着经济全球化的不断发展，早期的金融发展理论由于条件苛刻、形式单一、论证不足等弊端很难付诸实践，已不能适应发展中国家的经济发展需求，新金融发展理论的创立成为金融体系创新的必然趋势。新金融发展理论由 Levine 等西方经济学家于 20 世纪 90 年代提出，其摆脱了纯理论研究的束缚，从金融功能和内生增长理论的视角出发，并将非完全竞争因素纳入计量模型中，采用实证与理论相结合的方法，全面阐述金融机构和金融市场的内在功能以及对经济增长的作用机理，指出在不确定性环境下，金融部门通过发挥资本配置、风险控制、流动性转化以及监督管理等主要职能，增加了生产部门的投融资机会，推动了生产技术的更新和经济增长。新金融发展理论是现代经济金融发展的创新与突破，为金融更好地服务经济增长奠定了一定基础，但其对金融体系的研究范围仅限于银行和股票，缺乏对其他金融中介以及与经济增长关系的深层次研究。

3.2.5 金融可持续发展理论

20 世纪 90 年代以来，许多国家都面临金融危机带来的经济紊乱和社会动荡的困扰，而传统金融发展理论因受理论框架束缚已无法应对潜移默化的金融危机困境，必须创新金融发展理论以适应复杂多变的宏观经济环境。中国学者白钦先于 1998 年通过阐述金融的资源特性创立了金融资源学说，并在此基础上提出了金融可持续发展理论，将可持续发展观念与金融体系运行紧密联系起来。该理论指出金融具有质和量的双重特性，并将金融视作一种特殊的稀缺资源，该资源不仅涵盖金融体系的基本构成，还涉及金融体系的职能发挥和效率转化。西方经济学家的金融发展理论通常是针对发展中国家的经济发展问题创建的，而金融可持续发展理论是面向全球的，旨在通过完善金融体制和发挥金融功能来提高金融资源的配置效率，实现金融与经济的可持续发展，是现代金融发展理论的重大创新和突破。在全球经济金融一体化形势下，金融发展理论仍需要进一步创新和完善，不断改革金融体系以满足复杂多变的经济发展需求。

3.3 新型城镇化与区域金融体系相互作用的内在机理

新型城镇化作为新的经济增长点，是缓解“三农”问题和优化区域二元化格局的关键举措。而金融深化作为推动经济增长和促进共同富裕的基本保证，从根本上影响着现代经济的发展进程。新型城镇化建设需要资本链的强有力支撑，如果缺少金融系统的供给，城镇化进程将止步不前，没有成果。相反，新型城镇化水平和质量的提升代表着国民经济的有效增长，有利于促进金融市场的完善和创新。因此，新型城镇化与金融支持体系是相辅相成的，二者融会贯通、互助互动（见图 3–3），共同为实体经济的可持续发展做贡献。

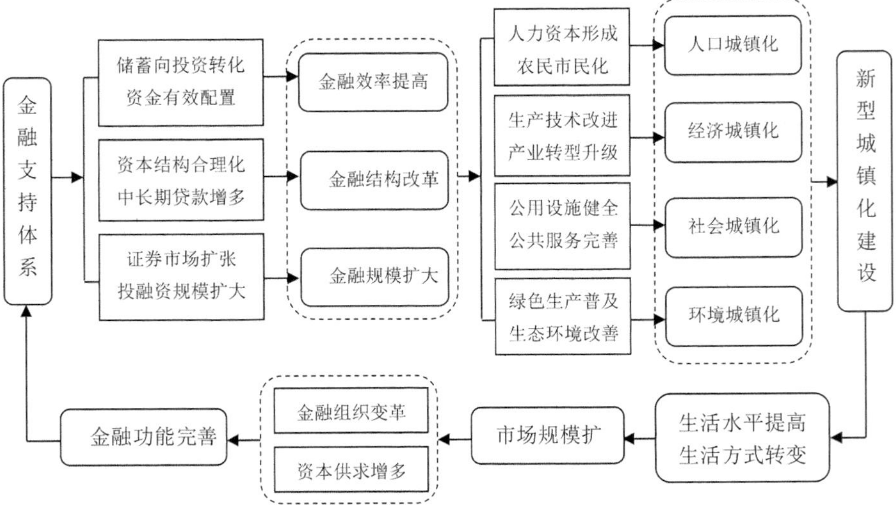

图 3–3 金融发展与新型城镇化之间的作用机理

3.3.1 金融支持新型城镇化的作用机理

新型城镇化进程中的农村人口转移、市政设施建设、基本服务均等化以及产业结构优化等都需要大量资本供应来支撑。金融体系通过为新型城镇化建设所涉及的人口、经济、社会、环境等基本过程提供资本保障，进而引导城乡间的人力、物力和财力合理流动，推动人口有序转移、经济有效增长、社会和谐进步、生态集约高效。以下从人口城镇化、经济城镇化、社会城镇化、环境城镇化四个方面来阐述金融支持新型城镇化的作用机理。

（1）金融发展推动了人口城镇化。人口城镇化是衡量居民权益实现情况的基本标尺，其本质是推动农民不断向市民转变、落后的农村经济向现代文明城市演进，这一过程将伴随大规模的资金需求。金融体系通过发挥筹资融资功能，调动民间资本为人口落户、就业就学以及住房保障等提供充裕的资金，推动农民市民化顺利实现。一是金融体系通过扩大教育方面的资金投放，完善乡镇地区的金融服务平台，积极、主动为教育机构融资，在教育教学上优先实现人口平等化。二是金融体系通过加大对乡镇地区的金融供给力度，将更多资金投向有利于农村人口转变生产生活方式的领域，加深农民对金融业务及服务的认识程度。此外，金融体系不断完善产品和服务，在社保和消费信贷等领域加大资金投入量，主动为创业和就业困难者提供资金支持，有助于实现人的城镇化。

（2）金融发展推动了经济城镇化。经济城镇化追求经济活动过程的效益最大化，即各企业和行业为追求利润最大化而向城市中心区域转移和集聚的过程，导致产业结构变迁、农业产值减少、工业和服务业占比提升。金融市场通过优化资金在大中城市和乡镇之间的配置结构，为城镇地区的各类企业发展和产业变迁提供资金链，弥补中小微企业以及新兴产业所面临的融资困境，进而带动城镇经济发展。一是农业方面，金融体系通过分散农村城镇化过程中的金融网点布局，对基础农业加大贷款力度，并实行一定的借贷优惠与帮扶。二是第二产业方面，金融市场通过直接与间接融资相结合的方式为工业化进程提供更多的融资融券机会，如通过贷款、发行债券和基金等途径为工业性企业筹资。三是第三产业方面，利用金融服务平台的相关政策优惠为国家重点扶持的服务行业提供资金支持，确保资金流向主导领域和关键环节，加快第三产业创新发展。

（3）金融发展推动了社会城镇化。社会城镇化是新时期统筹城乡的关键环节，当城镇化发展到某种程度之后，社会城镇化过程中的公用设施建设和基本公共服务普及便成为主要任务。社会城镇化的实质是解决进城农民的基本生活问题，如住房、社区服务、医疗卫生、社保等问题，进而提高居民整体生活水平和质量，以保证人口城镇化顺利开展，最终实现居民安居乐业、共享国家成果的目标。金融体系通过协同地方政府，整合金融机构的逐利性与城镇建设项目的社会性，均衡区域金融机构布局，推出种类丰富的金融业务，在公用设施和基本服务等领域加大资金供给规模，确保进城者可以享有各项福利待遇，最终形成社会和谐的良好局面。

（4）金融发展推动了环境城镇化。环境城镇化是符合现代化建设要求的绿色化发展模式，其将绿色发展理念融入城乡建设中，旨在解决“大城市病”所带来的规模无限扩张、资源能源浪费、环境污染严重等多重环境问题。环境城镇化的实现需要绿色金融的大力支撑，二者有着相同的目标，即共同推动绿色经济增长。一是绿色金融引领企业进行绿色生产，绿色金融通过限制企业的经济行为，使其在生产活动中优先考虑环保因素，能够从根本上规范企业的经营活动。二是绿色金融引领产业绿色化转型，环保产业的更新升级和结构优化需要资本支撑，绿色金融产品的推行能够弥补环保行业的融资缺口。三是绿色金融引领公众价值观念转变，金融体系通过推出个人绿色类金融工具来引导公众形成绿色消费理念和投资行为，使其更愿意关注环境污染小、社会责任强的环保类企业或行业。

3.3.2 新型城镇化对金融发展的作用机理

伴随新型城镇化的持续推进，城市对人口、资源以及资本的集聚与扩散能力逐渐加强，新进城人口的生活质量显著提高，这将有利于改善经济结构、缩小城乡差异。人均 GDP 的提升，必将激发国内需求并推动第三产业发展，从而为经济增长带来了无限的潜力。首先，城镇化建设的集聚功能为金融行业创造了了更多效益。城镇人口的大规模迁移必然会伴随基础设施和公共服务的需求量扩增，从而导致居民和中小企业的融资缺口变大。迎合经济发展趋势，保障城镇化进程的有序开展，无疑需要金融机构加大资金投入量并完善投融资体制，从而为金融部门带来了更多的盈利机会。其次，城镇化建设的扩散作用带动了金融业的创新。当城镇吸纳的人口、资源及资本在时间和空间上达到某种程度后，为获得利润最大化效用，城镇的产业和经济规模效应就会向外部空间扩散，从根本上提高城镇地区的经济增长效率。经济的快速增长和产业结构的变迁必然会导致金融市场的大规模扩张，为顺应经济发展趋势，金融机构的分布范围更加广泛，不断向新城镇和经济效益显著的地带延伸，金融产品和服务更加多元化，更多金融业务和资源将从大中城市推广至产业较为集聚的新区，从而实现金融与经济的协调发展。

3.3.3 金融约束新型城镇化的作用机理

尽管我国金融体系日益健全，金融业务和服务逐渐多样化，但相比新型城镇化的进度，已有的融资机制很难化解城乡建设中的资本困境，统筹城乡的目标仍难以实现。因此，金融在推动城镇化发展的同时，实际上也在某种程度上对其造成了约束（见图 3–4）。

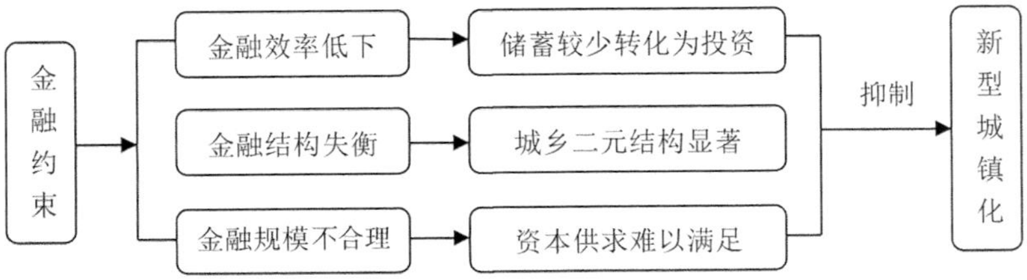

图 3–4 金融约束新型城镇化的作用机理

这种约束主要包括以下三个方面：一是金融效率低下。地方性金融服务平台缺乏严格的监管和有效的资本约束，盲目过度融资现象较为普遍，金融服务效率低下，导致新型城镇化过程中的资金配置不合理、储蓄未能有效转化为投资，阻碍了城乡区域经济的发展。二是金融结构失衡。金融机构在地域分布上的差异性和资本在配置结构上的失调性，导致乡镇等欠发达地带金融深化程度不强、资本供应量不足、金融产品缺乏创新性，全社会固定资产等中长期项目融资需求难以满足。三是金融规模不足。金融机构的利益性与乡镇建设的公益性相悖，由于城镇化投资一般周期长、收益不明显，而以银行贷款为主的间接融资往往追求信贷期限与回报收益的一致性，导致大部分资金流向了高收益、短周期的投资领域。并且包括股票、债券等在内的直接融资占比不大，导致新进城农民未能享受到平等的福利待遇。此外，金融生态环境紊乱，绿色金融发展滞后，导致普惠性、政策性金融机构对低碳产业和环保企业等绿色城镇化的支持作用不到位，从而加深了城乡经济的二元化结构。

3.4 新型城镇化建设中的融资需求

新型城镇化作为推动经济社会转型的强大动力，并不在于城镇规模的不断扩大，而是在于有效提升城镇化质量、有序推进农民市民化、优化城镇布局和形态、推动产业转型升级，从根本上形成以人为本、公共服务和公用设施均衡化的城镇化建设新局面。毫无疑问，这些过程将伴随巨大的资金需求量。所以有必要对我国新型城镇化建设中的融资需求进行合理估计，从而为构建市场化、多样化和可持续的融资模式提供价值参考。

3.4.1 新型城镇化建设中的融资需求分析

从国际化视角来看，要实现现代化，我国城镇化率还需至少提高20%，并且户籍城镇化率较低，将来会有5亿多的人口转为城镇居民，共享城市公用设施和公共服务，这必将导致巨大的资金投入压力。据笔者估测，2020年我国城镇化率约为62%，伴随公用设施和公共服务等领域的巨大融资需求将为42万亿元。图3–5显示出了新型城镇化所涉及各领域的融资需求，如此大的资金缺口，仅仅依靠政府财政投入显然会导致供不应求，需要金融体系的强有力支撑。

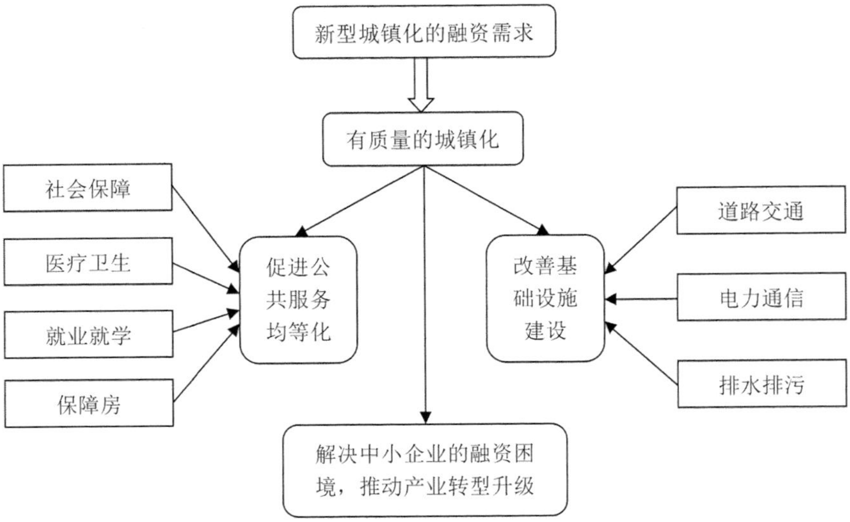

图 3-5　新型城镇化建设的融资需求

（1）公共设施融资需求

城市的发展面临基础设施的建设和改造，为满足城市居民的生活需求，必然会开展大规模的道路桥梁、排水排污、电力交通等市政设施建设。世界银行的资料显示，发展中国家在基础设施领域的投入约占到其 GDP 的 5%。“十二五”时期，我国基础设施投资总额约为 50 万亿元，城镇化带来的公共财政投入约为 30 万亿元。据 2017 年高盛投资管理部的估计，城镇化率每增加 1%，地方政府的公共投资大约增加 6%，每个新增城镇居民所带来的固定资产投资约为 10 万元，假设每年增加 1000 万的城市人口，将需要 1 万亿元的固定资产投入。预计到 2020 年，城镇化所带来的社会保障和公共设施投入额会达到 30 多万亿元，其中仅由新增人口所带来的公共设施投入将达到 16 万亿元左右。金融机构作为资金的主要供给者，不仅需要扩大资本供应量，还应合理调整资金配置结构，尽可能地满足城乡建设中的各类融资需求。

（2）公共服务融资需求

新型城镇化建设还面临公共服务领域的投资，我国长期形成的城乡二元化结构导致城市公共服务存在明显的不均衡现象。党的十八大指出，应加强户籍制度改革，推动农民市民化，使进城者能够享有各项福利待遇，在2020年基本实现全民公共服务均等化。毋庸置疑，这一过程将伴随大量的费用性支出，主要包括农民工落户所涉及的随迁子女教育成本、进城农民的就业培训支出、社会保险以及城市管理支出等。此外，还面临大量的资本性支出，如住房保障、教育教学设施等公用事业投资。由表3-3可以看出，社会保险各项支出逐年增多，这意味着其对财政和金融资本的投入要求也更高。假设城镇化率以年均0.8%～1.0%的速率增长，可知今后10余年内，我国约有4亿～5亿农民需在公共服务领域达到市民化，如果以每人10万元（包含社保、教育就业、保障房、医疗卫生等基本服务）估计，大约需要40万亿～50万亿元公共服务投资。预计到2020年，在社会保障、教育、医疗领域的新增支出将依次达到0.30万亿元（新增8.5%）、0.20万亿元（新增3.8%）、0.27万亿元（新增13.0%）。由此可见，未来新型城镇化建设将带来公共服务领域的巨大融资需求，这就需要政府财政和金融机构进行大规模投资，推动城乡公共服务均衡化。

表3-3　2010—2016年社会保障支出情况　　单位：亿元

年份	社会保险	城镇职工基本养老保险	失业保险	医疗保险	工伤保险	生育保险
2010	15018.9	10554.9	423.3	3538.1	192.4	109.9
2011	18652.9	12764.9	432.8	4431.4	286.4	139.2
2012	23331.3	15561.8	450.6	5543.6	406.3	219.3
2013	27916.3	18470.4	531.6	6801.0	482.1	282.8

续表

年份	社会保险	城镇职工 基本养老保险	失业保险	医疗保险	工伤保险	生育保险
2014	33002.7	21754.7	614.7	8133.6	560.5	368.1
2015	38988.1	25812.7	736.4	9312.1	598.7	411.5
2016	46888.4	31853.8	976.1	10767.1	610.3	530.6

资料来源：历年《中国保险年鉴》。

（3）中小企业融资需求

中小微企业作为拉动城镇经济增长的根本动力，是城镇化建设中的重点发展对象。尤其在县域一带，中小微企业对经济的带动作用不容小觑，其占到县域总体经济的70%左右。中小微企业的创立、推广和扩张等基本过程都需要大量的资金来支持，一旦企业发展到了中后期，就会面临规模扩大、业务升级、技术改造等方面的资金需求。随着中小企业的日益发展，其对金融体系的服务要求也更高，除银行贷款外，更需要股票、债券、信托、融资租赁等多样化融资模式来丰富中小企业的筹资范围，这就迫使金融机构必须扩大资金供应量，提升融资效益，创新融资模式，从而有针对性地为各类中小微企业发展提供高效的金融服务。

（4）产业转型升级融资需求

随着城镇化的持续推进，农业向非农行业的转变以及人口的不断迁移，不仅加快了农业现代化的步伐，而且为工业和服务业创造了更多的机遇，最终使产业结构发生了重大改变。产业结构的变迁必然会带来大量的资金需求，农业现代化的推进将伴随生产方式的转变、棚户区改造、机械设备的置办、农产品的流通与销售以及农业高科技的渗透等基本过程，如2016年年末我国棚户区改造投入1.48万亿元。这些过程无疑需要更高水平的金融服务，来为农业转型升级提供资金融通、结算以及保险保障等方面的金融供给。伴随农业人口的转移，工业和服务业领域的从业人员不断增多，需要扩大产业规模和提升产业质量来为务工者提供更多的就业机会。这就面临产业园区的扩建、主导产业以及新兴产业的培育、特色小镇的建设等基本过程的实现，并且绿色城镇化要求加快低碳、环保产业发展，而这些领域的推进离不开强有力的金融支撑，来为产业优化升级提供充足的资金链，从而缓解新进城农民的就业压力，推动绿色产业发展，提升工业化水平，扩大服务业规模，推动城乡经济发展。

3.4.2 新型城镇化建设中的金融供求矛盾分析

随着城镇化的加快推进，金融供给的不到位使得新型城镇化建设中的金融供需矛盾日益凸显，严重的资金缺口制约了城镇化的有序推进。一是供求缺口较大。一方面，金融总量缺口大，新型城镇化进程中的农业人口迁移、市政建设及公共服务普及等领域伴随巨大的融资需求，但由于城镇基建项目周期长、流动性小以及新进城农民经济条件有限、借贷风险大，金融机构将大量资金投向了大中城市和收益显著的主导行业，而投向城镇化建设的资金极为有限。另一方面，金融机构缺口大，乡镇一带的金融机构分布较少，且以农村信用社和储蓄银行为主，而证券公司、乡镇银行以及小额信贷公司等机构普及不到位，致使中小企业和产业优化升级的资本筹集受限。二是供求结构错位。一方面，产品结构错位，乡镇地区的金融机构业务范围和产品种类匮乏，主要以银行贷款为主，直接融资涉及较少，导致城镇化建设的资金用途范围受限，多样化的融资需求难以得到满足。另一方面，期限结构错位，乡镇金融机构主要提供短期性和风险小的金融产品，而缺乏期限较长和流动性小的领域金融供给，导致乡镇建设的金融供求期限矛盾突出，阻碍了城乡一体化的发展。三是供求服务不到位。相比大中城市，城镇地区的农业转移人口对金融产品和业务的认知比较局限，而金融机构却忽略了在乡镇地区设立专业化的金融服务平台，以向广大群众普及金融常识和答疑解惑，金融服务错位导致城乡建设中的企业和居民未能通过更宽泛的渠道筹集到充裕资金，只能转向民间借贷，融资难的问题依然存在并约束着城镇化的推进。四是供求技术矛盾突出。新型城镇化的快速发展有利于转变人们的生活方式、提高基本生活水平，从而对金融体系的要求也越来越高，但乡镇地区由于有限的金融机构和产品、较低的金融科技水平、缺乏便捷式的手机银行和网络银行等新型融资模式，很难达到新型城镇化导向下的现代金融发展模式要求，最终导致资金外流、实体经济发展迟缓。

4 中国新型城镇化建设中的金融约束测度研究

4.1 新型城镇化建设中的金融约束测度

由于金融在推动城镇化发展的同时，也会在某种程度上约束或抑制城镇化的进程，为了深入考察金融在多大程度上对新型城镇化造成了约束，以及如何实现二者的良性互动，有必要对这一问题进行更深层次的量化分析。基于前文对新型城镇化与金融发展之间作用机理的梳理，通过构建多维度的指标体系，选取1995—2016年的统计数据，基于系统分析的思路，以改进熵值法分别测度出新型城镇化与金融发展的综合水平；基于层次分析的思路，以灰色关联度法测度出人口城镇化、经济城镇化、社会城镇化、环境城镇化分别与金融规模、结构、效率之间的关联程度，以主成分回归法测度出金融各指标对城镇化综合水平的影响程度。

4.1.1 指标体系构建及数据说明

依据前文的理论分析，并借鉴其他学者的指标选取情况，基于科学性、真实性、统一性、可行性等指标选取原则，构建多维度的指标体系。

（1）新型城镇化指标体系构建

不同学者选取城镇化指标的角度和方法有所差异，其中单一指标法中使用最广泛的是城镇化率，而综合指标法的选取范围比较广泛，表 4–1 是部分学者所构建的城镇化指标体系。

表 4–1　不同学者所构建的城镇化指标体系

代表性作者及年份	城镇化指标选取情况及个数
金煌（2013）	从人口、经济、生活三方面选取 3 个城镇化指标
刘建波（2014）	从城镇化水平、基础设施、基本服务及环境四方面选取 11 个城镇化指标
杨巧贤（2015）	从人口、社会、经济、生态、空间五方面选取 10 个城镇化指标
郝蒙（2015）	从人口、产业、空间三方面选取 6 个城镇化指标
宋夏薇（2016）	从人口、产业、基础设施三方面选取 3 个城镇化指标
李文、庄亚明（2017）	从人口发展、社会和谐、经济增长、功能改善、城乡统筹、环境保护六方面选取 23 个城镇化指标

本章基于综合指标法的视角，从人口、经济、社会、环境四个层面选取 16 个城镇化相关指标（见表 4–2）。一是人口城镇化方面，选用城镇化率表示城镇人口的基本规模；非农产业从业人员比重用来衡量农村剩余劳动力向第二、第三产业的转移和就业情况；城镇居民恩格尔系数用来体现进城者的物质条件改善情况；每十万人口高校平均在校人数可以反映出居民的教育普及程度和文化素养。二是经济城镇化方面，城乡居民人均可支配收入比用来衡量地域经济发展差异和居民收入差距；人均 GDP 用来衡量居民的基本经济条件和生活水平；第三产业贡献率（第三产业增加值增量 /GDP 增量）和非农产业对 GDP 增长的拉动（GDP 增速与第二、第三产业贡献率相乘）用来反映城镇的产业结构和对经济发展的作用程度。三是社会城镇化方面，社区服务机构覆盖率用社区服务机构数 /（村委会数 + 居委会数）表示，反映城乡居民享有公共服务的基本情况；城市用水普及率

（城区用水人口 / 城区人口）和人均城市道路面积用来衡量城镇基础设施的建设和改造情况；电话普及率用来表明新进城人口的生活质量。四是环境城镇化方面，城市建成区绿化覆盖率用来表示市政建设过程中人居场所的市容环境改善情况；人均公园绿地面积用来衡量城市绿化建设以及改造的实现情况；生活垃圾无害化处理率和环境污染治理投资占 GDP 的比重用来体现排污治污的基本实现情况和环保方面的资本投入情况。

表 4–2 新型城镇化指标体系

	一级指标	二级指标	指标属性	指标表示
新型城镇化指标 Y	人口城镇化	城镇化率 /%	正指标	Y_1
		非农产业从业人员比重 /%	正指标	Y_2
		城镇居民恩格尔系数 /%	负指标	Y_3
		每十万人口高校平均在校人数 / 人	正指标	Y_4
	经济城镇化	城乡居民人均可支配收入比	负指标	Y_5
		第三产业贡献率 /%	正指标	Y_6
		人均 GDP/ 元	正指标	Y_7
		非农产业对 GDP 增长的拉动 /%	正指标	Y_8
	社会城镇化	社区服务机构覆盖率 /%	正指标	Y_9
		城市用水普及率 /%	正指标	Y_{10}
		人均城市道路面积 / 平方米	正指标	Y_{11}
		电话普及率（部 / 百人）	正指标	Y_{12}
	环境城镇化	城市建成区绿化覆盖率 /%	正指标	Y_{13}
		生活垃圾无害化处理率 /%	正指标	Y_{14}
		人均公园绿地面积 / 平方米	正指标	Y_{15}
		环境污染治理投资占 GDP 的比重 /%	正指标	Y_{16}

（2）金融发展指标体系构建

综合现有研究文献可知，大多数学者都是从金融规模、结构、效率三个层面选取金融指标，表 4–3 列举了部分有代表性的学者所构建的金融指标体系。

表 4–3 不同学者所构建的金融指标体系

代表性作者及年份	金融指标选取情况及个数
杨日文（2012）	从金融深化、结构及效率三方面选取 3 个金融指标
杜春玲（2013）	从政策性、商业性金融两方面选取 5 个金融指标
孙　滨（2014）	从金融结构、规模、效率三方面选取 3 个金融指标
张美婷（2015）	从金融结构、规模、效率三方面选取 3 个金融指标
王开国（2016）	从银行、证券、保险市场及金融总体规模四方面选取 16 个金融指标
何　源（2016）	从金融机构规模、存贷规模及效率规模三方面选取 10 个金融指标

本章亦从金融规模、结构、效率三个层面选择 12 个金融相关指标（见表 4–4）。一是金融规模方面，存贷款总额与 GDP 的比值衡量的是金融资产的整体规模，该指标越大，说明金融机构通过集中和配置社会闲散资金推动了经济发展；上市公司数量用来衡量资本市场的基本规模；金融业从业人员占比衡量的是金融系统的服务水平和就业规模；金融业增加值占 GDP 的比重衡量的是金融行业的发展情况以及对经济增长的贡献程度。二是金融结构方面，中长期贷款占贷款余额的比重用来衡量城镇基建项目的投资情况；城镇固定资产投资中国内贷款的占比用来体现金融体系服务于市政建设的基本情况；政策性金融资产总额占全部金融资产的比重衡量的是三大政策类银行的资产结构以及对实体经济的服务情况；非银行贷款占各项贷款的比重衡量的是除银行贷款外的其他融资方式对城镇化建设的支持程度。三是金融效率方面，金融机构存贷款比率反映的是金融机构将闲散资金投资于城镇建设的效率；资本形成率也称投资率，有效的资本形成率代表金融资源被合理、有效地投入城乡一体化建设中；保费收入增长率代表的是保险市场的运行情况和对城镇化建设的保障作用；金融机构贷款余额增长率反映的是金融机构对中小企业以及城乡居民融资缺口的填补情

况，该指标越大，表明金融资源的使用效率越显著。

表 4-4 金融发展指标体系

	一级指标	二级指标	指标表示
金融发展指标 X	金融规模	存贷款总额与 GDP 的比值	X_1
		上市公司数量 / 家	X_2
		金融业从业人员占比 /%	X_3
		金融业增加值占 GDP 的比重 /%	X_4
	金融结构	中长期贷款占贷款余额的比重 /%	X_5
		城镇固定资产投资中国内贷款的占比 /%	X_6
		政策性金融资产总额占全部金融资产的比重 /%	X_7
		非银行贷款占各项贷款的比重 /%	X_8
	金融效率	金融机构存贷款比率 /%	X_9
		资本形成率 /%	X_{10}
		保费收入增长率 /%	X_{11}
		金融机构贷款余额增长率 /%	X_{12}

（3）数据说明

根据所构建的指标体系以及数据的可获得性，统计数据选取时间段为 1995—2016 年，主要来自《中国统计年鉴》《中国金融年鉴》，以及城乡建设统计公报、银行业社会责任报告、银监会等相关网站，并通过后期整理与计算得到。

4.1.2 分析方法与模型建立

依照所选取的指标体系和数据结构，本章采用改进熵值法、灰色关联度法和主成分回归法，就“金融发展对新型城镇化的影响程度”进行量化测度，具体实证检验主要通过 SPSS22.0、Matlab7.0 和 Excel 等软件来实现。

（1）改进熵值法

考虑到新型城镇化更加注重农民市民化、产城融合、社会和谐以及生态环保持续的理念，而金融发展强调金融规模、结构与效率缺一不可，故不能通过单一指标法来测度二者的发展情况。鉴于此，选取主客观赋值法同时满足的改进熵值法，从人口城镇化、经济城镇化、社会城镇化、环境城镇化以及金融规模、结构、效率，来系统、全面地衡量新型城镇化与金融发展的整体水平，从而弥补了单一指标法存在的缺陷。

假如有 m 个测度对象和 n 项指标，构成的原始数据矩阵为 $X=(X_{ij})_{m\times n}$，其中 X_{ij} 为第 i 个评价对象的第 j 项指标数（$j=1, 2, \cdots, m$；$j=1, 2, \cdots, n$）。若某一指标的指标数值相差较大，说明其对综合评价体系的影响较显著；若某一指标的指标数值相差不大，说明其对综合评价体系的影响较小。改进熵值法的基本实现过程如下：

（a）通过极值法对正负向数据分别作无量纲化处理，并在此基础上进行相应坐标平移。

正向指标：

$$X_{ij}^{'}=\frac{X_{ij}-\min(X_{1j},X_{2j},\cdots,X_{nj})}{\max(X_{1j},X_{2j},\cdots,X_{nj})-\min(X_{1j},X_{2j},\cdots,X_{nj})}+1 \qquad (4\text{-}1)$$

负向指标：

$$X_{ij}^{'}=\frac{\max(X_{1j},X_{2j},\cdots,X_{nj})-X_{ij}}{\max(X_{1j},X_{2j},\cdots,X_{nj})-\min(X_{1j},X_{2j},\cdots,X_{nj})}+1 \qquad (4\text{-}2)$$

（b）指标 X_{ij} 的比重 P_{ij} 为：

$$P_{ij}=\frac{X_{ij}^{'}}{\sum_{i=1}^{m}X_{ij}^{'}} \qquad (4\text{-}3)$$

（c）第 j 项指标的熵值 E_j 为：

$$E_j = -K\sum_{i=1}^{m} P_{ij}\ln(P_{ij}) \tag{4-4}$$

其中，K 由样本数 m 决定，令 $K = \frac{1}{\ln(m)}$，则有 $E_j \in [0,\ 1]$。

（d）第 j 项指标的差异性系数 D_j 和权重 W_j 分别为：

$$D_j = 1 - E_j,\quad W_j = \frac{D_j}{\sum_{j=1}^{n} D_j} \tag{4-5}$$

其中，D_j 值越大，说明指标越重要。

（e）最终计算的综合指标值 Z_j 为：

$$Z_j = \sum_{j=1}^{n} W_j P_{ij} \tag{4-6}$$

比较计算出的各项 Z_j 值，可以得出评价对象对整个系统的影响程度，综合值 Z_j 越大，说明其对评价体系的贡献程度越大。

（2）灰色关联度分析法

灰色关联度分析是在灰色系统理论的基础上衍生出来的，通常用于描述系统内部的关联关系以及整个系统的变化趋势，其通过对系统内各因素间的关联程度进行量化测度，能够更加准确地分析各子系统之间的相互作用，有利于保证数据的完整性和解决信息的不对称问题。该方法的基本思路如下：

（a）数据列的设定。将研究对象的数据列分为参考序列和比较序列，前者由体现系统行为特征的因变量组成，假设第 k 个指标值为 $Y(k)$，即 $Y_i(k) = [Y(1), Y(2), \cdots, Y(n)]$；后者由影响系统行为的自变量组成，假设第 k 个指标值为 $X(k)$，即 $X_j(k) = [X(1),\ X(2),\ \cdots,\ X(n)]$，其中，$k$=1，2，…，$n$；$i$=1，2，…，$p$；$j$=1，2，…，$q$。

（b）对数据列作无量纲化处理。系统内各指标所代表的含义存在差异，导致各变量的量纲也存在差异，不利于直接进行实证分析，有必要对原始数据作无量纲化处理以消除这种差异。根据所选取的数据特点，本章选用数据初值法对数据列作无量纲化处理。

参考数列 y_i（k）的初值化：

$$y_i(k)=\frac{Y_i(k)}{Y_i(1)} \tag{4-7}$$

比较数列 x_j（k）的初值化：

$$x_j(k)=\frac{X_j(k)}{X_j(1)} \tag{4-8}$$

（c）求差序列。计算参考数列 y_i（k）和比较数列 x_j（k）中各对应元素的差值为：

$$\Delta_{ij}(k)=\left|y_i(k)-x_j(k)\right| \tag{4-9}$$

（d）求关联度系数 δ_{ij}（y_i（k），x_j（k））：

$$\delta_{ij}\left(y_i(k),x_j(k)\right)=\frac{\frac{\min}{j}\frac{\min}{k}\Delta_{ij}(k)+\rho\frac{\max}{j}\frac{\max}{k}\Delta_{ij}(k)}{\Delta_{ij}(k)+\rho\frac{\max}{j}\frac{\max}{k}\Delta_{ij}(k)} \tag{4-10}$$

其中，ρ 为分辨系数，取值范围为 0 ～ 1，这里令 ρ = 0.5，其主要作用是使关联系数的差异更显著。式（4-10）的简化式如下：

$$\delta_{ij}\left(y_i(k),x_j(k)\right)=\frac{\Delta(\min)+\rho\Delta(\max)}{\Delta_{ij}(k)+\rho\Delta(\max)} \tag{4-11}$$

关联度系数 δ_{ij}（y_i（k），x_j（k））用来衡量某时期不同数列之间的关联程度，并且有 $\delta_{ij}(y_i(k), x_j(k)) \in (0, 1)$；$\Delta(\max)$ 和 $\Delta(\min)$ 分别代表差序列 $\Delta_{ij}(k)$ 中的最大值和最小值。

（e）求灰色关联度。考虑到关联度系数的分布较离散，直接比较的效果不佳，故可以计算出关联系数的平均值，以方便不同数列间进行比较分析。灰色关联度 $\varphi_{ij}(y_i(k), x_j(k))$ 为：

$$\varphi_{ij}\left(y_i(k), x_j(k)\right) = \frac{1}{n}\sum_{k=1}^{n}\delta_{ij}\left(y_i(k), x_j(k)\right) \tag{4-12}$$

（3）主成分回归分析法

由于所选择的自变量间可能存在某种相关性，会影响直接回归的效果。考虑到主成分回归法具有处理自相关问题的功能，其利用主成分的变换，把强相关的变量综合为低相关的主成分，从而运用主成分代替原变量做回归分析。故本章以主成分回归法来测度金融各指标对城镇化综合水平的影响程度，其主要原理如下：

（a）将 n 个经过标准化处理的自变量进行主成分分析，并从得到的 p 个主成分 F_1，F_2，…，F_p 中选择方差贡献率超过 80% 的前 q 个主成分。

（b）利用普通最小二乘法，将 q 个主成分 F_1，F_2，…，F_p 和标准化因变量 $\hat{Y}$ 进行回归分析，得到的回归方程为：

$$\hat{Y} = \hat{\beta}_0 + \hat{\beta}_1 F_1 + \hat{\beta}_2 F_2 + \cdots + \hat{\beta}_q F_q \tag{4-13}$$

（c）每个主成分 F_1，F_2，…，F_p 都是关于自变量 X_1，X_2，…，X_p 的线性组合，经过相关转化最终得到的回归模型如下：

$$\hat{Y} = \hat{\alpha}_1 X_1 + \hat{\alpha}_2 X_2 + \cdots + \hat{\alpha}_p X_p \tag{4-14}$$

4.1.3 新型城镇化综合发展水平的测度 >>>

表 4–5 是以改进熵值法测度出的 1995—2016 年新型城镇化综合指标权重值，结合图 4–1 各综合指标值的变化趋势，可以看出人口、经济、社会、环境城镇化分别对城镇化综合水平的作用程度，并可知城镇化综合发展水平以逐年递增的趋势变化。从其一级指标来看，对城镇化贡献最大的是社会城镇化，说明进城农民的物质生活得到了极大改善，社会保障服务深入人心，如 2016 年社区服务机构覆盖率为 24.40%、增长率为 8.44%，城市基础设施日趋完善，城乡差距逐渐缩小。对城镇化影响较大的是人口城镇化，这正好符合“以人为本”的发展宗旨，新型城镇化以农村人口迁移到城镇并由农民工转换为城市居民为工作重点，随着城镇生活质量的提升，人口规模日益扩增，城镇化率从 1995 年的 29.04% 上升为 2016 年的 57.35%。对城镇化影响较小的是环境城镇化，伴随可持续发展热潮的到来，并且受环保政策和社会责任的影响，居民的环保意识有所加强，绿色生产企业和项目不断涌现，如城市人均公园绿地面积由 2006 年的 8.30 平方米增加到 2016 年的 13.70 平方米，但以提升城市质量为宗旨的绿色城镇化发展观念贯彻还不够到位，在环保方面的投资占比仍较少，如环境污染治理投资占 GDP 的比重从 2010 年的 1.66% 下降至 2016 年的 1.24%。对城镇化贡献最小的是经济城镇化，2000 年以来经济城镇化出现了下滑趋势，尽管人均 GDP 不断增加，但城乡居民收入差距仍然较大，第三产业贡献率变化不稳定，并且非农产业对 GDP 增长的拉动由 2007 年的 13.80% 下降到 2016 年的 6.40%，最终导致经济城镇化趋于缓慢。因此，只有在社会保障、人口权益、市容环境、产业发展等领域都实现由“乡”到“城”的变迁，新型城镇化才会有效释放需求，从根本上拉动经济增长。

表 4–5 新型城镇化综合发展水平测度

年份	一级指标综合值				新型城镇化综合值
	人口城镇化	经济城镇化	社会城镇化	环境城镇化	
1995	0.253	0.328	0.268	0.238	1.087
1996	0.270	0.342	0.292	0.246	1.150
1997	0.280	0.354	0.297	0.275	1.206
1998	0.287	0.340	0.310	0.284	1.221
1999	0.297	0.335	0.321	0.306	1.258
2000	0.310	0.327	0.330	0.295	1.262
2001	0.322	0.336	0.374	0.312	1.344
2002	0.333	0.318	0.392	0.303	1.346
2003	0.345	0.305	0.425	0.324	1.399
2004	0.358	0.310	0.443	0.312	1.424
2005	0.376	0.326	0.457	0.320	1.479
2006	0.394	0.336	0.436	0.329	1.495
2007	0.406	0.350	0.463	0.354	1.573
2008	0.414	0.328	0.469	0.376	1.587
2009	0.427	0.325	0.484	0.383	1.620
2010	0.439	0.344	0.483	0.413	1.679
2011	0.449	0.363	0.496	0.407	1.714
2012	0.459	0.362	0.482	0.424	1.727
2013	0.473	0.379	0.500	0.433	1.786
2014	0.483	0.388	0.511	0.439	1.821
2015	0.493	0.401	0.515	0.435	1.843
2016	0.506	0.434	0.522	0.439	1.901

资料来源：笔者计算并整理得到。

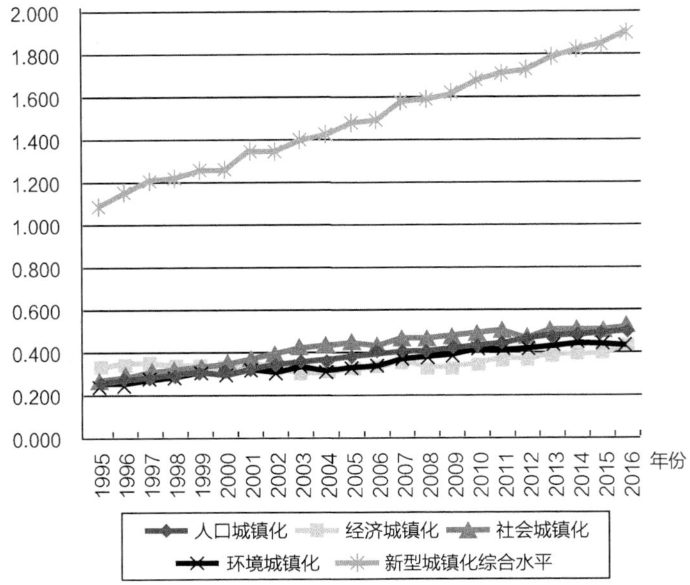

图 4-1　1995—2016 年新型城镇化综合发展水平变化趋势

资料来源：笔者计算并整理得到。

4.1.4　金融综合发展水平的测度 >>>

同理，以改进熵值法可测度出 1995—2016 年金融发展综合指标权重值（见表 4-6），图 4-2 是金融规模、金融结构、金融效率 3 个一级指标对金融发展综合水平的贡献程度。总体来看，金融发展综合水平呈现出不稳定的变化趋势，且增长速度有限，这主要是因为金融发展受到世界经济发展的影响。首先，从其一级指标来看，对金融发展贡献最大的是金融结构。这是由于中长期贷款以及非银行贷款方面的投资增速较快，中长期贷款占比从 1997 年的 20.65% 增长为 2010 的 60.30%，非银行贷款占比从 1995 年的 20.91% 增长为 2008 年的 78.90%。其次是金融效率对金融发展的贡献较大。这主要是由于金融机构存贷款比率和资本形成率以较快的速度增长，但由于保费收入增长率和贷款余额增长率呈现出增减不稳定的趋势，并且存贷款比率由 2008 年的 1.54% 下降至 2014 年的 1.39%，贷款余额增长率从 2009 年的 31.74% 下降至 2016 年的 11.87%，从而导致金融效率变化不稳定，甚至在 2008 年之后呈现出下滑趋势。最后是金融规模对金融发展的贡献较小。这主要是由于金融业增加值占 GDP 的比重由 1995 年的 5.20% 下降至 2005 年的 4.00%，存贷款总额与 GDP 的比值由 2003 年的 2.67 下降至 2008 年的 2.41，但从总体来看，金融规模呈现出逐年增长的变化趋势，并于 2014 年以后成为对综合金融贡献最大的指标，从而拉动了金融发展。

表 4–6 金融发展综合水平测度

年份	一级指标综合值			金融发展综合值
	金融规模	金融结构	金融效率	
1995	0.330	0.451	0.458	1.239
1996	0.341	0.500	0.425	1.266
1997	0.358	0.498	0.495	1.351
1998	0.366	0.496	0.463	1.324
1999	0.373	0.504	0.379	1.256
2000	0.371	0.527	0.391	1.289
2001	0.376	0.530	0.476	1.381
2002	0.382	0.535	0.527	1.445
2003	0.390	0.547	0.513	1.450
2004	0.384	0.546	0.481	1.410
2005	0.382	0.547	0.490	1.419
2006	0.394	0.566	0.504	1.464
2007	0.418	0.583	0.539	1.540
2008	0.429	0.592	0.602	1.623
2009	0.464	0.577	0.578	1.620
2010	0.480	0.577	0.574	1.631

续表

年份	一级指标综合值			金融发展综合值
	金融规模	金融结构	金融效率	
2011	0.494	0.572	0.542	1.608
2012	0.510	0.557	0.527	1.594
2013	0.523	0.553	0.534	1.610
2014	0.542	0.558	0.536	1.636
2015	0.591	0.547	0.541	1.679
2016	0.615	0.551	0.544	1.710

资料来源：笔者计算并整理得到。

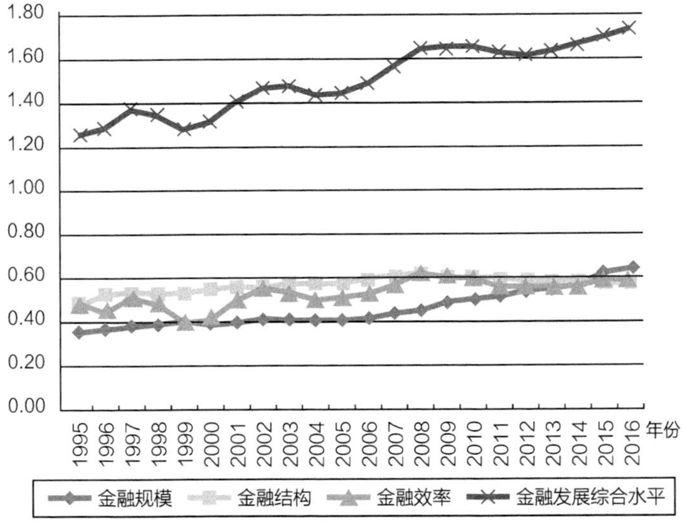

图 4-2　1995—2016 年金融综合发展水平变化趋势

资料来源：笔者计算并整理得到。

4.1.5　金融发展与新型城镇化之间的关联程度测度 >>>

利用灰色关联度法可以测度出金融发展和新型城镇化之间的关联程度（见表 4-7），由此可知关联度系数均达到 0.5 以上，说明金融发展和新型城镇化之间具有紧密的关联关系，以下将从总量视角对二者的关联性展开分析。

表 4–7 金融指标与城镇化指标之间的关联度系数

变量	X_1	X_2	X_3	X_4	X_5	X_6	X_7	X_8	X_9	X_{10}	X_{11}	X_{12}
Y_1	0.979	0.565	0.962	0.902	0.884	0.842	0.921	0.815	0.943	0.894	0.841	0.814
Y_2	0.933	0.559	0.964	0.965	0.841	0.902	0.944	0.781	0.973	0.961	0.880	0.872
Y_3	0.862	0.559	0.887	0.937	0.796	0.974	0.869	0.747	0.902	0.942	0.919	0.955
Y_4	0.578	0.844	0.566	0.550	0.601	0.538	0.588	0.632	0.563	0.548	0.556	0.522
Y_5	0.915	0.568	0.945	0.957	0.835	0.925	0.928	0.777	0.963	0.978	0.901	0.899
Y_6	0.970	0.566	0.952	0.903	0.881	0.840	0.931	0.816	0.941	0.895	0.850	0.813
Y_7	0.725	0.843	0.706	0.683	0.762	0.671	0.705	0.806	0.705	0.684	0.676	0.649
Y_8	0.882	0.564	0.906	0.938	0.810	0.956	0.890	0.757	0.923	0.955	0.910	0.937
Y_9	0.887	0.608	0.863	0.816	0.884	0.759	0.856	0.845	0.845	0.806	0.785	0.738
Y_{10}	0.971	0.569	0.961	0.923	0.875	0.860	0.929	0.808	0.959	0.914	0.856	0.832
Y_{11}	0.762	0.595	0.734	0.690	0.866	0.654	0.757	0.891	0.722	0.686	0.692	0.628
Y_{12}	0.590	0.657	0.585	0.580	0.596	0.576	0.593	0.605	0.585	0.579	0.584	0.570
Y_{13}	0.935	0.579	0.904	0.846	0.922	0.794	0.883	0.854	0.883	0.839	0.810	0.767
Y_{14}	0.937	0.551	0.968	0.960	0.843	0.895	0.932	0.780	0.951	0.948	0.870	0.866
Y_{15}	0.606	0.675	0.583	0.553	0.666	0.533	0.612	0.744	0.579	0.552	0.574	0.510
Y_{16}	0.930	0.595	0.899	0.855	0.915	0.801	0.898	0.860	0.888	0.847	0.824	0.776

利用测度出的单个关联度系数和加权平均数可计算出金融一级指标以及综合金融分别与城镇化之间的平均关联度，如金融规模与人口城镇化、经济城镇化、社会城镇化、环境城镇化以及综合城镇化之间的平均关联度分别为：

$$\frac{1}{4\times4}\sum_{i=1}^{4}\sum_{j=1}^{4}\gamma_{ij}=0.788,\quad \frac{1}{4\times4}\sum_{i=5}^{8}\sum_{j=1}^{4}\gamma_{ij}=0.814,\quad \frac{1}{4\times4}\sum_{i=9}^{12}\sum_{j=1}^{4}\gamma_{ij}=0.737,$$

$$\frac{1}{4\times4}\sum_{i=13}^{16}\sum_{j=1}^{4}\gamma_{ij}=0.767,\quad \frac{1}{16\times4}\sum_{i=1}^{16}\sum_{j=1}^{4}\gamma_{ij}=0.778$$

同理可计算出其他金融指标与城镇化指标之间的平均关联度（见表 4–8）。从金融一级指标与综合城镇化的关联程度来看，金融结构与综合城镇化之间的关联度最大，其关联度系数为 0.801，说明合理、有序调整资本配置结构，将更多资金投入实体经济建设中，能够从根本上加快城镇化的推进步伐；金融效率与综合城镇化之间的关联度较大，其关联度系数为 0.797，金融效率代表金融资本的使用效率，资本配置效率高，说明资金得到了合理、有效利用，对新型城镇化建设起到了一定作用；金融规模与综合城镇化之间的关联度较小，其关联度系数为 0.778，因为盲目地扩大金融规模已经不适应经济发展的新要求，金融机构在增加资本供应量的同时，必须合理调整资本配置结构，有效提高资金使用效率，将资金合理、有序地运用到城乡一体化建设中，才能够真正推动经济发展。

表 4–8　金融发展与新型城镇化之间的平均关联度

指标	金融规模	金融结构	金融效率	综合金融
人口城镇化	0.788	0.792	0.818	0.799
经济城镇化	0.814	0.831	0.855	0.833
社会城镇化	0.737	0.772	0.736	0.748
环境城镇化	0.767	0.808	0.780	0.787
综合城镇化	0.778	0.801	0.797	0.792

从城镇化一级指标与综合金融的关联性来看，其关联程度依次为经济、人口、环境、社会城镇化，关联度系数分别为 0.833、0.799、0.787、0.748，这是因为金融发展能够直接促进经济增长，提高人均 GDP，带动三次产业发展，当经济增长到一定程度时，金融发展就会作用于人口以及环境城镇化，支持农民市民化和改善居住环境；而当城镇化率不断提高、城镇环境有所改善时，金融机构就会将更多的资金投入社会城镇化中，推动公共服务平等化，加快基础设施建设，进而创造社会和谐的氛围。

4.1.6 金融发展对城镇化综合水平的影响程度测度

利用主成分回归法可测度出金融发展 12 个二级指标分别对新型城镇化综合水平的影响程度，该过程主要通过软件 SPSS.22 来实现，具体实证步骤如下。

（1）相关性分析

从相关分析的结果（见表 4-9）可知，除了政策性金融资产总额占全部金融资产的比重（X_7）和贷款余额增长率（X_{12}）以外，其余自变量与因变量城镇化综合水平之间具有明显的线性相关性，说明变量之间适合进行回归分析。此外，自变量之间也具有某种程度的相关性，因为金融发展指标本身就是相互影响的，所以有必要对变量进行共线性诊断。

表 4-9 相关系数矩阵

变量	Y	X_1	X_2	X_3	X_4	X_5	X_6	X_7	X_8	X_9	X_{10}	X_{11}	X_{12}
Y	1.000	0.938	0.982	0.939	0.782	0.923	−0.963	0.002	0.871	0.825	0.852	−0.281	−0.153
X_1	0.938	1.000	0.950	0.903	0.715	0.834	−0.863	0.046	0.740	0.735	0.735	−0.250	−0.190
X_2	0.982	0.950	1.000	0.970	0.822	0.860	−0.961	0.115	0.778	0.733	0.802	−0.281	−0.228
X_3	0.939	0.903	0.970	1.000	0.924	0.761	−0.963	0.200	0.688	0.601	0.777	−0.248	−0.133
X_4	0.782	0.715	0.822	0.924	1.000	0.559	−0.880	0.320	0.518	0.369	0.641	−0.132	0.027
X_5	0.923	0.834	0.860	0.761	0.559	1.000	−0.839	−0.298	0.932	0.933	0.899	−0.336	−0.023
X_6	−0.963	−0.863	−0.961	−0.963	−0.880	−0.839	1.000	−0.116	−0.801	−0.714	−0.834	0.291	0.123
X_7	0.002	0.046	0.115	0.200	0.320	−0.298	−0.116	1.000	−0.253	−0.339	−0.316	0.237	−0.362
X_8	0.871	0.740	0.778	0.688	0.518	0.932	−0.801	−0.253	1.000	0.963	0.789	−0.247	−0.051
X_9	0.825	0.735	0.733	0.601	0.369	0.933	−0.714	−0.339	0.963	1.000	0.753	−0.294	−0.111
X_{10}	0.852	0.735	0.802	0.777	0.641	0.899	−0.834	−0.316	0.789	0.753	1.000	−0.444	0.186
X_{11}	−0.281	−0.250	−0.281	−0.248	−0.132	−0.336	0.291	0.237	−0.247	−0.294	−0.444	1.000	0.174
X_{12}	−0.153	−0.190	−0.228	−0.133	0.027	−0.023	0.123	−0.362	−0.051	−0.111	0.186	0.174	1.000

（2）共线性分析

表 4-10 是对自变量进行共线性诊断得到的结果，由此可知除自变量

X_{11} 的容差值为 0.50 以外，其余自变量的容差值都较小，容差值越小，代表共线性越显著。并且除自变量 X_7、X_{11} 和 X_{12} 以外，共线性的存在使得多数自变量的 VIF 值大于 10。此外，从特征值和条件指数也可知自变量间的相互影响。由于相关性的存在会对回归估计造成一定偏差，影响直接回归的效果，需要利用主成分分析来解决这一问题。

表 4–10　共线性诊断

变量	容差值	方差膨胀系数	特征值	条件指数
X_1	0.035	28.862	12.652	1.000
X_2	0.003	353.701	0.208	7.801
X_3	0.003	342.992	0.061	14.395
X_4	0.022	44.953	0.032	19.902
X_5	0.009	106.538	0.029	20.818
X_6	0.018	57.017	0.008	39.293
X_7	0.262	3.822	0.004	55.766
X_8	0.022	44.512	0.004	58.295
X_9	0.021	47.447	0.001	114.026
X_{10}	0.030	33.608	0.000	162.146
X_{11}	0.500	1.998	0.000	204.823
X_{12}	0.165	6.047	0.000	300.461

（3）主成分分析

为解决异方差问题，对变量先进行标准化处理。由实证检验得到的 KMO 值为 0.76，表明可以作主成分分析。由表 4–11 的主成分分析结果可以看出，前 3 个主成分累计解释了全部变量的 87.98%，并且特征值均大于 1，故只要提取前 3 个主成分就能产生降维的效果。由表 4–12 的初始矩阵系数和相应特征值的平方根相除可得到主成分 F_1、F_2、F_3 的方程式（其中 X_1^*，X_2^*，…，X_{12}^* 为标准化变量）。通过方程式可知主成分 F_1 主要用来反映除 X_7、X_{11} 和 X_{12} 外的变量信息，称作主要金融指标；而 F_2 和 F_3 主要用

来反映 X_7、X_{11} 和 X_{12} 的变量信息，称作次要金融指标。

$$F_1 = 0.919X_1^* + 0.968X_2^* + 0.929X_3^* + 0.778X_4^* + 0.940X_5^* - 0.963X_6^* - 0.065X_7^* + 0.885X_8^* + 0.841X_9^* + 0.895X_{10}^* - 0.358X_{11}^* - 0.100X_{12}^*$$

$$F_2 = 0.147X_1^* + 0.214X_2^* + 0.313X_3^* + 0.431X_4^* - 0.272X_5^* - 0.190X_6^* + 0.936X_7^* - 0.260X_8^* - 0.353X_9^* - 0.288X_{10}^* + 0.269X_{11}^* - 0.464X_{12}^*$$

$$F_3 = 0.036X_1^* - 0.027X_2^* + 0.117X_3^* + 0.338X_4^* - 0.038X_5^* - 0.073X_6^* + 0.011X_7^* - 0.053X_8^* - 0.184X_9^* + 0.142X_{10}^* - 0.527X_{11}^* + 0.832X_{12}^*$$

表 4–11　主成分分析

成分	初始特征值			提取平方和载入		
	合计	方差 /%	累积 /%	总计	方差 / %	累积 /%
1	7.494	62.447	62.447	7.494	62.447	62.447
2	1.901	15.840	78.287	1.901	15.840	78.287
3	1.163	9.693	87.980	1.163	9.693	87.980

表 4–12　成分矩阵

变量	成分		
	1	2	3
X_1	0.919	0.147	0.036
X_2	0.968	0.214	0.027
X_3	0.929	0.313	0.117
X_4	0.778	0.431	0.338
X_5	0.940	0.272	0.038
X_6	0.963	0.190	0.073
X_7	0.065	0.936	0.011
X_8	0.885	0.260	0.053
X_9	0.841	0.353	0.184
X_{10}	0.895	0.288	0.142
X_{11}	0.358	0.269	0.527
X_{12}	0.100	0.464	0.832

（4）主成分回归分析

用主成分得分代替原变量和标准化变量 $Y*$ 进行多元回归分析（主成分得分由因子得分和特征值的平方根相乘得到），通过实证检验可得 $R^2=0.989$，调整的 $R^2=0.987$，并且通过了显著性检验与 F 检验（$F=531.516$），说明主成分回归的效果佳（见表 4–13）。

表 4–13　主成分回归分析

变量	非标准化系数		标准化系数	T 检验	P 值检验	共线性诊断	
	B	标准误差	贝塔			容差值	方差膨胀系数
常量	–9.810E–017	0.024		0.000	1.000		
F_1	0.362	0.009	0.991	39.814	0.000	1.000	1.000
F_2	0.055	0.018	0.076	3.063	0.000	1.000	1.000
F_3	0.003	0.023	0.003	0.111	0.007	1.000	1.000

结合表 4–13 得到的回归模型如下：

$$Y^*=0.362F_1+0.055F_2-0.003F_3$$

$$t=(39.814)(3.063)(-0.111)$$

将主成分的 3 个方程式带入 Y^* 式中，通过计算得到的回归系数为：

$$\beta=\begin{bmatrix}0.919 & 0.147 & -0.036\\ 0.968 & 0.214 & -0.027\\ 0.929 & 0.313 & 0.117\\ 0.778 & 0.431 & 0.338\\ 0.940 & -0.272 & -0.038\\ -0.963 & -0.190 & -0.073\\ 0.065 & 0.936 & 0.011\\ 0.885 & -0.260 & -0.053\\ 0.841 & -0.353 & -0.184\\ 0.895 & -0.288 & 0.142\\ -0.358 & 0.269 & 0.527\\ 0.100 & -0.464 & 0.832\end{bmatrix}\begin{bmatrix}0.362\\ 0.055\\ -0.003\end{bmatrix}=\begin{bmatrix}0.341\\ 0.362\\ 0.353\\ 0.304\\ 0.325\\ -0.359\\ 0.028\\ 0.306\\ 0.286\\ 0.308\\ -0.116\\ -0.064\end{bmatrix}$$

经过整理所得到的最终回归模型如下：

$$Y^* = 0.341X_1^* + 0.362X_2^* + 0.353X_3^* + 0.304X_4^* + 0.325X_5^* - 0.359X_6^* + 0.028X_7^* + 0.306X_8^* + 0.286X_9^* + 0.308X_{10}^* - 0.116X_{11}^* - 0.064X_{12}^*$$

（5）结果分析与讨论

由主成分回归模型可以看出，金融发展各指标对新型城镇化的作用程度整体偏低，并且城镇固定资产投资中国内贷款的占比（X_6）、保费收入增长率（X_{11}）和贷款余额增长率（X_{12}）对城镇化综合水平（Y）产生了负向作用，表明金融在推动城镇化的同时，也制约着城乡经济的发展。以下针对各变量的影响力度及主要原因展开探讨。

首先，对新型城镇化综合水平影响最大的是上市公司数量（X_2）、金融业从业人员占比（X_3）和存贷款总额与GDP的比值（X_1），这三个指标每增加1%，则城镇化水平分别提高0.362%、0.353%和0.341%，对推进城镇化发展发挥了一定的作用。究其原因：一是证券市场上交易活动的日益丰富加快了资金流转，股票、债券等直接融资模式的兴起，为金融市场添加了新的生机和活力。2016年证券公司数量达到129家，资产规模为5.80万亿元，净利润为1234.00亿元。作为资本市场重要的中介机构，近年来，证券、基金等行业围绕国家战略，积极投身实体经济建设中，已有80多家证券机构为履行社会责任参与到国家扶贫攻坚战略中，旨在提高贫困地区的自身造血能力和缩小城乡二元化差异。但从国际层面来看，现阶段我国资本市场尚处在非饱和状态，各类资本匹配不到位，并且对股票的依赖性较高。二是随着金融业的持续发展与改革创新，金融机构从业人员数量逐渐增多，2016年年末金融业就业人员数达到665.20万人，除银行业外，证券、保险、基金等领域的就业规模也逐渐壮大，这说明金融机构对乡镇建设的服务更趋于完善，但面对金融机构的混业发展，金融行业应该吸纳更多复合型的人才来拓展金融业务和履行社会责任。三是随着经济的持续增长，金融体系的资金存量与供给量规模不断扩大，截至2016年年末，金融部门各项存贷款规模达到25.72万亿元，存款比例和贷款额度有所增加，对经济有效运行起到了一定的作用。但由于城镇建设投资期限较长、收益较低，金融机构的信贷比例与借贷结构出现了错位现象，大部分资金最终流向了盈利显著的大中型企业，小微企业的融资困境难以得到缓解。

其次，对新型城镇化发展影响较大的依次是中长期贷款占贷款余额的比重（X_5）、资本形成率（X_{10}）、非银行贷款占各项贷款的比重（X_8）、金融业增加值占GDP的比重（X_4），这四个指标每增加1%，城镇化水平分别提高0.325%、0.308%、0.306%和0.304%，其对城镇化的作用程度还需加深。究其原因：一是中长期贷款主要服务于市政建设以及公共服务等基础性领域，2016年工业和服务业方面的中长期贷款分别为7.71万亿元和26.05万亿元，但商业类金融机构的利益性与城镇化建设的社会性存在悖论，致使中长期贷款占比增速缓慢（见图4–3），甚至在2010年之后出现了下滑趋势，表明金融机构应优化信贷结构，形成强烈的社会责任感，增加对工业和服务业等中长期项目的投资比例。二是有效的资本结构能将货币资源配置到新兴产业以及高技术企业中，从而提高资本形成率，而现阶段我国金融市场体系尚未达到良性资本结构的要求，未来金融机构应注重培育能为企业提供多样化投融资服务的资本市场结构。三是企业融资中银行贷款等间接融资比例仍然过高，非银行贷款发展尚不成熟，并且有价证券以及股权等投资一般都集中在大中城市和大中型企业中，对乡镇建设的投资贡献微不足道。四是金融体系作为带动经济增长的有力支撑，近年来金融行业对GDP的作用程度有限，2016年M2增速下滑了2.00%，金融业对 GDP 的贡献率由 2015 年的 15.20% 下降至 2016 年的 7.10%。尽管金融行业不断发展壮大，但还存在地区金融机构差异化显著、金融业务分布不均衡、融资效率不高等众多问题，导致现阶段金融深化程度偏低，对国民经济的作用力度还有待加强。

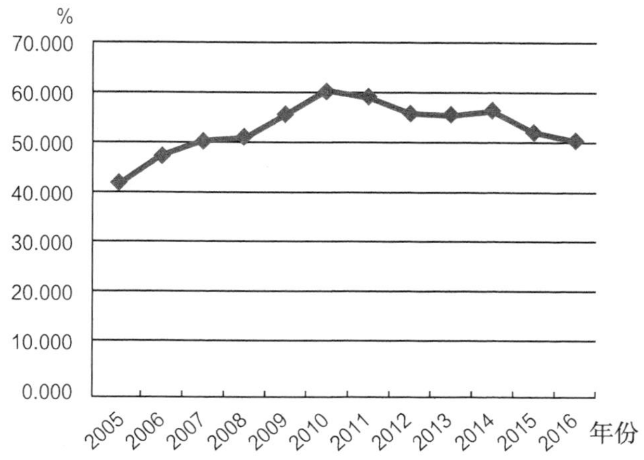

图 4–3　2005—2016 年中长期贷款占贷款余额的比重

资料来源：Wind 数据库。

最后，对新型城镇化发展影响较小的是存贷款比率（X_9）和政策性金融资产占全部金融资产的比重（X_7），这两个指标每增加 1%，则城镇化水平分别提高 0.286% 和 0.028%，其对城镇化的作用力十分有限。究其原因：一是金融机构存贷款转换效率对城镇化建设的贡献程度较低。近年来，存贷款转化效率增长缓慢，甚至有下滑趋势，由 2015 年的 1.44% 下降至 2016 年的 1.41%，说明民间盈余资本未能得到合理有效利用。受地域差异的影响，金融结构失衡现象凸显，乡镇地区的金融资源严重缺失，居民存款意识不强，金融服务平台发展滞后，储蓄资金未能有效投向市政建设和产业发展中，必须进一步完善区域金融服务平台，提高城镇化建设的融资效益。二是政策类金融机构资产规模较少，普惠金融发展滞后。除国开行贷款增长较快以外，农发行和进出口银行的贷款余额严重偏少，并且增速缓慢（见图 4-4），导致其在企业技术改造、水利设施、交通运输、环境改善等市政公共设施以及社保、保障房、教育医疗等公共服务方面的投资明显不足，这违背了绿色经济所倡导的可持续发展观，导致 GDP 能耗严重，对新城区的建设和改造造成了负面影响。

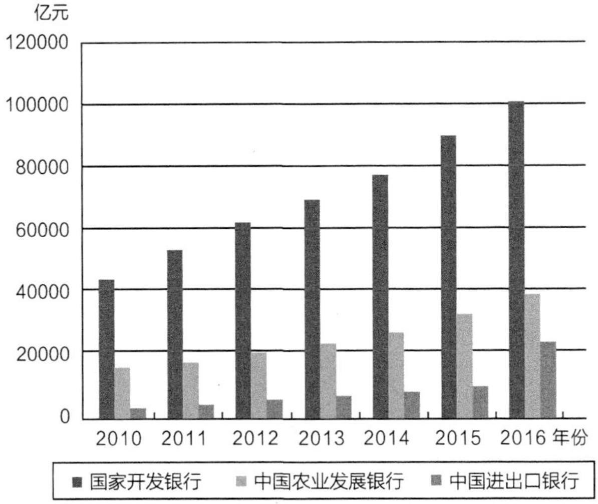

图 4-4　2010—2016 年政策性金融机构贷款余额

资料来源：wind 数据库。

此外，城镇固定资产投资中国内贷款的占比（X_6）、保费收入增长率（X_{11}）和贷款余额增长率（X_{12}）对城镇化综合水平产生了反向作用，严重约束了城乡经济的发展。究其原因：一是固定资产投资中来自国内贷款的部分越多，表明金融体系对城乡建设的贡献越大，然而从图 4-5 中可以看出，2011—2016 年城镇固定资产投资增速逐年下降，这主要是由于国内贷款方面的投资占比较小，其由 2011 年的 14.88% 下降至 2016 年的 11.27%，并且金融部门对固定资产的投资存在显著的地区差异，呈现出东、中、西部地区逐渐弱化的局面。此外，从图 4-6 村镇建设的投资结构来看，住宅方面的投资占比过高，而园林绿化、环境卫生、供水供热等领域的投资相对较少，这主要是由于商业银行受利益驱使，滥用存款的现象较为普遍，信贷资金外流严重，而城镇固定资产由于收益低、周期长等原因，其资金投入量十分有限。二是保险机构作为金融机构的基本组成部分，是增强社会责任感的重要手段，保险业的风险转移和社会保障作用与城镇化建设直接相关，但目前我国保险政策尚不成熟，市场风险转移能力和社会管理功能还有待加强，保费收入增长速率缓慢，并且绿色保险发展落后，在环保行业和低碳产业等绿色城镇化领域的服务有限。三是金融机构贷款增长率下滑严重，由 2009 年的 31.74% 下降到 2016 年的 11.87%，这说明金融机构未将盈余资金投入城乡建设中，金融服务实体经济的水平和质量尚有待提高，并且贷款大多投向期限短、流动性高的行业，导致其对乡镇经济发展产生了严重的阻碍作用。

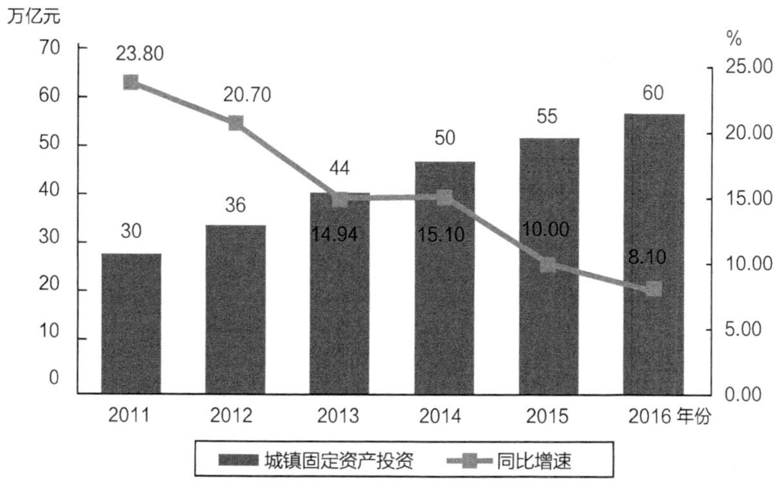

图 4-5 2011—2016 年城镇固定资产投资情况

资料来源：历年《中国金融统计年鉴》。

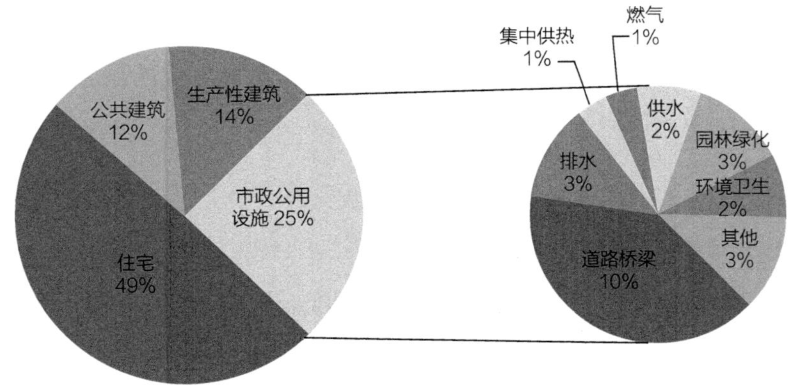

图 4-6　2016 年村镇建设投资结构

4.2 实证结果分析

通过构建相关的指标评价体系，首先，以改进熵值法分别测度出新型城镇化和金融发展的综合水平；其次，以灰色关联度法测度出人口、经济、社会、环境城镇化分别与金融规模、结构、效率间的关联程度；最后，以主成分回归法测度出金融各指标分别对城镇化综合水平的影响和约束程度。最终得到的研究结果概括为以下几点。

（1）新型城镇化综合发展水平呈现出逐年增长的变化趋势，城镇化一级指标中对城镇化综合水平的贡献程度依次为社会城镇化、人口城镇化、环境城镇化和经济城镇化，这说明只有在社会保障、人口权益、市容环境、产业发展等领域都实现由“乡”到“城”的变迁，新型城镇化才会有效释放需求，从根本上拉动经济增长。此外，这也说明我国城镇化建设更加注重城镇规模的盲目扩张，“城市病”现象较为严重，绿色城镇化发展缓慢，城乡经济差异显著。

（2）金融发展综合水平呈现出不稳定的变化趋势，且增长缓慢，甚至有个别年份出现了下滑趋势，这主要是因为金融发展受到世界经济发展的影响。金融一级指标中对金融综合水平的贡献程度依次为金融结构、效率和规模，并且金融规模具有一定的上升趋势，而金融结构整体变化缓慢，金融效率有增有减，且变化不稳定，这说明金融机构在扩大规模的同时，合理的结构和效率是保障金融市场有序运转的关键手段。

（3）金融一级指标与综合城镇化之间的关联程度依次为金融结构、效率和规模，因为盲目扩大金融规模已不适应经济发展的新要求，金融体系在增加资本供应量的同时，必须均衡地区金融机构布局，合理调整资本结构，有效提高资金使用效率，才能更好地为城乡建设服务。城镇化一级指标与综合金融之间的关联程度依次为经济城镇化、人口城镇化、环境城镇化和社会城镇化，因为当金融拉动城市经济发展时，就会吸引外来人口进城，进而导致市政设施和公共服务等领域的融资需求变大。此外，这一现象也说明金融发展对城镇化速度的促进作用更显著，而对城镇化质量的支持程度有限。

（4）综合来看，金融发展和新型城镇化之间有着极强的关联关系，金融各指标对城镇化建设的作用程度整体偏低，甚至有个别指标对其产生了严重的阻碍作用，这说明金融在推动城镇化发展的同时也阻碍着城乡经济的有序推进，如乡镇地区的金融机构服务范围和业务种类十分匮乏，并且储蓄转化为投资的效率偏低，直接融资和政策性金融对基础设施和公共服务的贡献程度有限，从而导致城乡建设中的金融服务水平不高、资金供给量不足，必须建立健全城镇化投融资体制，实现经济与金融的良性互动发展。

4.3 金融支持城镇化发展的国内外经验借鉴

4.3.1 国内经验及不足

（1）国内金融支持城镇化的成功经验

纵观我国城镇化发展历程，金融体系主要从农业现代化、城镇建设和经济发展、农民市民化三个方面推动城镇化发展，表 4-14 是对浙江、广东、四川等代表性省份金融支持城镇化的成功经验总结，借鉴和汲取这些成功经验是未来新型城镇化有序推进的根本保证。

表 4-14 我国代表性省份金融支持城镇化的成功经验

省份	具体措施		
	金融支持农业现代化	金融支持城镇建设和经济发展	金融支持农民市民化
浙江	形成了多元化的融资体系，充分发挥农村合作金融组织、农业银行、邮政储蓄机构的支农优势，并辅以其他商业性金融机构的融资功能，全面服务于农村经济	从政策上引导金融资源为城镇建设开通绿色通道；发展银团贷款、合作贷款等支持城镇基础设施建设；金融机构通过承销政府债券支持城镇项目	创新抵押方式，维护农民权益，农信社推出了“农村流转土地经营权专项抵押贷款”；在政府支持和相关制度改革下，丽水市推出了林权抵押贷款
广东	广东省人民政府与农业银行签署了《推进新型城镇化建设合作协议》，重在支持土地开发、交通能源等农业现代化的发展	国开行广东分行提出了“土储机构 + 基金公司 + EPC 商 + 开行”“四位一体”的新型贷款模式以支持城市基础设施建设	农行广东分行开展统筹城乡发展工作，助推就业容量大的城镇新兴产业发展，不断满足农民市民化过程中的各类金融需求
四川	创新小额贷款模式，对农户实行不同水平的贷款利率；村镇银行为支农服务提供资金；成立支持农业发展的专业投资公司	设立社区金融试点，主要满足中小企业的资金需求；创新大额农贷模式，农商行放宽了单位用户的贷款限额	成立农村产权交易所，为产权融资提供担保；农商行推出了特色乡镇个人住房贷款和商铺贷款，并实行不同程度的政策优惠

资料来源：笔者收集资料并整理。

（2）国内金融支持城镇化的不足

伴随经济的快速发展，我国的金融体系日渐完善，对推动城镇化建设起到了关键作用，然而综观实践经验，金融体系仍在某些方面制约着新型城镇化的有序推进，辨别这些不足并从中取长补短，是推动城乡一体化发展的关键。

首先，从金融机构的分布领域看，由于城乡区域格局的存在，金融机构通常分布于经济增长较显著的大中城市，而西部偏远一带的金融机构和投资公司极其缺乏，并且形式单一。一是政策性和普惠性金融机构分布较少，且以农发行为主导，业务范围十分有限，对乡镇建设的服务水平整体偏低。二是现有农村金融机构为获得一定的赢利和市场定位，在“三农”领域的资金投入较少，例如，农业银行为在同行中取得竞争优势，将核心业务投向了非农领域。三是民间非正规金融组织发展滞后，起步较晚，在金融市场中的地位较低，在吸收民间资本以及投放贷款中具有一定的风险性，对市政建设和基本服务的贡献程度偏低。

其次，从金融机构的营业范围看，乡镇一带金融机构的经营水平较低，金融产品和业务类型不够丰富，缺乏专业性和创新性，针对城镇化的融资产品较少，难以满足新时期城镇化的新要求。一是现阶段乡镇金融机构仍然将存贷款业务作为主要着手点，而对其他类型的融资模式普及不到位，债券、股票、基金等直接融资工具很少被人们所熟知。二是由于担保和抵押问题的存在，乡镇金融机构多以抵押能力强和借贷周期短的大中型企业及商户为服务对象，而针对农户以及小微企业的投资微乎其微，从而加剧了城乡二元经济格局。此外，相比大中城市，乡镇一带的金融机构不仅业务能力较低，而且服务水平及服务意识普遍偏低。

最后，从制度保障层面看，目前我国尚缺乏一套合理规范的城镇化投融资体制机制。我国城镇化融资的立法保障措施不明显，政府与市场的关系较为含糊，导致金融市场对城乡建设的投资积极性不高，而市政建设以及基本服务等重要环节仍需通过政府财政来筹资融资，这必然会加大城镇化进程的融资缺口。此外，乡镇地区缺乏有效的信贷保障机制，降低了商业银行和信贷公司的投资积极性，资金外流现象严重。并且小微企业和支农方面的信用保险制度不完善，导致中小企业筹资难的困境仍然存在，农业现代化的步伐还有待加强。

4.3.2 国外金融支持城镇化的成功经验

相比国内经验，国外金融支持城镇化起步较早，并经过多年的发展历程累积了宝贵的经验。以下从国际视角出发，介绍了美国、印度、日本、韩国、德国等代表性国家金融支持城镇化的主要模式和具体措施（见表 4-15）。基于此，根据不同国家的发展特点，总结出金融支持城镇化的成功经验，为进一步优化新型城镇化建设中的金融约束提供参考和借鉴。

表 4-15 国外代表性国家金融支持城镇化的成功经验

国家	主要模式	具体措施
美国	市场主导型	发行市政债券，利用资本市场进行直接融资；成立中小企业管理局和小企业投资公司；推进农村金融体系全面发展；依靠市场机制解决区域差异问题，制定差异化的金融政策；政府对公共设施、教科文卫、高速公路等部门给予补贴
印度	市场主导型	政策性金融与商业性金融紧密结合，提高了资金的运转效率；政府负责构建中小企业融资辅导体系；农村金融机构的信贷供给增加，并实行差别利率计划
日本	政府主导型	政府建立了存款保险制度、相互援助制度；政府强化金融机构为中小企业提供政策性贷款，并从立法层面确立了保障制度；政府通过发行长期债券、提供融资担保等措施吸引民间金融市场为城镇基础设施筹集资金

续表

国家	主要模式	具体措施
韩国	市场主导型	摒弃依赖政府财政投资的传统观念，设立国民投资基金和相应法律来鼓励民间资本进入；发挥政策性金融机构的引领作用，为三大产业提供金融服务
德国	政府主导型	政府在资金和税收方面给予优惠；充分利用利率市场化的手段、发挥融资租赁的优势来促进城镇基础设施和环保建设；构建存款保险制度、信用合作体系以及担保银行为城镇建设服务

资料来源：笔者整理。

（1）政府与市场的有机结合。总结国外历史经验可知，在城镇化的建设中政府和市场的协作配合尤为重要，如美国是典型的市场主导型国家，但在金融支持城镇化方面政府扮演着重要角色，地方政府通过发放市政债券、制定差异化的金融政策、实行税收优惠和补贴等保障了城镇化建设的有序推进。日本政府一直以来主张金融机构为中小企业提供政策性贷款，并基于制度层面建立了存款保险、信用保证等制度以保障城镇化筹资的顺利进行。因此，在城镇化的建设中，政府应充当好“引路人”的角色，处理好与市场的关系，共同为城乡经济建设服务。

（2）政策性金融机构的作用不容小觑。国外的政策性金融机构发展较早，为城乡发展做出了巨大贡献。如印度的政策性金融机构主要针对中小企业提供资金，并对农业信贷实行利率优惠；德国的政策性金融机构针对城镇地区给予低利率贷款和相应补贴。概括而言，市场化的金融机构容易受利益驱使将资金投向高收益的领域，而政策性金融机构兼具市场和财政的双重效应，是补充商业性金融机构缺陷的有力组织，也是为乡镇建设提供金融服务的根本保证。

（3）完善的农村金融组织体系。经过长期的发展，发达国家形成了多样化的农村金融组织体系，如印度按照由低到高的级别建立了多层级的金融机构，每个级别的金融机构具有各自不同的业务范围和服务对象。韩国的农协经营多元化的金融业务并针对“三农”项目给予低利率的信贷优惠。由此可知，城镇化建设离不开一套健全的金融组织体系支撑，发达国家从金融机构的建立、信贷优惠、制度支撑、保险保障等方面形成了值得借鉴的金融组织体系。

4.4 新型城镇化建设中的金融支持体系构建

综合实证结果以及国内外成功经验可知，要提高金融体系推进新型城镇化发展的有效性，应该有重点、有针对性地从金融阻碍城镇化的各类主导性因素入手，改革和深化金融系统，建立健全各级各类金融组织体系，扩大政策性金融供给规模，创新投融资模式，推出新型金融产品和业务，优化金融服务质量，加快资金流转速率，积极推行绿色发展观念，推动绿色金融与实体经济互动融合，不断完善城镇化投融资机制，形成广覆盖、系统化、全方位、可持续的现代金融深化体系。

4.4.1 构建多层次的金融组织体系 >>>

为健全城镇化投融资机制，必须丰富金融组织体系，扩大金融机构的覆盖范围，因地制宜地建立布局合理、分工清晰的各级各类金融体系，不断拓宽城乡建设的融资范围，以满足实体经济的资金需求。

（1）建立健全银行类金融机构。构建功能齐全、服务到位、竞争有序、安全稳健的新型银行服务体系，引导建立适合区域特色的地方股份制银行，鼓励乡镇银行、小微银行、贷款机构等发展壮大，为公用设施、基础产业、支柱产业等提供更广阔的融资平台。引领欠发达地区和偏远地区扩建各类商业类金融机构，并安排复合型金融人才为乡镇建设提供优质的服务并制定完善的政策。此外，各类银行机构应以自身优势和发展战略设立市场定位，强化同行之间的分工合作，开展差异化和特色化的良性竞争，为实体经济建设提供最有效的金融服务。

（2）完善资本市场体系。提高资本市场的运行效率，将大中城市地区的证券类机构延伸至乡镇地区，积极、主动地参与到城乡建设中，并针对不同区域的服务对象制定专业化的金融政策，鼓励特色产业和企业多以股票和债券等方式进行融资，从而缓解筹资难的困境，从根本上提升企业的经营水平，并带动产业优化升级。此外，丰富资本市场的运行模式，推进债务转为股权的资本市场发展，引导涵盖 PE、VC 等多种形式的股权性融资为区域可协调发展提供服务。

（3）发展壮大配套补充体系。在乡镇地区建立与投融资有关的担保公司和保险机构，为重大经济发展战略提供更有效的服务和保障。明确划分政府与市场之间的关系，完善保险业务体系，推出多元化的商业保险模式，提升社保建设的运行效率，拓宽农业保险的服务范围，因地制宜地推行“三农”保险业务，保障农村经济健康运行。建立各级各类担保公司，为经济发展重点领域和薄弱环节的中长期投融资和综合金融服务提供安全系统的担保，保证资金合理、有序流动。

4.4.2 扩大政策性金融供给

围绕国家战略目标，加强政策性银行的社会责任感，积极发挥其在新型城镇化和“两基一支”中的主力银行作用，着力支持重点领域和薄弱环节发展，加大对城镇化建设和区域协调发展的支持力度，为助力经济社会发展奠定坚实的基础。

（1）政策类银行应创新服务模式。充分发挥政策支持和市场机制的双重作用，丰富政策性银行的投资模式，大力开发民间资本的投资潜力，联合其他金融组织推出专项化债券、基金等融资模式，满足城市群建设的资金需求量，针对城市交通、地下管廊、海绵城市和特色小镇提供专门化的金融服务。均衡区域金融差异，充分利用民间资本，推出 PPP、政府购买服务等新型融资模式，全力支持中西部地区传统产业升级和新兴产业崛起，推动东北老工业基地振兴发展。

（2）政策性金融机构应加大对偏远地区的金融供给量。分地区设立兼顾公益性和社会性的政策性金融机构，积极服务于周期较长、融资量较大的基建项目，为贫困人群和小型企业提供低息贷款的优惠政策，设立扶贫金融事业部，积极落实脱贫攻坚工作，全力支持棚户区改造。此外，还应在金融发展滞后的地区成立一批包括中小企业银行、环境银行等在内的政策性和开发性金融机构，为村镇一带道路桥梁、交通运输、供水供热等基建项目提供资金支持。

（3）建立健全政策性银行的风险管控和监督评价体制。强化重点项目和客户的风险管控，鼓励财政和企业等各类主体共同承担政策性银行的风险，由政府牵头设立信贷担保和风险监管体系，并对政策性投资给予财政贴息和税收优惠等相关利益补偿。依照市场化运行规律，对各类政策性银行的业务范围和政策性目标的实现情况实行监督评价，增强全员风险管控和责任意识。

4.4.3 创新城镇化融资模式

有效改善融资结构，合理调整金融资源配置比例，在大力推广银行信贷的同时，鼓励地方性金融机构推出股票、债券及基金等多种形式的融资工具，不断完善城投债和资产证券化的制度体系，积极推广信托融资以及各种模式的公私合作来为城镇化建设筹资，以满足产业转型升级和中小企业发展的多样化融资需求，弥补市政建设和公共服务等领域的巨大资金缺口。

（1）推行多样化的债券融资模式。合理利用银行间债券市场在城乡发展中的作用，鼓励基础设施建设、保障性安居工程等社会性项目以非公开定向发行债务的形式募集资金；鼓励资产合理、现金流充足的基建项目发行信贷资产，开展票据融资，盘活存量资产，从而丰富市政设施和战略性新兴产业的债券融资模式。改革地方政府债务融资机制，实行各级政府公开发行债券，不断由“城投债”跨越到“市政债”，以加大对交通、通信、住房、教育以及医疗等领域的支持力度。

（2）大力推行资产证券化。面对单一银行业难以满足经济可持续发展的长期融资需求，资产证券化的大力推广势在必行。通过资产证券化市场可以达到节约筹资成本、有效配置社会资本的目的，从而拓宽中小企业以及重点行业的筹资渠道，使其不再局限于股权和债券的融资模式。此外，充分利用资产证券化的低风险和高信用特点，加快资金的流动速率，在公用事业、安居房以及产业发展等领域推出多样化的资产类型，从根本上弥补实体经济的融资需求。

（3）推动各种模式的公私合作。积极、稳妥推行 PPP 模式，发展多种形式的公私合营，弥补政府财政不足的缺陷。采用 PPP 模式吸引更多社会资本以特许经营等形式投资于城乡一体化建设中，丰富城镇基建项目的融资渠道。建立健全 PPP 支持实体经济的相关制度，规范公私合作行为，明确规定相关权利与义务、责任与风险，为社会资本服务于城镇化建设提供政策保障。

4.4.4 优化金融服务体系

伴随城镇化的持续推进，其对资金的需求量有所增加的同时，对投融资体系的效率也提出了更高要求，必须优化金融服务体系来为城乡基本建设提供更优的服务。

（1）加快储蓄转为投资的效率。加速资金流转速率，保证资金合理、有效地流向城镇基础建设中，积极调动民间资本来满足道路桥梁、环境卫生、园林绿化等市政公用设施的融资需求。以“盘活存量、用好增量”为根本宗旨，提高金融体系的服务效益，积极推广普惠金融发展，加强“互联网＋金融”监督力度，提高网上银行的透明度，建立高效、便捷的金融服务平台，不断加强金融业作用于 GDP 的程度和效率。

（2）积极调动市场机制的引领作用。利用金融市场这只“看不见的手”，针对使用者付费类基建项目推行特许经营模式，引导更多的社会资本进行投资。由于交通、能源、医疗、通信等对基础设备的需求量较大，可通过融资租赁的方式来筹集更多资金。此外，强化金融机构与保险部门之间的联合经营，扩大保费收入的范围，推出多元化的保险资金投资方式，以保障市政建设拥有长期、高额的保险资金。

（3）缓解中小企业的筹资困境。对城乡地区信用良好、效益较高的大型企业，鼓励其通过在主板、上市板上市的方式进行融资。对发展较慢的新型中小企业，引导其在银行间市场通过发行各类票据筹集资金。此外，合理利用股权投资在市政建设中的作用，加强金融控股集团或投资基金与乡镇地区企业之间的投资合作，并因地制宜地建立产业投资基金和 VC 基金，丰富地方融资平台。

4.4.5 推进绿色金融与实体经济的互动融合

优化金融生态环境，提高绿色金融支持绿色城镇化的有效性，需要政府、环保部门、金融机构以及企业等相关各方形成联动机制，齐心协力、综合治理，以最终实现经济的可持续发展。

（1）绿色信贷方面。地方政府应联合各方出台具有可操作性的配套政策，确定绿色信贷的评价准则和操作流程，制定明确的激励和处罚机制来督促企业进行绿色生产。创新绿色信贷模式，完善贷款担保和抵押模式，推出符合节能环保、高效集约等城镇产业发展需求的绿色信贷业务；积极探索种类丰富的绿色类融资产品，加大对生态农业、循环经济以及城镇服务业等领域的资本供应量。

（2）绿色证券方面。将绿色证券政策纳入《证券法》和《公司法》中，制定切实可行的发行、评估与信息披露流程，严格评估上市或增发企业的环保指数，促使企业落实社会责任。建立多样化的绿色证券体系，设立绿色基金，组合各类金融工具，积极服务于绿色 PPP 项目；推出绿色股票指数，降低融资成本，引导投资者将经济资源合理分配到绿色行业；增发绿色债券，在信息披露的基础上，实行优先发行政策，尽可能地满足绿色城镇化建设中的不同融资需要。

（3）绿色保险方面。完善绿色保险机制，在《环境保护法》和《保险法》中确立相关实施条例，建立健全环境损害监督检查、处罚和赔偿机制，督促企业进行正常生产。扩大绿色保险的实施范围，不仅将绿色保险推广至环保、低碳产业以及污染治理领域，还应在农民市民化以及农业现代化等领域加强保险的保障作用。制定切实可行的保险费率，不断拓宽责任险的应用范围。总之，金融支持新型城镇化建设是统筹区域协调发展和实现共同富裕的关键举措，我国金融系统应从金融供给的效率、结构、规模三方面进行改革和深化，贯彻落实绿色金融发展理念、确保资金合理有序流动、不断优化金融产品和服务，构建多元化、市场化、广覆盖的新型城镇化投融资体制，真正实现金融体系为产城融合、集约高效、环保持续的新型城镇化建设保驾护航的宏伟目标。

5 中国各省域金融发展现状及区域金融成熟度评测与对比分析

5.1 区域金融成熟度的内涵及特征

成熟（Maturation）原意为随着植物的生长，果实细胞逐渐可收获摘取的程度。因此，成熟是一种状态，也可指思想观念上、心理上从初级向高级复杂的转变，还可用来比喻事物逐渐发展演变的具体程度。成熟泛指生物体发展到完备阶段，是对生命个体从出生到成长成熟客观现象的状态评定。成熟度一词则将模糊的成熟概念划分为不同的阶段，从最初的不成熟到相对成熟，再到更加成熟，成熟度的量化数值会从初始值逐渐增加，从而实现对演变过程的直观表述和定量分析。

同样地，随着社会的发展进步，区域金融体系也不断深化和完善，为了更加准确地研究其与区域经济发展的相互作用，必须将这种完善程度和作用能力量化为具体数值，通过实证研究工作对其进行量化描述和分析。目前，在已有的研究中，直接研究金融成熟度的文献和方法较少。目前相关研究中由于金融相关指标体系构建复杂、影响因素较多，一般是考虑基于某些重要指标的标准将金融发展界定为几个阶段，如初始期、成长期、成熟期和稳定期等。一般采取从不同的领域发展情况来测量某个地区所经历的金融自由化阶段，首先对金融自由化阶段设立一定的标准，然后考察一个地区何时能够达到或基本符合标准，并将该时期定义为初始年，初始化金融成熟度为 0。然后将各项指标作为自变量，通过某种非线性映射关系，便可以得到金融成熟度指数的量化值。但是基于我国的国情，我国的发展模式是在发展中摸索前进的，金融发展程度是一个连续的过程，采取上面所说的界定方法，具有一定的跳跃性。为了避免跳跃式度量会遗失信息的不足，有一些学者尝试利用金融发展的生物属性，用百分比的方法度量金融发展程度，但是由于金融发展 100% 的情况很难界定，故很难衡量某一时期的金融发展处于什么比值。Kaminsky 等将自由化分为三个方面，即一个地区或国家资本账户、证券市场和金融领域的自由化。通过在三个领域的自由化程度对地区或国家进行评级，这种金融发展水平的度量方法虽然容易实现，但仍会存在跳跃性，不符合我国的发展方式。

目前，上述金融成熟度量化方法由于存在各种不足，其研究发展受到制约。现在对金融发展的研究工作主要借鉴较为成熟的经济评价手段，如构造指数指标来衡量经济的运行情况的办法。通过各种关键指标指数的变化和综合影响，便可量化反映金融总体上所处的发展状态和近期趋势，股票价格指数是我们最熟悉的代表。股票价格指数是一种由相关业务部门通过分析股市编制的反映股市价格起伏特点的参数，随着股价的波动变化，投资者会面临一定的价格风险。对特定的某只股票来说，投资者可以把握、了解其变化趋势，当投资者面对多只股票时，想要准确把握其价格趋势是相当困难的。为了摆脱这种困境，研究学者们利用统计学中的指数方法，通过抽样、加权和映射关系将各种指标因素综合起来，实现反映股市总体价格或某类股价的水平和波动预测的股票指数概念。股票指数是指数投资资本的正比例函数，其构建是以一个确定年份的股票价格为基期，基期的价格设为某个数值，其他时间段的股票指数便可以这个基期价格为准，通过相应的运算方法得到。股市投资者可以通过观察股票综合指数的趋势，判断未来股票价格的走势。从已有的研究文献和研究效果来看，指数指标是一个对经济的发展状况有较好反映的指标，也是一种行之有效的方法。而且从近几年国内外经济学的研究文献来看，构建指数指标方法成为主流方法。

因此，基于金融成熟度的内在逻辑和生物属性，引入经济指数综合指标构建方法思路，本章采用综合指数构建方法测度区域金融的运行状态和深化程度。这种方法的特点如下：一是具有综合性。类似于股票指数，金融成熟度指数是指一定时期一个区域所有影响金融发展的指标因素的共同作用结果，是对区域金融状态、效率和深化程度的全面、综合的体现。二是具有科学合理性。传统基于百分比的金融成熟度度量方法虽然操作困难，但却为成熟度发展程度相对性提供了科学估量的思路。但在经济发展中 100% 的成熟阶段是不存在的，这样就产生了难以操作性。选择综合指数来衡量金融成熟度，可以在保持金融发展相对性的同时较好地避免这个困境。三是具有连续渐变性。基于金融自由化阶段划分的思想存在跳跃性，无法解释金融发展的不间断连续上升的动态特性。综合指数将金融发展量化为连续变化、动态发展的金融运行和深化进程，这种综合指数度量方法更能反映金融发展的生物成熟连续渐变性特征。因此，综合指数的变化，不仅可以反映出金融成熟度的变化过程，而且可以反映出金融成熟度变化是一个无止境的过程。

综上分析，金融成熟度综合指数反映的是某一年份金融发展的成熟程度，看似是一个静态指标，但从时间序列分析来看，它又是一个动态指标，能很好地反映出金融成熟度运行的过程。同时，考虑到研究金融发展所需涵盖的内容，笔者认为，采取构建综合指数指标来测量金融成熟度是一种比较理想的方法。

5.2 区域金融成熟度

从已有的文献资料来看，目前国内对金融成熟度及其相关理论的研究工作还较为匮乏，对金融成熟度的认识还很不到位。金融成熟度作为一个全面的系统性问题，需要将金融系统中的所有有关行业的情况和未来前景进行准确而全面的探究，在一定的历史因素、生产力发展水平和外部环境等的影响下，金融成熟度呈现为客观、系统性的金融发展评价指标。区域金融成熟度作为对某一区域的金融成熟度的相对综合的评价指标，主要与地方区域经济发展联系研究，其反映了该特定区域的金融的发展水平、深化能力以及该区域金融的完善程度，概括来讲，应该包括区域金融的以下几个方面：规模和深化水平、体系结构的现状、市场优化程度等。另外，任何区域的金融发展都不是一成不变的，也就是说，其发展和深化水平不是绝对的，只能反映时间轴或空间轴上的金融相对水平，永远不可能也不应该达到完全成熟。

为了准确认识区域金融成熟度的概念，就应该首先分析和研究金融、经济的发展与其增长的内涵和联系。在本领域中，专家学者一般认为金融发展以规模扩张和金融效率等具体形式呈现，目前采用的主流评价指标分为两类：①经济类指标。这些指标一般反映金融发展现象的经济范畴的数值，常用的经济类指标包括：人均实际 GDP（用于反映国家的收入水平）、基尼系数（用于反映国家的收入分配水平）、各次产业产值占 GDP 比重

（用于反映国家的经济结构水平）等。②非经济类指标。该类指标主要用于反映金融发展现象的其他社会生活等的概念指标。其中，使用较多的非经济类指标包含健康、寿命、知识、幸福感等。在其著作《经济增长理论》中，英国经济学家阿瑟·刘易斯认为经济增长研究的核心问题是包含劳务、商品在内的平均产出水平的提高，这些产出水平提高与资源和体制机制紧密相关，但其是经济增长决定的客观存在，与人们的幸福感无关。从构成上讲，区域金融存在独立于区域经济的构成元素，但是区域金融又具有某种显著的区域经济特征。因此，为了研究区域金融，有必要首先对区域经济发展进行梳理，图 5-1 给出了区域经济发展与经济增长之间的关系，从中可归纳出二者既相互区别又联系紧密。

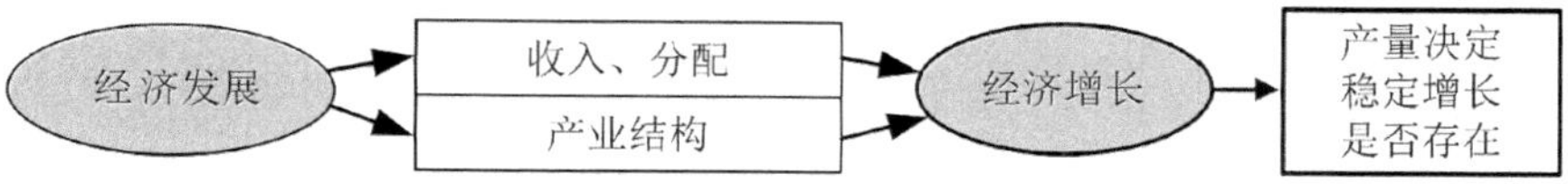

图 5-1　经济发展与经济增长的关系

目前，普遍认为金融增长与经济发展存在双向因果关系，短期的经济增长会在一定程度上推进区域金融的进一步深化完善，提高金融运行效率，金融增长可以用 *M*/GNP 进行估计，长期金融规模扩大和发展也会为经济增长提供良好的金融环境。Levine 等在内生理论的基础上，指出金融内在、固有地存在提高效率、分散风险等特征，而正是这些自然存在的功能促使其不断改善金融因素和环境，为金融增长提供较强的内动力。美国经济学家 Raymond W. Goldsmith 则在 1969 年提出用金融相关比率指标衡量金融增长（Financial Interrelations Ratio，FIR）。因此，金融增长本质上是一个量化数值。相比之下，金融发展是综合性、系统性的金融运行和深化的指标评价体系，除反映出金融数量的变化之外，还体现出了金融结构的变化，因此，金融发展更能反映金融市场形成及市场完善化的一个过程，其内涵相对更加丰富，而且概念更加全面。Goldsmith 指出，结构变化会促进经济和金融的长期快速发展，而一个国家的金融结构是该国当前金融机构和金融工具的总和。金融发展本质上指的就是金融结构的变化。而 Shaw E. S. 等认为，金融发展作为资产多样化发展变化的过程，其多样化发展趋势是生产社会化的必然，并非偶然结果，其本质就是规避风险。国内许多学者也对金融发展进行了描述，其中，吴先满等学者指出金融发展包括金融资产增长、金融机构发展、金融市场成长和金融体系开放。显然，金融增长与金融发展两者的区别在于，前者主要关注金融数量增长、提高，而后者则更关注金融配置的高效。

然而，金融增长或金融发展两者都既不能动态地反映金融运行的规律，又不能体现其“生命特性”，它们都更多地表现为金融的“度量工具”。但是事实上，金融在历史时间轴延续至今，从统计意义上讲，其发展除了受环境等因素的影响，还必然遵循一定的客观规律。传统金融发展理论仅仅构建了基本的技术体系，却忽视了发展中表现出来的区域差异。为了全面认识金融发展，应从以下几方面对金融进行分析：首先，从时间上来说，金融源于钱币兑换业，后又逐渐发展演化出银行业，而后发展到当前的证券业、保险业等，它经过了由简单、低级到高级、复杂的过程。随着时间的推移，金融不断发展成熟，功能逐渐完善。其次，从与环境的关系来说，任何历史阶段下，金融都要受到政治、文化等历史因素的影响，因此金融具有非常鲜明的“环境特征”。再次，金融的生态特征是创新，金融的进化动力是竞争。与生物“物竞天择，适者生存”的演化进程相一致，当某一阶段的金融系统面临难以承受的外部环境压力时，已有的金融体系必然需要变革以适应客观发展需要，这一金融创新的变革点被称为“门限”，在相邻“门限”之间，金融主体也会不同程度地进行适度的改变。所以，竞争和外部压力是金融发展一直以来创新和演化的关键。最后，根据外部要求的不断改变，金融需要适时地进行自我调节。通常来讲，金融系统所具备的自我调节能力与其发展阶段紧密相关，而这正能反映金融系统所特有的生物属性和生命特征。

综上所述，为了更加客观、准确地衡量金融的状态，很有必要对金融成熟度进行定性、定量分析研究。作为一个复合概念，本章研究的是一个地区的金融完善程度和运用效率，具体来说，本章所指的区域金融成熟度除了指资源的规模变化，也包含结构科学性和运行效率的提高水平。而这种区域成熟度必然可以客观反映该区域金融系统的具体状态，在一定程度上体现金融的运行规律，可以有效指导相关部门制订金融发展计划，提高整个区域的金融管理和运行水平。

5.3 区域金融成熟度的演进过程

5.3.1 理论分析

Mckinnon，Shaw 等开创性地提出了“金融抑制”和“金融深化”相关理论，是金融发展理论及其框架大致形成的标志。他们指出金融系统在发达国家（区域）和发展中国家之间在金融自由化、市场化等方面差距较大，而这一结论在当今世界也得到了相应证明。并且区域金融系统的自由化、市场化的程度对该区域金融成熟度的不断提高会产生巨大影响，主要表现为：在发达国家（或地区），随着其金融自由化、市场化水平的逐渐提高，其金融体系也相应地相对完善，因此，金融成熟度的提高大部分表现为“内生”的特征，如图 5-2（a）所示；而一般情况下，在欠发达国家（或地区）政府的干扰行为较多，金融市场相对较不完善，货币化程度较低，金融表现为“二元性”，金融自由化的程度比较低，金融资源的分配也更具行政色彩，故而其金融成熟度的发展曲线更多地具有“外生”特征，如图 5-2（b）所示。

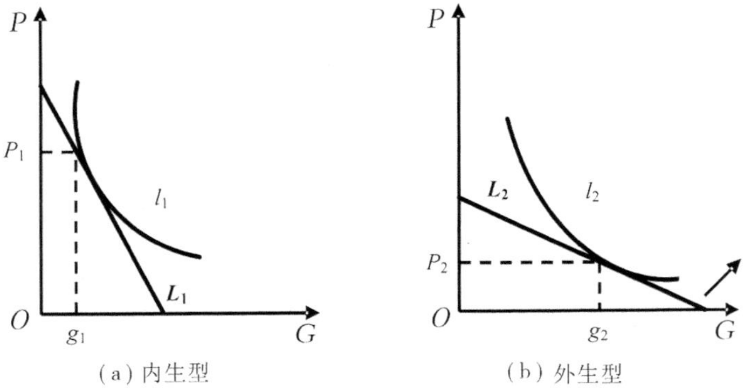

图 5-2　金融成熟度演变的内生型和外生型

理论上，区域金融成熟度演变可分为内生模式和外生模式两种，前者指的是该区域金融体系独立于外部干扰因素，而仅仅依靠本体系内自身功能完成金融的演化发展。这种情况一般是在完全市场化资源配置的体制机制下产生的，此时整个金融体系相对完备，各方面要素相互作用良好，不需要政府或机构强行干预。这种情况下金融成熟度的提高主要靠内部因素互相促进、互相制约、互为依托的共同金融努力实现。内外相对立，外生模式中，金融资源的分配严格按政府计划配给安排，此时因为私人部门较难对金融资源配置起到丝毫的影响，其具体如何配置受政府部门支配的影响很大。在现有的认识体系中，“发展中国家尤其是实行集权经济体制的国家通常处在外生模式”。金融发展的模式，无论是外生型还是内生型，都会如同生物的起源和进化那样，必然要历经萌芽、生长、成熟和凋零的全过程。金融发展在逐渐深化的过程中，到某一“门限”会出现质的渐进，而大部分时间金融体系的发展都是连续而缓慢的深化过程，而且每一个环节都要经历。

同时，金融成熟度的演变过程具有内在特征：金融体系诞生时只是简单、低级的钱币兑换业，随着社会的发展，金融体系逐渐深化和完善，目前已经发展成为包含银行业、保险业等诸多行业在内的复杂、高级的金融系统，并且在金融演变的循环渐进、螺旋上升过程中，金融运行状态逐渐完善、成熟，通过金融成熟度温和、渐进地提高，最终实现质的突破，出现创新性金融体系。如图 5-3 所示，其中 *OL* 为理想状态下的成熟度发展曲线，此时由于所有影响成熟度的要素保持一致性作用，则金融成熟度 P 会随着时间 T 均匀地不断提高。但这种不存在意外影响的情况在客观世界是不可能发生的。同样由于各种因素对金融发展的贡献权重有大有小、可正可负，但现实中这种不一致性同时产生影响时，金融成熟度的演变过程应该变成如图 5-3 所示的 *OI* 曲线，此时金融成熟度 P 不再是时间 T 的线性函数，而是螺旋上升、逐步提高的非线性过程。所以从动态的角度考察金融成熟度，其提高过程应该是相对的，在不改变整体上升趋势的前提下，某一阶段的金融成熟度可能会出现一定的倒退。

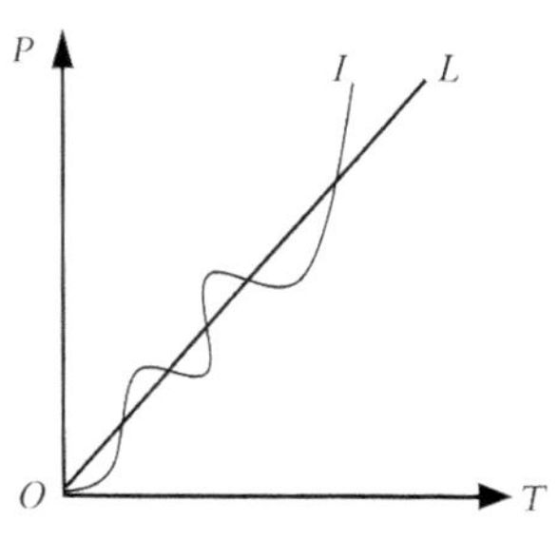

图 5-3　金融成熟度演变的逻辑过程

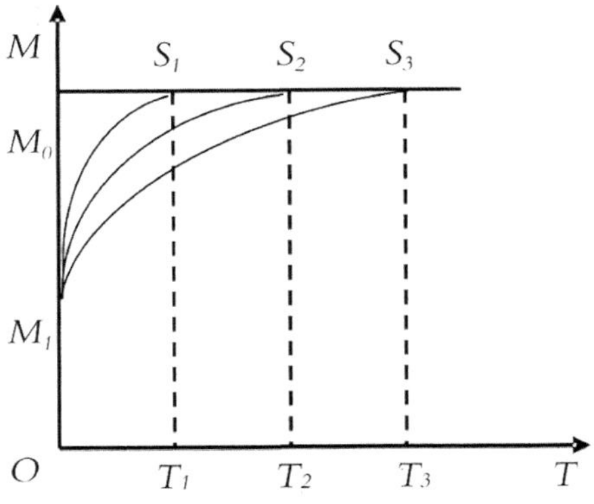

图 5–4　金融成熟度演变的创新模型

当然，受限于资源、社会和环境等因素，金融成熟度 P 不可能在某一阶段一直提高，必然会逐渐趋向逼近一个相对稳定的状态，如图 5–4 所示。同时，生命属性仅仅是金融成熟度复杂发展演变过程的一个特性，不可能如生物成长一样，年龄小的永远也赶不上年龄相对大的，但是在人类历史的实际发展中，以中国为代表的新兴国家在二战后通过大力推进市场改革开放，强调在政府监管下的市场资源自由配置，这些金融发展曾经远远落后的国家（或地区）实现了飞跃发展，金融成熟度大跨步提高，某些方面已经超过了曾经的金融发展强国（或地区）。而这些促使金融快速发展和创新的政策措施，正是金融成熟度的演变过程中实现创新的必要和关键因素。因此，金融发展需要靠自身内在因素的作用，也会不同程度地受到外部因素的影响。假设在当前资源约束下，金融成熟度所能够达到的最佳水平为 M_0，那么现实表现的金融成熟度状态和水平（图中以 M_1 表示），应该处于该最佳水平 M_0 的下方。现实中，任何国家（或地区）出台一种相关金融政策，毋庸置疑的是其追求的终极目标就是促使 M_1 向 M_0 逐渐逼近。

然而，金融政策不同时，创新因素对金融系统介入的程度差异，必然会致使 M_1 向 M_0 靠近的程度和需要的时间差异较大。当金融政策注重创新时，M_1 向 M_0 靠近的时间将大大缩短，如 M_1S_1 线；反之，当创新作用被忽视相对减弱时，M_1 向 M_0 靠近的时间肯定会增加，其结果曲线如 M_1S_2 线、M_1S_3 线。

5.3.2 现实演变

一般以货币的产生表示金融的最初萌芽。人类进入社会生产以后，生产力水平逐渐提高，生产出的物质财富在当期并不会完全消耗掉，会剩余一部分物质财富。剩余的物质财富一般用于交换，在开始交换时只能以物物交换的方式进行，而物物交换由于需求和地点的严苛条件限制了交换的进行，因而需要一种具有统一度量标准的交易媒介，此时货币便随之产生。古印度、波斯、意大利等地曾用羊作为货币。在美洲，可可豆和烟草曾经充当过货币，我国古代贝壳最早充当过货币。随着交易的扩大和流通的发展，那种便于携带、易于分割、价值稳定的金属货币如金块、银块、铜块从各种等价交换物中脱颖而出。金属货币的出现为铸币提供了条件，那种可以用标准称量的铸造币形成了权威化和标准化的货币。铸造货币在很长一段历史时期在人类经济生活中扮演着重要的角色。随着布雷顿森林体系的崩溃，黄金退出了货币流通领域，货币最终演变为信用货币。随着技术水平的发展和信息时代的来临，当代货币衍生出了电子货币、信用货币（见图 5-5）。

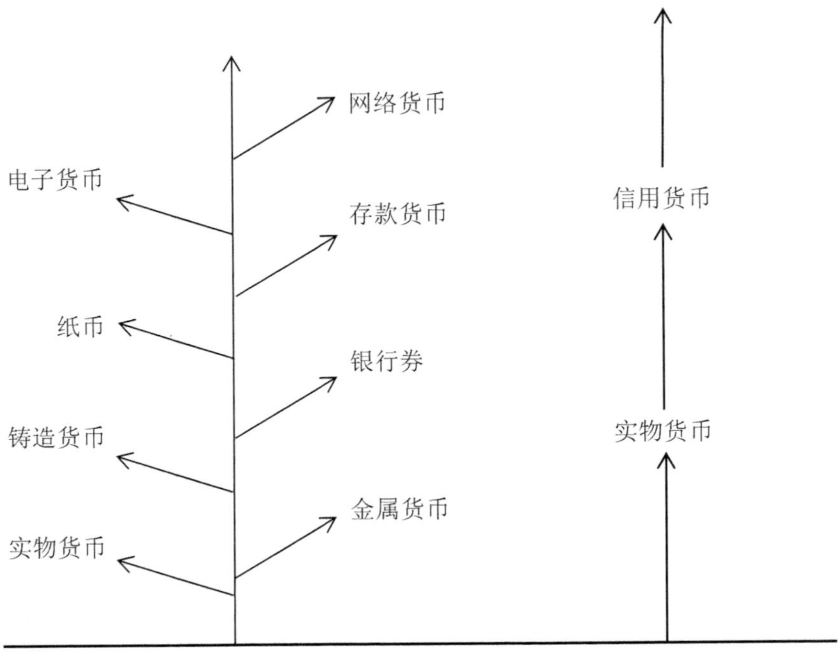

图 5–5 货币的演变过程

如果将货币产生作为金融历史的开端，那么金融历史将和货币的历史同样久远。早期的金融系统以古希腊和古罗马为代表，此时金融工具仅仅局限于金属货币和贵重金属，贷款被用于农业生产、贸易融资和个人消费，金融中介有银行、货币借贷者和货币兑换者。随着贸易的发展，意大利出现了现代意义的银行和保险公司，公司债券、贸易信贷、抵押等多样化的金融工具也相继出现，标志着金融发展进入了新的时期。近代的金融系统则以中央银行、商业银行和证券交易所的出现为主要内容。1608 年，阿姆斯特丹成立第一家证券交易所。1668 年，瑞典政府接管了瑞典银行并组建为中央银行。在这一阶段，伦敦逐渐成为金融市场的中心，英国依靠其强大的经济实力主导着金融发展的进程。进入 20 世纪以来，美国逐渐取代英国的位置主导了金融发展的进程，形成了现代的金融市场模式：中央银行体系成为各国金融体系的核心，负责货币发行、流通和维护货币币值稳定，对国民经济发挥调控作用；跨国家、脱离国家主权的货币出现；各国政府放松对金融业的管制、鼓励竞争，金融创新层出不穷，金融组织、金融业务、金融工具发生深刻变化，电子货币、网络银行也相继涌现（见图 5-6）。

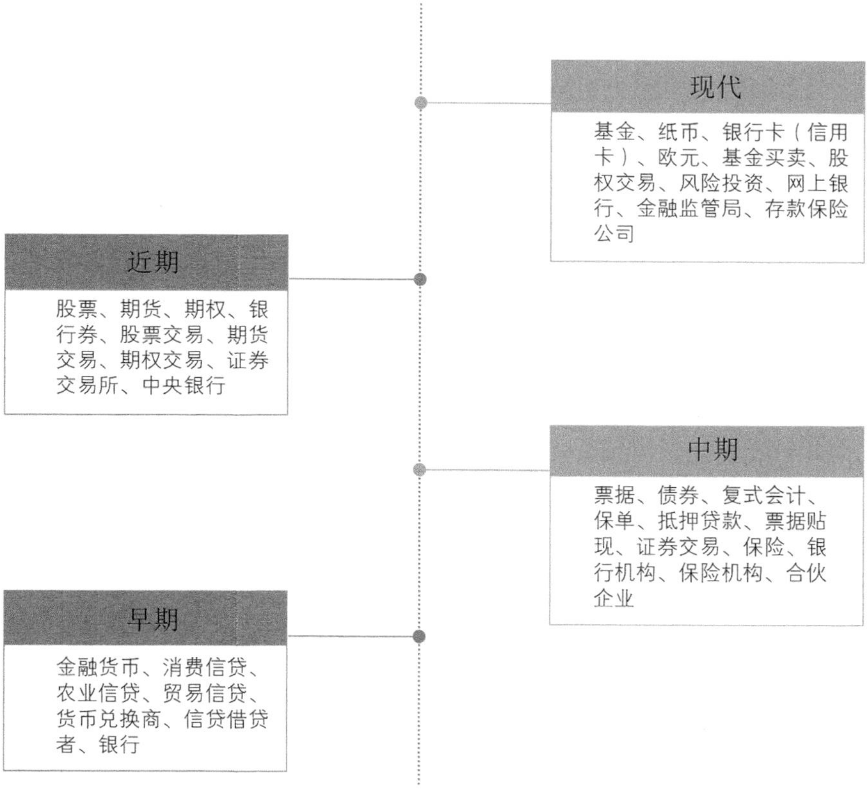

图 5-6　金融的演变过程

资料来源：笔者整理得到。

总而言之，从金融系统的出现到金融系统的发展和完善，金融经历了由简单到复杂、由抑制到深化的过程。在这个演变过程中，随着金融总量的扩张、金融效率的改善和金融结构的完善，金融成熟度逐渐提高。

5.4 金融成熟度的区域性分析

金融成熟度的区域性特征是经济区域性的客观反映。造成经济区域性的重要因素有历史、制度、自然环境、经济条件、社会条件和技术条件的地域差异等。从空间上看，经济增长的区域性导致区域间的资源禀赋存在差异，金融成熟度在区域之间呈现出不均衡分布，而且，随着金融成熟度的提高，金融由集聚到扩散，并呈点、线、面逐次推进，最终形成一张中心点突出、支节点数量众多的金融网络，对金融成熟度这种区域性特征，下文从不同的角度进行分析和梳理。

5.4.1 金融发展理论视角

金融发展理论认为，随着经济的不断发展，企业对金融服务和金融产品的需求不断增强，从而刺激金融不断发展与成熟。在经济发展的初级阶段，由于人均收入较低，人们对金融的需求较少。但当经济发展到一定水平后，人均收入显著提高增强了人们对于金融资产的投资需求，进而带动金融发展。同时，随着经济的高速发展，企业对金融服务水平和金融产品的需求也会不断提高，带动金融业迅速发展。因此，金融成熟度的区域非均衡性与经济发展的区域非均衡性密切相关，从本质上讲具有一定的相互因果关系。

5.4.2 金融地理学视角

与金融发展理论视角不同，金融地理学主要从信息、地理位置和金融人格三个角度来解释区域金融成熟度的区域非平衡性。在当代，信息科技的迅猛发展，使得人们对自然地理条件的依赖性越来越小，但是不可否认，地理位置对区域金融成熟度具有不可替代的作用。由于占据天然地理优势，沿海城市容易成为外贸商品交易的集散中心，在这里，金融产品和金融中介发达，国际贸易数量巨大。相对而言，内陆城市因为区域地理限制，与外界联系较少，商品经济不发达，从而不利于区域金融成熟度的提高。

信息流与区域金融成熟度也存在紧密的联系，并受到区域地理的影响。地理金融学将信息划分为标准化信息（非专用性信息）和非标准化信息（专用信息），一般来讲，标准化信息传播成本低，不具有外部性，而对非标准化信息的理解需要一定的文化背景知识和区域信息源等作为基础，传播成本相对较高，且与区域地理位置密切相关。一个区域的金融成熟度提高，与信息流的快慢相关，从某种程度上讲，金融已经与信息融为一体。金融地理学认为，在金融领域，大部分的信息从本质上说都是“非标准化”的。信息的本身特性，导致信息在不同区域内的传播效率存在明显的不同。面对信息巨大的外部性，金融机构或组织会有意识地安排机构布局，从而导致金融成熟度的区域非平衡性。

金融地理学还特别强调考虑社会、文化，尤其是独立的金融人格对金融的影响。所谓独立的金融人格，要满足三个条件：自主性、风险收益的对称性以及自主的金融意识。在一个地区，如果政府对经济干预较少，那么人们的金融创新和金融需求会较强，从而有利于推动区域金融成熟度提高。一般而言，沿海地区较为开放、信息流大、市场化意识强烈，因而更具有独立的金融人格。

5.4.3 制度经济学视角

诺贝尔经济学奖获得者诺斯认为，在经济成长过程中存在一定的“路径依赖”。路径依赖意味着历史是重要的，历史的发展轨迹制约着现在的选择，后发生事态强烈依赖于当前的具体事态，而当前事态又是此前事态的结果。在实际经济发展中，现行的制度特征来自旧的选择集合所施加的限制，所以当人们选择了某种特定制度，这种制度就会在后续的发展中不断得到自我强化和固化。一般而言，制度变迁主要有两种，即强制性制度变迁和诱致性制度变迁。在制度变迁过程中，由于诱致性制度变迁存在较大的交易成本，经济制度长期处于锁定状态，因此要改变以往的体制束缚就需要付出相当大的成本。

在转轨经济中，政府为了推动区域经济发展，并保持经济稳定，一般会采取“渐进式”改革方式。如在一个国家或区域内，在经济体内试点或设立经济特区的方式，客观上造成了“制度落差”。在试点和经济特区选择上，政府通常会选择经济状况和信用环境较好的地区进行。制度落差实施的结果，会使先行改革的地区往往具有先发优势，并通过强制性制度变迁方式顺利摆脱旧体制的束缚，走上良性发展的道路。由此可见，制度落差的客观存在也会造成金融成熟度的区域不平衡。

5.4.4 金融契约视角

契约，有时也称为合同、合约或协议。契约经济学中，可以将所有的交易，无论是长期的还是短期的、显性的还是隐性的，都看作一种契约关系。相应地，在金融活动中，每一笔金融交易都可以看作特定的契约安排。所谓金融契约，就是规制金融交易的文件协议或有价凭证，如债券、贷款协议、股票、可转换债券、保险单等，有时甚至可能是口头承诺。由于金融成熟度主要表现在金融中介、金融产品和金融市场等方面，从某种角度来讲，金融成熟也可以看作金融契约的多样性和复杂性。一般认为，金融契约是不完全的。主要原因有：一是交易人的有限理性；二是信息不对称性；三是第三方的难以证实性。威廉森认为契约的非完全性会导致契约双方存在机会主义行为，主要表现为签约前的逆向选择问题和签约后的道德风险问题。当这种现象比较严重时，在微观上会导致市场金融交易数量降低甚至市场完全实效。因此，降低契约的交易成本对促进金融成熟度提高非常重要。但是，由于区域之间存在道德、文化、法律执行以及微观主体努力行为等差异，区域之间契约的交易成本是不同的，甚至差别很大，从而导致金融成熟度在区域间出现非均衡性。

金融成熟度非均衡演变和区域性特征，反映了金融在时间、空间结构上的变动规律，体现了金融结构与金融运行的时空差异和具体分布状态。在现实中，金融成熟度总是表现为一个相对完整的地理单元和一定的时序阶段。金融成熟度是其内容，地域和时间是其表现形式，特定区域的金融成熟度会随着时序的变化而变化。同时，由于金融中介和金融组织的总部主要聚集于区域金融中心城市，金融中心对周边地区具有吸引和扩散作用。在初期，由于区域金融禀赋存在巨大的层次差别，金融成熟度演变主要表现为中心区域城市对周边城市的吸引，因此，金融资源首先有一个局部累积的过程，这种局部累积既有自身资本的形成，又有对外部资金的吸引，即聚集过程。聚集的结果是金融极的形成。当金融极达到一定程度又有了资金外溢的需要时，金融成熟度便进入了扩散过程直至实现空间均质分布。在金融先聚集后扩散的过程中，金融市场提供了金融成熟度提高的场所和途径，是金融成熟度提高的媒介；金融组织体系是金融空间转移的组织和实施者，是金融成熟度提高的基本载体；而金融中心的空间迁移、层次演进和相互角逐、衔接，决定了金融成熟度演变的模式和结构。市场自发作用以及资源地域分布的非均衡性，是促成和决定金融成熟度的直接因素，而倾斜的政策引导是加速或纠正金融成熟度非均衡的重要力量。

5.5 中国区域金融成熟度测量思路

第一，构建我国区域金融成熟度测量指标体系。该框架体系应包括我国区域金融规模、金融效率、金融结构三个角度。

第二，确定研究对象区域并收集整理所需的指标数据。本章选取我国31个省份作为调研对象，收集整理2007—2016年每个省份10年的金融存贷款总量、GDP和存贷比等10个综合指标，构成研究学习样本数据集。这些指标数据从不同方面影响金融发展，其权重值大小、正负差异较大，需要将所有因素整合起来，以全面、客观地评价我国每个省份的金融发展状况。用10年的指标数据集来对各个省份的金融成熟度进行测量，便于全面地了解和找出我国金融成熟度改进的方向，规划更好的方案，来促进金融行业体系发展。

第三，根据金融支持指标制定金融成熟度测量方式，本章对金融机构的综合数据进行分析，得出结果。考虑到主观自定义指标权重的大小对结果准确性的影响，在这里采用变异系数法进行评价分析。

第四，测算我国31个省份10年的金融成熟度指标数值。通过变异系数法获取各个指标对金融成熟度贡献的权重，结合前文所述的线性金融成熟度曲线计算方法，根据金融深化能力和广泛收集的金融数据及式（5-1）来计算2007—2016年各个省份相应的成熟度值。

5.6 金融成熟度模型

5.6.1 成熟度模型构建的原理

金融成熟度作为衡量一个区域金融发展水平和金融深化能力的函数，其曲线表示的是一个区域金融体系发展成熟过程所历经的轨迹。本章依据区域金融发展的成熟度特征，选取主要影响指标参数，结合统计学方法构建成熟度模型。

假设金融深化程度越高，金融成熟度水平就越高，金融深化程度与金融成熟度水平整体呈线性相关关系。图 5–7 所示的直线即金融成熟度水平，假设待评对象个数为 n，第 i 个对象的金融深化能力为 P_i，那么，将 P_i 代入金融成熟度 M_i 的计算公式，即可得到评价对象的金融成熟度 M 值：

$$M_i = M_0 + (1 - M_0)\frac{P_i - P_{\min}}{P_{\max} - P_{\min}} \qquad i = 1, 2, 3, \cdots, n \tag{5–1}$$

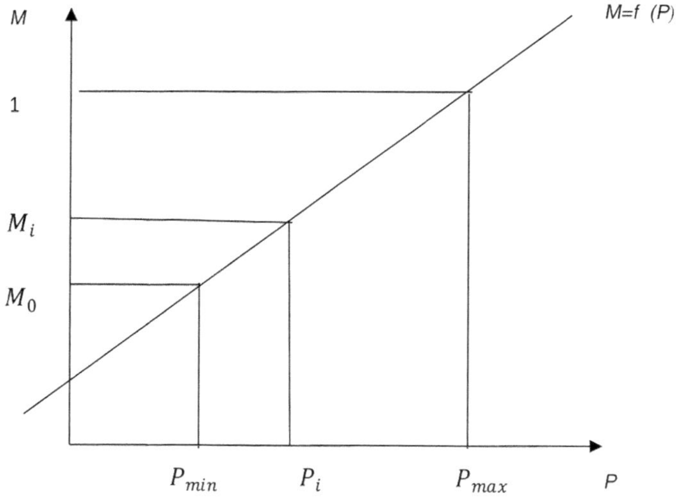

图 5–7 金融成熟度曲线

其中，$P_{\min}=\min\{P_i\}$，$P_{\max}=\max\{P_i\}$；当金融深化能力为 $P_{\min}$ 时，对应的区域金融成熟度为 M_0，M_0 的变化幅度在 0 到 1 之间，M_0 的具体数值可以随机确定，但是该基准值实际上也应具有一定的成熟性，因此在本章中，我们将 M_0 的值定为 0.4，无论 M_0 的取值为多少都不会影响金融成熟度的计算结果；当金融深化的能力为 $P_{\max}$ 时，其金融成熟度为 1，说明该区域的金融发展程度为完全成熟，然而这只是我们假设的一种理想状态。单纯从数学的角度来看，对金融深化能力 P 值的取值对计算金融成熟度会起到至关重要的作用。

5.6.2 中国金融成熟度指标体系的构建与说明 >>>

所谓金融成熟度测算指标，是指为了评价国家或者区域的金融发展程度而采用的标准和尺度。构建这样的指标体系，一方面，要以现有的各项统计制度和资料为基础；另一方面，在原有指标的基础上进行有机综合、提炼和一定程度上的创新。国内外学者对金融成熟度指标的测度研究可以追溯到 20 世纪 60 年代末，Gold Smith 首次提出了简易的金融相关比率指标，之后许多学者对此进行了修正与发展。能够反映金融成熟度的指标相对较多，考虑到我国金融支持要素主要包括金融规模、金融效率和金融结构三大方面，我们参考我国学者刘云生关于金融成熟度测量的研究成果。因此，结合金融发展的实际情况及数据的收集难度，本章从金融规模、金融效率、金融结构三个角度选取 3 个一级指标、10 个二级指标及变量构建出测量金融成熟度指标体系，如表 5–1 所示。

表 5-1 我国金融成熟度指标体系

总指标	一级指标	二级指标及变量	单位	指标属性
金融成熟度	金融规模	金融机构从业人员数量	万人	正指标
		金融机构存款余额	亿元	正指标
		金融机构贷款余额	亿元	正指标
		GDP 总量	亿元	正指标
	金融结构	金融相关率 /%		正指标
		保险深度 /%		正指标
		全年地方一般财政支出	亿元	正指标
	金融效率	金融机构存款余额增长率 /%		正指标
		金融机构贷款余额增长率 /%		正指标
		金融机构存贷比率 /%		正指标

金融规模主要是指金融工具与金融机构规模的总和。存贷款指标是一个最直接的总量绝对值指标，能够反映金融存量的规模大小。同时，我们还选取了区域国内生产总值（GDP）这一指标。它是指一定时期内（一个季度或一年），一个国家或地区的经济中所产出的全部最终产品和劳务的价值，被公认为是衡量国家或地区经济状况的最佳指标。一个国家或者城市的 GDP 大幅增长，反映出该国或者该地区的经济发展蓬勃，国民收入增加，消费能力也随之增强，进而影响投资，它在一定程度上可以表现出一个国家或者地区的金融发展状况，因此我们可以选取城市国内生产总值（GDP）来构建指标体系。

金融结构是构成金融整体的各个组成部分的分布、存在、相对规模、相互关系与配合的状态，主要包括以银行为主的间接金融体系和以证券、保险为主的直接金融体系。本章选取了金融相关率（FIR）、保险深度与全年地方一般财政支出来衡量我国的金融结构状况。由于本章研究全国及 31

个省份的金融结构情况，考虑到数据的可得性，这里的金融相关率等于金融机构存款余额和金融机构贷款余额的总和占国内生产总值（GDP）的比重，在一定的国民财富或国民总收入的基础上，金融体系越发达，金融相关系数也越高，可以根据金融相关比率衡量金融发展到何种水平。而保险深度等于保险收入与国民收入的比值，反映了保险业在国民经济中的地位。

效率问题是经济学和金融学研究的核心内容之一。研究效率问题涉及两个层面：一是广义的、宏观层次的效率，即社会资源的配置效率，通过整个社会的经济制度安排而实现；二是狭义的、微观层次的效率，即资源使用效率，是指生产单位的生产效率，通过生产单位内部生产管理和提高生产技术实现。通常认为，金融成熟度与效率存在正向关系，金融成熟度提高的过程必然是效率的改进过程，即市场发育越好，金融成熟度越高，效率也就越高。因此，本章将从效率角度对我国金融成熟度进行进一步考察。金融效率是指金融市场中存款转化为贷款的速度，可以反映各金融要素在支持新型城镇化进程中的投入—产出比率高低。该指标可以衡量金融机构的运营效率，同时，金融效率的提高可以促进新型城镇化更好更快地发展。本章选取了金融机构存款余额增长率、金融机构贷款余额增长率、金融机构存贷比率作为衡量金融效率的指标。而存贷比用银行的贷款总额与存款总额的比值来表示，对于衡量银行信用扩张程度具有重要意义。从银行盈利的角度来看，较高的存贷比意味着较高的盈利能力和营运资本水平。从银行抵抗风险的角度讲，存贷比不宜过高，否则会导致银行的支付危机。

5.7 中国各省份金融成熟度的测算

5.7.1 数据的收集与处理

本部分主要研究的是我国各个省份金融成熟度的情况，考虑到数据的系统性、相关性与可得性，首先选择我国 2007—2016 年 10 年的金融成熟度指标体系的数据。所需数据来源于 2007—2017 年《中国统计年鉴》、各省份的《统计年鉴》与《中国金融统计年鉴》，部分相关数据并不能直接获得，而是经过笔者计算整理得到。然而个别省份会出现部分统计数据缺失的情况，针对数据缺失的问题，采用回归替换法、均值替换法等统计研究中经常使用的方法，对缺失的数据进行补充处理。

由于原始数据存在单位、数据及指标性质的不同，各个指标之间直接进行比较缺乏科学性与合理性，会对我们下一步的分析造成影响。需要对原始数据进行科学的标准化处理，避免不同量纲数据以及数量级差异对我们的测评结果造成影响，以达到客观的效果。

当 x_{ij} 正相关时：

$$x_{ij}' = \frac{x_{ij} - \min(x_{ij})}{\max(x_{ij}) - \min(x_{ij})} \tag{5–2}$$

当 x_{ij} 负相关时：

$$x_{ij}' = \frac{\max(x_{ij}) - x_{ij}}{\max(x_{ij}) - \min(x_{ij})} \tag{5–3}$$

其中，i =1，2，⋯，m 代表年份；j =1，2，⋯，n 代表省份；x_{ij} 代表原始数据；x_{ij} 代表经标准化处理后的数值；max（x_{ij}）代表指标 i 的最大值，min（x_{ij}）代表指标 i 的最小值。具有正相关关系的指标数值越大越好；反之，具有负相关关系的指标数值越小越好。

5.7.2 权重的确定

主观赋权法与客观赋权法是目前确定指标权重最常用的两种方法。主观赋权法比较常见的有德尔菲法、层次分析法（AHP）和专家打分法，这些方法均是按主观经验判断指标权重，显然主观性很强，客观性较差；客赋权法主要有熵值法、主成分分析法（PCA）和变异系数法，这些方法的整体思路都是对客观发生的资料（数据）进行整理、计算和分析，避免了主观赋权法的主观随意性的缺点。本研究利用的是客观赋权法中的变异系数法来确定我国金融成熟度指标体系中各指标的权重，相较于主观赋权法，客观赋权法客观性较强。利用变异系数法可以把各个指标之间的差异程度准确、客观地反映出来，通过计算式（4–3）与式（4–4）可知，假设某个指标的标准差比较大，在均值相差不大的情况下该指标的变异系数较大，能反映的信息也较多，所以在综合评价中占据的权重较大。计算公式如下：

$$\sigma_i = \frac{v_i}{x_i} (i = 1, 2, 3, \cdots, n) \tag{5–4}$$

$$w_i = \frac{\sigma_i}{\sum_{i=1} \sigma_i} \tag{5–5}$$

其中，σ_i 表示第 i 个指标的变异系数，v_i 表示第 i 个指标的标准差，$\overline{x_i}$ 表示第 i 个指标的平均值，w_i 表示第 i 个指标的权重值。

5.7.3 中国金融成熟度综合指数的确定

当对原始变量进行科学的标准化处理后以及利用变异系数法确定权重之后，便可使用统计学中的加权平均法分别计算出我国金融成熟度的综合指数。假设我国金融成熟度的综合指数函数为 F_i。具体的计算公式如下：

$$F_i = \sum_{i=1}^{n=10} w_i . x_{ij}' \quad (5\text{-}6)$$

式（5-6）中，F_i 代表金融成熟度综合指数的评价函数，w_i 代表第 i 个指标的权重值，x_{ij}' 代表第 i 个指标标准化处理后的数据值。

这里，我们定义城镇化成熟度的计算公式为：

$$P_i = \frac{F_i - F_{\min}}{F_{\max} - F_{\min}} \times 10 \quad (5\text{-}7)$$

在本章中，我们令广东 2016 年的 P 值为 10，西藏 2007 年的 P 值为 0，这并不影响城镇化成熟度的最后计算结果和排名。通过上述公式的计算我们可以得到 2007—2016 年我国每个省份的金融成熟度及排名，如表 5-2 所示。

表 5-2　2007—2016 年我国各省份金融成熟度及排名情况

省份	2007	2008	2009	2010	2011	2012	2013
北京	2.7207	3.1918	4.3983	4.4130	4.4149	4.8371	5.0365
天津	1.3550	1.4306	2.3288	1.7914	1.4056	1.8080	2.0294
河北	1.3486	1.7687	2.5098	2.3643	2.4056	2.7483	2.9687
山西	1.0709	1.3893	1.8263	1.7792	1.6620	1.9209	1.8986
内蒙古	0.8202	1.0561	1.5872	1.4189	1.4661	1.4840	1.5669
辽宁	1.5223	1.8883	2.4593	2.5041	2.6324	2.8459	3.0343
吉林	0.6013	0.9281	1.5064	1.1647	1.1232	1.2825	1.4632
黑龙江	0.5834	0.9093	1.5151	1.4149	1.3769	1.5697	1.6317
上海	2.2545	2.5949	3.4002	4.0307	3.7060	3.9631	4.1290
江苏	2.6129	3.0413	4.1029	4.2420	4.4976	5.0691	5.5105
浙江	2.5547	3.0611	3.9090	4.1073	4.2417	4.6136	4.9471
安徽	1.1562	1.3810	2.0153	1.9544	2.0047	2.2178	2.3640

续表

省份	2007	2008	2009	2010	2011	2012	2013
福建	1.1673	1.3502	1.8486	2.0090	1.9666	2.1797	2.4187
江西	0.6662	0.9112	1.5847	1.5240	1.4551	1.5683	1.7410
山东	2.1427	2.6993	3.5010	3.5889	3.8101	4.2273	4.5890
河南	1.4098	1.7620	2.3709	2.4274	2.1762	2.8389	3.0774
湖北	1.2023	1.4108	2.2132	2.1131	1.9047	2.2985	2.5403
湖南	1.1174	1.3489	1.9678	1.8525	1.9907	2.2390	2.4036
广东	3.3249	3.6927	4.7813	5.1475	5.6043	6.2340	6.6713
广西	0.7705	0.9885	1.8277	1.4508	1.4166	1.6287	1.6805
海南	0.3848	0.5405	1.2183	1.1487	0.6660	0.8320	0.9688
重庆	1.0507	1.3556	2.1290	1.8949	1.8753	2.0997	2.1338
四川	1.5956	2.3025	2.9916	2.8644	2.7605	3.2323	3.4966
贵州	0.7706	0.9420	1.3017	1.3526	1.2826	1.4677	1.7536
云南	0.9673	1.1480	1.9453	1.8694	1.6738	1.8690	1.9830
西藏	0.0000	0.0970	0.2102	0.4150	0.7348	1.1142	1.2781
陕西	0.9086	1.3369	1.9846	1.7089	1.7722	1.9490	2.0361
甘肃	0.5791	0.9161	1.3280	1.2289	1.2561	1.4471	1.5599
青海	0.5758	0.5750	1.0518	1.0885	0.8696	1.0564	1.0419
宁夏	0.6486	0.8173	1.2990	1.1362	0.8558	0.9476	0.9242
新疆	0.5602	0.6185	1.3351	1.4887	1.3132	1.5308	1.6203

省份	2014	2015	2016	2016 年排名	均值	均值排名
北京	5.5592	6.7868	7.8320	2	4.9190	3
天津	1.8398	2.4288	2.9132	16	1.9331	17
河北	3.1717	3.6045	4.0137	9	2.6904	10
山西	1.8784	2.2933	2.4674	23	1.8186	19
内蒙古	1.6461	1.9141	2.2512	25	1.5211	24
辽宁	3.0611	3.3852	3.7182	10	2.7051	9
吉林	1.5536	1.9394	2.1408	27	1.3703	27
黑龙江	1.8008	2.3426	2.6951	18	1.5840	22

续表

省份	2014	2015	2016	2016 年排名	均值	均值排名
上海	4.4007	5.9192	6.9879	4	4.1386	6
江苏	5.9689	6.5281	7.8201	3	4.9393	2
浙江	5.1913	5.8726	6.7927	5	4.5291	4
安徽	2.4818	2.8916	3.5422	12	2.2009	14
福建	2.5360	3.1496	3.6375	11	2.2263	12
江西	1.9086	2.2030	2.6142	21	1.6176	20
山东	4.8967	5.6968	6.7324	6	4.1884	5
河南	3.1890	3.6490	4.3425	8	2.7243	8
湖北	2.6946	3.1927	3.5416	13	2.3112	11
湖南	2.5483	3.1341	3.5377	14	2.2140	13
广东	6.9706	8.5790	10.0000	1	6.1006	1
广西	1.7421	2.0139	2.3861	24	1.5905	21
海南	0.8798	1.4194	1.6845	28	0.9743	30
重庆	2.1495	2.4046	2.8920	17	1.9985	15
四川	3.7327	3.9706	4.5539	7	3.1501	7
贵州	1.7415	2.2086	2.6713	20	1.5492	23
云南	2.0225	2.2891	2.6844	19	1.8452	18
西藏	1.4033	1.3025	1.4893	30	0.8044	31
陕西	2.1877	2.6153	3.1439	15	1.9643	16
甘肃	1.7495	2.1255	2.5636	22	1.4754	25
青海	0.9585	1.3211	1.5537	29	1.0092	29
宁夏	0.9912	1.1928	1.4110	31	1.0224	28
新疆	1.5724	1.8473	2.2507	26	1.4137	26

注：经笔者计算并整理。

从目前我国各省份 2016 年金融成熟度综合指数来看，根据结果，中国东、中、西部不同省份的区域金融发展水平差异较大。在中国全部 31 个省份中，广东、北京、江苏、上海、浙江、山东这 6 个省份的区域金融成熟度（M 值）均大于 6.6 以上，明显高于其余 25 个省份，其中广东的区域金融成熟度最高，M 值达到了 10，北京和江苏次之，M 值达到 7.8 以上。四川、河南、河北、辽宁、福建、湖北和湖南 7 个省份的金融成熟度介于 3.6 ～ 4.6 之间，剩余的 18 个省份的区域金融成熟度差别并不是很大，M 值基本介于 3.38 ～ 1.41 之间。

排名前五的省份分别是广东、北京、江苏、上海、浙江，其金融成熟度综合指数均值在 6.8 以上。从统计数据来看，广东包括广州、深圳 2 个副省级市，珠海、汕头、东莞、中山等 19 个地级市。这些市均位于东部沿海的珠三角地带，是改革开放的最前沿，经济基础较好，区域金融体系相对完善。特别是“十二五”期间，广东的金融业以“三个定位、两个率先”为总目标，以稳中求进为工作总原则，主动顺应经济发展新常态的潮流，充分利用广东自贸试验区和珠三角金融改革创新综合试验区的政策优势，推动广东金融改革创新发展再上新台阶。广东金融业增加值、金融机构资产总额、各项存贷款余额、资本市场直接融资总额、保费收入、保费增速等主要金融总量指标继续保持国内领导位置，金融大省的地位进一步巩固，因此广东在 2016 年的金融成熟度综合指数与 2007—2016 年金融成熟度综合指数 10 年均值排名均为第一。北京市的金融成熟度综合指数排名第二，具体原因在于，北京作为我国的首都，是我国的政治中心、经济中心、文化中心、金融决策与管理中心，必然具有别的区域无法比拟的优势，政策倾斜、大量人才聚集、资金充裕等使区域金融体系发展较成熟。江苏、上海、浙江均位于东部沿海的长三角地带，经济基础较好，区域金融体系较完善，其中上海又是世界著名的金融中心。因此金融成熟度综合指数比较靠前。

排名后五的省份分别是宁夏、西藏、青海、海南、新疆。除海南外，均位于西部地区，这里自然环境恶劣、交通不便，不利于人口的集聚，因此地广人稀，经济基础弱，不利于金融业的发展。因此，金融成熟度综合指数较低。海南在地理位置上虽然位于东部沿海地区，但纬度较低，处于热带，人口较少，开发较晚，经济基础薄弱，区域金融体系不成熟，因此金融成熟度综合指数较低。

这样的一个研究结果与目前中国各省份区域经济社会发展水平是基本一致的。区域金融成熟度（M 值）大于 6.6 的 6 个省份均为中国东南沿海省份，这些省份经济社会发展水平很高，产业竞争力强，区域金融市场相对完善，城镇化水平很高，各方面发展均处于中国领先地位。区域金融成熟度（M 值）介于 3.6 ～ 4.6 之间的 7 个省份除了四川、福建与辽宁，均为中部地区经济发展水平较高的省份，市场化机制较为完善，产业竞争力较强。其余 M 值介于 3.38 ～ 1.41 之 间的 18 个省份大部分位于西部内陆地区，经济社会发展相对滞后，产业竞争力较弱，市场机制不够完善，区域金融市场发展相对滞后，城镇化水平较低。

在研究结果中，天津的 M 值与其区域经济发展水平出现明显的不一致，且差距较大。原因如下：天津地处中国东南沿海，区域经济发展水平很高，产业体系完整，竞争力很强，是中国东南沿海地区经济发展的“领头羊”之一，但是其 M 值仅为 2.9132，与其区域经济地位极不相称。经过笔者的分析，出现这种不一致现象的主要原因在于天津市 2016 年的金融相关率、金融从业人员数量、存贷款余额、保险深度以及金融机构数量等重要指标的统计数据相较其他经济发达省份而言相对较小，由此导致其 M 值得分较低。这也同时说明尽管天津的区域经济发展水平较高，但是其区域金融发展相对滞后，区域金融市场亟须进一步发展和完善。

总体而言，中国 31 个省份的区域金融发展水平呈现出“由东向西”

逐渐递减的现象，这一结果与目前我国东、中、西部区域经济发展差距相吻合，与中国区域经济发展水平“由东向西梯度递减”趋势是一致的。这也进一步印证了本研究所得的区域金融成熟度指数（M值）具有较高的可信度，能够从区域金融市场发展的视角进一步解释中国区域经济发展呈现出自东向西梯度递减趋势，东部地区高经济增长率是与其相对成熟的区域金融体系相一致的。

当前中国不同省份的区域金融成熟度差异很大，其主要原因有以下几点。

首先，中国东部发达地区通过各种国有及非国有金融制度的安排，建立了一套有效的资本运行机制，在金融资本的规模和有效利用上都大大领先于中、西部地区，这是导致区域差距的关键因素之一。其次，中国东部发达地区由于具有优先的改革权利，表现出更强的市场活力，与中、西部欠发达地区相比，其货币化程度更高，市场机制更完善，经济和金融发展均处于良性的同步快速发展阶段。最后，从东、中、西部区域差异角度看，由于东部地区经济相对发达，市场化程度较高，金融机构的数量和分布较多，其资本收益率也相对较高，能够吸引和聚集更多的金融资源。而中、西部地区的资本积累量远低于东部，加之中国证券交易市场、资本市场等主要集中在东部沿海地区，这些因素促进了东部地区金融市场的迅速发展，同时使得相对落后的中、西部资本市场越发“乏力”，区域间金融差距也越来越大。

一个区域的金融成熟度与该区域的经济发展状况呈正相关关系，区域经济发展越快，产业体系相对完善的区域金融成熟度就越高；反之就越低。相对完善的区域金融服务体系对推动区域经济发展起到了至关重要的作用。因此，要从根本上推动中西部区域经济快速发展，必须要从推进区域金融服务体系建设、促进区域金融市场结构不断优化入手，这样才能为区域经济发展提供持续源源不断的“动力”支持。

5.7.4 中国金融支持整体成熟度测算与分析

前文我们分别计算得出了每年各省份个体的金融成熟度，本部分我们将用不同的方法计量每年全国整体的金融成熟度。

中国是一个有机运行的整体，计算我国整个金融成熟度不能简单地按照求和得到，而是要按照各个组成省份的发展特点和该省份在我国所处的位置，通过一定的方法进行合成。设我国省份的个数为 n，金融成熟度用 M 表示，它代表一个成熟曲面，$M=M(M_1, M_2, \cdots, M_n)$ 为一个 n 元连续函数，M_1，M_2，…，M_n 表示各省份的金融成熟度，取值范围为［0，10］。

考虑一般情形，n 为成熟度空间各顶点的合成成熟度，除去 $M(Q^*)=1$，$M(Q^0)=0$ 这两个顶点，其余的（2^n-2）个顶点的合成成熟度取值均为［0，1］，加法规则的 n 维合成成熟度公式为：

$$M(M_1, M_2, \cdots, M_n)=\sum^{n}\rho_i M_i \tag{5-8}$$

其中，选取城市个体样本数为31，即 $n=31$，$\sum_{i=1}^{n}\rho_i=1, 0\leqslant\rho_i\leqslant 1, (i=1,2,\cdots,n)$，$\rho_i$ 为第 i 个城市的权系数，权系数计算公式为：

$$\rho_i=\frac{M_i}{\sum_{i=1}^{31}M_i} \tag{5-9}$$

运用上述方法，根据表5-2所得的数据，可以得到我国历年金融成熟度，如表（5-3）所示。

表 5-3　我国历年金融成熟度

年份	2007	2008	2009	2010	2011	2012	2013	2014	2015	2016
M	1.6884	2.0841	3.0062	3.0912	3.1297	3.2992	3.5354	3.7080	4.4016	5.1326

注：经笔者计算所得。

我国历年金融成熟度走势如图 5-8 所示。

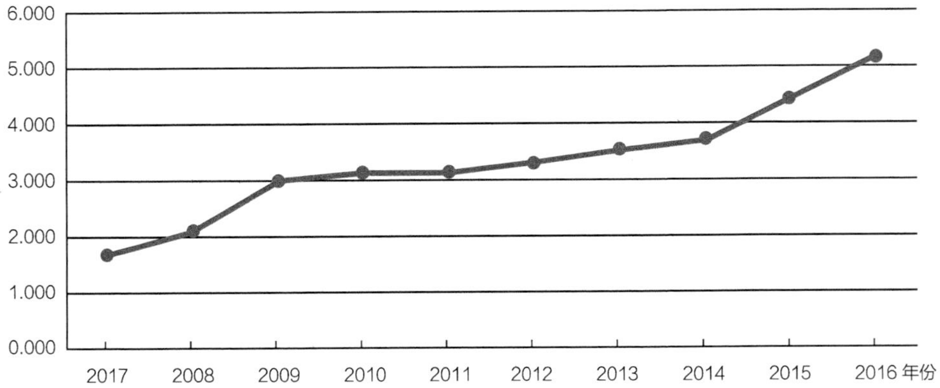

图 5-8　我国历年金融成熟度趋势

2007—2016 年 10 年间我国的金融成熟度逐年递增，但递增的速度有所不同。从 2007 年的 1.6684 变化到 2017 年的 5.1326。2007—2008 年，金融成熟度变化比较平稳，2009 年的金融成熟度剧增明显，原因是 2007 年从美国爆发的次贷危机影响到了我国经济，我国政府为了稳定经济增长，出台了相对宽松的货币政策与财政政策，投放 4 万亿元到市场，这也是 2009 年金融支持体系中金融效率这个一级指标剧增的原因。2010 年之后，金融成熟度又慢慢继续上升。2015—2016 年，较为宽松的货币政策也造成了金融成熟度的明显上升。

6 当前中国金融支持体系发展现状及存在的问题

6.1 中国新型城镇化发展的金融支持体系现状

通过前文分析可知，金融在现代社会经济发展中起着极其重要的作用。随着现代工业化、新型城镇化的发展，金融发展对各方面都起着重要的作用。充分发挥金融的服务功能以及金融在配置资源、经济调节等方面的作用，对新型城镇化的推进与发展都具有非常重要的意义。

6.1.1 中国银行类金融机构发展现状

1978 年以来，我国信贷增长速度非常快。如图 6–1 所示，金融机构各项贷款总额从 1979 年的 1890.42 亿元到 2017 年的 1190300 亿元，增长将近 630 倍，年平均增速达到 16.14 倍，我国信贷增长较快主要有以下两方面的原因：一是新中国成立后一直实行的计划经济体制逐渐向社会主义市场经济体制转变，信贷政策也相应地发生变化；二是随着我国社会经济发展水平的提高，企业扩大再生产以及居民生活消费水平大幅提高，人们对资金的需求量大大增加。

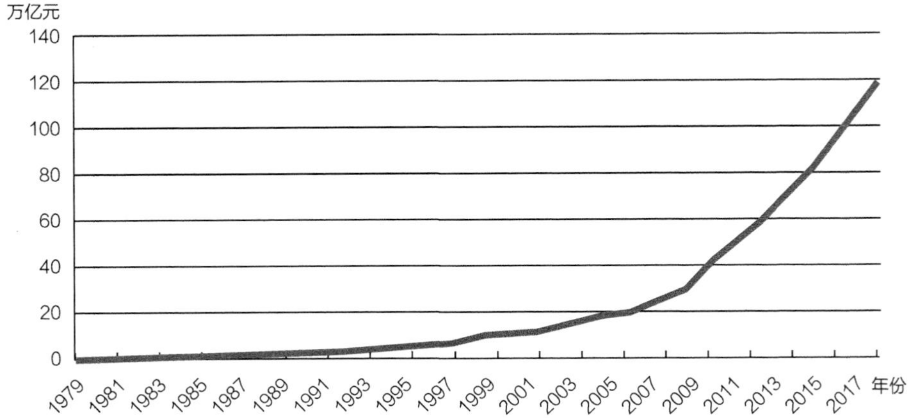

图 6–1　改革开放以来我国金融机构各项贷款总额

资料来源：历年《中国金融统计年鉴》。

我国金融机构贷款总额增长较快，但并不是持续高速增长。从图 6–2 中可以看出，我国信贷增长速度并不稳定。增长速度较高的 1983 年达到 30.94%，1986 年为 31.37%，2009 年为 31.74%，增长速度较低的年份有 1979 年的 10.16%、1999 年的 8.33%、2000 年 6.01%。国家宏观经济政策与经济本身周期性等方面的因素是影响金融机构信贷增长率波动的主要原因。例如，1997 年，亚洲爆发金融危机，我国经济受到影响，1998 年与 1999 年的 GDP 增长率分别仅为 7.78% 和 6.91%。宏观经济环境萧条，企业难以扩大生产规模，对资金的需求较弱，使 1999 年与 2000 年我国信贷增长速度较慢。又如，2007 年美国爆发严重的次贷危机并迅速波及全球，我国经济也受到一定程度的影响，国家实行宽松的货币政策与财政政策来稳定经济增长，向市场投放 4 万亿元，这也是 2009 年我国信贷增长速度较高的主要原因。

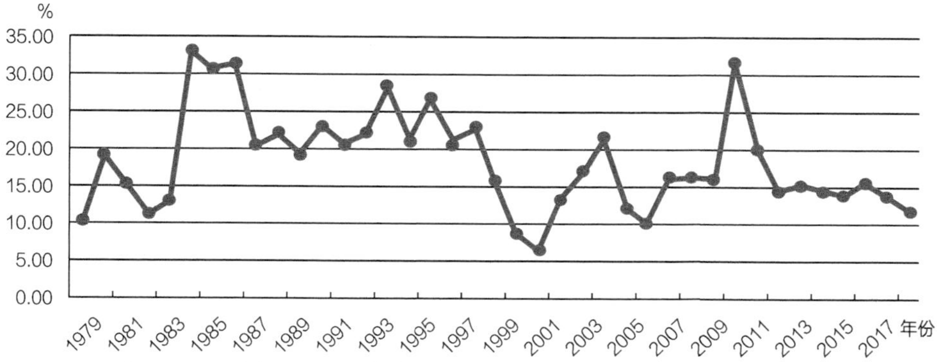

图 6-2　改革开放以来我国金融机构的信贷增长率变动趋势

资料来源：历年《中国金融 统计年鉴》，经笔者整理。

总体来说，改革开放以来，我国信贷增长的走势与经济增长的走势大体上是一致的，信贷增长对经济的促进作用有一定的滞后性，并且随着经济的不断发展，信贷对经济增长的促进作用有所减弱。由图 6-3 可知，1983 年、1984 年的信贷增长分别为 30.94%、14.62%，经济增长分别为 10.90%、15.20%；2003 年、2004 年的信贷增长分别为 21.10%、11.55%，经济增长分别为 10.00%、10.10%。由前文分析可知，如何快速将储蓄转化为有效的投资才是发展新型城镇化的关键，即解决城镇化发展的关键问题是提高金融体系的信贷效率。改革开放以来，我国金融机构信贷总量不断增加，不断促进我国经济的发展，进而影响我国新型城镇化的进程。

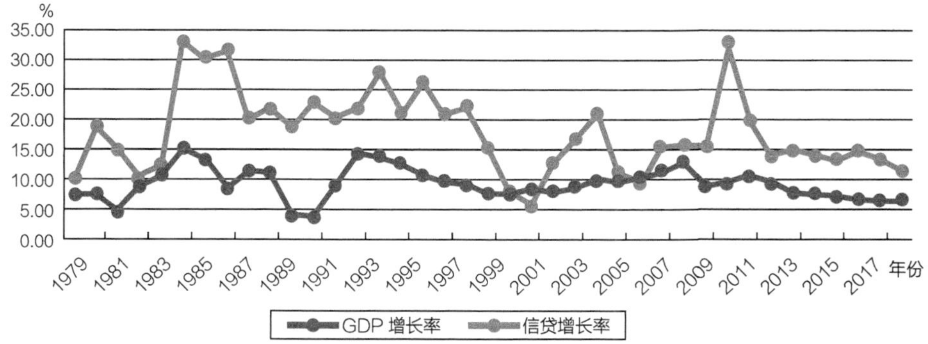

图 6-3　改革开放以来我国金融机构信贷增长率与经济增长率比较

资料来源：历年《中国统计年鉴》。

金融机构存贷差等于各项存款额与各项贷款额的差额，反映的是金融机构对资金的使用能力，即差额越小，使用能力越强。金融机构存贷比（LDR）是金融机构各项贷款余额与各项存款余额之比，反映了金融机构的存款使用效率，较高的存贷比表明金融机构对资金的利用率较高，可以间接映射出我国金融资产发挥作用的程度较高。

由表 6-1 可知，2000—2017 年我国金融机构存贷差额逐年扩大，2015 年我国金融机构的存贷差是 2000 年的 10.07 倍。近年来，金融机构存贷差的走势不断扩大主要有以下原因：一是中国金融机构资产的构成呈多元化特征，金融机构各项存款总额的增长速度高于贷款总额的增长速度。二是受宏观政策因素的影响，我国金融机构存贷差不断加大。存贷比 2000—2015 年整体呈下降趋势，从 2000 年的 0.80 下降到 2015 年的 0.69，16 年间下降了将近 11 个百分点。具体原因是：利率是储蓄者衡量收益的一种标准，同时利率高低直接决定了投资成本的高低，也就是成了约束投资者的一种机制。要实现两者利率均衡，才能提高储蓄和投资的效率。因此我国逐步对利率进行改革，放松对利率的管制。美国经济学家麦金农曾说过，金融管制的必然后果是效率低下的资源配置、金融对经济的促进作用难以发挥。

表 6-1　2000—2017 年我国金融机构各项存贷款情况

年份	金融机构各项存款 / 亿元	金融机构各项贷款 / 亿元	存贷差 / 亿元	存贷比
2000	123804.35	99371.07	24433.28	0.802646
2001	143617.17	112314.7	31302.47	0.782042
2002	170917.4	131293.93	39623.47	0.768172
2003	208055.59	158996.23	49059.36	0.764201
2004	240525.07	177363.49	63161.58	0.737401

续表

年份	金融机构各项存款 / 亿元	金融机构各项贷款 / 亿元	存贷差 / 亿元	存贷比
2005	287169.52	194690.39	92479.13	0.677963
2006	335434.1	225285.28	110148.82	0.671623
2007	389371.15	261690.88	127680.27	0.672086
2008	466203.32	303394.64	162808.68	0.650778
2009	597741.1	399684.82	198056.28	0.668659
2010	718237.93	479195.55	239042.38	0.667182
2011	809368.33	547946.39	261421.94	0.677005
2012	917554.77	629909.64	287645.13	0.686509
2013	1043846.87	718961.46	324885.41	0.688761
2014	1138644.64	816770.01	321874.63	0.717318
2015	1357021.61	939540.16	417481.45	0.692355
2016	1505864.53	1066040.35	439824.18	0.707926
2017	1641037.48	1190300.71	450736.77	0.725334

资料来源：历年《中国统计年鉴》。

6.1.2 中国证券类金融机构发展现状

近年来，随着我国证券政策的不断完善和证券业务的不断创新，我国的证券业得到了快速发展，行业收入与净利润快速提高。根据中国证券业协会的统计数据，2015 年全行业共实现 5751.55 亿元的营业收入，实现 2447.63 亿元的净利润，双双创出历史最高水平。全国上市公司数量也不断增多，从 2000 年的 1088 家上升到 2017 年的 3490 家（见表 6–2）。2017 年，我国新增上市公司 438 家（见表 6–3）。股票筹资额从 2000 年的 2103.24 亿元增长到 2015 年的 10974.85 亿元，这些都不断刺激着我国经济的发展。

表 6-2　2000-2017 年我国上市公司数量　　单位：家

年份	全国合计	上交所	深交所	发 A 股	发 B 股	同时发 A 股、B 股
2000	1088	572	516	1060	114	86
2001	1160	646	514	1140	112	92
2002	1224	715	509	1213	111	100
2003	1287	780	507	1277	111	101
2004	1377	837	540	1363	110	96
2005	1381	834	547	1358	109	86
2006	1434	842	592	1411	109	86
2007	1550	860	690	1527	109	86
2008	1625	864	761	1602	109	86
2009	1718	870	848	1696	108	86
2010	2063	894	1169	2041	108	86
2011	2342	931	1411	2320	108	86
2012	2494	954	1540	2472	107	85
2013	2489	953	1536	2468	106	85
2014	2613	995	1618	2592	104	83
2015	2827	1081	1746	2808	101	82
2016	3052	1182	1870	3034	100	82
2017	3490	1397	2093	3467	102	84

资料来源：历年《中国统计年鉴》。

表 6-3　2017 年 8 月我国各省份上市公司数量及正在排队 IPO 数量　单位：家

省份	上市公司数量	正在排队 IPO 数量
全国	3328	590
北京	299	53
天津	48	5
山西	38	9
河北	54	6

续表

省份	上市公司数量	正在排队 IPO 数量
内蒙古	25	0
辽宁	75	6
吉林	42	1
黑龙江	35	4
上海	264	50
江苏	359	87
浙江	382	96
安徽	100	21
福建	127	25
江西	38	2
山东	185	28
河南	76	10
湖北	96	15
湖南	94	17
广东	541	104
广西	36	1
海南	30	1
重庆	47	8
四川	112	9
贵州	25	4
云南	32	6
西藏	15	5
陕西	46	6
甘肃	31	4
青海	12	0
宁夏	13	0
新疆	51	7

资料来源：国家统计局网站。

6.1.3 中国保险类金融机构发展现状 >>>

我国保险业自改革开放以来取得了较快发展。2016 年年底，我国保险行业总资产达 153764.66 亿元，其中财产保险公司总资产 23849.82 亿元，较年初分别增长 24.41%、29.05%；人寿保险公司总资产 126557.51 亿元，较年初增长 27.412%；保险市场的保费收入从 2000 年的 1598 亿元增长到 2017 年的 36581.01 亿元，增长了 22.89 倍。保险市场的赔付支出从 2000 年的 526 亿元增长 2017 年的 11180.79 亿元，增长了 21.26 倍（见表 6–4）。从业务内容来看，近十几年来原保险保费收入中的人身险业务一直占较高的比例，赔付支出中人身险业务的比例也逐渐增多（见表 6–5）。2000 年全国保险市场主体仅 34 家，截至 2016 年年底，已增至 203 家，其中保险集团公司 11 家，中资保险公司 135 家，中外合资公司 57 家；保险职工（不包括营销、代理人员）达 1123180 人；目前保险分支机构已覆盖全国 31 个省份的市县，随着经济的发展，人们对保险的认识不断加深，保险服务网络得到不断扩展，保险业对于经济的补偿作用越发重要。

表 6–4 2000–2017 年我国保险业的发展状况 单位：亿元

年份	原保险保费收入			赔付支出		
	总额	财产险业务	人身险业务	总额	财产险业务	人身险业务
2000	1598.00	608.00	990.00	526.00	308.00	218.00
2001	2109.00	685.00	1424.00	597.00	333.00	264.00
2002	3054.00	780.00	2274.00	707.00	403.00	304.00
2003	3880.00	869.00	3011.00	841.00	476.00	365.00
2004	4318.00	1125.00	3194.00	1004.00	579.00	426.00
2005	4932.00	1283.00	3649.00	1137.00	691.00	446.00
2006	5640.00	1579.00	4061.00	1438.00	825.00	614.00
2007	7035.76	1997.74	5038.02	2265.21	1020.47	1244.74
2008	9784.24	2336.71	7447.53	2971.17	1418.33	1552.83

续表

年份	原保险保费收入			赔付支出		
	总额	财产险业务	人身险业务	总额	财产险业务	人身险业务
2009	11137.30	2875.83	8261.47	3125.48	1575.78	1549.70
2010	14527.97	3895.64	10632.33	3200.43	1756.03	1444.40
2011	14339.25	4617.82	9721.43	3929.37	2186.93	1742.44
2012	15487.93	5330.93	10157.00	4716.32	2816.33	1899.99
2013	17222.24	6212.26	11009.98	6212.90	3439.14	2773.77
2014	20234.81	7203.38	13031.43	7216.21	3788.21	3428.00
2015	24282.52	7994.97	16287.55	8674.14	4194.17	4479.97
2016	30904.2	9265.7	21638.3	10515.7	5045.6	5469.5
2017	36581.01	10541.38	26039.55	11180.79	5087.45	6093.34

资料来源：历年《中国统计年鉴》。

表 6-5 2016 年分地区保费收入和保费支出情况 单位：亿元

地区	原保险保费收入			赔付支出		
	小计	财产险业务	人身险业务	小计	财产险业务	人身险业务
全国	30904.15	8724.17	22179.99	10515.68	4729.48	5786.2
北京	1834.25	369.25	1465	596.66	229.31	367.36
天津	527.99	127.56	400.43	177.70	94.4	83.3
山西	698.20	174.15	524.05	239.04	92.48	146.56
河北	1491.49	442.13	1049.35	548.24	215.52	332.72
内蒙古	487.04	162.73	324.31	137.80	78.91	58.89
辽宁	837.76	221.76	616	288.50	124.99	163.51
吉林	557.12	133.23	423.89	161.22	72.87	88.35
黑龙江	685.53	148.91	536.62	237.75	95.02	142.73
上海	1528.79	371.59	1157.19	528.28	222.05	306.23
江苏	2679.68	733.44	1946.24	915.07	437.64	477.42
浙江	1527.65	569.35	958.3	517.92	335.25	182.67

续表

地区	原保险保费收入			赔付支出		
	小计	财产险业务	人身险业务	小计	财产险业务	人身险业务
安徽	873.7	312.79	560.91	357.47	175.06	182.42
福建	754.91	211.13	543.79	242.85	116.96	125.88
江西	608.72	183.65	425.08	207.1	94.99	112.11
山东	1963.32	520.32	1443	673.21	271.13	402.08
河南	1551.82	372.95	1178.87	548	184.31	363.69
湖北	1047.79	263.22	784.57	372.29	141.74	230.55
湖南	884.98	273.05	611.93	339.81	143.24	196.58
广东	2982.11	707.69	2274.42	816.94	349.41	467.53
广西	469.17	165.71	303.46	158.95	75.98	82.97
海南	133.21	47.6	85.61	49.24	26.53	22.71
重庆	600.33	165.23	435.1	250.16	90.36	159.79
四川	1703.52	457.21	1246.31	554.36	216.89	337.47
贵州	320.69	153.15	167.55	131.52	79.47	52.06
云南	529.23	224.43	304.8	206.19	110.76	95.43
西藏	22.25	13.9	8.35	9.84	6.97	2.87
陕西	713.97	191.38	522.58	238.45	93.43	145.02
甘肃	307.66	100.61	207.04	109.38	51.43	57.95
青海	68.75	29.64	39.11	27.38	14.89	12.49
宁夏	133.89	46.09	87.8	42.84	24.82	18.02
新疆	439.29	153.16	286.13	154.97	83.62	71.35

资料来源：国家统计局网站。

6.1.4 中国货币供应量情况

由表 6-6 可知，我国的货币供应量自进入 21 世纪以来快速增长。2017 年年末我国的广义货币 M2 供应量较年初增长了 8.17%，而狭义货币 M1 和货币 M0 的供应量较年初分别增长了 11.76% 和 3.43%。我国的广义货币 M2 从 2000 年年末的 134610.3 亿元增长到 2017 年年末的 1676768.5 亿元，增长了 12.46 倍。而狭义货币 M1 和货币 M0 也分别从 2000 年年末的 53147.2 亿元和 14652.7 亿元增长到 2017 年年末的 543790.2 亿元和 70645.6 亿元，分别增长了 10.2 倍和 4.8 倍（见表 6–6）。

2000 年年末，狭义货币 M1 占广义货币 M2 的比例为 39.48%。而 2017 年年末，狭义货币 M1 占广义货币 M2 的比例为 32.43%。可以看出 2000—2017 年，M1/M2 下降了 7.05%。从以上数据分析可知，2000—2017 年广义货币 M2 的增速明显超过狭义货币 M1 的增速，这表明近年来投资需求增加而消费需求相对不足（见图 6–4）。

表 6–6　2000—2017 年我国货币供应量　　单位：亿元

年份	货币和准货币（M2）	狭义货币（M1）	流通中货币（M0）
2000	134610.3	53147.2	14652.7
2001	158301.9	59871.6	15688.8
2002	185007	70881.8	17278
2003	221222.8	84118.6	19745.9
2004	254107	95969.7	21468.3
2005	298755.7	107278.8	24031.7
2006	345577.9	126028.1	27072.6
2007	403442.2	152560.1	30375.2
2008	475166.6	166217.1	34219
2009	610224.5	221445.8	38247
2010	725851.8	266621.5	44628.2
2011	851590.9	289847.7	50748.5
2012	974148.8	308664.2	54659.8
2013	1106525	337291.1	58574.4
2014	1228374.8	348056.4	60259.5
2015	1392278.1	400953.4	63216.6

续表

年份	货币和准货币（M2）	狭义货币（M1）	流通中货币（M0）
2016	1550066.7	486557.2	68303.9
2017	1676768.5	543790.2	70645.6

资料来源：中国人民银行官网。

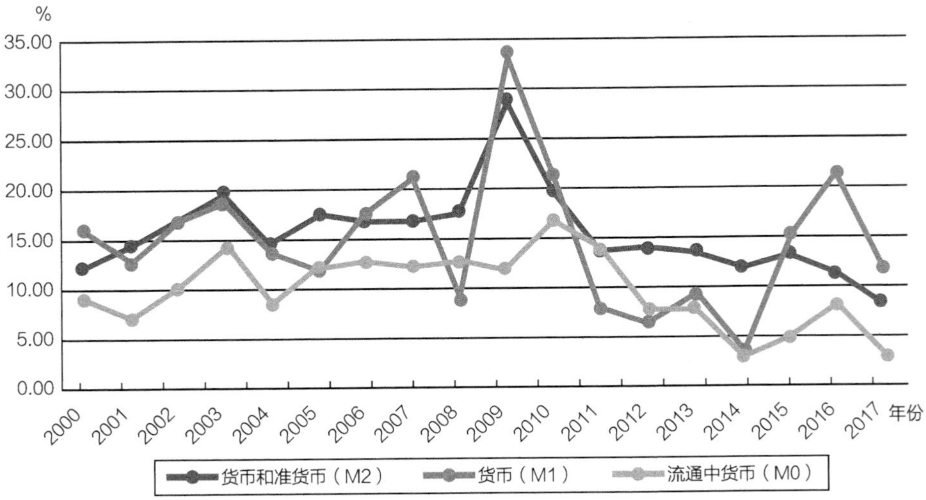

图 6-4　2000—2017 年我国货币供应量增长率变化趋势

2000—2017 年我国的货币供应量总体保持较高增速，但不同年份也有较大的波动。M2 增长率最高的年份是 2009 年，达到 28.5%，增长率最低的年份为 2017 年，为 8.17%。M1 增长率最高的年份也为 2009 年，达到 33.2%，这可能与美国次贷危机之后中国政府投放 4 万亿元人民币来稳定经济有关。

6.2　中国金融支持新型城镇化发展中存在的主要问题

近年来，金融业的飞速发展为我国的新型城镇化建设的逐步推进提供了新的动力源泉，进而产生了积极、长远的影响。但是，金融支持新型城镇化的过程中，还有一些难题需要解决。金融系统作为引导其他要素禀赋转变及资源配置调整的先导要素，应当先于城镇化进程完成其制度与结构的变迁，以发挥供给先导作用。但是目前受金融发展水平的限制和现实制度的约束，金融支持城镇化面临严重困境，主要表现为城镇化基础设施建设融资渠道单一、产融结构不协调、中小企业融资难、农村城镇化金融供给不足四个方面。

6.2.1 基础设施建设的融资渠道单一

基础设施是一个城市存在和发展的重要条件。随着我国城镇化进程的加快，基础设施作为一个国家或地区经济发展的基本物质技术条件的作用越来越突出。未来的人口城镇化、产业城镇化以及空间城镇化进程中都需要建设更加完善的城市基础设施，由此将引发更大的金融需求。

但是，新型城镇建设过度依赖政府财政，货币资金供给方单一。在新型城镇化建设中，对于公共交通建设、水电供应、医疗社保、环境保护等公共事业建设项目，一方面，所需资金庞大、回收期长，多数金融机构为了降低不良贷款率，不愿意承担高风险项目；另一方面，此类项目多数为公共项目，盈利较少，金融机构更倾向于放贷给盈利能力强的企业单位。因此，城镇化建设的主要资金来源为政府财政收入，政府负担沉重。然而，政府的税收来源有限，财政收入水平不高，甚至部分地方政府高额负债，偿债能力过低。土地转让的短期财政收入难以满足长期资金需求，并且土地资源有限，财政风险较高。资金供应渠道的单一性限制了新型城镇化的建设。单纯依靠财政收入已无法跟上新型城镇化快速发展的节奏。

6.2.2 产融结构不协调

首先，我国金融支持体系的发展滞后于三次产业结构的优化与升级。不可否认，近年来，我国金融支持体系在规模、结构和效率方面都有所提升，筹集与分配资金和抗风险的能力明显增强，整个金融业呈现出健康的发展态势，但从推进三大产业间的结构优化与升级的效果来看，我国金融支持体系滞后于产业结构的调整与优化，并存在一定的偏差，使我国产业结构升级与优化的需求得不到满足，不利于新型城镇化的持续健康推进。

一方面，我国金融支持体系与三大产业之间的发展极不协调。理论上，我国产业结构优化升级的正确发展方向是以传统农业、制造业逐渐向新型农业化、新型工业化和服务业三大产业协调发展转变，服务业成为我国的第一大产业，占据主体地位。实际上，我国目前需要制定政策引导金融体系对第一产业的支持，解决农业、农村和农民即“三农”问题，新型农业化和农村基础设施建设资金不足的问题。金融支持第二产业的力度明显偏大，但对第二产业内部的支持结构不尽合理，银行类金融体系通过吸收存款、发放贷款等业务，对大型、国有企业的投入与支持力度偏大，但对中小私营企业的支持力度偏小，需要进一步加强对第三产业的支持。

另一方面，我国金融体系对资金的使用不合理，金融机构对消费领域的支持力度明显小于对生产领域的支持力度，使我国生产需求过剩而消费需求不足。现实生活中，我国金融支持体系主要的作用是促进实体经济的发展，利用银行吸收存款、发放贷款的间接融资和企业自身通过发行股票、债券等直接融资的方式来支持实体经济的发展。然而支持居民生活消费所需的金融产品仅仅处于起步阶段，仅在购房、购车等小范围内进行，手续烦琐且金额有限。因此，金融支持生活消费的力度有待提高。

不同的产业结构会产生不同的金融需求，金融业必须密切关注这种需求变更以提供有针对性的融资服务。未来中国产业结构的正确方向应该是由以传统制造业为主向三大产业协调发展转变，并最终确立服务业的主体地位。但是，以银行为主的融资系统已经习惯于支持资本密集、重资产的工业企业，对轻资产、缺乏稳定现金流的服务业支持明显不足。第二产业获得的资金支持远远超过第一产业。资金是产业发展的第一要素，信贷资金在三大产业间的畸形流动使得以工业为主的第二产业规模持续扩张，而以服务业为主的第三产业营养不良，不利于第三产业主体地位的确立，大大延缓了产业城镇化中产业结构升级转换的步伐。并且制造业的产能过剩也降低了资源的利用效率，使得中国经济发展方式难以实现粗放型增长向集约型增长的转变。

6.2.3 中小企业融资困难尚未有大的改观

中小企业的发展在中国城镇化进程中始终扮演着重要角色。未来中国产业城镇化进程中促进产业结构优化升级的重要课题就是要按照资源禀赋所决定的比较优势来提高资源的配置效率，在这一过程中，投入—产出效率高、创新能力强、发展潜力大的中小企业发挥着重要作用。人口城镇化进程中大量劳动密集型中小企业的发展产生的用工缺口是吸引农业人口迁移转换的现实基础。事实上，中小企业早已在就业人数以及产值创造上占据了国民经济的半壁江山，但却始终无法走出融资难的困境，资金匮乏的中小企业如同无源之水、无本之木，难以实现持续发展。

中国中小企业 90% 以上的资金来源于内源融资，中小企业融资难主要是指外源融资难，这是我们分析的重点所在。外源融资分为直接融资和间接融资，间接融资主要是指银行贷款，直接融资包括股权融资和债券融资，是来自非金融机构的款项。银行贷款在外源融资中占据统治地位，6 ～ 10 年的中长期贷款所占比重达到 66.3%。中小企业由于外源融资对银行体系存在过度依赖，但是银行信贷投放的重点却并非中小企业。中央银行相关统计资料显示，尽管近年来中小企业的贷款数量和比重都逐年增加，但是目前占企业总数 99% 的中小企业所获得的贷款只占银行全部放款的 30% 左右。如果再考虑到银根收紧对中小微企业的损害程度，中小企业在银行信贷资金中得到的支持远远不够，银行贷款只能满足中小企业 5% 的融资需求。

直接融资方面的状况同样不容乐观。债券融资方面，现行的《公司法》和《证券法》对企业发债资质作了非常严格的规定，符合条件的中小企业微乎其微，债券市场基本未向中小企业开放。股权融资方面，中小企业募股集资的舞台在中小板和创业板，受监管和上市条件限制，截至 2017 年 9 月，中小板上市企业和创业板上市企业相加也仅有千余家，难以成为中小企业融资的主渠道。

6.2.4 农村城镇化的金融供给不足

我国农村地区的金融支持体系功能不全，金融支持新型城镇化建设力度严重不足。近年来，我国农村地区的金融服务体系发展进程较为缓慢，金融产品单一，农村的公共基础设施建设、新型农业化与社会保障等方面的金融支持严重缺乏，需求很难得到满足。主要表现为以下五个方面。

第一，政策性银行在我国广大农村地区的金融功能较为单一。农业发展银行是我国农村地区最主要的政策性银行，它肩负着支持“三农”、推动农村地区经济发展和新型城镇化建设等重要任务，但由于非营利的性质，资金来源单一，即主要是靠国家的财政拨款，所以必然存在资金不足的问题。农业发展银行的业务支持仅局限于在农产品的收购与调配等方面的资金需求，业务功能单一，对其他方面资金需求的支持力度很小。

第二，在利润最大化目标的驱使下，我国商业银行在农村地区的覆盖率大幅降低。我国商业银行股份制改制以后，利润最大化成为其最主要的经营目标，县以下的分支机构大量撤销，使银行的营业网点在农村地区的覆盖率大幅降低，并分批逐步放弃基层农村金融市场的份额。虽然农业银行在农村仍分布着一定数量的网点，但对农贷款的数量和比例并不高，对农村地区的建设，农业现代化的发展和农村新型城镇化发展的金融支持程度明显不足。

第三，邮政储蓄银行与农村信用社难以支持整个农村地区的金融资金需求。地方农村信用社在国有商业银行退出农村市场后逐步成为农村地区正规的金融机构主体，但其存在明显的弱点，如资本实力不强、股本过于单一，而且坏账率过高、抗风险能力弱，在整个金融市场的激烈竞争中明显处于劣势地位，因此其筹集资金的能力不足、发展潜力受限，难以满足农村的资金需求。我国邮政储蓄银行的业务性质是只吸收存款、不发放贷款，因此并不能解决农村发展资金不足的问题。

第四，民间金融缺乏法律保障。民间金融是正规金融的有益补充，近年来，民间金融规模不断扩大，在一定程度上缓解了农民资金紧缺的状况。但是，风险抵抗能力弱、基本保障体系不健全、缺乏必要的法律保障等隐患的存在严重影响了我国农村民间金融的健康发展。

第五，农业保险功能不足。随着农业现代化的发展，我国的传统农业生产早已改变了“靠天吃饭”的落后局面，但是种植业和养殖业生产过程中仍然容易遭受自然灾害和意外事故的损失，这就需要发挥农业保险的保障功能。20 世纪 90 年代以后，我国的农业保险事业发展缓慢，虽然先后成立了吉林安华、上海安信、黑龙江阳光互助和安徽国元四家专业性农业保险公司，以及商业保险进军农业市场，但仍然存在规模不足、业务覆盖面狭窄的弊端，难以满足农业保障需求。

虽然近年来我国金融业的发展取得了明显的进步，对我国新型城镇化的建设起了显著的促进作用，但是通过分析可知，在金融支持新型城镇化发展的过程中，仍有一些问题需要解决。只有及时处理好这些问题，才能进一步处理好金融发展与新型城镇化之间的协调关系，促进两者的协调发展。

7　面向中国新型城镇化发展的金融支持体系改革

目前，我国已步入工业化后期阶段、城镇化中期阶段的中间点、信息化快速发展阶段、农业现代化关键阶段，并实现了从“三化同步”（工业化、城镇化和农业现代化）向“四化同步”（新型工业化、城镇化、信息化、农业现代化）发展的理念转变。党的十八大报告中明确指出：“坚持走中国特色新型工业化、城镇化、信息化、农业现代化道路，推动信息化和工业化深度融合、工业化和城镇化良性互动、城镇化和农业现代化相互协调，促进工业化、城镇化、信息化、农业现代化同步发展。”“四化同步”作为中国特色社会主义现代化建设理念的重大创新，为新型工业化、城镇化、信息化和农业现代化的协调发展指明了方向。同时，也为探索如何进一步推进传统城镇化向新型城镇化转型提供了理念支撑。因此，结合“四化同步”发展理念与新型城镇化发展机遇，以新型城镇化为“四化同步”发展的突破点，充分发挥新型城镇化的引领作用，成为现阶段我国经济社会发展的必然要求。

党的十八大和中央经济工作会议明确提出走新型城镇化的道路，并对我国新型城镇化发展进行了顶层设计和总体部署。新型城镇化是指坚持以人为本，以新型工业化为动力，以城乡统筹、城乡一体、产业互动、节约集约、生态宜居、和谐发展为基本特征的城镇化，推动城市现代化、城市集群化、城市生态化、农村新型城镇化，是大中小城市、小城镇、新型农村社区协调发展、互促共进的城镇化。金融支持作为新型城镇化发展的重要推动力，是国家实施区域经济的核心要务。但是我国新型城镇化发展的金融支持体系还存在很多问题，如多元化金融支持组织体系不健全、直接融资比例偏低、天使投资和风险投资发展缓慢、债券市场发展缓慢、信用担保体系和金融法律体系不完善、金融体系包容度不够、政府支持力度不够等。因此，对新型城镇化的金融支持体系的改革就显得十分重要，它不仅需要国家相关政策的倾斜和支持，还需要民族地区政府以及社会各有关部门的通力合作和相互配合。只有这样，才能更好地促进区域经济社会的快速协调发展，逐步缓解新型城镇化发展的各项问题。基于上述分析出现的问题，通过案例分析的方式，提出以下面向中国新型城镇化发展的金融支持体系改革策略。

7.1 构建高效的层级金融网络支持体系

7.1.1 优化和完善金融支持组织体系

建立多元化的、功能互补的金融支持组织体系，建立由各种金融机构组成的、覆盖各地区城乡的金融网络，是多层次金融支持体系的基础和前提。

7.1.1.1 构建多层次中小银行体系

要鼓励城镇地区金融机构的多样化，尽快建立专门服务于城镇地区企业的金融机构，构建多层次中小银行体系。第一，可以将国有银行的县支行改造成专门为城镇服务的地方银行；第二，可以成立以市、县为单位的，以吸收民间资本为主的中小银行；第三，发展适合本地区城镇发展的地方性银行；第四，鼓励非国有银行机构、其他金融机构在城镇地区的发展，为促进城镇地区的发展服务；第五，在政策上为城镇地区的金融机构提供支持，更好地为城镇服务提供良好的环境。

7.1.1.2 加大政策性银行在基层的发展延伸

加大农业发展银行等政策性银行在基层的发展延伸，充分发挥其政策性金融的功能。第一，可以建立与城镇发展相适应的政策性银行，集中使用国家提供的中长期重点建设项目的投资和扶贫开发基金，专门为城镇经济发展、产业转移、农业现代化提供资金支持。第二，中长期贷款是政策性银行主要甚至是唯一信贷产品，贷款项目主要集中在农村土地整治、农民集中住房建设、农田水利建设几个方面，信贷产品单一。因此，政策性银行应与联合担保公司、商业银行共同推出“城镇基础设施建设专项贷款”，改变城镇化建设资金主要依靠财政拨款的局面。第三，政策性银行还可以采取总行、省、市、县四级联动，提高贷款办理效率。

7.1.1.3 建立健全中小企业信贷服务网络

建立健全中小企业信贷服务网络，消除银企信息障碍，提高融资概率。从发达国家的经验来看，中小企业融资难问题的解决必须首先消除银企信息障碍，而银企信息障碍的解决有赖于建立健全的信贷服务网络。国家为此于 1999 年制定了《中小企业信贷担保体系试点办法》，目前全国已经有 28 个省份开始了信贷担保体系的试点工作。为了保证中小企业信贷担保体系能够健康高效地运转，应从以下三个方面加以完善。

第一，按市场化原则建立多层次的信用担保体系，信用担保体系的建立是解决银行与中小企业信息不对称的有效措施。第二，健全信贷服务网络，加紧建立区、县一级信贷担保机构。由于区、县是中小企业的主要聚集地，建立区、县一级的信贷担保机构，对于整个信贷担保体系及时有效地发挥作用至关重要。第三，积极筹建全国性信贷再担保机构。这一点可借鉴日本经验，日本成立了由中央财政出资的中小企业信用保险公库，由该公库对全国52个信用保证协会的担保贷款实行再担保，由于有了双重担保，分散了中小企业融资的风险，从而激发了银行放贷的积极性。

7.1.1.4 充分发挥国有商业银行的作用

充分发挥国有商业银行的作用，创新商业银行的贷款制度，丰富企业信贷的品种，为城镇地区经济发展提供优质的金融服务。原先定位大企业为主要客户的国有商业银行，同时可以选择资质良好的小微企业为客户，在很大程度上，这既能解决小微企业金融支持的问题，又能为国有商业银行开拓新的市场及利润增长点。这类似于中国民生银行的“商贷通”“民易贷”等项目，银行可以将小微企业贷款从企业贷款方式转化为个人贷款与企业贷款相结合的方式，以小微企业主为贷款对象，将小微企业主的个人财产与家庭财产纳入贷款和还款来源范畴。毕竟国有银行具有网点、技术等各方面优势，可发挥其规模效应，选择集中于某些行业的小微企业为客户，而非所有行业。

第一，商业银行在扶持农业产业化过程中通过开发金融产品，以支持产业园、龙头企业为重点，在农业产业化经营、农产品物流体系建设、农业科技信贷产品方面进行整合，投入专项中长期贷款。第二，商业银行可以将到期收益率较高的优质基础设施建设信贷资产通过信托公司向客户发售，将所募集的资金用于替换商业银行的存量贷款或向企业新发放贷款，最后将贷款收益按照合同约定返还给投资人。第三，城镇化建设信贷理财产品数量灵活、购买方便，能够充分集中社会闲散资金用于基础设施建设，在增加投资者收益的同时拓宽城建项目的融资渠道。第四，土地具有极强的保值增值性能，是优质的担保抵押物品。土地储备贷款是银行以土地为抵押品向土地储备机构发放的用于短期周转的贷款。为了避免发放土地贷款的系统性风险，银行一定要对抵押物进行风险评估，还可以利用代理集合委托贷款方式分散政策性风险。第五，商业银行应开发公私伙伴关系（PPP）项目的运作方式，如BOT、BOO、TOT、BTO等项目模式，为新型城镇化建设提供信贷合作，如沿海地区和内陆地区商业银行可以设立内陆城市与沿海城市交通一体化基础设施融资平台，通过城际公交、城际铁路、支线机场以及轨道交通的建设，加强东部、中部、西部地区的生产和贸易联系。此外，还应发挥新型农村金融机构的作用。

7.1.1.5　完善城镇地区的保险体系

完善城镇地区的保险体系，为城镇地区企业的发展提供更优质的保险支持。通过保险公司为城镇地区企业寻求融资渠道。开发适合城镇地区的保险产品，为城镇地区企业的发展提供更优质的保险支持。通过保险公司为城镇地区企业寻求融资渠道。另外，开发适合城镇地区的保险产品，为城镇地区企业的发展提供更优质的保险支持。

7.1.1.6　完善城镇地区的社会保障体系

完善城镇地区的社会保障体系，提升城镇生活水平。社会保障体系包括社会保险、社会救济、社会福利、优抚安置和社会互助等内容。

第一，部分项目先衔接后整合。养老保险方面，做好城镇职工养老保险、城镇居民养老保险和新农保三项制度相互之间的衔接，整合城镇居民养老保险和新农保，进而与城镇职工养老保险进行整合。医疗保险方面，做好城镇职工医保、城镇居民医保和新农合三项制度相互之间的衔接，整合城镇居民医保和新农合，进而与城镇职工医保进行整合。最低生活保障方面，城镇低保和农村低保衔接的意义不大，条件允许时可以直接整合。第二，时序上先城乡居民后整体。首先是城镇居民医保和新农合、城镇居民养老保险和新农保在适用对象、筹资机制、保障模式、待遇标准等方面具有较强的共通性，衔接和整合起来相对简便易行。其次是城镇居民医保和新农合、城镇居民养老保险和新农保的试点与实施时间并不长，待遇标准也相对低一些，衔接与整合的阻力和难度相对较小。最后是实现城乡居民社会保障制度的衔接与整合，是推动更高层面上的整体性整合的前提和基础。第三，空间上先区内后区际。基于我国现行社会保障制度以区域统筹为主的客观现实，城乡社会保障制度衔接与整合可以划分为两个层次：一是区内的衔接与整合；二是区际的衔接与整合。第四，改革前后社会保障待遇不降低。各个环节就高不就低，这必然产生改革成本如何消化的问题。消化改革成本有两条途径：一是增加公共财政投入，即加大政府补贴力度；二是降低待遇成本，包括控制社会保障制度运行成本和提高社会保险基金投资收益。较为理想的做法就是两条路径同时施力，但也有实施力度的限制。第五，制度模式化繁为简。社会保障制度涉及政府、用人单位、个人和社保经办机构等多方主体的利益博弈，为明确各方权利义务关系和规范各主体行为，城乡社会保障制度衔接与整合有烦琐复杂的内在诱因。

典型案例：云南洱源县是一个典型的农业县，全县 7 个乡镇，人口 27.7 万人，其中农业人口 25.7 万人，主要生产粮食、梅果、油菜、烤烟、大蒜、乳牛、华山松、核桃、松香松脂等农副产品。由于历史、地域等原因，洱源目前仍然属于一个相对落后的县城，是国家扶贫开发重点扶持县之一。然而，与相对落后的县域经济相对的，却是迅速发展的以农村信用社为代表的农村金融服务业。云南洱源县建立了专门服务于城镇地区企业的金融机构——农村信用联社[①]。截至 2009 年 4 月，洱源县农村信用社各

① 人民银行大理州中心支行课题组 . 构建多层次的农村金融服务体系——云南省洱源县案例［J］. 西南金融，2009（10）：28-30.

项存款余额达 74433 万元，占全县金融机构各项存款总额的 47.2%；各项贷款余额 49582 万元，占全县各项贷款总额的 62%，相较于 1997 年存款 5715 万元、贷款 3611 万元的数据，县农信社发展成效显著。

洱源县农村信用联社通过农户（居民）小额贷款证、农户（居民）大额贷款证、机关企事业单位职工消费贷款证、中小企业贷款、法人社团贷款，建立起了一个适应县域经济发展的多层次的农村金融服务体系。同时，洱源县还通过动态的信用村镇建设和科学的贷款管理办法来确保这种制度的长期性和可持续性。云南省洱源县农村信用联社在构建多层次农村金融服务体系方面取得了突破，通过各种贷款产品形成了基本覆盖全县农民、中小企业的多层次农村金融服务体系，其贷款覆盖面达到 75% 以上，不良贷款率按五级分类标准仅为 1.24%。它的成功模式主要是以与县域经济相适应的信贷政策为基础，以创造市场化的贷款营销手段为关键，建立以信贷员为中心的分级授信体系为核心，以动态的信用村镇建设为有效补充，如图 7–1 所示。

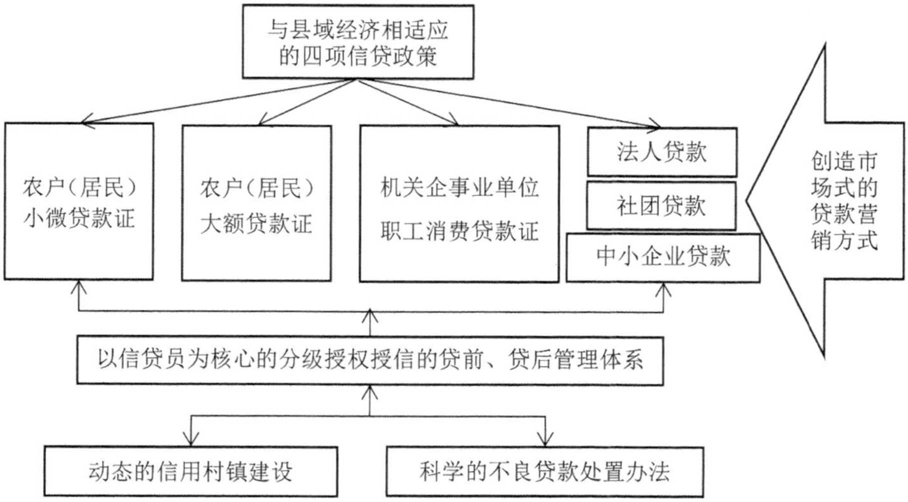

图 7–1　洱源县农村信用联社

7.1.2 积极发展天使投资、风险投资和股权投资相结合的投融资链 >>>

天使投资和风险投资都是企业创业初期融资的重要来源。发展风险投资，相当于为城镇地区企业建立了企业孵化器，是构建城镇地区多层次金融支持体系的关键。我国本身天使资本和风险投资机构相对较少，缺乏专业性，城镇地区则更少，其中一个原因可能在于传统的储蓄观念支配着人们的行为，不管有多少钱，总是认为将它存入银行是最保险的增值方法，即使它的实际利率为负。另外，大量民间资本游离在实体经济之外，因此，为扶持城镇地区企业创业，必须大力发展天使投资、风险投资和股权投资相结合的投融资链。

有研究表明，1 美元的风险投资对专利增加量的贡献率是 1 美元的 R&D 贡献率的 3 ～ 4 倍，风险投资在 20 世纪 90 年代对美国产业创新的贡献率达 10%（杨靖，2010）。但创业投资需要完整的产业链体系，企业初创期需要天使投资、VC 等风险偏好型资本投入进行企业孵化，在发展期引进相对保守的风险投资、产业基金、政策性贷款等发展壮大，到产业走向成熟时期逐步引进私募股权投资等成本较小的融资方式，使企业持续发展，最终由完善的并购及证券市场接手。中国风险投资网公布的数据显示，我国的风险投资业发展仍显不足，2008 年风险投资业占 GDP 的 0.055%，同期美国和欧洲的风险投资占 GDP 比重分别为 0.196% 和 0.108%。同时，我国投融资产业链中存在天使投资 VC 化、风险投资 PE 化等异化现象。一方面风险投资少；另一方面国内存在大量的民间资本游离于实体经济之外，寻求投资渠道，出现了过度追逐金融资产、房地产的不健康现象。因此，未来扶持城镇地区中小企业创业，需要大力发展以“天使投资—风险投资—股权投资”为核心的投融资链，完善创业投资产业链体系，让大量“闲钱”和“游资”进入实体经济。

一方面，完善天使投资信息平台，规范与天使投资相关的政策法规，发挥国家政府资金的杠杆作用，壮大天使投资家队伍，促进天使投资发展。另一方面，可以通过减免对城镇地区进行天使投资和风险投资的税费，建立城镇地区风险引导基金，吸引天使投资和风险投资更多地关注城镇地区企业的早期发展。此外，构建资本的多重退出机制，让天使投资和风险投资能够有充分的退出渠道，最终完善创业投资产业链体系，完善城镇地区企业的投融资渠道。

典型案例：2007 年 11 月 6 日，阿里巴巴集团的 B2B 子公司正式在港交所挂牌。总市值超过 200 亿美元，最引人注目的是其独特的内部财富分配格局，阿里巴巴 4900 名员工竟持有 B2B 子公司的 4.435 亿股。阿里巴巴集团于美国时间 9 月 19 日在纽约证券交易所上市，上市前注册资本为 1000 万元人民币，上市当日，确定发行价为每股 68 美元，首日大幅上涨 38.07% 收于 93.89 美元，现股价为 102.94 美元，股本仅为 25.13 亿美元，市值达到 2586.90 亿美元，收益率达百倍以上。相当于当年上市前 1 元的原始股，现在变成了 161422 元。[①] 阿里巴巴上市不仅造就了马云这名华人首富，还造就了几十名亿万富翁、上千名千万富翁、上万名百万富翁，堪称一场真正的天下财富盛宴。

腾讯当年 1 元的原始股，现在变成了 1.44 万元。百度当年 1 元的原始股，现在变成了 1780 元。格力电器当年 1 元的原始股，现在变成了 1651 元。贵州茅台当年 1 元的原始股，现在变成了 1095 元。东阿阿胶当年 1 元的原始股，现在变成了 416 元。当然，还有海尔电器、青岛海尔、五粮

① 资料来源：股权投资成功案例分析 . 百度文库 . https://wenku.baidu.com/view/06ed98e6bdd126fff705cc1755270722182e5977.html. 经笔者整理。

液等诸如此类股权融资的成功案例。

7.1.3 积极发展城镇地区的多层次资本市场融资体系

7.1.3.1 加快城镇地区债券市场的发展

金融体系中债券市场的作用不容忽视，在发达国家，债券融资是企业融资的重要渠道，而我国目前过分依赖于间接投资，直接融资比例较低，这种现象在城镇地区更为明显。债券融资是直接融资方式的一种，第一，我国应当积极发展城镇地区的债券市场，壮大城镇地区企业的债券发行规模，扩大城镇地区企业直接融资的比例，合理引导民间资本的合理流向，改变仅仅靠银行来进行融资的格局。第二，要借鉴美国债券融资经验，探索放松债券融资审批管制，创新债券融资工具，加快中小企业集合债等的发展。第三，政府可以多鼓励具备条件的城镇企业发行融资债券，建立多层级的债券交易市场体系，培育机构投资者。第四，健全债券评级制度，创新企业债券监管方式，为企业发行债券融资营造良好的市场环境。第五，创新债券融资工具，加快债券市场的发展，为城镇地区发行债券创造良好的环境。

7.1.3.2 加快股权融资体系的建设

股权融资也是企业直接融资的方式之一，它为天使资本和风险投资机构提供了最佳的退出路径，一方面，能够吸引天使资本和风险投资对城镇地区企业的关注和资本支持；另一方面，能够为城镇地区企业的快速发展提供有利平台。因此，国家可以增加城镇地区股权融资数量，放宽城镇地区企业进入股权资本市场的条件，优先扶持城镇地区的资源型、有地区特色和产业优势的企业上市，可以缩短城镇地区上市审批时间并且简化程序，进而扩大城镇地区的上市规模。

7.1.3.3 推动城镇地区投资基金的发展

中国当前以信贷为主导的金融结构在促进城镇化方面呈现出了低效性，以银行信贷结构为主导的金融结构体系存在内生弊端，阻碍了城镇化进程的推进。这一金融结构决定了金融资产的扩张主要体现为银行信贷的扩张。而较之债券、股票等直接融资模式，间接融资的问题主要在于融资成本高昂以及中小企业较难获取融资等。投资基金属于间接投资，国家可以尝试发展城镇地区投资基金，吸引闲散资金，允许投资基金在全国范围内公开发行、上市交易，为城镇地区企业规模较大的投资项目提供有利的融资条件，丰富城镇地区资本市场的金融产品，国家应为城镇地区发展投资基金提供支持。

7.1.3.4 建立“金字塔”形多层次区域性资本市场

2018 年 11 月 5 日，在首届中国国际进口博览会上，习近平总书记提出要坚持创新引领，加快新旧动能转换，并提出将在上海证券交易所设立“科创板”并试点注册制，支持上海国际金融中心和科技创新中心建设，不断完善资本市场基础制度，由此可见资本市场的重要性。为更好地支持新型城镇化快速发展，应积极推进“新三板”扩容，并构建“金字塔”形多层次区域性资本市场。资本市场是产业创新和金融创新相结合的产物。资本市场具有要素集成、筛选发现、企业培育、风险分散和资金放大等五个方面的制度功能，是分散高风险的有效手段。但不同类型、不同发展阶段和不同规模的企业适用于不同的融资策略，需要依靠多层次资本市场。美国以纽约证券交易所、纳斯达克、OTC、场外挂牌市场等组成“金字塔”形资本市场，满足了不同形态企业的融资需求：主板市场适应了大企业的融资需求，创业板满足了高成长企业的发展需求，全国性场外交易市场和区域性场外交易市场则为大量中小企业提供了融资平台。但当前我国资本市场却呈现出“倒金字塔”形结构：在主板上市的企业远多于在创业板和“新三板”上市的企业，与实际企业分布状况相悖，这使得大量中小企业得不到资金支持而很多大公司却存在资金过剩。而“新三板”可以容纳大量的中小企业，能及时提供资本支持和融资服务，同时帮助企业规范内部管理和明晰内部股权，并使其获得更多的市场关注，为今后入市融资打下基础。

因此，我国需要积极推进“新三板”扩容，解决国家高新区中面大量广的科技型中小企业的创业创新融资问题，构建“金字塔”形多层次资本市场。

第一，要稳步扩容，将“新三板”推广到除中关村、张江以外的其他国家级高新科技园区，建立统一监管下的全国性场外交易市场，给予更多企业进入“新三板”市场的机会。第二，要探索转板制度、做市商制度、注册制度，把“新三板”打造成资本市场的“学前班”和“孵化器”，让中小企业迈出走向资本市场的第一步。要为挂牌企业提供综合增值服务，整合地方政府、交易所、证券公司、机构投资者等各方资源，实现多赢。第三，要借鉴美国资本市场经验，细化各类标准并严格执行，规范退出机制，一定的退市率将迫使企业自我约束和激励，保证“新三板”挂牌企业的整体质量，由此形成合理流动、有机联系的多层次资本市场体系。

典型案例：以乡镇企业比较发达的江苏省武进区为例，20 世纪 80 年代乡镇企业的资产负债率大约为 50%，而目前已经高达 75%，远远高于全国平均水平，一些企业负债率高达95%以上[①]。自有资金比重低、负债率过高、利息负担过重是我国小企业发展中的一个先天性缺陷，也已经成为目前小企业发展的一个沉重包袱。债权性融资往往是以银行信贷融资为主，

① 中国人民银行江苏省分行常州分行 . 加强宏观指导 发展乡镇企业——江苏武进县乡镇企业调查［J］. 中国金融，1985（8）：35-36.

创业投资等股权性融资渠道缺乏。如果融资结构决策不合理，往往会导致企业发展所需要资金数量不能得到有效供给。

7.1.4 积极探索农地金融的运作模式

积极探索农地金融的运作模式，为新型城镇化建设中有效整合土地、劳动力、资本三大生产要素提供有效的金融支持。农地金融兼具商业金融和政策金融的双重属性，其直接作用在于：充分发挥土地的财产功能，盘活固定在土地上的呆滞资金，使其转化为流动的开发经营资金，实现社会资金的合理聚集，为农业发展提供更多的资金支持；其间接作用体现在：通过对土地进行市场化定价，形成一种促进农地流转、提高农业比较效益的机制，进而优化农地资源配置、有效分散农业生产经营风险，同时还可以在一定程度上保护失地农民的合法权益。在新型城镇化的推进中，要围绕提升农地交易效率和农地资源配置效率以及由此衍生的土地定价问题，积极探索农地金融的运作模式和发展途径，大力发展地票交易、农地信托、农地入股、农地证券化等多种具有创新意义的农地金融产品，为新型城镇化的发展提供有力的金融支持。

典型案例： 贵州省湄潭县是我国内陆地区最早开始农地金融的试点，对之后我国农村土地金融建设具有里程碑式的意义，涉及的资源多、范围广、影响大①。试点初期阶段取得了一定的成功。虽然制度安排失当，使其不能可持续发展而夭折，但也给我们留下了宝贵的经验。第一，立足县域实际情况开展农地金融建设。湄潭县作为农村土地制度改革的试验区，耕地资源依然紧俏，人地矛盾也异常突出，且盘活耕地资源要受制于国家的

---

① 王少国．我国农村土地金融建设的案例分析［D］．成都：西南财经大学，2011.

法律条件，于是湄潭县把目光转向非耕地资源的开发上。湄潭县具备特有的社会经济条件和丰富的非耕地资源，有利于开展农地金融，促进农业农村经济的发展。第二，贷款担保形式多样化。因为开发非耕地资源涉及的资金金额较大，占用时间较长，回收较慢，风险较大，所以需要一定的担保来分散风险。经过一段时间的摸索，初步建立了6种抵押担保方法，包括财政担保、事业单位担保、经济实体担保、个人财产担保、股金担保、承包土地及地面附着物担保。其中，承包土地及地面附着物担保是一种新型的担保方式，贴近农民担保的能力，也是公司特定职能下的担保，受到贷款农户的欢迎。第三，湄潭农地金融公司在政府的主导下积极配合地方的经济建设，给予国有企业、乡镇企业、个体企业以资金支持，并转移了农村富余劳动力，推动了湄潭县农村经济的发展。

成都市位于西部最富庶的川西平原，是我国中西部地区最大的都市经济区域成渝经济区的重要中心城市，几年来发展迅速，但也存在城乡差距大的问题，成都市在城乡统筹的背景下，根据自己的区位经济优势逐步建立起了与农村土地金融有关的管理机构，为以后农村土地金融制度建设奠定了坚实的基础。所采取的具体做法包括深化农村产权制度改革、搭建农村土地流转平台、成立现代农业担保公司、组建“土地银行”机构等，这些举措增加了农民收入，激活了农村土地资源，在很大程度上切实解决了农民融资难的问题，并且优化了农村金融环境，完善了农村金融体系。

7.1.5 建立“全国性个人智能征信体系”

基于大数据和云平台，进一步建立和完善全国性个人征信体系，纳入银行信用、保险证券、个人生活消费、教育、工作等方面，设计成一个完整的“智能征信体系”，涵盖个人生活的方方面面。建立全国性个人征信体系，应建立和完善政策性信用担保机构、合作互助性担保机构和商业性担保机构，同时促进三者建立利益共享、风险共担的合作关系。

第一，建立政策性信用担保机构，附属于政府相关职能部门；第二，发展合作互助性担保机构，主要是由城镇地区各企业之间为解决自身融资难的问题所建立的互助性担保机构，已实现融资方面的互惠互利；第三，以市场化手段成立股份制担保公司，该担保公司具有法人地位，主要为其出资人提供贷款担保服务，也可以从事其他投资业务；第四，担保机构与贷款银行之间通过比例担保共担风险，也共享担保中可能获得的收益。

7.1.6 建立包容性金融体系

以新型城镇化的金融发展需求为中心，建立包容性金融体系。人人都应享有公平的信贷机会和公平的金融服务，这既是金融机构和金融体系的社会责任，又是和谐社会所必需。因此，完善的金融体系应是包容性的、普遍惠及人类各阶层群体的。包容性金融体系，旨在形成多种金融机构共存，将针对弱势群体、贫困阶层的金融服务纳入其中，使其有机地融入微观、中观和宏观三个层面的金融体系。包容性金融体系是多层次的，其核心是有效、全方位地为社会所有阶层和群体提供金融服务，尤其是那些被传统金融忽视的农村地区、城乡贫困群体、微小企业。构建包容性的金融体系应坚持需求导向、多样化、政府扶持、适度监管四大原则。

7.1.7 建立健全城镇地区的金融法律体系

第一，国家应当制定符合城镇地区经济发展特点的金融法律法规，同时与其他法律法规相配合和支持。第二，国家应当修改与城镇地区经济发展不符合的金融法律法规，完善城镇地区特有的金融法律体系。第三，加强金融法律法规的宣传和普及，增强城镇地区金融机构、企业以及居民的金融法律意识，并规范执法行为，建立健全有效的金融法律法规监督机制，加大对金融违法行为的惩处力度，为城镇地区创造良好的执法环境，促进少数民族地区金融业的快速发展。

7.2 构建高效的公私合作关系

无论是完善地方税体系、建立地方债发行管理制度，还是推进政策性金融机构改革，发挥好现有政策性金融机构在城镇化中的重要作用，都只能缓解新型城镇化过程中的融资约束问题。而通过 PPP 模式并引入市场机制，能在拓宽城镇化融资渠道的同时，达到提高城镇化发展质量和城镇建设管理水平的目的。因此，在推进以人为核心的新型城镇化建设的过程中，构建高效的公私合作关系是意义重大的。

城镇化过程中，对于需要大量资金投入的基础设施、公用事业、公共服务等城镇化建设和管理领域，政府财政和融资能力的限制，加之资源配置的低效率，必然造成城镇化过程中投资需求和供给的巨大缺口，阻碍了城镇建设和管理水平的进展。为解决上述问题，中央也出台了一系列政策，放宽市场准入，允许非公有资本进入法律法规未禁入的基础设施、公用事业及其他行业和领域。PPP 是指政府公共部门与民营部门合作过程中，让非公共部门所掌握的资源参与提供公共产品和服务，从而实现政府公共部门的职能并同时也给民营部门带来利益。在 PPP 模式的合作和管理下，可以在允许社会资本参与城市公共产品投资和运营的同时，使非公共部门有机会为社会提供公共产品和服务，将市场机制引到城市的建设、管理和投融资领域中。在新型城镇化过程中运用 PPP 模式的优势主要包括：引入并激活社会资本进入基础设施和公共服务等领域，缓解政府所面临的巨大融资压力；更加有效地利用稀缺社会资源，提高城镇建设和管理、服务和项目运营的质量和效率；用更低的成本提供覆盖面更广、质量更高的扶贫项目，改善城镇居民尤其是低收入人群的生活状况。图 7-2 至图 7-4 分别为 PPP 模式谱系图、PPP 项目流程图、PPP 项目运作方式图。

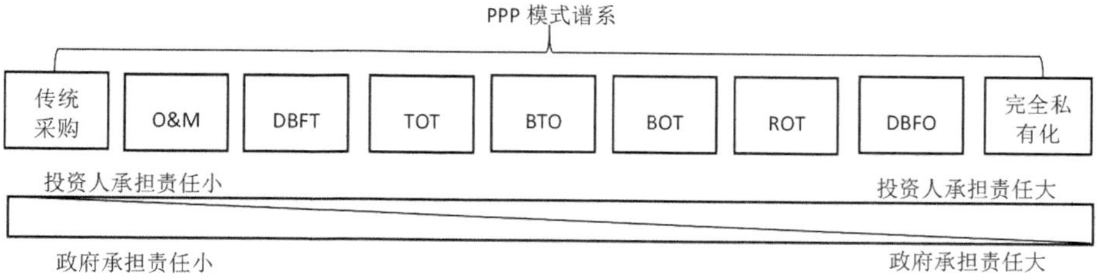

图 7-2　PPP 模式谱系

7.2.1　应用 PPP 模式提高融资效率

党的十八大报告中指出，要坚持走中国特色新型城镇化道路。新型城镇化的推进，需要巨额建设资金，寻求破解资金短缺的解决之道成为推动新型城镇化发展的核心问题之一。PPP 模式是有效拓宽政府融资渠道、提高投融资水平的工具。实际中，PPP 模式不仅在国外已有大量的成功经验，而且在国内也有过一些尝试。其中一个典型的成功案例是“PPP 模式在北京地铁 4 号线中的应用”。北京地铁 4 号线通过地方政府和香港地铁公司的合作，以特许经营的方式融资建成并运营，不仅缓解了政府在城市轨道交通建设中的融资压力，减少了财政支出，而且基于香港地铁公司的先进技术和运营管理经验，大大提高了北京城市轨道交通建设和运营的效率，节约了建设期投资成本，优化了运营服务水平。与此同时，对香港地铁公司而言，实现了其向内地投资发展的愿望，并获得了参与更多内地城市轨道交通建设以盈利的机会，实现了公共部门和民营部门的“双赢”。

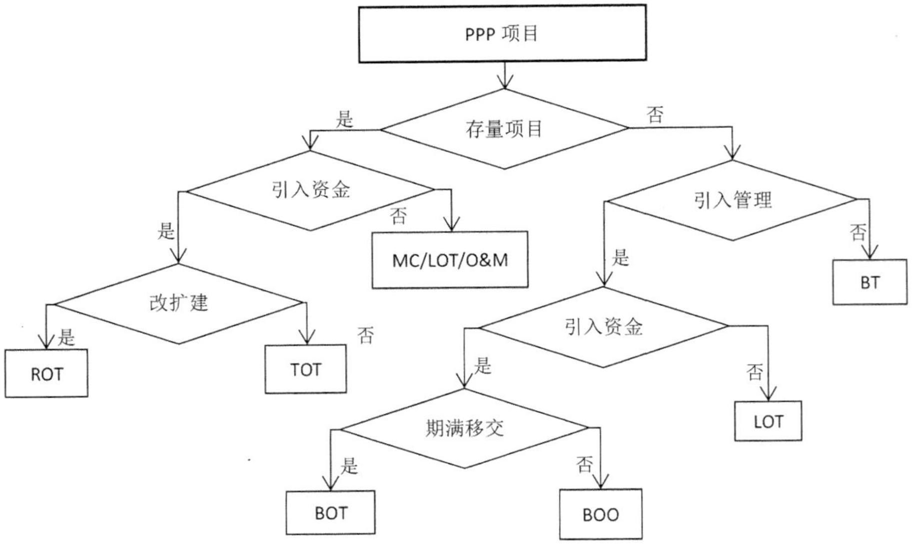

图 7–3 PPP 模式流程

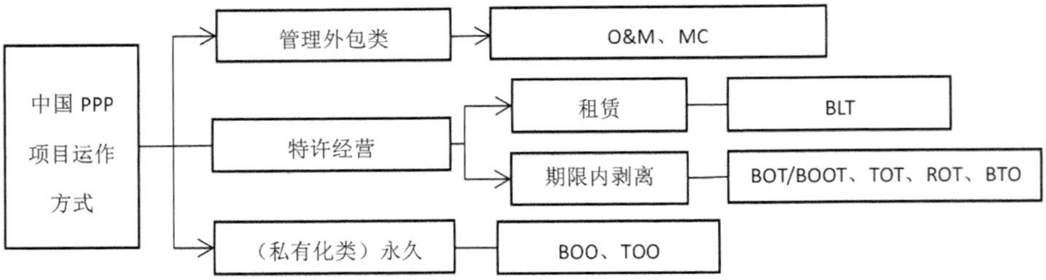

图 7–4 PPP 模式运作方式

7.2.2 应用 PPP 模式提高新型城镇化发展质量

PPP 模式是提高城镇化发展质量的策略性工具。在现代社会，公民对社会服务和生活条件的要求越来越高，而政府作为提供社会服务和设施环境的力量，需要不断提高自己的管理能力和运行效率。并且中央在相关会议中也多次提到要推进以人为核心的新型城镇化，提高城镇居民生活水平，提高城镇建设和管理水平，提供城市建设管理创新。因此，PPP 作为提高效率的重要工具，在新型城镇化发展过程的众多领域大显身手的同时，甚至会起到倒逼行政管理创新和行政成本降低的新型管理模式产生的作用，可以从提高城市管理部门管理和运行效率的角度提高城镇化发展质量。北京地铁 4 号线的案例同样显示，在公私合作的模式下，香港地铁公司发挥了其技术先进和运营管理经验丰富的优势，通过轨道减震降噪技术减少了地铁振动对环境和居民的影响，通过扶手设计以及无障碍通道和站台监察亭设置等方式为乘客提供了良好的乘车环境。更进一步地说，打破了北京地铁建设运营由独家垄断的局面，引入了竞争机制，有助于提高北京地铁运营管理的效率，推进了公用事业市场化。除了北京地铁 4 号线的案例，PPP 模式在我国其他城市公共基础设施和社会服务的应用还有不少成功案例，如上海轨道交通、兰州供水系统、温州垃圾处理、成都污水处理等项目，都成功地将公私合作模式运用到城镇建设和管理领域中。

7.2.3 应用 PPP 模式改善居民生活水平

PPP 模式能够基于较低的成本提供更多质优价廉的扶贫项目，从而改善城镇居民，尤其是低收入人群的生活状况，体现以人为本的城镇化发展。城中村和棚户区的改造一直是影响多数城镇建设发展的“瓶颈”问题，城镇给予低收入群体的服务大多也存在供给不足的状态，究其原因，一方面，城镇管理者由于自身财政状况的限制和其主观上动力不足等原因，而趋于拖延改造城中村及棚户区。另一方面，低收入群体通常具有支付文化缺失、消费结构等级低、消费水平低等特点，导致向其提供服务的成本高而利润低，加之政策方面的限制，使得私营部门不愿也不能参与其中。也就是说，公共部门和私营部门各自都不愿独自将所拥有的资源投入低收入群体领域。然而，中央在推进新型城镇化的过程中提出了推进农村转移人口市民化、加快城镇棚户区和城中村改造等具体要求，加之越来越大的社会和舆论压力，使得提高低收入人群生活质量和公共服务的任务也迫在眉睫。

PPP 模式在扶贫项目中有其特殊优势，在适当的条件下，PPP 项目能够为私营部门提供足够的激励，使其为低收入群体提供服务，在平衡公共部门和私营部门财务与社会风险的同时，使利益相关方受益，实现多方共赢的目标，为鼓励运营商利用 PPP 项目为低收入群体提供服务，需要同时考虑提供服务的低成本机制、鼓励用户付款的定价结构、低成本融资方法以及适应低收入群体特征的其他合同机制。在国内，上海、珠海、深圳等地都有利用 PPP 模式改造城中村的经历。在国外，针对低收入人群的电信、交通、卫生、教育等领域也已有 PPP 模式的身影。此外，PPP 模式还有助于解决我国提供保障房过程中出现的问题。在保障房建设领域，PPP 可以有效地缓解公共部门资金不足的难题，节约管理成本和资金成本，提高项目运营和工作效率；公共部门和民营部门可以发挥各自优势，充分利用有限的资源，提高保障房建设和服务水平，增加保障房的有效供给。

国家发展改革委等 11 部委联合推进的国家新型城镇化综合试点工作中，明确指出要制定企业通过 PPP 等模式进入特许经营领域的办法，鼓励社会资本参与城市公用设施投资运营。在已经公布的 64 个省份等地区的试点工作方案中，提到 PPP 之处达 64 次，足以看出试点申请地对通过 PPP 模式推进新型城镇化的认可和重视程度。从经济学的角度来看，完善税收体系、地方债发行管理制度以及金融机构改革，都只是对已有资源的再分配，而 PPP 模式的引入则能达到帕累托改进的效果，因为 PPP 不仅可以优化资源配置，而且能够使资源使用的各方更好地发挥自身优势，创造更多的收益，并达到多方共赢的局面。

7.2.4 科学、合理应用PPP于新型城镇化之中

深入研究国内外典型案例，结合我国不同城镇的实际情况，科学、合理地把PPP应用到我国的城镇化建设和管理中。PPP模式也并非没有局限性。在选择相关项目时，适用PPP的主要是规模大、有一定收益能力、需求比较稳定、长期合作目标比较清晰的项目，所涉及的领域有限；在确定合作方案时，PPP方案的设计必须因地制宜，有时甚至需要额外修改；在选择合作伙伴时，对其资质、规模和营运能力等方面要求较高，选择难度较大；在合作过程中，对风险分担机制要求较高，并需要有相关的法律政策保障。此外，由于PPP项目本身具有盈利的潜质，地方政府是否愿意将盈利权让与他人，关系到PPP模式推行的成功与否。需要强调的是，我国还没有十分成熟的PPP理论和系统完善的法律规范，专业人才相对缺乏，实践经验也较为不足，在具体操作过程中还会面临风险分担和政府监管等机制不健全的问题，因此，在推广PPP模式的过程中更需谨慎。

7.2.5 加强和完善PPP相关的法律法规

由于我国还没有十分成熟的PPP理论和系统完善的法律规范，容易造成不必要的风险，应当完善相关法律法规，创造适宜的政策法律环境，健全风险分担等相关机制，加强项目运作的规范性并减少推行PPP模式的制度摩擦。

改革开放以来，市政公用设施领域的公私合作已取得了积极进展，相关法制建设已初具规模。我国已经颁布实施了招标投标法、政府采购法、

合同法等法律，在一定程度上规范了公私合作行为，并为其提供了坚实的法律依据。部分省份也出台了公用事业特许经营条例，如贵州、山西、深圳等省份，出台了市政公用事业特许经营管理条例等。但是，我国缺乏政府投融资公私合作的专门法律，需要通过制定民间投融资法、公私合作法等更具有规范、引领、统筹作用的法律法规，将民间资本进入公共服务领域的公私合作行为上升到法律层面，进一步明确民间私人资本参与政府基础设施建设的法律依据。地方政府可以根据本地区实际，制定和实施相应的地方性法规。相应的法律法规应当需要包括主体资格界定、准入制度、听证程序、监管机制、投资者利益保护和补偿机制、投资者利益保护和补偿机制、争端处理和救济机制、可供选择的权利、义务和风险分担模式、其他基础性合同条款要求（如合作期限和展期等）。这样有利于清晰地界定各方权利、义务、责任和风险，畅通民间资本参与公私合作的渠道。此外，各地要进一步制定和完善相应的配套制度及措施，制定相应的合作指南等，为吸纳民间资本参与政府投融资提供具体政策支持，从法律制度层面推动公私合作迈上新台阶。

7.2.6 加强对于PPP项目机构的建设

从较早采用PPP模式为基础设施融资的英国来看，在财政部下设立基础设施局负责所有英国PFI（PPP的一个类型）项目的政策制定，审计署和公共事业管理委员会负责对重要的PFI政策方面进行调查研究并提出意见。我们可以参照英国的做法，首先，在财政部下设立一个专门的管理部门负责公私合作项目的相关工作，如普及专业管理尤其是采购方面的知识，并通过建议和指南为地方政府提供PPP项目支持，并帮助其制定标准化的合同。其次，在机构下设立PPP项目采购、合同管理指导的经济咨询机构，利用现有行业部委属下的具有专业知识（如交通、污水处理等）的技术咨询机构，满足 PPP 模式在各行业的应用需求。

7.2.7 明确 PPP 项目的政策指导

我国开展 PPP 项目虽然有 20 多年的经验，也出台了不少相关政策，但这些政策更多具有针对性，缺乏相互协调性。建议出台支持运营周期长的 PPP 项目政策，同时充分发挥市场机制的作用，降低政府在 PPP 项目中的成本和风险。针对项目本身经济性的强弱，采用不同的激励政策，对于经济性较强的项目，可以采用市场化程度更高的方式，而市场化程度较低的项目也可借鉴 PFI 模式。

7.2.8 提高 PPP 项目的开发和储备能力

我国目前没有相应的管理机构，更没有相应的项目开发和储备。在设立相应的管理部门的同时，建议该部门应当同时负责 PPP 项目的开发与储备，其方法是通过项目评估，确定项目是否采用 PPP 模式。依据“物有所值”的理念和定量计算的方法来确定一个项目是否能够采用 PPP 模式。一个 PPP 项目的成功实施需要较长的准备工作，一般要 2 ～ 3 年。目前我国“物有所值”评估体系的缺失以及对 PPP 项目适用类型题解不清，直接导致了 PPP 模式在国内选择的盲目性，这也是很多 PPP 项目失败的重要原因之一。

7.2.9 加强 PPP 项目能力建设

PPP 项目是一项技术性较复杂、专业性强的管理模式，涉及金融、法律、会计等多个领域的专业技术，有的甚至涉及政治问题，因此，需要一大批既有理论又有实践经验的复合型人才。基于PPP在新型城镇化建设中的重要作用，且我国关于PPP方面的专业人才比较匮乏，实践经验不足，在实行PPP时可能会出现风险以及各种问题，十分有必要基于我国目前PPP发展的现状加强人才培训，培养懂经济、法律、财务、合同管理等相关专业的复合型人才，提高相关人员的实践能力和创新能力，使PPP在新型城镇化的应用中更有效率。

为提高PPP的管理能力，一方面，要加强相关人员的培训（与PPP相关的法律、金融、政策等）；另一方面，有必要加大相关专业人才和管理技术的引进力度。

7.2.10 加强地方政府信用建设

加强地方政府信用建设，提高公私合作中地方政府的公信力。由于公私合作建设项目主要为城镇基础设施等公共工程，地方政府的信用建设更加重要。通过地方政府机构、医院学校等公共部门的信用评价、失信惩戒等信用制度建设，有效约束公共部门及其负责人的行为，不得随意撕毁合同、违约，提高地方政府的公信力，吸引更多的私人资本参与公共项目建设，弥补政府财政资金的不足，提高投融资效率，为居民提供优质的公共服务。

公私合作伙伴（PPP）管理模式在我国未来城镇化进程中将会发挥越来越重要的作用，未来社会发展也会越来越多地依赖公私合作管理模式为社会提供公共产品和公共服务。需再次强调的是，如果仅仅限于通过公私合作进行融资的话，可能会囿于种种制约条件导致项目失败，我们更应该强调公私合作的管理功能，通过公私合作的管理模式涵盖其融资机制，促进城镇化进程中的基础设施、公用事业和公共服务更加及时、高效地提供与运营，进而充分调动社会资金、民间资本的潜力，推动我国城镇化进程的快速、健康发展。

7.2.11 完善并加强有关 PPP 项目的合同管理

我国应加强合同的规范化管理，英国在《PFI 合同规范化第 4 版》中，对 PFI 项目的合同管理作了详尽的规定，各章节包括合同的持续时间、项目的开始时间、防止服务开始时间延迟、意外事件的防护、担保、服务定价方案、服务标准、服务监督、设施维修、服务变更的处理、法律变更的处理、通货膨胀时的价格处理、分包和雇员变动时的处理、所有权变更时的处理、交接时资产估价、提早结束服务的处理、知识产权的处理、争端解决方式以及政府合法介入等均作了详尽的规定。在我国现有的合同管理政策中，包括《城市供水特许经营协议示范文本》《城市污水处理特许经营示范文本》等，虽然对相应的定价、风险、标准等作了规定，但仍然在诸如价格调整、风险控制等方面出现不少问题，希望能尽早完善并规范管理。

7.2.12 明确监管主体，提升 PPP 监管管理力度

第一，明确监管主体。首先，监管主体必须具备独立性。监管主体要区别于政府其他部门，独立执行各项监管政策措施。其次，必须合理配置监管权，政府对公用事业的直接管理模式转变为建立在市场机制基础上的独立、间接监管模式。监管主体与其他政府部门及监管机构间各自行使自身的监管权力，形成监管合力。最后，明确监管主体监管的内容，应主要体现在市场准入、产品定价和公共服务等方面，确保民间资本为社会提供丰富的公共产品和公共服务。在我国，目前发展改革部门与财政部门可以

作为公私合作项目的监管主体，这将有利于二者利用职能分工，对使用财政预算投资、专项建设资金、创业投资引导资金，以及国际金融组织贷款和外国政府贷款等政府性资金的项目进行监督检查。确保政府性资金使用的规范、安全、有效。

第二，提升监管管理能力。我们应当在不同阶段实施不同的监督举措，在招投标阶段、运营阶段和资产转让阶段都应有相应的监督管理依据与措施。在招投标阶段的监管中、运营阶段的监管中作详尽的规范。

第三，加强风险监控。凡是 PPP 项目都属于政府投资公共项目，特别是私人融资项目，虽然在有产出后才向投资者付款，但是，未来每年支出的现值总额便是政府的或有债务，PPP 项目规模过大或总额过大都会给政府带来财政风险。国际货币基金组织（IMF）认为财政部门在 PPP 项目立项上应有否决权，以此防范项目带来的财政风险。

7.3 构建可持续的债务融资体系

发展新型城镇化离不开基础设施建设，各级地方政府在财力相对有限的情况下，只有通过融资平台才能解决大量基础设施项目的融资问题。在我国政府的投资结构中，地方政府承担了绝大部分基础设施建设的投融资任务，在当前分税制体制下，地方政府财政支出越来越多，而可支配财力却相对有限，大部分地方政府在财力紧张的情况下投资增长依然十分迅速，政府融资平台在背后起了至关重要的作用。可以说，政府融资平台使得地方政府以较少的财政资金撬动了数倍的其他渠道资金，在确保政府重点建设项目的顺利融资以及落实政府重大决策的过程中起到了重要作用。然而，同时也埋下了过度举债、过度依赖“土地财政”的风险隐患。近年来，地方政府债务融资规模和数量不断上升，具有间接融资数量多、还款期限相对集中、局部负债率高、风险外部性广泛等特征，主要的缺陷表现为信息披露不透明、真实委托人缺位、“搭便车”问题严重、财政依存度高等，究其原因，则是源自战略性政策的负担、财务高杠杆性、预算外的融资性质、中央政府的潜在救助等因素。因此，构建地方政府债务融资的长效机制以实现可持续性发展，具有一定的现实性与紧迫性。

具体的改革进程可以从政府收入来源改革、预算管理体制改革以及地方政府债券融资三个方面展开。

7.3.1 政府收入来源改革

7.3.1.1 建立中央和地方财力与事权相匹配的财政体系

新型城镇化的关键就在于完善城镇地区的公共服务基础设施建设，统筹城乡发展，因此，财政改革的首要任务就是理顺中央和地方各级政府间的财权、事权关系，建立更加对等的地方政府收入—支出结构，从制度建设上激励地方政府将财政投入的重点转移到公共服务基础设施的建设上来。

事权与财权对等化改革的关键在于重新分配承担基本公共服务支出的责任，将责任从较低层级政府向较高层级政府转移。具体来看，应该调整中央和地方政府的支出责任，上收部分事权和加大中央政府对地方政府的转移支付力度。按照事权优先于财权的原则，重塑中央与地方、地方各级政府之间的事权责任架构。合理界定中央事务、地方事务、中央委托事务、中央引导和鼓励性事务、中央与地方共同事务的边界，规范省以下各级政府事权边界。属于全国性和跨省（自治区、直辖市）的事务，由中央管理，以保证国家法制统一、政令统一和市场统一；属于面向本行政区域的地方性事务，由地方管理，以提高工作效率、降低管理成本；属于中央和地方共同管理的事务，区分不同情况，明确各自的管理范围和筹资责任。减少职能重叠可以降低成本，减少不必要的协调工作，因此，进一步明确各级政府的职能划分有助于提高政府提供公共服务的效率。

此外，应在加快政府职能转变的基础上，推动合理界定中央与地方政府的支出责任，重点在义务教育、卫生文化等基本公共服务领域的支出责任划分方面取得实质性突破，并结合税制改革进一步理顺政府间收入划分。以养老制度为例，目前由地方政府负责，可以改由中央负责。由中央来负责养老管理有助于提高劳动力的流动性、订立全国性标准、解决与风险分担相关的一些重要问题。

7.3.1.2 加快转移支付制度体系改革

在强化了地方政府的税收收入以后，中央政府和地方政府的自有收入和分享收入与其支出责任之间仍然存在一定的差异，这就需要转移支付来弥补。当前，我国的转移支付体系尚不健全，存在结构不合理、专项转移支付的随意性较大、分配比过于分散导致资金利用效率降低、专项转移支付要求的地方政府配套加重了地方政府的财政压力等诸多问题。因此只有改革转移支付体系才能提升资金利用效率、有效弥补财政资金。

以公共服务均等化为目标和原则，转移支付体系改革应当由较高层政府向较低层政府转移，从而确保每一层政府都能有足够的收入来提供适当质量的基础公共服务，并且应当鼓励地方政府执行国家的重点工作。此外，不同的转移支付形式的选择和组合不同可能导致不同的经济效果并表现出不同的政策意图，因此在改革财政转移支付体系建设时应当对转移支付形式和组合进行优化，以便达到最理想的效果。

第一，将一般性转移支付合并在一起。目前的一般性转移支付包括均衡性转移支付、民族地区转移支付、调整工资转移支付等项目，内容广泛，既包括对个别地区的转移支付补助，又包括中央因改革导致地方收入减少进行的财政补助。众多的项目设置目标不同，难以实现均等化改革土地财政的目的，应统一合并为一般性财政转移支付一个项目，通过规范化的公式，依据公平和效率兼顾的原则分配资金。

第二，规范专项转移支付。专项转移支付的项目要体现国家的政策意图，资金项目的设置要根据每年的宏观调控政策变化和突发事件进行调整，每年的专项转移支付的科目和发放地区要有所不同，不能使专项转移支付成为地方的既得利益。对于历史上形成的、长期固定不变的项目应划归一般性转移支付。专项转移支付要重点突出，发挥好专项资金集中力量办大事的重要作用，避免资金被分散为若干地区的小项目，确保通过专项转移支付的实施，每年都集中解决经济发展、民生领域的大事，以实现宏观调控目标。

第三，优化一般性财政转移支付和专项转移支付的结构。一般来说，一般性转移支付和专项转移支付的比例确定取决于均等化和实现国家政策意图目标的权重。从经济社会发展来看，均等化目标已经成为当前的重要目标，一般性转移支付要占有相当比重。从历史和国情来看，实现国家政策意图对于增强国家凝聚力、加强中央对地方的领导和管理等方面意义重大，要通过专项转移支付的使用分配来实现，这就要求两个目标是并重的。

7.3.1.3 探索财政转移支付的横向模式

从西方的实践经验来看，财政转移支付的模式主要有两种形式：纵向模式、横向模式。纵向模式是由中央政府对地方政府的转移支付资金进行集中分配，大部分国家都采取纵向分配的模式；横向模式是由富裕地区直接向贫困地区进行转移支付。而中国应探索建立纵向转移支付为主、横向转移支付为辅的模式。

中国现行转移支付模式属于纵向模式，中央政府对各省级政府实施财政补助，在缩小财力差距和支持经济建设等方面发挥了重要作用。但由于中国区域辽阔、路径较长，中央通过纵向模式进行转移支付成本巨大，在转移支付方面会出现“中央失灵”的现象。横向转移支付可以解决该问题，且建立横向转移支付制度能够缓解中央政府的压力，减少中央与地方政府间的利益冲突。同时，通过横向转移支付对贫困地区进行补助，能够提高贫困地区的公共服务水平和劳动者素质，增强富裕地区经济发展的支撑力，实现帕累托改进，促进整个社会效率水平的提高。

7.3.1.4 建立精细的确定支出需要的体系

现今社会可能存在一些政治原因以及势利导向，使得财政资源的分配未能有效地实现“帕累托最优”，因此，可以按照一种基于财力和支出需要的公式来分配财政资源，确保需求最迫切的地方优先得到资金。很多经合组织国家都使用这种制度，如澳大利亚有一套精细的确定支出需要的体系。这种方法符合中国在全国提供基础公共服务的目标。支出需要将由最低服务标准来决定，而将当前的税收分享安排和转移支付制度转为一种公式化拨款制度，可以极大地改变每个地方政府得到的资金，并且可以极大地提高资金利用的效率。因此，这项改革应当逐渐推出，并与税制改革相配合。

7.3.2 预算管理体制改革

加快预算制度改革，建立公开、透明的预算体制，硬化地方政府融资约束是大的方向。首先，通过建立全口径预算体制（包括一般公共预算、政府性基金预算、国有资本经营预算和社会保障预算），彻底清理所有游离于预算外的政府收入和支出，在赋予地方人大审批地方政府性基金预算的权力等方面有所突破。完善基本财政制度，提高财政效率和透明度。其次，推行编制中期预算，适时实现国税、地税机构合并。优化政府现金管理、国库集中收付和政府采购制度。另外，《国务院关于深化预算管理制度改革的决定》中体现了对现行预算管理制度改革方面的重大创新：其一，提出今后预算审核的重点将由“平衡状态、赤字规模”转向“支出预算和政策拓展”；其二，提出“建立跨年度预算平衡机制”，预算审核重点由收支平衡转向支出规模和政策拓展后，收入预算将从约束性转变为预期性，预算执行结果上的收支不平衡将会成为常态，有可能出现赤字，也有可能出现财政盈余。当年财政超收原则上不能安排当年支出；当年收不抵支出现赤字，可以发债弥补，但必须在下年或下几个年度扣除。这样可以较好地解决经济不好时收过头税和经济好时“藏富于民”的顺向调节问题。稳步推进预算管理制度改革，应从以下三个方面进行。

7.3.2.1 完善预算分配机制

当前，我国大部分的预算外资金都已经纳入了财政预算管理，但并没有完全实现真正意义上的预算内外资金的统筹安排。第一，应当在深化政府非税收收入“收支两条线”管理等改革措施的基础上，推行综合财政预算，将所有的财政性资金纳入部门预算，以完整地反映政府部门的全部收支情况，使得预算在管理上形成统一的有机整体。部门的预算收入应包括预算内外所有资金，部门的全部所需支出由财政统一核定，从而形成对所有财政性资金全方位、全过程的管理，增强预算的科学性和完整性。推行综合财政预算，能够硬化预算约束、优化资源配置，使有限的资金安排到急需的项目中，集中财力办大事。这将有助于扩大政府可调控资金的规模，增强政府的宏观调控能力。第二，还应构建公共预算、国有资本经营预算、政府性基金预算和社会保障预算有机衔接的预算体系，全面反映财政收支总量、结构和管理活动。将应当统筹安排使用的财政资金统一纳入公共预算，将具有专款专用性质的政府性基金纳入政府性基金预算。

7.3.2.2 强化预算执行管理

第一，完善国库集中收付制度。健全国库单一账户体系，将预算单位实有资金账户和财政专户纳入国库单一账户体系，使所有财政资金在账户体系内规范运行，并实行动态监控管理。

第二，健全国库集中收缴机制，不断完善收缴程序和相关制度办法，加快财政、海关、人民银行、商业银行之间的横向联网系统建设，将涉及所有预算单位、所有企业和个人的所有税收收入和非税收入都纳入国库集中收缴范围，并实现收缴的规范化、透明化和高效化。

7.3.2.3 深化预算监督改革

第一，切实推进预算公开。预算公开要求将政府预算机构职能、预算政策目标、预算预测信息、公共支出信息、预算安排进度等向社会公众公开。积极、务实地推进预算公开，提高预算透明度，打造阳光财政，应做好以下几项工作：加强预算公开法制建设，对预算公开内容、形式、时间、程度进行规范。拓宽预算公开范围，预算公开应涵盖政府全部收支状况，包括公共预算收支、基金预算收支、国有资本经营预算收支等。披露的信息既要反映即期财政运行状况，又要反映未来财政运行趋势；既要反映现实财政收支状况，又要反映潜在财政风险。

第二，完善预算监督机制。强化预算收入监督，实现对缴纳人、征管机构和其征管质量，税收收入和非税收入，收入收缴、退付、划分的全面监督。围绕预算支出热点、难点和重点问题，加大对支农、扶贫、社保、教育等事关民生公共项目的监督检查力度，强化资金的安全性、规范性和有效性监督，切实保护公众利益。加大对预算政策实施的监督检查力度，督促各项预算政策落实到位，确保国家宏观调控政策的有效实施，促进国民经济健康、有序发展。

7.3.3 地方政府债券融资

要允许地方政府举债，就需要一个严格的监管框架，通过监管框架和金融市场来共同约束地方举债，确保债务的可持续性。中国的资本市场仍在演化过程中，因此，一方面要建立管理地方政府举债的法规框架；另一方面要推动建立竞争性、多元化的地方政府信贷市场。

7.3.3.1 构建地方政府债券运行机制

第一，就管理模式而言，中国目前地方政府债券的管理还不具备实行完全市场化的条件。完全市场化约束的管理方式对于金融市场的成熟与开放程度要求很高，就目前的情况而言，中国的地方政府财政信息披露还很不完全，尤其是各地方政府预算报告的公开程度还很低，广大公民对于财政信息的获取渠道不畅。中国目前宜采用“行政控制 + 制度约束”模式，主要以制度约束为核心、行政控制为辅。具体说来，首先，应当在由中央规定本年度地方政府举债限额的前提下，各地方政府根据自身经济发展需要，提出自身的举债计划并报送财政部等相关监管部门进行审批、反馈意见后发行。其次，订立债务指标门槛时，要充分考虑整个公共部门（中央和地方政府）的财政空间，还需要考虑到当地经济的多方面因素，如历史债务的存量以及偿还的情况、经济增长情况、综合财力增长，债务依存度、债务负担率的情况。那些提供基本公共服务的机构的债务也要受到部门性限额的制约，确保不超出其偿债能力，以便对系统性债务违约风险进行事前管理。最后，在举债限额之下，地方政府可以有限自主地决定自己应当发行多少债券。在完善信息披露与市场监管体系的同时，逐渐让地方政府债券的管理机制向完全市场化的方向转变。

第二，地方政府债券预算方面，首先，应该将债券资金融入全口径的预算体系中进行统一的规范管理，债券资金预算收支将作为一个子项目进行呈现，有利于控制其风险，并且提高债券资金的使用效率。为了满足债券项目单独核算的需要，可按收付实现制以修改完善地方政府性债务会计核算办法。其次，在完善会计核算制度的基础上，应建立统一的政府债务报表体系。政府债务、报表体系应由两部分组成，即资产负债表和现金流表。对于或有债务项目，在报表公布时应加以说明，包括其性质及影响的重要性。

第三，地方政府债券风险管理方面，首先，应该建立起地方政府债券发行的风险预警体系，结合中国的实际情况，该体系中至少应包含财政环境指标、收支关系指标、债务指标等几大类。其次，在确定相应的风险信号指标值参考区间时，应充分结合各地的实际情况，以便作出合理判断。

7.3.3.2 建立地方政府负债信息公开披露制度

负债信息的充分披露是建立合理、有效的债务融资监控制度的重要前提。信息公开披露制度可能会给地方政府造成一定的外在压力，但从长期来看，它却可以帮助地方政府的决策者避免债务风险的发生，是促进地方财政持续稳定的有效措施之一。信息披露的内容不仅包括地方政府的直接债务而且包括或有债务，不仅包括显性债务而且应包括隐性债务。

7.3.3.3 加强地方政府债券资金使用管理

通过发行债券的方式进行融资只能暂时缓解地方政府一时的财务压力。中国许多地方政府多处于财政赤字状态，从根本上缺乏大规模推动基础设施项目建设的资金支持能力。债券资金的使用需要慎之又慎，不能继续在重复项目中浪费资金，而是必须对其资金的投向进行充分而严格的论证。

7.3.3.4 建立起行之有效的地方政府债券偿债机制

第一，发行债券的各级地方政府财政部门应当在编制预算时体现偿债资金来源、财政结余调剂以及举债投资项目效益的一定比例的划转等途径，建立债券偿债准备金制度，实行专账核算、专款专用的管理制度，专项用于地方政府债券的偿还。同时，利用法律形式规定偿债准备金的来源途径以及提存比例与数额，最终汇总形成偿债基金。偿债基金一旦建立，就要保持其稳定性，年度预算安排要作为固定支出项目，每年都应有所增长。同时，将偿债基金纳入年度财政预算，与债券资金一起进行统筹管理。

第二，建立针对各项政策或改革措施的财政政策风险评估制度，把财政政策风险作为一项约束条件纳入地方政府债券的风险管理活动之中。考虑公共资源和政府财政资源的承载能力，防范因政策与改革的盲目性而导致的过度负债，实现对债务风险的整体约束。财政风险评估制度主要包括：量化各项政策措施在未来不同时期的财政成本和财政压力，预测可能产生的风险点，对财政风险评估情况进行汇总，纳入政府的中长期规划以及本年度编制的预算之中，量力而行地实施各项政策或改革措施。

7.3.3.5 建立地方政府债券的监管及市场化约束机制

第一，从监管角度来看，可以考虑成立地方政府债券发行与管理委员会，直接隶属于国务院，负债地方政府债券管理的法律法规制定、地方政府债券信息披露的管理、地方政府债券市场数据统计及研究发布等工作。

第二，从建立市场化约束机制的角度来说，主要从以下两个方面展开：

首先，应建立地方政府债券信息披露体系。公开包括政府债务在内的政府财政情况，已经成为世界各国财政风险管理的大趋势。一是逐步建立定期的地方政府财务报告制度。二是披露地方政府债券融资资金投向的项目信息。一方面，严防资金的挪用，保证资金仅用于基础设施建设，不能用于弥补财政经常性收入的不足；另一方面，杜绝建设单位与政府的“暗箱操作”，保证发债项目的收益进入地方财政。三是探索编制地方政府本级资产负债表。四是设立重大地方财政事项通知解释制度。

其次，建立地方政府的信用评级制度。大力发展评级机构对于投资者以及发行债券的地方政府来说是“双赢”。对于投资者来说，能够迅速地寻找到适合投资的地方政府债券，降低搜寻成本，提升搜寻效率并且减少投资失误率；对于地方政府来说，有权威机构的评级意味着其偿还债务的能力有保障，具有良好声誉的地方政府将会以更低的资金成本进行发债。评级机构的高效运转，能够保障市场的资金向更为优质的地方政府倾斜。此外，评级机构的另一项非常重要的作用是警示可能存在的债务风险。评级机构会对评价对象进行持续的跟踪评价，因此在评价对象出现较大程度的变动时，会率先调低或者调高对于其的评级，能够起到市场“警示器”的作用，提醒投资者可能存在的债券违约的风险。具体来说，可以从地方经济发展情况、地方财政健康情况、地方政府债务情况、地方政府治理情况等维度分别设置评级指标与占比权重，较为全面地反映出地方政府的偿债能力。

为了实现对地方政府负债行为的硬约束，要使中央对地方政府的“不施救”承诺具有可信度。对过度举债的地方政府确定明确的债务重组规则，就需要建立处理地方政府破产的框架。一个良好的框架应当能够减少地方政府偿债违约的道德风险，制止“免费搭车者”的出现，促使所有地方政府共同追求可持续的财政政策，减少短视行为，降低不可持续的财政政策对未来几代人的影响。这方面可以参考财政部主导的清理化解农村学校债务的经验。在这项工作中，债务重组的设计遵循了避免道德风险以及中央、省和地方政府分担偿债负担的原则，并确立了包含明确标准和规则的框架。

除了以上各方面，还应将各省份的金融管理权限进一步下放，使得金融管理更加具有针对性，降低时滞性；也使得各省份的金融管理更加便捷、高效，使得金融监管更加具体和便于开展。例如，各类债券融资审批权限下放，带动了各省份债券融资的积极性，提升了债券融资的可行性和时效性，为各省份烦琐的审批流程节省了时间成本和资金成本；制定适应本地民间借贷的法律法规，规范民间融资流程，各省份根据自己地区状况选择高效的融资形式。

8　构建中国新型城镇化发展的层级金融网络支持体系

8.1　构建层级金融网络支持体系的理论基础

8.1.1　增长极理论

增长极的概念最初是由法国经济学家弗朗索瓦·佩鲁（1950）提出的，他认为，如果把发生支配效应的经济空间看作力场，那么位于这个力场中的推进单元就可以描述为增长极。增长极是围绕推进性的主导工业部门而组织的有活力的高度联合的一组产业，它不仅能迅速增长，而且能通过乘数效应推动其他部门的增长。因此，增长并非出现在所有地方，而是以不同强度首先出现在一些增长点或增长极上，这些增长点或增长极通过不同的渠道向外扩散，对整个经济产生不同的最终影响。

法国经济学家布德维尔（1966）将佩鲁增长极概念的内涵从经济空间拓展到地理空间，认为经济空间是经济变量在地理空间之中或之上的运用，增长极在拥有推进型产业的复合体城镇中出现。因此，他定义的增长极是指在城市配置不断扩大的工业综合体，并在影响范围内引导经济活动的进一步发展。他主张通过“最有效地规划配置增长极并通过其推进工业的机制”，来促进区域经济的发展。美国经济学家盖尔（2004）在研究了各种增长极观点后，指出影响发展的空间再组织过程是扩散—回流过程，如果扩散—回流过程导致的空间影响为绝对发展水平的正增长，即扩散效应；否则是回流效应。以上学者分别在不同程度上进一步丰富和发展了这一理论。

增长极理论的基本点包括：一是其地理空间表现为一定规模的城市；二是必须存在推进性的主导工业部门和不断扩大的工业综合体；三是具有扩散效应和回流效应。增长极体系有四个层面，即先导产业增长、产业综合体增长、增长极的增长与国民经济的增长。在此理论框架下，经济增长被认为是一个由点到面、由局部到整体依次递进且有机联系的系统。其物质载体或表现形式包括各类别城镇、产业、部门、新工业园区、经济协作区等。

增长极的形成与发展过程会产生两种效应：极化效应和扩散效应。佩鲁认为，极化效应会促成各种生产要素向增长极的回流和聚集，扩散效应会促成各种生产要素从增长极向周围不发达地区的扩散。在发展的初级阶段，极化效应是主要的，增长极发展到一定程度后，极化效应削弱，扩散效应增强。增长极效应是一种多种效应的复合体，如下游效应、聚集效应和互利效应等。

增长极理论自提出以来，被许多国家用来解决不同的区域发展和规划问题，具有其他区域经济理论所无法比拟的优点：对社会发展过程的描述更加真实，非常重视创新和推进型企业的重要作用，鼓励技术革新，符合社会进步的动态趋势，概念形式简单明了、易于了解，对政策制定者很有吸引力，同时增长极理论提出了一些便于操作的有效政策，使政策制定者容易接受。尽管增长极理论在某些方面存在局限性，但作为区域经济学的重要理论之一，在经济规划的制定、生产力的布局和区域经济发展战略的实施中有着广泛应用。

我国学者在借鉴增长极理论的基础上，结合我国社会经济发展的实践经验和理论成果，对增长极理论进行了拓展性研究，取得了许多具有“中国特色”的代表性理论研究成果。

我国经济地理学家陆大道院士在对我国区域发展战略存在争论的背景下，于1884—2003年系统研究了“点—轴”空间结构理论及实际应用问题，构建了比较完整的点—轴系统理论体系。他认为，由于我国国家财力有限，应放弃采取区域均衡发展战略，选择点—轴渐进式的扩散发展战略。著名区域经济学家魏后凯（1995）对点—轴系统理论进行了拓展，进一步提出了“网络开发理论”，强调通过均衡发展推进区域整体发展。赵旭（1994）在增长极理论、协同发展理论和空间相互作用理论的基础上，提出了“三角增长极理论”，认为在以往的增长极理论研究和实际运用中，未对多个增长极间的协同效应进行系统考虑，因此要建立综合的城镇系统——“三角增长极”，由不同规模和不同职能增长极组成，带动区域经济发展，强调“三角增长极”是形成区域多级增长体系的必要阶段。陆玉麒（1998）对长江中游地区皖赣沿江地区的“双核型空间结构”进行了研究，提出了新的空间结构理论——“双核结构理论”，认为双核结构这一现象在中国沿海、沿江地区较为普遍。张建军和蒲伟芬（2006）提出的“层级增长极网络理论”，认为层级增长极网络开发模式是西部发展的最佳路径，并对西部区域层级增长极网络的建设作了进一步研究。

8.1.2 层级增长极网络理论

笔者在著作《中国西部区域发展路径：层级增长极网络化发展模式》（2010）中对层级增长极网络这一理论概念进行了全面、详细的阐释。认为处在不同层级、不同等级和不同规模的增长极（城市）构成了一个具有内在分工体系的有机层级增长极网络系统，而这个网络系统是一个有机的开放型网络。地理区位、交通通信条件、文化、资源、环境、经济发展水平、科技创新能力等的差异，使得各增长极的核心竞争力也有所不同，因此，发挥的功能、作用，所处的地位、等级和层次性也存在差异，并可以简单分为核心首位增长极层、次核心增长极和边缘增长极（见图 8-1）。

层极增长极网络理论从区域一体化市场的构建、人口与生产的合理布局、区域比较优势的发挥、各区域积极性的调动、区域经济增长出发，追求社会经济全面发展。基于广义梯度推移理论中多梯度不平衡发展有助于扩散和聚集经济的理念，借助区域内经济优势和发展差异，选择核心增长极，构建层级增长极网络，明确区域内产业分工，促进产业结构优化升级，有效规避区域产业同构或趋同，形成产业特色，实现优势互补。同时，建立区域间经济传递机制，通过交通、互联网等方式，促进区域内要素流动合理化及产业转移科学化，使层级增长极网络的集聚效应和辐射带动效应充分发挥，促使区域经济和人口分布实现辐射带内地理上的集中，推动我国经济全面发展。

因此，层级增长极网络的含义为：在交通条件较发达的区域内，由一个或几个大型或特大型核心增长极率领若干个不同等级、不同规模的增长极构成的增长极体系。核心增长极对系统内其他增长极在经济、社会、文化上有较强的辐射作用。网络内众多增长极是否属于同一行政辖区，并非构成层级增长极网络的必要条件。层级增长极网络的形成一般符合以下五个基本条件：

第一，层级增长极网络内至少有一个经济发达、功能较强的大都市或层级较高的核心城市，对周边城市和地区有较强的吸引力和辐射力，有能力带动区域经济发展。

第二，层级增长极网络覆盖地区具有一定规模的人口数量，在经济、交通以及文化生活等各个方面与核心城市有着较为密切的联系，在产业发展、经济功能上与中心城市能够形成融合与互补关系，一体化关系显著。

第三，层级增长极网络中核心增长极应有较高的城市化发展水平，形成了以核心增长极为首、大中小城市等级体系合理、圈层空间明晰、扩散地域广阔的都市圈。具体可分为核心增长极、次核心增长极、边缘增长极及腹地等层级。

第四，层级增长极网络内基础设施完善，产业结构互补，城市间具有不断创新和向高级演进的能力。

第五，层级增长极网络是一个经济社会发展圈层，而非行政区。区域内各行政区和各级政府行政上独立，但依赖区域共管协调自治的市场经济体制的平等性进行发展。各行政区和各级政府在共同目标上实现一体化。

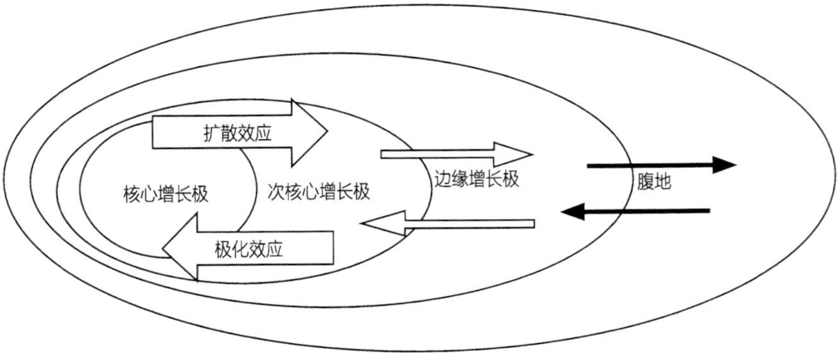

图 8-1　层级金融网络支持体系构架

资料来源：张建军．中国西部区域发展路径：层级增长极网络化发展模式［M］．北京：科学出版社，2010：31.

层级增长极网络结构具有空间结构分型、地域结构形成过程中的“二次极化”、地域结构的交通导向、区域结构在发展中的经济传动和地域结构具有开放性网络组合等特征。层级增长极网络通过城市空间不断扩散进行演化，具有蔓延扩散、轴向扩散、点状融合三大规律。层级增长极网络开发模式适用范围广，对于我国西部地区条件类似的其他区域经济开发具有普适性的借鉴和指导意义。

8.1.3 金融地理学理论

金融地理学作为经济地理学的衍生，其在金融领域也能够有广泛应用。金融地理学家 Leyshon（1998）认为，地理学关注的空间差异、空间过程和空间相互作用等能运用于经济领域，虽然信息化的应用弱化了地理距离、空间因素等传统区位因素的影响，但从金融业的全球布局来看，由于信息不对称、信息非标准化及地域依赖，地理区位因素仍有重要作用，会影响金融发展，如 Porteous（1995），Gehrig（1998），Dow（1999），Beaverstock 和 Doel（2001），Maurseth（2001）等就地理因素对金融领域的影响进行了研究，针对金融地理的国外相关研究积累较多，提供了研究金融问题的新视角。

对金融地理学的国内研究较为薄弱。赵晓斌和王垣（2002）认为，信息外部性和不对称信息对塑造信息腹地和确定金融中心具有决定性作用。金雪军和田霖等（2004）分析了区域金融成长差异的地理影响因素，认为培养塑造独立金融人格、推动创新对中西部金融内生状态成长有着重要作用。王修华和黄明（2009）发现金融资源的非均衡空间分布、集聚和扩散金融资源、调整和提高金融效率、深化和完善金融功能都会影响金融资源空间分布。目前，地理金融中心的影响及金融地理差异的深层机理是金融地理学的研究重点。

国内外关于增长极、层级增长极和金融地理学的相关理论提供了本课题的理论基础。总体而言，国内外研究认为增长极的发展会影响区域经济的发展，地理因素也影响着金融资源的空间分布和金融发展，但缺乏划分增长极层次尤其是不同金融增长极层次依据的研究。

8.2 层级金融网络支持体系的指标选择及节点城市选择

8.2.1 层级金融网络支持体系指标选取的原则 >>>

层级金融网络支持体系的构建是一项宏观性、战略性和整体性的规划，作为我国新型城镇化发展的重要推动力，金融健康发展对我国新型城镇化建设具有积极的促进作用，因此，在构建层级金融网络支持体系时，要基于我国不同城市的金融发展程度，从实际情况出发，为我国层级金融网络支持体系的构建选择合理的指标，既要考虑一般金融支持体系所包含的主要内容，又要考虑城市之间系统结构的合理化和系统整体效能的最大化。作为层级金融网络支持体系的规划，其指标选择应遵循以下四项基本原则：

一是系统性原则。层级金融网络支持体系是由若干子系统构成的完整复杂的系统，若干指标构成子系统，其指标也具有系统性，从而充分体现了我国金融支持新型城镇化的整体功能。因此，在指标设计时要对我国各个城市金融发展水平多个方面进行有层次的反映，指标筛选时也要考虑不同指标对城市金融综合发展水平的贡献程度，保证所选指标能清楚地反映我国各城市的金融综合发展水平。

二是科学性原则。作为指标体系的建立基础，指标体系的科学合理性在很大程度上决定了评价结果的科学性。数据指标要易于量化，对我国各城市金融综合发展水平进行精确反映，且必须有准确、可靠的来源。此外，由于存在几个指标反映同一特征的情况，依据可替代性原则，可对代表性较强、综合反映城市金融综合发展水平的指标进行保留，从而减少收集数据的工作量。

三是可操作性原则。设计指标体系应保证数据可获得、指标可量化，既反映我国层级金融网络支持体系的内涵，又对统计资料和标准规范有较好的运用。指标过多会使收集难度加大，且我国城市众多，金融发展水平差异大，各市统计局缺少一致的指标体系，造成数据收集困难，难以保证可获得性。因此，构建指标体系要尽量保证数据的可得性。基于可比性，指标选取时必须衡量不同层次、地域、类型的金融发展水平比较值或相对值，以此来探索层级金融网络支持体系的构建，还要尽可能统一统计范围和口径，以确保可比性。

四是全面性原则。层级金融网络支持体系的构建涉及多方面、多层次的问题，因此，为使层级金融网络支持体系的构建更加系统与全面，在指标的选取上要尽可能地全面、准确，力求对各市的金融发展水平进行全面反映。

在上述原则的基础上构建的评价指标体系才能对研究有意义，并通过层级金融网络支持体系的建设，对我国新型城镇化的建设提出更多切实可行的建议。

8.2.2 金融综合发展水平的指标构建

经济发展与金融发展互为基础、相互促进。发达的经济为金融发展提供动力，经济的快速发展一方面为原本在生产领域的大量货币资金提供了投资机会；另一方面使生产流通领域对货币资金和金融交易的需求增强，有利于金融发展。为追求更高利润，金融资源和金融机构在该地集中，形成较为完善和活跃的金融市场。大量金融资源集聚为当地经济发展提供了充足的资金，完善的金融市场为当地投资交易活动提供了便利，推动经济发展。因此，本章基于经济基础、金融发展及其他相关因素，构建我国层级金融网络支持体系的指标体系。

根据前文中指标体系的构建原则，借鉴我国学者构建的多层级金融增长极评价指标体系，本章分别从经济基础、金融发展及其他因素三个方面构建金融综合发展水平的指标体系，如表 8–1 所示。

表 8–1　我国层级金融网络支持体系构建的衡量指标体系框架

一级指标	二级指标	三级指标
经济基础	经济发展规模	GDP 总量
		人均 GDP
		固定资产投资
	经济外向程度	进出口总额
		实际利用外资金额
金融发展	金融规模	年末金融机构存款余额
		年末金融机构贷款余额
		保费收入
		金融业增加值
	金融效率	金融贡献率
		保险深度
		保险密度
其他因素	政府收入	财政收入
	基础设施建设	邮政业务收入 / 万元
		电信业务收入 / 万元
		移动电话数 / 万元
		互联网用户数 / 万元
		旅客周转量
		货运周转量

主要指标解释：

一个城市的金融环境在一定程度上会对金融发展造成影响，因此，本章从经济基础和其他基础设施建设两方面来反映金融发展环境。

经济发展与金融发展相辅相成，不同的经济状态为金融发展提供了发展空间，经济发展促进了金融的稳健发展。金融的发展与集聚形成于经济发展基础之上。因此，通过经济基础对经济发展情况进行衡量，经济基础下设两个二级指标和5个三级指标，两个二级指标为：经济发展规模和经济外向程度，5个三级指标分别是：GDP总量、人均GDP、固定资产投资、进出口总额、实际利用外资金额。

金融发展水平反映了该地区金融发展的综合实力，金融发展水平的评价指标是层级金融网络支持体系的核心指标。金融发展指标下设两个二级指标：金融规模和金融效率。

金融规模是层级金融网络支持体系的核心。金融发展在一定程度上反映为金融资源在“质”与“量”上的扩张，金融规模反映“量”上的扩张。金融规模包含了4个三级衡量指标：年末金融机构存款余额、年末金融机构贷款余额、保费收入、金融业增加值。一个城市资金活动总规模由年末金融机构存贷款余额来反映，总规模大小与对当地金融发展的促进作用成正比，保费收入反映保险市场大小，三者都反映金融活动规模大小、多样化及活跃程度。金融业全部基层单位在一定时期内新创造的价值之和是金融业增加值，反映金融业总规模。

金融部门投入与产出比是金融效率，反映金融发展对经济增长贡献程度的大小。金融效率下设3个三级指标：金融贡献率、保险深度、保险密度。贷款除以GDP用来表示金融贡献率，反映一个地区实际掌握金融资源的能力，投资效益提高能够提高金融贡献率，促进经济发展。保险深度反映保险业在一个地区经济中的地位，用保费收入占 GDP 比重表示。保险密度反映一个地区保险普及程度和保险业发展水平，是一个地区的人均保费收入。

其他因素反映的是其他对金融发展有影响的指标，通过财政收入和基础设施建设进行衡量。基础设施建设对金融发展有一定的影响，金融的快速发展依赖健全的基础设施及通信设施，尤其是信息基础设施的建设。因此，基础设施建设下设 6 个三级指标：邮政业务收入、电信业务收入、移动电话数、互联网用户数、旅客周转量、货运周转量（见表 8-1）。一国政府的财力用财政收入来衡量，财政收入是否充裕在很大程度上决定了政府在社会经济活动中提供公共物品和服务的范围和数量，因此，财政收入在一定程度上影响了金融投资环境。

8.2.3 中国层级金融网络支持体系构建的实证分析——因子分析 >>>

（1）样本选择

为保证构建层级金融网络支持体系的全面性和科学性，本章选取我国 31 个省份共 290 个地级市相关数据进行分析，并基于数据的可获得性，剔除海南省的三亚市，西藏自治区的日喀则市、昌都市、林芝市和山南市，以及新疆维吾尔自治区的吐鲁番市和哈密市。

数据主要来源于《2017 年中国城市统计年鉴》、各地《统计年鉴》及各市《2016 年国民经济与社会发展统计公报》等。由于指标过多且指标之间可能存在一定相关性，本章采用因子分析法对我国各省份金融发展情况进行分析，并对层级金融网络支持体系进行构建。由于指标体系中有些数据缺失较多，基于数据的可得性，本章对层级金融网络支持体系构建的衡量指标体系框架进行选择，构建了本章研究可获得的指标体系（见表 8-2）。

表 8-2 我国层级金融网络支持体系构建的衡量指标体系

一级指标	二级指标	三级指标	符号	单位
经济基础	经济发展规模	GDP 总量	X_1	万元
		人均 GDP	X_2	元
		固定资产投资	X_3	万元
	经济外向程度	进出口总额	X_4	亿美元
		实际利用外资金额	X_5	万美元
金融发展	金融规模	年末金融机构存款余额	X_6	万元
		年末金融机构贷款余额	X_7	万元
		保费收入	X_8	亿元
其他因素	政府收入	财政收入	X_9	万元
	基础设施建设	邮政业务收入	X_{10}	万元
		电信业务收入	X_{11}	万元
		移动电话数	X_{12}	万户
		互联网用户数	X_{13}	万户
		客运量	X_{14}	万人

（2）中国层级金融网络支持体系构建的实证研究

①经济基础的测定

本章共选取 3 个反映经济发展规模的指标及 2 个反映经济外向程度的指标来对我国各市的经济基础进行度量，通过 SPSS 对经济基础的相关指标进行分析，检验结果显示：KOM 值为 0.675，大于 0.5，适用于因子分析。对数据进行处理运算，得到方差贡献分析表，如表 8-3 所示。

表 8-3 经济基础因子分析结果

成分	初始特征值			提取平方和载入		
	合计	方差的贡献率 /%	累积方差贡献率 /%	合计	方差的贡献率 /%	累积方差贡献率 /%
1	3.607	72.145	72.145	3.607	72.145	72.145

续表

成分	初始特征值			提取平方和载入		
	合计	方差的贡献率 /%	累积方差贡献率 /%	合计	方差的贡献率 /%	累积方差贡献率 /%
2	0.586	11.718	83.862			
3	0.568	11.358	95.220			
4	0.203	4.060	99.281			
5	0.036	0.719	100.000			

注：提取方法为主成分分析。

从表 8–3 中可以看出，初始特征值栏描述了初始因子解的情况，第一个因子的特征根为 3.607，仅有一个公因子特征值大于 1，其他因子的特征值都较小，且其累积方差贡献率达到 72.145%，说明这个因子能够提供原始数据的绝大部分信息，我们可以用它来代表该城市的经济实力综合得分，即：

$$F_1 = 0.72145 * f_{11}$$

表 8–4　成分矩阵[a]

	成分
	1
GDP 总量	0.974
人均 GDP	0.720
固定资产投资	0.840
进出口总额	0.810
实际利用外资金额	0.883

注：提取方法为主成分分析法。

a. 已提取了 1 个成分。

我们对提取的这个因子进行下一步分析，成分矩阵显示了公因子 F_1 与 5 个评价指标的内在关系，可以看出 5 个指标基本能较好地解释 F_1，进一步计算得到我国各市经济基础的公因子和综合得分，如表 8–4 所示。

②金融发展的测定

基于数据的可得性，金融发展程度选取了 3 个反映金融发展的指标来进行测定，指标分别为年末金融机构存款余额、年末金融机构贷款余额和保费收入。经过 SPSS 分析得到 KMO 值为 0.789，大于 0.5，适用于因子分析，对数据进行运算处理，得到方差贡献分析表，如表 8–5 所示。

表 8–5　金融发展因子分析结果

成分	初始特征值			提取平方和载入		
	合计	方差的贡献率 /%	累积方差贡献率 /%	合计	方差的贡献率 /%	累积方差贡献率 /%
1	2.924	97.458	97.458	2.924	97.458	97.458
2	0.046	1.520	98.978			
3	0.031	1.022	100.000			

注：提取方法为主成分分析。

从表 8–5 中可以看出，初始特征值栏描述了初始因子解的情况，第一个因子的特征根为 2.924，仅有一个公因子特征值大于 1，其他因子的特征值都较小，且其累积方差贡献率达到 97.458%，说明这个因子能够提供原始数据的绝大部分信息，能够替代 3 个原始变量对金融发展程度进行说明，可以表示各个城市的金融发展的综合得分，即：

$$F_2 = 0.97458 * f_{21}$$

表 8–6　成分矩阵[a]

	成分
	1
存款余额	0.988
贷款余额	0.985
保费收入	0.989

注：提取方法为主成分分析法。
a. 已提取了 1 个成分。

我们对提取的这个因子进行下一步分析，成分矩阵显示了公因子 F_2 与 3 个评价指标的内在关系，可以看出 3 个指标基本能较好地解释 F_2，进一步计算得到我国各市经济基础的公因子和综合得分，如表 8–6 所示。

③其他因素的测定

基于数据的可得性，本章选取了 5 个反映基础设施建设的指标和 1 个反映政府收入的指标来进行测定，经过 SPSS 分析得到 KMO 值为 0.709，大于 0.5，适用于因子分析，对数据进行运算处理，得到方差贡献分析表，如表 8–7 所示。

表 8–7　其他因素因子分析结果

成分	初始特征值			提取平方和载入		
	合计	方差的贡献率 /%	累积方差贡献率 /%	合计	方差的贡献率 /%	累积方差贡献率 /%
1	4.795	79.921	79.921	4.795	79.921	79.921
2	0.663	11.043	90.963			
3	0.345	5.754	96.718			
4	0.140	2.329	99.046			
5	0.057	0.953	99.999			
6	5.766E–5	0.001	100.000			

注：提取方法为主成分分析。

从表 8–7 中可以看出，初始特征值栏描述了初始因子解的情况，第一个因子的特征根为 4.795，仅有一个公因子特征值大于 1，其他因子的特征值都较小，且其累积方差贡献率达到 79.921%，说明这个因子能够提供原始数据的绝大部分信息，能够替代 6 个原始变量对金融发展程度进行说明，可以表示各个城市的金融发展的综合得分，即：

$$F_3 = 0.79921 * f_{31}$$

表 8-8 成分矩阵[a]

	成分
	1
财政收入	0.908
邮政业务收入	0.767
电信业务收入	0.897
移动电话数	0.957
互联网用户数	0.867
客运量	0.953

注：提取方法为主成分分析。

a. 已提取了 1 个成分。

我们对提取的这个因子进行下一步分析，成分矩阵显示了公因子 F_3 与 6 个评价指标的内在关系，可以看出 6 个指标基本能较好地解释 F_3，进一步计算得到我国各市经济基础的公因子和综合得分，如表 8-8 所示。

④金融综合发展水平

根据已经算出的三个综合因子，我们同样利用因子分析的方法算出我国各市的金融综合发展水平，经 SPSS 计算得出 KMO 值为 0.739，大于 0.5，适用于因子分析。对数据进行运算处理，得到方差贡献分析表，如表 8-9 所示。

表 8-9 金融综合发展水平因子分析结果

成分	初始特征值			提取平方和载入		
	合计	方差的贡献率 /%	累积方差贡献率 /%	合计	方差的贡献率 /%	累积方差贡献率 /%
1	2.835	94.500	94.500	2.835	94.500	94.500
2	0.136	4.540	99.040			
3	0.029	0.960	100.000			

注：提取方法为主成分分析。

从表 8-9 中可以看出，初始特征值栏描述了初始因子解的情况，第一个因子的特征根为 2.835，仅有一个公因子特征值大于 1，其他因子的特征值都较小，且其累积方差贡献率达到 94.5%，说明这个因子能够提供原始数据的绝大部分信息，能够替代 3 个原始变量对金融综合发展水平进行说明，可以表示各个城市的金融综合发展水平的综合得分，即：

$$F = 0.945 * f_1$$

表 8-10 成分矩阵 [a]

	成分
	1
F1	0.953
F2	0.978
F3	0.985

注：提取方法：主成分分析。

a. 已提取了 1 个成分。

我们对提取的这个因子进行下一步分析，成分矩阵（见表 8-10）显示了经济基础、金融发展与其他因素指标的内在关系，可以看出，对于 F_1，三种因子均能较好地解释，我们可以进一步计算得到我国各市的金融综合发展水平的公因子和综合得分，如表 8-11 所示。

表 8-11 我国各市金融发展相关指标因子得分

城市	经济基础 F_1	金融发展 F_2	其他因素 F_3	金融综合发展水平 F
北京	3.71	8.51	7.22	6.99
天津	4.21	2.36	2.7	3.51
河北				
石家庄	0.47	0.58	0.74	0.6
唐山	0.57	0.29	0.31	0.39
秦皇岛	-0.14	-0.25	-0.21	-0.28

续表

城市	经济基础 F_1	金融发展 F_2	其他因素 F_3	金融综合发展水平 F
邯郸	0.04	−0.02	0.14	0
邢台	−0.26	−0.18	0.01	−0.23
保定	−0.07	0.11	0.54	0.14
张家口	−0.3	−0.24	−0.18	−0.34
承德	−0.28	−0.28	−0.26	−0.37
沧州	0.05		−0.01	
廊坊	0		0.04	
衡水	−0.35	−0.25	−0.18	−0.36
山西				
太原	0.02	0.61	0.13	0.2
大同	−0.39	−0.28	−0.29	−0.43
阳泉	−0.39	−0.38	−0.38	−0.5
长治	−0.3	−0.31	−0.28	−0.4
晋城	−0.32	−0.34	−0.27	−0.41
朔州	−0.35	−0.41	−0.41	−0.5
晋中	−0.35	−0.28	−0.08	−0.33
运城	−0.39	−0.28	0.01	−0.32
忻州	−0.45	−0.36	−0.27	−0.47
临汾	−0.38	−0.28	−0.06	−0.34
吕梁		−0.33	−0.26	
内蒙古				
呼和浩特	0.16	0.14	−0.05	0.03
包头	0.45	−0.2	−0.22	−0.02
乌海	−0.18	−0.43	−0.47	−0.46
赤峰	−0.25	−0.29	−0.19	−0.34
通辽	−0.18	−0.37	−0.29	−0.37
鄂尔多斯	0.92	−0.21	−0.27	0.16
呼伦贝尔	−0.22	−0.32	−0.3	−0.37

续表

城市	经济基础 F_1	金融发展 F_2	其他因素 F_3	金融综合发展水平 F
巴彦淖尔	-0.32	-0.37	-0.39	-0.47
乌兰察布	-0.34	-0.41	-0.37	-0.48
辽宁				
沈阳	0.13	0.94	0.79	0.59
大连	0.61	0.82	0.48	0.65
鞍山	-0.38	-0.21	-0.19	-0.37
抚顺	-0.44	-0.36	-0.35	-0.5
本溪	-0.42		-0.39	
丹东	-0.48	-0.32	-0.33	-0.5
锦州	-0.45	-0.3	-0.28	-0.46
营口	-0.36	-0.27	-0.32	-0.42
阜新	-0.56	-0.4	-0.4	-0.58
辽阳	-0.47	-0.32	-0.37	-0.51
盘锦	-0.25	-0.35	-0.38	-0.43
铁岭	-0.55	-0.37	-0.35	-0.55
朝阳	-0.52	-0.35	-0.33	-0.52
葫芦岛	-0.53	-0.36	-0.33	-0.53
吉林				
长春	0.85	0.6	0.59	0.72
吉林	0.01	-0.18	-0.17	-0.18
四平		-0.34	-0.32	
辽源	-0.29	-0.44	-0.47	-0.5
通化	-0.33	-0.38	-0.38	-0.47
白山	-0.32	-0.42	-0.45	-0.5
松原	-0.19	-0.36	-0.34	-0.39
白城	-0.42	-0.41	-0.42	-0.53
黑龙江				
哈尔滨	0.56	0.64	0.57	0.6

续表

城市	经济基础 F_1	金融发展 F_2	其他因素 F_3	金融综合发展水平 F
齐齐哈尔	–0.4		–0.08	
鸡西	–0.51	–0.43	–0.41	–0.57
鹤岗	–0.55	–0.43	–0.48	–0.62
双鸭山		–0.4	–0.42	
大庆			–0.21	
伊春	–0.58	–0.45	–0.48	–0.64
佳木斯	–0.43	–0.32	–0.37	–0.49
七台河	–0.56	–0.46	–0.49	–0.63
牡丹江	–0.24		–0.36	
黑河	–0.51		–0.36	
绥化	–0.43			
上海	4.64	7.12	5.13	6.16
江苏				
南京	1.31	2	1.47	1.7
无锡	1.23	0.85	0.92	1.08
徐州	0.43	0.08	0.45	0.31
常州	0.73	0.36	0.39	0.51
苏州	2.16	2.03	2.4	2.41
南通	0.71	0.54	0.53	0.61
连云港	–0.07	–0.23	–0.07	–0.2
淮安	0.05	–0.19	–0.03	–0.12
盐城	0.23	0.03	0.21	0.12
扬州	0.37	0.04	0.11	0.15
镇江	0.41	–0.06	–0.08	0.07
泰州	0.3	0	0.03	0.08
宿迁	–0.14	–0.25	–0.07	–0.24
浙江				
杭州	1.67	2.35	2.82	2.46

续表

城市	经济基础 F_1	金融发展 F_2	其他因素 F_3	金融综合发展水平 F
宁波	1.32	1.06	1.34	1.35
温州	0.24	0.46	1.04	0.57
嘉兴	0.41	0.13	0.25	0.25
湖州	0.01	−0.16	−0.08	−0.14
绍兴	0.39	0.18	0.24	0.25
金华	0.18	0.29	0.44	0.27
衢州	−0.26	−0.3	−0.33	−0.39
舟山	0.03	−0.34	−0.37	−0.3
台州	0.09	0.18	0.31	0.15
丽水	−0.28	−0.3	−0.24	−0.37
安徽				
合肥	0.8	0.71	0.65	0.76
芜湖	0.2	−0.21	−0.06	−0.06
蚌埠	−0.19	−0.31	−0.29	−0.35
淮南	−0.42	−0.34	−0.26	−0.45
马鞍山	0	−0.34	−0.34	−0.3
淮北	−0.36	−0.39	−0.39	−0.49
铜陵	−0.25	−0.4	−0.43	−0.46
安庆	−0.31	−0.25	−0.23	−0.37
黄山	−0.41	−0.41	−0.44	−0.54
滁州	−0.23	−0.31	−0.15	−0.32
阜阳	−0.4	−0.21	−0.17	−0.36
宿州	−0.35	−0.3	−0.21	−0.39
六安	−0.4	−0.29	−0.28	−0.43
亳州	−0.42	−0.32	−0.18	−0.42
池州	−0.39	−0.41	−0.44	−0.53
宣城	−0.28	−0.35	−0.3	−0.41

续表

城市	经济基础 F_1	金融发展 F_2	其他因素 F_3	金融综合发展水平 F
福建				
福州	0.68	0.8	0.76	0.77
厦门	0.55	0.36	0.91	0.62
莆田	−0.1	−0.31	0.01	−0.21
三明	−0.06	−0.32	−0.26	−0.29
泉州	0.52	0.23	0.8	0.52
漳州	0.1	−0.23	−0.02	−0.1
南平	−0.21		−0.28	
龙岩	−0.05	−0.31	−0.13	−0.23
宁德	−0.22	−0.33	−0.22	−0.35
江西				
南昌	0.52	0.39	0.33	0.41
景德镇	−0.34		−0.4	
萍乡	−0.28	−0.41	−0.39	−0.46
九江	−0.05	−0.26	−0.14	−0.22
新余	−0.12	−0.41	−0.37	−0.39
鹰潭	−0.3	−0.43	−0.43	−0.49
赣州	−0.16	−0.11	0.1	−0.13
吉安	−0.26		−0.2	
宜春	−0.24	−0.24	−0.2	−0.32
抚州	−0.35	−0.34	−0.31	−0.44
上饶	−0.24	−0.25	−0.09	−0.28
山东				
济南	0.55	0.97	0.8	0.79
青岛	1.65	0.95	1.06	1.35
淄博	0.3	−0.05	0.01	0.05
枣庄	−0.17	−0.3	−0.22	−0.31
东营	0.52	−0.1	−0.27	0.03

续表

城市	经济基础 F_1	金融发展 F_2	其他因素 F_3	金融综合发展水平 F
烟台	0.86	0.23	0.4	0.53
潍坊	0.42	0.2	0.36	0.32
济宁	0.1	0.01	0.15	0.04
泰安	0.04	−0.18	−0.06	−0.13
威海	0.38	−0.2	−0.14	−0.01
日照	−0.1	−0.26	−0.26	−0.29
莱芜	−0.35	−0.4	−0.43	−0.51
临沂	0.05		0.23	
德州	−0.07	−0.2	−0.1	−0.2
聊城	−0.1	−0.19	−0.08	−0.2
滨州	−0.03	−0.18	−0.13	−0.19
菏泽	−0.29	−0.18	0.08	−0.21
河南				
郑州	1.17	1.45	1.3	1.39
开封	−0.3		−0.17	
洛阳	0.29	−0.05	0.12	0.09
平顶山	−0.26		−0.24	
安阳			−0.09	
鹤壁	−0.31	−0.43	−0.43	−0.5
新乡	−0.17	−0.24	0.14	−0.16
焦作	−0.07	−0.3	−0.13	−0.24
濮阳	−0.26	−0.33	0.03	−0.28
许昌	−0.08	−0.36	−0.21	−0.29
漯河	−0.3	−0.38	−0.47	−0.49
三门峡	−0.13		−0.23	
南阳	−0.05	−0.12	0.11	−0.09
商丘	−0.27	−0.27	0	−0.27
信阳	−0.22	−0.24	−0.02	−0.25

续表

城市	经济基础 F_1	金融发展 F_2	其他因素 F_3	金融综合发展水平 F
周口	−0.27		−0.04	
驻马店	−0.29		−0.06	
湖北				
武汉	1.67		1.83	
黄石	−0.25	−0.35	−0.31	−0.4
十堰	−0.3	−0.31	−0.28	−0.39
宜昌	0.22	−0.18	−0.07	−0.06
襄阳	0.13	−0.21	−0.05	−0.09
鄂州	−0.22	−0.44	−0.46	−0.47
荆门	−0.22	−0.34	−0.33	−0.39
孝感	−0.28	−0.31	−0.23	−0.37
荆州	−0.28	−0.21	−0.1	−0.29
黄冈	−0.3	−0.26	−0.16	−0.33
咸宁	−0.31	−0.38	−0.32	−0.44
随州	−0.38		−0.4	
湖南				
长沙	1.28	0.95	0.83	1.1
株洲	−0.01	−0.27	−0.14	−0.2
湘潭	−0.06	−0.3	−0.25	−0.28
衡阳	−0.09	−0.24	−0.09	−0.21
邵阳	−0.36	−0.29	−0.03	−0.33
岳阳	−0.06	−0.31	−0.1	−0.23
常德	−0.08	−0.25	−0.12	−0.22
张家界	−0.49	−0.44	−0.43	−0.58
益阳	−0.33	−0.35	−0.28	−0.42
郴州	−0.06	−0.31	−0.18	−0.26
永州	−0.28	−0.33	−0.28	−0.4
怀化	−0.4	−0.34	−0.11	−0.39

续表

城市	经济基础 F_1	金融发展 F_2	其他因素 F_3	金融综合发展水平 F
娄底	−0.33	−0.36	−0.3	−0.43
广东				
广州	2.29	3.91	4.23	3.76
韶关	−0.37	−0.35	−0.11	−0.38
深圳	3.3	4		
珠海	0.45	−0.04		
汕头	−0.24	−0.22	0.09	−0.21
佛山	0.9	0.78	0.98	0.94
江门	−0.1	−0.12	0.44	0.02
湛江	−0.25	−0.23	0.44	−0.09
茂名	−0.24	−0.31	−0.15	−0.32
肇庆	−0.19	−0.29	−0.2	−0.31
惠州	0.22	−0.05	0.16	0.08
梅州	−0.46	−0.34	−0.26	−0.47
汕尾	−0.46	−0.44	−0.38	−0.54
河源	−0.44	−0.38	−0.33	−0.5
阳江	−0.34		−0.31	
清远	−0.38	−0.32	−0.24	−0.42
东莞	1.04	0.85	1.63	1.26
中山	0.18	0.04	0.39	0.17
潮州	−0.42	−0.41	−0.31	−0.49
揭阳	−0.29	−0.33		
云浮	−0.45	−0.41	−0.15	−0.45
广西				
南宁	0.09	0.4	0.33	0.23
柳州	−0.07		−0.16	
桂林	−0.2	−0.25	−0.14	−0.28
梧州	−0.35	−0.4	−0.36	−0.48

续表

城市	经济基础 F_1	金融发展 F_2	其他因素 F_3	金融综合发展水平 F
北海	-0.26		-0.39	
防城港	-0.24	-0.45	-0.47	-0.49
钦州	-0.38		-0.36	
贵港			-0.32	
玉林	-0.36		-0.22	
百色	-0.4	-0.4	-0.32	-0.49
贺州	-0.5	-0.45	-0.44	-0.59
河池	-0.54	-0.42	-0.35	-0.56
来宾	-0.51	-0.45	-0.43	-0.59
崇左	-0.35		-0.42	
海南省				
海口	-0.25	-0.05	-0.18	-0.25
三亚		-0.39	-0.35	
儋州		-0.48	-0.51	
重庆	2.92	2.42	3.32	3.21
四川				
成都	1.54		2.44	
自贡	-0.38		-0.36	
攀枝花	-0.21		-0.44	
泸州	-0.31		-0.17	
德阳	-0.27		-0.21	
绵阳	-0.3		-0.07	
广元	-0.5		-0.35	
遂宁	-0.4		-0.36	
内江	-0.39		-0.31	
乐山	-0.33		-0.26	
南充	-0.36		-0.1	
眉山	-0.36		-0.26	

续表

城市	经济基础 F_1	金融发展 F_2	其他因素 F_3	金融综合发展水平 F
宜宾	-0.31		-0.17	
广安	-0.37		-0.32	
达州	-0.37		-0.21	
雅安	-0.46		-0.42	
巴中	-0.49		-0.25	
资阳	-0.41		-0.39	
贵州				
贵阳	0.15		0.13	
六盘水	-0.28		-0.33	
遵义	-0.19		-0.04	
安顺	-0.45		-0.39	
毕节			0.17	
铜仁	-0.45		-0.34	
云南				
昆明	0.23	0.79	0.6	0.52
曲靖	-0.31	-0.31	-0.03	-0.31
玉溪	-0.29		-0.32	
保山	-0.5		-0.42	
昭通	-0.53		-0.32	
丽江	-0.54		-0.47	
普洱	-0.51		-0.44	
临沧	-0.49		-0.39	
西藏				
拉萨				
陕西				
西安	0.78	1.27	1.32	1.17
铜川		-0.46	-0.5	
宝鸡	-0.09	-0.27	-0.24	-0.28

续表

城市	经济基础 F_1	金融发展 F_2	其他因素 F_3	金融综合发展水平 F
咸阳	−0.04	−0.25	−0.15	−0.22
渭南	−0.3	−0.29	−0.16	−0.35
延安		−0.37	−0.33	
汉中	−0.39	−0.39	−0.28	−0.46
榆林		−0.26	−0.18	
安康	−0.43	−0.4	−0.35	−0.51
商洛			−0.42	
甘肃				
兰州			−0.01	
嘉峪关		−0.46	−0.52	
金昌		−0.46	−0.5	
白银		−0.42	−0.41	
天水			−0.29	
武威	−0.5	−0.41	−0.43	−0.57
张掖		−0.42	−0.46	
平凉		−0.44	−0.37	
酒泉		−0.39	−0.46	
庆阳			−0.43	
定西		−0.42	−0.39	
陇南		−0.44	−0.43	
青海				
西宁		−0.12	−0.19	
海东		−0.46	−0.47	
宁夏				
银川		−0.01	−0.19	
石嘴山			−0.49	
吴忠	−0.44	−0.43	−0.48	−0.57
固原		−0.46	−0.5	

续表

城市	经济基础 F_1	金融发展 F_2	其他因素 F_3	金融综合发展水平 F
中卫		-0.45	-0.45	
新疆				
乌鲁木齐	-0.08	0.18	0.06	-0.01
克拉玛依		-0.42	-0.46	

综合以上因子分析，我们可以得到我国金融综合水平排名前 15 的城市，如表 8-12 所示。

表 8-12　2016 年我国金融综合水平排名前 15 的城市

排名	城市	金融综合发展水平 F
1	北京	6.99
2	上海	6.16
3	广东省广州	3.76
4	天津	3.51
5	重庆	3.21
6	浙江省杭州	2.46
7	江苏省苏州	2.41
8	江苏省南京	1.70
9	河南省郑州	1.39
10	浙江省宁波	1.35
11	山东省青岛	1.35
12	广东省东莞	1.26
13	陕西省西安	1.17
14	湖南省长沙	1.10
15	江苏省无锡	1.08

表 8-12 反映了我国金融综合发展水平排名前 15 的城市，从中可以看出，北京、上海的金融综合发展水平居全国第一位、第二位，且远远高

于排名第三的广州，排名前15的城市中，除河南郑州、湖南长沙、重庆、陕西西安为中西部城市外，其余均为东部城市，这说明我国东部地区的金融综合发展水平高于中西部地区。基于表8-12可以初步认为，北京、上海、广州、深圳、重庆为全国层级金融网络支持体系的核心层级金融增长极，其余为层级金融网络支持体系的次核心层级金融增长极。

8.2.4 层级增长极网络的网络流强度

（1）网络流的概念

区域内各增长极之间人流、物流、资金流、技术流、信息流等空间流在层级增长极网络区域频繁、双向或多向流动的现象称为网络流。

网络流得以实现的基础是层级增长极网络区域内综合发达、便捷的交通运输网。目前我国综合交通运输网以铁路、公路为主，近年来各地高速公路、高铁建设不断加快，网络流的流动将更加活跃和频繁。

网络流得以进行的动力是层级增长极网络集聚与辐射功能。社会经济要素由非增长极或低层级增长极地域向高层级增长极地域的流动是集聚。层级增长极网络的发展，使网络集聚数量和强度进一步加大，非增长极地域向增长极地域的要素流动以物流为主，增长极地域的要素以人流、信息流、技术流、资金流等非物质流为主向非增长极地域流动。在工业化、城市化进程加速发展的背景下，各种生产要素向城市集聚，也是城市和产业追求集聚经济和规模经济的必然结果。为了实现经济效益和集聚效益最大化，不同部门或行业的各类企业在各级增长极区域实现集聚，非增长极地域的各种生产要素也被吸引到增长极所在区域，产生的经济效益远高于农村地区。集聚经济是层级增长极网络形成和产生的根本动力，也是推动各级增长极快速发展的基本动力。

层级增长极网络辐射功能体现在网络流由增长极地域向其他增长极或非增长极地域流动。工业化、城市化发展到一定程度，地域资源存在有限性和稀缺性的局限，当超过了网络流向增长极集聚的限度，增长极的规模经济会变为规模不经济。由于网络内交通运输通道越发通畅，网络要素流动的“阻力”减小，增长极地域的各种网络流会流向其他增长极地域或腹地，使层级增长极网络经济空间进一步扩大，使层级增长极网络发展迅速。

（2）网络流的强度及其模型

本章借鉴了中国城市规模设计研究院 1994 年提出的城市流强度概念，认为城市流与层级增长极网络的网络流强度概念有内在的一致性。网络流强度是指层级增长极网络内增长极之间的联系中增长极外向功能（集聚和辐射）所产生的影响量。公式为：

$$F = NE \tag{8-1}$$

其中，F 为网络流强度；N 为增长极功能效益，即各个增长极之间单位外向功能量所产生的实际影响；E 为城市外向功能量。

网络流强度说明了增长极与网络内其他地域联系的量化指标，对于测度层级增长极网络的发育程度、增长极网络流影响因素、网络流规模结构、网络流规模体系分析等将提供科学的依据。增长极功能是网络流产生与发展的内在机制，增长极的功能是增长极中进行的所有产生、服务活动的总称，它是由增长极的各种结构（地域结构、产业结构、产品结构、技术结构）所决定的机能，这种机能在增长极与其外界联系中就表现为网络流，通过增长极自身的集聚与辐射对层级增长极网络覆盖区域产生影响。

以下以具体指标来说明网络流强度模型。这里选择增长极从业人员作为增长极功能量的度量指标，则增长极是否具有外向功能量 E，主要取决于其某一部门从业人员的区位商，i 增长极 j 部门从业人员区位商 Lq_{ij} 为：

$$Lq_{ij}=\frac{G_{ij}/G_i}{G_j/G}\ (i=1,\ 2,\ \cdots,\ n;\ j=1,\ 2,\ \cdots,\ m) \tag{8-2}$$

其中，G_{ij} 为 i 增长极 j 部门的从业人员数量；G_i 为 i 增长极从业人员数量；G_j 为全国 j 部门从业人员数量；G 为全国总从业人员数量。

若 $Lq_{ij}<1$，则 i 增长极 j 部门不存在外向功能，即 $E_{ij}=0$；若 $Lq_{ij}>1$，则 i 增长极 j 部门存在外向功能，因为 i 增长极的总从业人员中分配给 j 部门的比例超过了全国的分配比例，即 j 部门在 i 增长极中相对于全国来说是专业化部门，可以为增长极外界区域提供服务。因此，i 增长极 j 部门的外向功能 E_{ij} 为：

$$E_{ij}=Gi_j-G_i\ (G_j/G) \tag{8-3}$$

i 增长极 m 个部门总的外向功能量为：

$$E_i=\sum_{j=1}^{m}E_{ij} \tag{8-4}$$

i 增长极的功能效率用 N_i 人均从业人员的 GDP_i 表示，即

$$N_i=GDP_i/G_i \tag{8-5}$$

i 增长极的网络流强度 F_i 为：

$$F_i=N_iE_i=(GDP_i/G_i)\ E_i=GDP_i\ (E_i/G_i)=GDP_iK_i \tag{8-6}$$

其中，F_i 为增长极外向总功能量占总功能量的比例，反映了增长极总功能量的外向程度，称为层级增长极网络的网络流强度。

由于增长极的网络连接功能主要体现在对外经济交往及外向服务部门，交通运输、仓储和邮政业，批发和零售业，金融业，房地产业，居民服务和其他服务业，科学研究、技术服务和地质勘查，住宿及餐饮业等外向服务部门的从业人员数量在一定程度上能客观反映该地区在网络联系中

的地位和重要程度，即网络流强度。2016 年我国各城市外向服务部门从业人员数量如表 8–13 所示。

表 8–13　2016 年我国各城市外向服务部门从业人员数量　单位：万人

城市	交通运输、仓储和邮政业	批发和零售业	金融业	房地产业	科学研究、技术服务和地质勘查	居民服务和其他服务业	住宿及餐饮业
北京	58.23	78.37	51.42	43.89	68.98	8.58	29.41
天津	14.67	18.21	16.01	7.96	11.49	9.37	5.07
河北							
石家庄	7.38	5.98	5.49	1.90	3.90	0.35	1.15
唐山	5.03	4.24	4.47	1.65	0.82	0.21	0.43
秦皇岛	2.97	0.95	2.23	0.86	0.57	0.05	0.43
邯郸	3.09	2.35	2.91	0.92	1.13	0.14	0.53
邢台	0.96	1.77	1.92	0.85	0.54	0.06	0.32
保定	2.15	3.16	3.96	1.36	4.21	1.05	0.69
张家口	1.68	1.72	1.85	0.98	0.81	0.38	0.60
承德	1.10	0.86	2.88	0.36	0.58	0.06	0.29
沧州	1.89	2.08	2.97	0.82	2.18	0.13	0.36
廊坊	0.97	1.51	1.58	1.91	1.29	0.06	0.40
衡水	1.25	1.76	1.80	0.47	0.29	0.03	0.23
山西							
太原	12.96	5.62	3.12	1.23	3.97	0.26	1.65
大同	1.71	1.26	1.17	0.44	0.54	0.02	0.56
阳泉	0.82	0.87	0.66	0.27	0.32	0.02	0.15
长治	1.27	0.96	2.02	0.33	0.42	0.01	0.21
晋城	1.19	1.32	1.46	0.30	0.23	0.05	0.22
朔州	0.58	1.04	0.71	0.24	0.17	0.06	0.11
晋中	1.01	1.09	3.32	0.15	0.51	0.01	0.15
运城	1.00	1.30	1.60	0.12	0.33	0.07	0.15

续表

城市	交通运输、仓储和邮政业	批发和零售业	金融业	房地产业	科学研究、技术服务和地质勘查	居民服务和其他服务业	住宿及餐饮业
忻州	1.03	1.33	0.97	0.11	0.27	0.08	0.34
临汾	3.05	0.89	1.62	0.19	0.38	0.04	0.10
吕梁	0.84	1.41	1.22	0.11	0.10	0.01	0.30
内蒙古							
呼和浩特	3.09	2.26	2.26	1.32	2.13	0.22	0.92
包头	1.20	1.29	1.74	1.11	0.69	0.12	0.72
乌海	0.26	0.12	0.38	0.28	0.13	0.01	0.02
赤峰	1.10	1.00	1.22	0.47	0.49	0.05	0.30
通辽	0.90	0.69	0.91	0.35	0.41	0.08	0.20
鄂尔多斯	1.46	0.88	1.12	0.77	0.36	0.02	0.46
呼伦贝尔	2.82	1.06	1.17	0.52	0.76	0.23	0.50
巴彦淖尔	0.42	0.47	0.72	0.27	0.29	0.01	0.07
乌兰察布	0.79	0.41	0.73	0.10	0.24	0.05	0.26
辽宁							
沈阳	9.63	7.88	6.05	2.69	5.14	0.69	2.57
大连	6.91	4.78	6.97	3.96	1.93	0.24	1.73
鞍山	2.29	1.73	1.67	0.88	1.60	0.30	0.34
抚顺	0.92	0.96	1.10	0.38	0.44	0.06	0.10
本溪	0.90	0.50	1.03	0.28	0.25	0.04	0.14
丹东	0.71	0.71	0.92	1.00	0.82	0.08	0.23
锦州	1.37	0.89	1.66	0.55	1.06	0.19	0.14
营口	3.71	1.30	1.40	0.32	0.34	0.06	0.36
阜新	0.39	0.47	0.98	0.21	0.23	0.04	0.06
辽阳	0.45	0.33	0.69	0.32	0.23	0.04	0.03
盘锦	0.75	0.64	1.03	0.38	0.43	0.07	0.22
铁岭	0.62	0.94	0.69	0.36	0.61	0.04	0.03

续表

城市	交通运输、仓储和邮政业	批发和零售业	金融业	房地产业	科学研究、技术服务和地质勘查	居民服务和其他服务业	住宿及餐饮业
朝阳	0.72	1.00	1.71	0.37	0.30	0.45	0.07
葫芦岛	0.71	0.47	1.10	0.27	0.46	0.09	0.13
吉林							
长春	4.80	6.13	4.72	3.93	4.49	1.33	1.67
吉林	1.08	1.12	1.15	0.79	0.61	0.05	0.22
四平	0.72	0.67	0.84	0.30	0.55	0.06	0.09
辽源	0.30	0.25	0.48	0.18	0.15	0.02	0.02
通化	0.61	0.76	0.98	0.55	0.36	0.18	0.11
白山	0.41	0.32	0.63	0.17	0.19	0.03	0.08
松原	0.68	0.74	0.78	0.25	0.31	0.20	0.19
白城	0.52	0.66	0.91	0.22	0.57	0.44	0.12
黑龙江							
哈尔滨	9.92	9.99	7.49	3.50	4.18	0.87	2.81
齐齐哈尔	4.47	1.03	2.36	0.47	0.60	0.07	0.05
鸡西	0.93	0.76	1.07	0.15	0.10	0.14	0.16
鹤岗	0.50	0.77	0.45	0.06	0.06	0.18	0.29
双鸭山	0.73	0.95	0.56	0.20	0.15	0.05	0.06
大庆	1.50	1.82	2.94	0.96	4.56	2.24	0.26
伊春	0.38	0.18	0.48	0.11	0.17	0.01	0.05
佳木斯	0.84	1.03	0.87	0.15	0.28	0.04	0.09
七台河	0.29	0.15	0.42	0.05	0.12	0.02	0.01
牡丹江	0.79	0.92	2.26	0.35	0.26	0.06	0.18
黑河	0.75	0.38	0.59	0.07	0.15	0.02	0.07
绥化	1.19	1.33	1.54	0.35	0.35	0.07	0.06
上海	51.08	78.36	35.51	25.38	23.19	6.30	24.30

续表

城市	交通运输、仓储和邮政业	批发和零售业	金融业	房地产业	科学研究、技术服务和地质勘查	居民服务和其他服务业	住宿及餐饮业
江苏							
南京	14.32	18.20	4.44	5.44	8.20	0.79	4.71
无锡	3.10	5.07	3.94	2.01	1.59	0.40	2.19
徐州	4.73	3.57	2.68	1.07	1.12	0.14	0.48
常州	2.02	2.04	2.37	0.87	1.12	0.06	1.63
苏州	7.17	10.46	6.19	5.64	2.56	0.65	3.79
南通	2.96	3.74	4.42	1.21	1.88	0.17	0.55
连云港	3.12	1.88	2.37	0.46	0.77	0.27	0.25
淮安	1.99	1.76	1.90	1.02	0.52	0.15	0.50
盐城	2.84	2.46	3.06	1.07	0.76	0.26	0.84
扬州	2.47	1.71	1.79	1.07	1.28	0.15	0.88
镇江	1.25	1.43	1.93	1.03	0.92	0.05	0.49
泰州	2.71	2.54	2.29	0.84	0.88	0.10	0.38
宿迁	0.96	1.28	0.69	0.51	0.20	0.01	0.21
浙江							
杭州	11.38	17.26	12.00	10.96	11.50	1.08	6.67
宁波	5.88	5.23	8.09	2.48	1.96	0.43	1.38
温州	3.30	2.63	5.63	1.89	0.91	0.12	1.16
嘉兴	1.71	2.40	2.48	1.84	1.00	0.07	0.80
湖州	0.86	1.97	2.07	0.63	0.43	0.04	0.84
绍兴	1.62	2.52	2.56	0.72	0.78	0.12	0.63
金华	2.39	1.67	3.56	0.82	0.54	0.23	0.64
衢州	0.52	0.57	2.03	0.07	0.23	0.02	0.19
舟山	3.62	7.00	0.97	0.92	0.48	1.03	4.77
台州	1.36	2.32	5.13	0.88	0.78	0.07	0.58
丽水	0.57	0.36	1.88	0.11	0.35	0.03	0.21

续表

城市	交通运输、仓储和邮政业	批发和零售业	金融业	房地产业	科学研究、技术服务和地质勘查	居民服务和其他服务业	住宿及餐饮业
安徽							
合肥	7.61	8.07	4.00	3.53	3.95	0.17	2.60
芜湖	2.81	2.40	1.60	0.83	0.62	0.09	0.63
蚌埠	1.45	1.21	1.53	0.74	0.59	0.05	0.17
淮南	0.91	1.02	1.61	0.42	0.37	0.03	0.13
马鞍山	0.71	0.65	1.27	0.27	0.45	0.14	0.04
淮北	0.50	0.25	0.66	0.18	0.13	0.01	0.05
铜陵	0.62	0.47	0.55	0.43	0.21	0.10	0.12
安庆	1.04	1.37	1.34	0.87	0.42	0.13	0.44
黄山	0.44	0.32	0.80	0.27	0.18	0.00	0.54
滁州	1.00	0.82	1.18	0.35	0.46	0.02	0.13
阜阳	1.86	1.91	2.71	0.54	0.26	0.02	0.14
宿州	1.20	19.00	1.70	2.00	1.30	2.50	1.80
六安	16.99	18.92	1.43	0.85	1.24	11.09	7.94
亳州	1.56	1.54	1.35	0.54	0.26	0.05	0.29
池州	0.46	0.44	0.71	0.18	0.21	0.04	0.21
宣城	0.44	0.71	1.06	0.32	0.21	0.01	0.09
福建							
福州	4.53	7.53	3.35	4.42	4.28	0.49	2.49
厦门	6.55	7.48	3.51	5.31	2.02	1.61	3.61
莆田	0.81	2.47	1.13	0.64	0.25	0.07	0.47
三明	0.96	0.78	1.59	0.32	0.29	0.03	0.13
泉州	2.21	4.07	2.39	1.82	0.34	0.17	1.46
漳州	1.04	1.60	1.74	1.51	0.53	0.10	0.52
南平	1.25	0.77	1.47	0.49	0.41	0.04	0.35
龙岩	1.16	1.84	2.38	0.60	0.37	0.07	0.42

续表

城市	交通运输、仓储和邮政业	批发和零售业	金融业	房地产业	科学研究、技术服务和地质勘查	居民服务和其他服务业	住宿及餐饮业
宁德	1.17	1.25	2.00	0.48	0.24	0.11	0.31
江西							
南昌	3.66	7.49	3.02	1.94	2.60	0.14	1.41
景德镇	0.83	1.32	0.60	0.47	0.41	0.07	0.23
萍乡	0.45	0.43	0.99	0.26	0.20	0.03	0.05
九江	1.50	1.12	0.98	0.62	1.02	0.05	0.51
新余	0.37	0.25	0.37	0.16	0.14	0.02	0.21
鹰潭	0.54	0.41	0.31	0.16	0.16	0.01	0.16
赣州	1.54	1.18	1.42	1.02	0.62	0.27	0.47
吉安	1.55	0.99	1.24	0.41	0.46	0.10	0.32
宜春	1.68	1.92	1.84	0.48	0.21	0.04	0.34
抚州	1.35	0.76	0.95	0.64	0.21	0.18	0.16
上饶	0.76	1.49	1.23	0.58	0.16	0.07	0.36
山东							
济南	5.61	10.77	9.57	4.59	3.53	0.52	2.51
青岛	7.63	8.13	5.95	3.80	2.64	0.88	2.53
淄博	1.48	3.13	2.06	1.30	0.58	0.09	0.65
枣庄	0.94	1.55	0.88	0.78	0.27	0.10	0.30
东营	0.66	1.11	1.02	0.46	0.79	0.04	1.15
烟台	4.82	3.68	2.85	3.57	1.98	0.16	1.15
潍坊	2.20	4.14	1.76	1.67	0.85	0.06	0.89
济宁	2.09	2.58	4.04	0.99	0.65	0.11	0.81
泰安	1.77	4.01	2.79	1.35	0.80	0.28	0.61
威海	1.71	1.85	1.35	1.81	1.43	0.16	0.72
日照	2.57	1.64	0.70	0.53	0.19	0.01	0.29
莱芜	0.71	0.64	0.34	0.70	0.07	0.08	0.13

续表

城市	交通运输、仓储和邮政业	批发和零售业	金融业	房地产业	科学研究、技术服务和地质勘查	居民服务和其他服务业	住宿及餐饮业
临沂	2.54	5.59	3.19	1.63	1.16	0.20	0.64
德州	1.68	3.20	1.97	1.28	0.78	0.24	0.66
聊城	1.97	1.73	3.81	0.70	0.32	0.05	0.45
滨州	1.31	1.66	1.13	0.74	0.29	0.17	0.26
菏泽	1.64	1.62	2.05	0.86	0.58	0.09	0.32
河南							
郑州	8.10	10.33	9.06	6.32	6.09	0.40	3.09
开封	1.19	3.75	0.76	1.10	0.56	0.26	0.67
洛阳	1.90	3.62	2.67	1.66	3.04	0.14	0.81
平顶山	1.33	2.35	1.69	0.88	0.67	0.16	0.53
安阳	1.43	1.74	1.52	0.79	0.28	0.06	0.33
鹤壁	0.34	0.62	0.52	0.31	0.21	0.02	0.17
新乡	1.35	1.92	1.23	0.95	0.73	0.08	0.44
焦作	3.07	2.86	1.56	0.61	0.47	0.25	0.31
濮阳	0.99	1.48	0.64	0.64	0.29	0.27	0.17
许昌	0.92	2.08	0.86	1.12	0.53	0.17	0.53
漯河	0.98	1.49	0.58	0.46	0.14	0.02	0.19
三门峡	0.85	0.86	1.24	0.20	0.21	0.06	0.21
南阳	2.87	4.47	2.24	1.01	1.66	0.25	0.94
商丘	2.56	4.96	1.29	2.26	0.37	0.24	0.56
信阳	2.06	4.50	1.15	1.54	1.10	0.27	0.74
周口	2.11	4.26	1.62	1.14	0.51	0.14	0.31
驻马店	2.41	4.43	1.18	1.97	0.78	0.31	0.68
湖北							
武汉	10.55	18.17	7.67	6.51	8.07	0.71	4.96
黄石	0.97	1.08	0.51	0.41	0.50	0.05	0.30

续表

城市	交通运输、仓储和邮政业	批发和零售业	金融业	房地产业	科学研究、技术服务和地质勘查	居民服务和其他服务业	住宿及餐饮业
十堰	1.41	11.33	2.00	1.83	0.50	1.07	1.02
宜昌	5.24	9.94	1.27	2.09	2.21	0.73	2.49
襄阳	2.97	12.04	1.48	1.97	2.25	0.52	1.67
鄂州	0.80	0.81	0.28	0.38	0.17	0.14	0.49
荆门	1.67	3.50	0.81	0.37	0.49	0.08	0.65
孝感	1.70	7.06	1.12	1.99	0.68	1.02	3.16
荆州	1.68	1.68	1.43	0.52	0.59	0.08	0.39
黄冈	1.03	2.43	1.58	0.68	0.42	0.10	0.41
咸宁	0.88	0.78	0.62	0.33	0.23	0.01	0.24
随州	0.41	0.78	0.38	0.15	0.21	0.00	0.20
湖南							
长沙	4.91	7.36	6.60	4.35	4.76	0.51	2.81
株洲	0.93	1.36	1.69	1.76	0.61	0.18	0.51
湘潭	6.54	4.38	1.46	0.84	0.62	0.74	1.07
衡阳	1.45	1.50	2.14	1.07	0.69	0.14	0.68
邵阳	1.15	1.10	2.23	0.44	0.27	0.11	0.16
岳阳	1.03	1.93	2.03	0.68	1.60	0.21	0.64
常德	1.10	1.72	1.22	0.72	1.16	0.16	0.55
张家界	0.28	0.21	0.43	0.10	0.05	0.00	0.44
益阳	0.52	0.58	2.07	0.24	0.18	0.01	0.16
郴州	0.91	1.40	1.96	1.00	0.83	0.08	0.50
永州	1.04	0.75	1.12	0.35	0.43	0.07	0.13
怀化	1.29	0.50	0.92	0.57	0.33	0.02	0.17
娄底	0.77	0.61	0.77	0.26	0.21	0.16	0.20
广东							
广州	29.80	28.24	11.74	19.32	13.75	2.80	10.56

续表

城市	交通运输、仓储和邮政业	批发和零售业	金融业	房地产业	科学研究、技术服务和地质勘查	居民服务和其他服务业	住宿及餐饮业
韶关	0.84	1.09	1.14	0.71	0.35	0.06	0.48
深圳	24.56	29.00	10.51	20.42	9.36	2.00	10.49
珠海	2.45	3.87	1.78	3.09	1.18	0.27	2.38
汕头	1.55	3.02	2.07	0.85	0.40	0.04	0.67
佛山	3.97	6.01	2.80	3.76	1.70	0.43	1.89
江门	1.81	2.71	2.47	1.06	0.47	0.14	1.05
湛江	2.49	2.77	2.30	0.99	0.64	0.11	0.88
茂名	1.30	2.53	1.46	0.93	0.43	0.04	0.51
肇庆	1.08	2.11	1.11	0.79	0.32	0.06	0.56
惠州	1.97	2.62	3.53	1.76	0.54	0.09	0.85
梅州	0.80	1.05	1.07	0.33	0.35	0.03	0.24
汕尾	0.44	0.72	0.37	0.15	0.07	0.01	0.20
河源	0.74	0.76	1.17	0.77	0.19	0.15	0.35
阳江	0.84	1.07	0.64	0.39	0.20	0.03	0.28
清远	0.64	1.13	1.31	0.95	0.22	0.10	0.63
东莞	2.97	6.25	2.92	2.66	1.31	1.24	2.79
中山	1.49	3.30	1.54	2.04	0.38	0.04	1.31
潮州	0.41	0.59	0.53	0.27	0.16	0.03	0.17
揭阳	0.53	2.43	0.86	0.29	0.14	0.06	0.43
云浮	0.46	1.56	0.48	0.30	0.12	0.01	0.32
广西							
南宁	4.57	4.69	4.89	2.95	3.47	0.20	1.88
柳州	1.68	1.89	1.03	1.34	1.32	0.12	0.39
桂林	1.05	1.51	1.80	0.97	0.86	0.12	0.80
梧州	0.55	0.47	0.74	0.32	0.35	0.02	0.10
北海	0.43	0.40	0.71	0.30	0.31	0.03	0.27

续表

城市	交通运输、仓储和邮政业	批发和零售业	金融业	房地产业	科学研究、技术服务和地质勘查	居民服务和其他服务业	住宿及餐饮业
防城港	0.69	0.17	0.18	0.21	0.11	0.01	0.10
钦州	0.58	0.58	0.44	0.32	0.27	0.02	0.12
贵港	0.70	0.54	0.86	0.17	0.21	0.05	0.11
玉林	0.91	0.97	0.88	0.45	0.52	0.03	0.18
百色	0.91	0.81	0.51	0.23	0.33	0.02	0.17
贺州	0.21	0.20	0.67	0.08	0.21	0.01	0.07
河池	0.77	0.56	0.63	0.21	0.25	0.02	0.14
来宾	0.26	0.28	0.50	0.20	0.24	0.01	0.04
崇左	0.29	0.39	0.46	0.18	0.39	0.01	0.13
海南							
海口	5.25	4.02	2.84	4.73	1.50	0.21	1.73
三亚	0.56	0.58	1.03	1.24	0.15	0.15	3.16
儋州	1.04	4.65	0.05	0.22	0.24	0.49	1.84
重庆	26.49	20.66	13.98	13.01	8.09	1.54	6.35
四川							
成都	45.26	69.93	12.23	17.84	17.33	29.77	36.87
自贡	1.25	0.50	0.97	0.37	0.31	0.05	0.14
攀枝花	1.09	2.70	0.90	0.60	0.54	0.62	0.69
泸州	1.31	1.40	1.02	0.72	0.27	0.05	0.18
德阳	0.95	0.96	1.46	0.45	0.57	0.06	0.30
绵阳	1.42	1.79	2.19	1.03	3.76	0.65	0.55
广元	0.65	0.47	0.91	0.20	0.15	0.03	0.13
遂宁	0.45	0.82	0.66	1.16	0.16	0.06	1.51
内江	0.89	0.46	1.02	0.33	0.15	0.03	0.17
乐山	0.90	0.91	0.87	0.55	0.56	0.14	0.18
南充	1.40	1.17	2.03	0.84	0.49	0.12	0.39

续表

城市	交通运输、仓储和邮政业	批发和零售业	金融业	房地产业	科学研究、技术服务和地质勘查	居民服务和其他服务业	住宿及餐饮业
眉山	0.68	0.65	0.30	0.36	0.29	0.01	0.20
宜宾	1.00	0.58	1.85	0.53	0.24	0.08	0.14
广安	0.50	0.36	1.05	0.24	0.11	0.01	0.10
达州	1.30	1.50	1.34	0.36	0.58	0.10	0.18
雅安	0.34	0.33	0.51	0.12	0.06	0.03	0.10
巴中	0.77	0.60	0.54	0.52	0.18	0.07	0.91
资阳	0.64	0.61	1.10	0.41	0.30	0.01	0.07
贵州							
贵阳	7.81	5.31	2.60	4.78	2.96	0.77	1.34
六盘水	0.33	0.62	0.60	0.29	0.21	0.04	0.10
遵义	1.04	2.03	1.07	1.01	0.75	0.07	0.35
安顺	0.46	0.66	0.71	0.52	0.28	0.11	0.17
毕节	0.57	1.27	0.96	0.52	1.55	0.20	0.18
铜仁	0.42	0.53	0.96	0.23	0.46	0.03	0.15
云南							
昆明	11.16	10.75	3.54	4.55	5.28	0.88	3.89
曲靖	0.81	2.25	0.70	0.77	0.41	0.13	0.73
玉溪	0.44	2.79	0.74	0.82	0.33	0.08	0.38
保山	0.36	0.93	0.37	0.64	0.25	0.02	0.30
昭通	0.41	0.76	0.40	0.38	0.44	0.01	0.28
丽江	0.34	0.58	0.31	0.34	0.31	0.02	0.55
普洱	0.39	0.58	0.39	0.18	0.61	0.03	0.09
临沧	0.33	0.58	0.27	0.54	0.11	0.07	0.12
西藏							
拉萨	1.81	8.46	0.99	0.29	0.89	1.95	4.26

续表

城市	交通运输、仓储和邮政业	批发和零售业	金融业	房地产业	科学研究、技术服务和地质勘查	居民服务和其他服务业	住宿及餐饮业
陕西							
西安	16.45	12.31	8.98	7.31	13.30	1.05	5.62
铜川	0.26	0.73	0.54	0.25	0.17	0.02	0.14
宝鸡	0.95	2.73	1.20	0.62	0.59	0.05	0.92
咸阳	1.21	1.86	1.91	0.74	0.78	0.06	0.74
渭南	1.28	2.05	2.22	0.63	0.94	0.70	0.77
延安	1.06	1.43	0.41	0.43	0.49	0.09	0.68
汉中	0.94	1.15	2.04	0.44	0.63	0.06	0.33
榆林	2.12	1.78	0.94	0.42	0.67	0.09	0.63
安康	0.46	1.02	1.05	0.30	0.30	0.03	0.45
商洛	0.74	0.54	0.70	0.19	0.30	0.02	0.21
甘肃							
兰州	2.48	2.90	2.52	2.87	3.80	0.08	1.21
嘉峪关	0.11	0.11	0.20	0.13	0.06	0.20	0.21
金昌	0.24	0.20	0.19	0.06	0.07	0.01	0.06
白银	0.27	0.23	0.67	0.15	0.15	0.01	0.02
天水	0.58	1.38	0.55	0.35	0.60	0.03	0.36
武威	0.28	0.32	0.42	0.15	0.21	0.02	0.10
张掖	0.45	0.40	0.35	0.22	0.54	0.02	0.11
平凉	0.54	0.51	0.45	0.28	0.29	0.05	0.21
酒泉	0.45	0.64	0.73	0.13	0.28	0.04	0.33
庆阳	0.48	0.55	0.48	0.09	0.21	0.00	0.21
定西	0.45	0.27	0.38	0.24	0.15	0.01	0.17
陇南	0.86	2.21	0.32	0.40	0.16	0.21	1.60
青海							
西宁	3.52	1.77	1.54	0.77	1.56	0.06	0.38

续表

城市	交通运输、仓储和邮政业	批发和零售业	金融业	房地产业	科学研究、技术服务和地质勘查	居民服务和其他服务业	住宿及餐饮业
海东	0.16	0.17	0.24	0.08	0.23	0.00	0.06
宁夏							
银川	1.24	1.74	2.78	1.07	1.00	0.05	0.34
石嘴山	0.12	0.19	0.36	0.12	0.15	0.02	0.06
吴忠	0.15	0.23	0.37	0.07	0.13	0.00	0.15
固原	0.31	0.16	0.23	0.03	0.16	0.00	0.08
中卫	0.24	0.11	0.29	0.07	0.11	0.00	0.02
新疆							
乌鲁木齐	10.08	3.78	2.31	1.97	2.64	0.15	1.08
克拉玛依	0.25	0.16	0.33	0.77	0.20	0.17	0.06

资料来源:《中国城市统计年鉴》《中国统计年鉴》。

基于表 8–13 2016 年我国各城市外向服务部门从业人员数量，根据式（8–2）计算我国层级金融网络各个增长极主要外向服务部门的区位商（Lq_{ij}），计算结果如表 8–14 所示。

表 8–14　我国层级增长极网络各个增长极主要外向服务部门区位商（Lq_{ij}）

城市	交通运输、仓储和邮政业	批发和零售业	金融业	房地产业	科学研究、技术服务和地质勘查	居民服务和其他服务业	住宿及餐饮业
北京	6.72	8.78	7.58	9.97	16.12	11.16	10.69
天津	4.69	5.65	6.53	5.00	7.43	33.73	5.10
河北							
石家庄	6.77	5.33	6.43	3.44	7.25	3.64	3.33
唐山	5.22	4.27	5.92	3.36	1.72	2.44	1.41
秦皇岛	8.36	2.60	8.00	4.74	3.24	1.74	3.78
邯郸	3.71	2.74	4.47	2.18	2.76	1.88	1.99
邢台	1.96	3.50	5.00	3.40	2.24	1.40	2.08

续表

城市	交通运输、仓储和邮政业	批发和零售业	金融业	房地产业	科学研究、技术服务和地质勘查	居民服务和其他服务业	住宿及餐饮业
保定	1.95	2.78	4.59	2.43	7.73	10.69	1.98
张家口	4.15	4.13	5.84	4.76	4.04	10.60	4.66
承德	3.39	2.56	11.34	2.20	3.63	2.00	2.77
沧州	3.32	3.56	6.69	2.84	7.78	2.61	1.99
廊坊	1.93	2.91	4.02	7.47	5.20	1.44	2.51
衡水	3.99	5.44	7.35	2.92	1.84	1.15	2.27
山西							
太原	11.37	4.79	3.50	2.12	7.05	2.53	4.56
大同	3.88	2.78	3.39	1.95	2.48	0.57	4.01
阳泉	2.96	3.04	3.06	1.92	2.35	0.79	1.71
长治	2.73	1.99	5.54	1.39	1.80	0.18	1.42
晋城	3.05	3.28	4.79	1.49	1.19	1.46	1.76
朔州	2.81	4.90	4.36	2.27	1.64	3.44	1.70
晋中	2.63	2.76	11.07	0.78	2.68	0.32	1.21
运城	2.59	3.27	5.29	0.61	1.75	1.99	1.22
忻州	3.93	4.94	4.73	0.83	2.05	3.48	4.06
临汾	7.63	2.16	5.19	0.92	1.94	1.01	0.80
吕梁	2.17	3.55	4.06	0.58	0.52	0.33	2.45
内蒙古							
呼和浩特	6.85	4.87	6.41	5.76	9.58	5.48	6.44
包头	2.83	2.94	5.23	5.14	3.27	3.10	5.33
乌海	2.55	1.18	4.72	5.48	2.64	0.91	0.76
赤峰	3.01	2.64	4.26	2.50	2.72	1.50	2.58
通辽	2.81	2.10	3.65	2.15	2.61	2.92	1.93
鄂尔多斯	4.25	2.50	4.17	4.44	2.12	0.72	4.25
呼伦贝尔	5.98	2.18	3.16	2.18	3.27	5.41	3.36

续表

城市	交通运输、仓储和邮政业	批发和零售业	金融业	房地产业	科学研究、技术服务和地质勘查	居民服务和其他服务业	住宿及餐饮业
巴彦淖尔	2.62	2.85	5.76	3.26	3.64	0.75	1.37
乌兰察布	4.59	2.28	5.37	1.09	2.80	3.40	4.70
辽宁							
沈阳	6.80	5.41	5.46	3.74	7.35	5.53	5.72
大连	5.86	3.94	7.54	6.60	3.31	2.31	4.61
鞍山	4.36	3.20	4.07	3.30	6.19	6.51	2.06
抚顺	3.37	3.41	5.15	2.71	3.28	2.54	1.11
本溪	3.63	1.96	5.30	2.18	2.03	1.90	1.83
丹东	2.82	2.74	4.68	7.80	6.60	3.42	2.86
锦州	4.27	2.70	6.61	3.35	6.67	6.55	1.37
营口	13.22	4.50	6.39	2.23	2.45	2.43	4.06
阜新	2.32	2.71	7.49	2.53	2.82	2.60	1.15
辽阳	2.62	1.88	5.12	3.68	2.65	2.83	0.61
盘锦	1.55	1.28	2.71	1.54	1.82	1.70	1.45
铁岭	2.50	3.65	3.50	2.80	4.90	1.93	0.42
朝阳	2.69	3.64	8.20	2.75	2.27	19.21	0.80
葫芦岛	2.99	1.94	5.93	2.23	3.89	4.28	1.78
吉林							
长春	3.49	4.32	4.37	5.61	6.59	10.84	3.81
吉林	2.52	2.54	3.45	3.64	2.91	1.34	1.59
四平	3.41	3.09	5.10	2.77	5.33	3.24	1.34
辽源	2.17	1.75	4.40	2.55	2.17	1.47	0.54
通化	2.03	2.44	4.18	3.58	2.42	6.68	1.15
白山	2.20	1.68	4.29	1.76	2.05	1.99	1.40
松原	2.35	2.47	3.46	1.68	2.15	7.78	2.12
白城	2.30	2.83	5.12	1.91	5.12	21.86	1.61

续表

城市	交通运输、仓储和邮政业	批发和零售业	金融业	房地产业	科学研究、技术服务和地质勘查	居民服务和其他服务业	住宿及餐饮业
黑龙江							
哈尔滨	6.95	6.79	6.70	4.82	5.93	6.83	6.20
齐齐哈尔	10.84	2.44	7.30	2.23	2.96	1.86	0.37
鸡西	3.29	2.61	4.86	1.02	0.75	5.67	1.83
鹤岗	2.41	3.64	2.77	0.61	0.61	10.04	4.41
双鸭山	4.47	5.65	4.40	2.40	1.89	3.15	1.15
大庆	2.66	3.13	6.65	3.35	16.31	44.61	1.47
伊春	2.05	0.96	3.32	1.12	1.83	0.73	0.92
佳木斯	4.60	5.50	6.09	1.67	3.14	2.36	1.55
七台河	2.97	1.49	5.51	1.03	2.42	1.92	0.31
牡丹江	2.83	3.23	10.37	2.51	1.90	2.23	2.00
黑河	5.70	2.83	5.74	1.11	2.34	1.96	1.69
绥化	4.07	4.42	6.72	2.36	2.43	2.50	0.62
上海	7.43	11.07	6.60	7.27	6.83	10.34	11.14
江苏							
南京	6.38	7.87	2.52	4.77	7.39	3.96	6.60
无锡	2.50	3.97	4.06	3.19	2.59	3.63	5.56
徐州	4.33	3.17	3.13	1.93	2.08	1.44	1.38
常州	2.69	2.64	4.04	2.28	3.02	0.90	6.85
苏州	2.27	3.21	2.50	3.51	1.64	2.32	3.78
南通	1.32	1.62	2.51	1.06	1.69	0.85	0.77
连云港	6.00	3.51	5.82	1.74	3.00	5.85	1.52
淮安	2.64	2.27	3.22	2.67	1.40	2.25	2.09
盐城	2.97	2.50	4.08	2.20	1.61	3.06	2.76
扬州	2.21	1.48	2.04	1.88	2.32	1.51	2.48
镇江	2.38	2.64	4.69	3.86	3.55	1.07	2.94

续表

城市	交通运输、仓储和邮政业	批发和零售业	金融业	房地产业	科学研究、技术服务和地质勘查	居民服务和其他服务业	住宿及餐饮业
泰州	2.25	2.05	2.43	1.37	1.48	0.94	0.99
宿迁	1.81	2.34	1.66	1.89	0.76	0.21	1.24
浙江							
杭州	3.58	5.28	4.83	6.79	7.33	3.84	6.62
宁波	3.54	3.06	6.21	2.94	2.38	2.94	2.61
温州	2.88	2.23	6.28	3.25	1.60	1.14	3.19
嘉兴	1.94	2.64	3.59	4.10	2.29	0.89	2.84
湖州	1.57	3.48	4.81	2.27	1.57	0.79	4.78
绍兴	1.08	1.63	2.18	0.95	1.05	0.93	1.32
金华	2.36	1.60	4.48	1.58	1.08	2.55	1.99
衢州	2.30	2.43	11.45	0.60	2.03	1.00	2.69
舟山	7.04	13.21	2.41	3.52	1.89	22.56	29.21
台州	1.32	2.19	6.36	1.67	1.54	0.74	1.78
丽水	2.80	1.73	11.92	1.03	3.49	1.83	3.29
安徽							
合肥	4.70	4.84	3.15	4.28	4.94	1.17	5.06
芜湖	5.63	4.67	4.08	3.28	2.49	1.97	3.94
蚌埠	4.83	3.93	6.51	4.89	4.02	1.89	1.84
淮南	2.73	2.98	6.18	2.47	2.23	1.15	1.27
马鞍山	2.91	2.60	6.64	2.16	3.75	6.46	0.57
淮北	2.12	1.02	3.58	1.49	1.15	0.51	0.64
铜陵	3.31	2.42	3.75	4.54	2.27	6.17	2.03
安庆	2.78	3.56	4.57	4.58	2.27	3.99	3.74
黄山	3.50	2.46	8.08	4.15	2.85	0.24	13.40
滁州	3.74	2.97	5.65	2.56	3.47	0.95	1.53
阜阳	5.04	5.03	9.40	2.88	1.45	0.63	1.21

续表

城市	交通运输、仓储和邮政业	批发和零售业	金融业	房地产业	科学研究、技术服务和地质勘查	居民服务和其他服务业	住宿及餐饮业
宿州	1.41	21.74	2.56	4.64	3.10	33.20	6.68
六安	14.24	15.39	1.53	1.41	2.11	104.62	20.96
亳州	6.04	5.82	6.70	4.10	2.03	2.15	3.58
池州	3.89	3.64	7.75	2.95	3.66	4.22	5.59
宣城	2.49	3.84	7.57	3.50	2.33	0.73	1.58
福建							
福州	2.64	4.26	2.49	5.07	5.05	3.24	4.56
厦门	4.30	4.77	2.94	6.86	2.68	11.94	7.46
莆田	1.43	4.21	2.53	2.23	0.89	1.36	2.58
三明	3.64	2.88	7.72	2.42	2.25	1.40	1.61
泉州	1.35	2.41	1.87	2.18	0.42	1.15	2.81
漳州	1.70	2.54	3.63	4.86	1.75	1.83	2.68
南平	4.64	2.78	6.96	3.59	3.05	1.68	4.06
龙岩	3.38	5.20	8.86	3.42	2.18	2.22	3.89
宁德	3.40	3.53	7.42	2.74	1.41	3.49	2.81
江西							
南昌	2.66	5.27	2.79	2.76	3.82	1.18	3.23
景德镇	3.94	6.07	3.62	4.35	3.95	3.77	3.51
萍乡	1.95	1.81	5.47	2.19	1.78	1.58	0.72
九江	3.14	2.29	2.61	2.56	4.34	1.14	3.38
新余	2.34	1.55	2.98	1.97	1.81	1.71	4.11
鹰潭	3.36	2.47	2.47	1.92	2.03	0.62	3.07
赣州	2.43	1.81	2.88	3.18	1.99	4.90	2.35
吉安	3.79	2.35	3.86	1.97	2.26	2.63	2.50
宜春	3.35	3.72	4.69	1.90	0.83	0.96	2.13
抚州	3.26	1.78	2.93	3.07	1.03	5.02	1.25

续表

城市	交通运输、仓储和邮政业	批发和零售业	金融业	房地产业	科学研究、技术服务和地质勘查	居民服务和其他服务业	住宿及餐饮业
上饶	1.60	3.04	3.30	2.40	0.68	1.70	2.40
山东							
济南	3.77	7.03	8.21	6.07	4.80	3.93	5.32
青岛	4.80	4.96	4.77	4.70	3.36	6.20	5.01
淄博	1.61	3.30	2.87	2.78	1.27	1.09	2.22
枣庄	1.92	3.06	2.28	3.14	1.10	2.26	1.91
东营	1.40	2.28	2.75	1.92	3.39	0.86	7.64
烟台	4.26	3.15	3.21	6.21	3.54	1.61	3.20
潍坊	2.34	4.28	2.39	3.51	1.83	0.72	2.99
济宁	2.25	2.69	5.53	2.09	1.42	1.36	2.72
泰安	2.33	5.13	4.70	3.50	2.12	4.14	2.51
威海	2.66	2.79	2.68	5.53	4.52	2.82	3.54
日照	7.55	4.68	2.62	3.08	1.11	0.17	2.71
莱芜	3.84	3.38	2.37	7.50	0.74	4.76	2.21
临沂	2.51	5.37	4.03	3.16	2.32	2.22	1.99
德州	2.77	5.11	4.14	4.13	2.61	4.47	3.45
聊城	3.80	3.24	9.39	2.65	1.25	1.03	2.73
滨州	2.36	2.90	2.60	2.64	1.05	3.48	1.49
菏泽	2.87	2.75	4.59	2.95	2.05	1.72	1.76
河南							
郑州	3.68	4.56	5.26	5.66	5.61	2.03	4.43
开封	2.02	6.18	1.64	3.69	1.92	4.92	3.59
洛阳	2.30	4.26	4.14	3.95	7.47	1.85	3.10
平顶山	2.20	3.79	3.58	2.89	2.24	3.08	2.79
安阳	2.27	2.69	3.08	2.47	0.91	1.12	1.68
鹤壁	1.33	2.36	2.60	2.36	1.65	0.77	2.09

续表

城市	交通运输、仓储和邮政业	批发和零售业	金融业	房地产业	科学研究、技术服务和地质勘查	居民服务和其他服务业	住宿及餐饮业
新乡	1.86	2.56	2.17	2.58	2.04	1.20	1.90
焦作	5.18	4.67	3.35	2.02	1.62	4.67	1.67
濮阳	2.19	3.17	1.79	2.78	1.30	6.76	1.15
许昌	1.71	3.78	2.07	4.13	2.02	3.68	3.15
漯河	2.66	3.92	2.01	2.47	0.77	0.54	1.65
三门峡	3.10	3.03	5.76	1.42	1.52	2.57	2.42
南阳	2.77	4.18	2.76	1.92	3.23	2.75	2.87
商丘	3.03	5.70	1.95	5.28	0.90	3.23	2.09
信阳	2.98	6.31	2.12	4.38	3.23	4.32	3.38
周口	2.66	5.21	2.61	2.82	1.29	1.95	1.25
驻马店	3.08	5.49	1.92	4.94	2.03	4.47	2.72
湖北							
武汉	4.52	7.56	4.20	5.48	7.00	3.41	6.69
黄石	2.88	3.11	1.95	2.41	2.99	1.79	2.82
十堰	1.94	15.15	3.52	4.95	1.39	16.61	4.42
宜昌	5.08	9.36	1.57	3.99	4.33	8.01	7.60
襄阳	2.69	10.57	1.71	3.50	4.12	5.32	4.77
鄂州	3.29	3.24	1.48	3.05	1.40	6.33	6.35
荆门	3.86	7.87	2.39	1.70	2.30	1.97	4.72
孝感	1.88	7.58	1.58	4.34	1.52	12.67	11.01
荆州	3.63	3.51	3.94	2.20	2.57	1.96	2.68
黄冈	1.39	3.19	2.74	1.81	1.16	1.49	1.73
咸宁	3.49	3.03	3.16	2.58	1.87	0.49	2.99
随州	2.54	4.69	2.97	1.81	2.56	0.31	3.86
湖南							
长沙	3.71	5.40	6.37	6.47	7.29	4.31	6.69

续表

城市	交通运输、仓储和邮政业	批发和零售业	金融业	房地产业	科学研究、技术服务和地质勘查	居民服务和其他服务业	住宿及餐饮业
株洲	1.87	2.65	4.32	6.95	2.46	4.15	3.21
湘潭	12.64	8.22	3.61	3.18	2.44	16.21	6.52
衡阳	2.48	2.49	4.66	3.58	2.37	2.72	3.63
邵阳	2.81	2.61	6.96	2.13	1.31	2.96	1.22
岳阳	2.00	3.65	5.04	2.62	6.31	4.60	3.93
常德	2.42	3.65	3.42	3.09	5.14	3.90	3.82
张家界	2.99	2.11	5.87	2.11	1.12	0.26	14.56
益阳	1.78	1.91	8.97	1.62	1.21	0.46	1.68
郴州	2.30	3.46	6.37	5.01	4.28	2.22	4.02
永州	2.90	2.03	4.02	1.91	2.42	2.16	1.17
怀化	4.47	1.68	4.07	3.87	2.29	0.61	1.83
娄底	2.38	1.81	3.00	1.58	1.28	5.69	1.90
广东							
广州	8.37	7.70	4.21	10.68	7.82	8.86	9.34
韶关	2.30	2.88	3.95	3.81	1.94	1.95	4.16
深圳	4.92	5.64	2.69	8.05	3.79	4.52	6.62
珠海	3.06	4.70	2.84	7.60	2.98	3.76	9.37
汕头	2.46	4.65	4.21	2.67	1.28	0.63	3.34
佛山	2.11	3.10	1.90	3.94	1.83	2.55	3.17
江门	2.78	4.04	4.84	3.20	1.46	2.46	5.08
湛江	4.35	4.69	5.14	3.39	2.25	2.14	4.86
茂名	2.55	4.83	3.67	3.60	1.71	0.91	3.13
肇庆	2.32	4.42	3.07	3.35	1.39	1.39	3.79
惠州	1.87	2.42	4.29	3.30	1.04	0.99	2.56
梅州	2.54	3.22	4.33	2.07	2.21	1.04	2.36
汕尾	1.67	2.68	1.84	1.12	0.58	0.59	2.48

续表

城市	交通运输、仓储和邮政业	批发和零售业	金融业	房地产业	科学研究、技术服务和地质勘查	居民服务和其他服务业	住宿及餐饮业
河源	2.41	2.41	4.88	4.93	1.25	5.54	3.61
阳江	3.17	3.91	3.09	2.88	1.50	1.46	3.38
清远	1.79	3.07	4.69	5.25	1.23	3.28	5.59
东莞	1.17	2.40	1.47	2.07	1.05	5.53	3.47
中山	1.68	3.61	2.23	4.52	0.88	0.54	4.65
潮州	1.87	2.60	3.05	2.45	1.46	1.48	2.41
揭阳	1.18	5.21	2.42	1.26	0.64	1.44	3.00
云浮	1.92	6.33	2.59	2.48	1.03	0.43	4.20
广西							
南宁	4.29	4.27	5.86	5.45	6.59	2.13	5.55
柳州	2.63	2.87	2.05	4.13	4.17	2.16	1.93
桂林	2.25	3.14	4.90	4.08	3.72	2.90	5.41
梧州	2.52	2.11	4.32	2.88	3.25	0.82	1.44
北海	2.71	2.44	5.70	3.75	3.90	2.02	5.41
防城港	6.46	1.55	2.16	3.91	2.04	0.60	2.97
钦州	2.45	2.37	2.37	2.61	2.33	0.72	1.62
贵港	3.45	2.60	5.41	1.69	2.06	3.01	1.65
玉林	2.45	2.54	3.02	2.38	2.85	1.02	1.56
百色	3.74	3.22	2.69	1.87	2.77	0.86	2.17
贺州	1.88	1.74	7.64	1.43	3.81	0.67	1.94
河池	3.70	2.62	3.90	1.96	2.48	0.83	2.05
来宾	1.88	1.98	4.59	2.76	3.52	0.68	0.88
崇左	1.95	2.59	3.95	2.34	5.35	0.49	2.80
海南							
海口	9.32	6.94	6.45	16.53	5.41	4.17	9.69
三亚	3.92	3.92	9.13	17.07	2.14	12.01	69.43

续表

城市	交通运输、仓储和邮政业	批发和零售业	金融业	房地产业	科学研究、技术服务和地质勘查	居民服务和其他服务业	住宿及餐饮业
儋州	2.35	10.22	0.14	0.99	1.11	12.58	13.12
重庆	5.86	4.44	3.95	5.67	3.62	3.83	4.43
四川							
成都	7.48	11.22	2.58	5.80	5.80	55.43	19.19
自贡	5.64	2.18	5.58	3.27	2.87	2.59	1.93
攀枝花	3.55	8.54	3.75	3.86	3.59	22.92	7.09
泸州	3.12	3.24	3.08	3.38	1.31	1.29	1.36
德阳	2.74	2.67	5.36	2.55	3.35	1.93	2.68
绵阳	2.47	3.02	4.87	3.52	13.22	12.73	2.99
广元	3.55	2.48	6.27	2.11	1.68	1.66	2.19
遂宁	1.23	2.18	2.33	6.27	0.88	1.99	13.11
内江	2.90	1.47	4.23	2.14	1.01	1.13	1.76
乐山	3.10	3.03	3.83	3.70	3.92	5.54	1.97
南充	2.84	2.30	5.25	3.34	2.01	2.63	2.50
眉山	3.02	2.79	1.72	3.18	2.58	0.55	2.78
宜宾	2.58	1.45	6.11	2.69	1.26	2.39	1.13
广安	2.95	2.07	7.89	2.76	1.35	0.52	1.89
达州	3.15	3.55	4.17	1.74	2.88	2.76	1.37
雅安	2.76	2.60	5.26	1.94	1.02	2.56	2.46
巴中	2.34	1.75	2.10	3.10	1.08	2.25	8.69
资阳	3.21	2.97	7.08	4.04	3.00	0.45	1.08
贵州							
贵阳	6.75	4.46	2.87	8.13	5.17	7.51	3.65
六盘水	1.30	2.40	3.02	2.25	1.72	1.66	1.28
遵义	2.23	4.23	2.92	4.25	3.27	1.64	2.34
安顺	2.24	3.11	4.38	4.98	2.78	5.82	2.65

续表

城市	交通运输、仓储和邮政业	批发和零售业	金融业	房地产业	科学研究、技术服务和地质勘查	居民服务和其他服务业	住宿及餐饮业
毕节	1.60	3.42	3.40	2.85	8.73	6.34	1.61
铜仁	1.82	2.21	5.34	1.93	4.04	1.50	2.11
云南							
昆明	7.63	7.14	3.09	6.12	7.31	6.78	8.37
曲靖	1.58	4.26	1.73	2.97	1.60	2.79	4.46
玉溪	1.43	8.76	3.05	5.22	2.18	2.91	3.92
保山	1.65	4.10	2.15	5.72	2.32	1.13	4.37
昭通	1.54	2.79	1.91	2.85	3.36	0.44	3.31
丽江	3.02	5.02	3.47	5.95	5.60	1.89	15.32
普洱	2.10	2.99	2.65	1.86	6.60	2.09	1.53
临沧	2.02	3.45	2.11	6.44	1.33	4.96	2.37
西藏							
拉萨	3.47	15.72	2.42	1.08	3.44	42.03	25.66
陕西							
西安	7.55	5.48	5.26	6.60	12.34	5.40	8.12
铜川	2.10	5.63	5.44	3.94	2.67	1.46	3.47
宝鸡	2.11	5.89	3.40	2.72	2.63	1.15	6.41
咸阳	1.97	2.96	4.00	2.39	2.59	1.05	3.81
渭南	2.49	3.89	5.54	2.40	3.70	15.47	4.75
延安	2.89	3.76	1.43	2.30	2.71	2.73	5.77
汉中	2.88	3.40	7.92	2.66	3.86	1.99	3.19
榆林	4.60	3.75	2.60	1.79	2.95	2.08	4.33
安康	2.25	4.81	6.52	2.92	2.92	1.79	6.93
商洛	3.39	2.42	4.14	1.76	2.79	0.87	3.06
甘肃							
兰州	3.30	3.76	4.28	7.52	10.24	1.18	5.08

续表

城市	交通运输、仓储和邮政业	批发和零售业	金融业	房地产业	科学研究、技术服务和地质勘查	居民服务和其他服务业	住宿及餐饮业
嘉峪关	1.26	1.26	3.04	2.95	1.38	26.56	7.80
金昌	2.14	1.76	2.15	1.12	1.27	0.84	1.70
白银	1.55	1.29	4.89	1.69	1.70	0.78	0.30
天水	2.28	5.25	2.76	2.74	4.81	1.13	4.51
武威	1.89	2.09	3.62	2.03	2.96	1.76	2.23
张掖	3.10	2.71	3.08	3.05	7.53	1.58	2.49
平凉	2.80	2.59	2.94	2.86	3.03	2.66	3.39
酒泉	2.77	3.83	5.72	1.58	3.46	2.69	6.37
庆阳	2.50	2.75	3.19	0.88	2.21	0.14	3.36
定西	2.62	1.53	2.83	2.77	1.81	0.68	3.07
陇南	3.95	9.84	1.88	3.61	1.49	10.86	23.12
青海							
西宁	9.40	4.60	5.25	4.02	8.46	1.75	3.17
海东	1.96	2.10	3.78	2.07	5.65	0.38	2.52
宁夏							
银川	3.19	4.35	9.16	5.41	5.20	1.43	2.72
石嘴山	1.19	1.93	4.68	2.49	3.22	2.06	1.96
吴忠	1.41	2.11	4.50	1.30	2.48	0.42	4.57
固原	4.18	2.11	3.98	0.67	4.40	0.38	3.36
中卫	3.35	1.44	5.31	2.01	3.11	0.24	1.02
新疆							
乌鲁木齐	12.67	4.62	3.71	4.88	6.73	2.13	4.27
克拉玛依	1.35	0.86	2.28	8.29	2.20	10.31	0.95

在表 8-14 我国层级金融网络各个增长极主要外向服务部门的区位商（Lq_{ij}）的基础上，根据式（8-3）和式（8-4），计算我国区域层级增长极

网络各个增长极外向功能量，结果如表 8–15 所示。

表 8–15　我国区域层级增长极网络各个增长极外向功能量

城市	交通运输、仓储和邮政业	批发和零售业	金融业	房地产业	科学研究、技术服务和地质勘查	居民服务、修理和其他服务业	住宿及餐饮业	E_i
北京	49.57	69.44	44.63	39.48	64.70	7.81	26.66	302.29
天津	11.54	14.99	13.56	6.37	9.94	9.10	4.07	69.56
河北								
石家庄	6.29	4.85	4.64	1.35	3.37	0.26	0.81	21.55
唐山	4.07	3.25	3.71	1.16	0.34	0.12	0.12	12.78
秦皇岛	2.62	0.58	1.95	0.68	0.39	0.02	0.31	6.56
邯郸	2.26	1.49	2.26	0.50	0.72	0.07	0.26	7.57
邢台	0.47	1.26	1.54	0.60	0.30	0.02	0.17	4.36
保定	1.05	2.02	3.10	0.80	3.66	0.95	0.34	11.92
张家口	1.27	1.30	1.53	0.77	0.61	0.34	0.47	6.31
承德	0.77	0.52	2.63	0.20	0.42	0.03	0.18	4.75
沧州	1.32	1.50	2.53	0.53	1.90	0.08	0.18	8.04
廊坊	0.47	0.99	1.19	1.65	1.04	0.02	0.24	5.60
衡水	0.94	1.43	1.56	0.31	0.13	0.00	0.13	4.49
山西								
太原	11.82	4.44	2.23	0.65	3.40	0.15	1.29	23.98
大同	1.27	0.81	0.83	0.21	0.32	–0.02	0.42	3.84
阳泉	0.54	0.58	0.45	0.13	0.19	–0.01	0.06	1.95
长治	0.81	0.48	1.66	0.09	0.19	–0.03	0.06	3.25
晋城	0.80	0.91	1.15	0.10	0.04	0.02	0.09	3.11
朔州	0.37	0.83	0.54	0.13	0.07	0.04	0.05	2.04
晋中	0.63	0.69	3.02	–0.04	0.32	–0.02	0.03	4.62
运城	0.61	0.90	1.29	–0.08	0.14	0.03	0.03	2.93
忻州	0.77	1.06	0.77	–0.02	0.14	0.06	0.25	3.02

续表

城市	交通运输、仓储和邮政业	批发和零售业	金融业	房地产业	科学研究、技术服务和地质勘查	居民服务、修理和其他服务业	住宿及餐饮业	E_i
临汾	2.65	0.48	1.31	−0.02	0.19	0.00	−0.03	4.58
吕梁	0.45	1.01	0.92	−0.08	−0.09	−0.02	0.18	2.37
内蒙古								
呼和浩特	2.64	1.80	1.91	1.09	1.91	0.18	0.78	10.30
包头	0.78	0.85	1.41	0.90	0.48	0.08	0.58	5.07
乌海	0.16	0.02	0.30	0.23	0.08	0.00	−0.01	0.78
赤峰	0.74	0.62	0.94	0.28	0.31	0.02	0.18	3.08
通辽	0.58	0.36	0.66	0.19	0.25	0.05	0.09	2.20
鄂尔多斯	1.11	0.53	0.85	0.60	0.19	−0.01	0.35	3.62
呼伦贝尔	2.35	0.57	0.80	0.28	0.53	0.18	0.35	5.06
巴彦淖尔	0.26	0.30	0.60	0.18	0.21	0.00	0.02	1.57
乌兰察布	0.62	0.23	0.59	0.01	0.15	0.04	0.20	1.84
辽宁								
沈阳	8.21	6.42	4.94	1.97	4.44	0.57	2.12	28.67
大连	5.73	3.57	6.04	3.36	1.35	0.14	1.35	21.53
鞍山	1.76	1.19	1.26	0.61	1.34	0.26	0.18	6.60
抚顺	0.65	0.68	0.89	0.24	0.31	0.04	0.01	2.81
本溪	0.65	0.25	0.84	0.15	0.13	0.02	0.07	2.10
丹东	0.46	0.45	0.73	0.87	0.70	0.05	0.15	3.40
锦州	1.05	0.56	1.41	0.38	0.90	0.16	0.04	4.49
营口	3.43	1.01	1.18	0.17	0.20	0.04	0.27	6.32
阜新	0.22	0.29	0.85	0.13	0.15	0.02	0.01	1.67
辽阳	0.28	0.16	0.56	0.24	0.14	0.03	−0.02	1.38
盘锦	0.26	0.14	0.65	0.13	0.20	0.03	0.07	1.48
铁岭	0.37	0.68	0.49	0.23	0.48	0.02	−0.05	2.23
朝阳	0.45	0.73	1.50	0.24	0.17	0.43	−0.02	3.50

续表

城市	交通运输、仓储和邮政业	批发和零售业	金融业	房地产业	科学研究、技术服务和地质勘查	居民服务、修理和其他服务业	住宿及餐饮业	E_i
葫芦岛	0.47	0.23	0.92	0.15	0.34	0.07	0.06	2.24
吉林								
长春	3.42	4.71	3.64	3.23	3.81	1.20	1.23	21.24
吉林	0.65	0.68	0.82	0.57	0.40	0.01	0.08	3.22
四平	0.51	0.45	0.68	0.19	0.45	0.04	0.02	2.34
辽源	0.16	0.11	0.37	0.11	0.08	0.01	−0.02	0.82
通化	0.31	0.45	0.75	0.39	0.21	0.15	0.01	2.27
白山	0.22	0.13	0.48	0.07	0.10	0.02	0.02	1.04
松原	0.39	0.44	0.56	0.10	0.16	0.17	0.10	1.93
白城	0.30	0.43	0.73	0.10	0.46	0.42	0.04	2.49
黑龙江								
哈尔滨	8.50	8.52	6.37	2.77	3.47	0.74	2.36	32.73
齐齐哈尔	4.05	0.61	2.03	0.26	0.40	0.03	−0.08	7.30
鸡西	0.65	0.47	0.85	0.00	−0.04	0.12	0.07	2.12
鹤岗	0.29	0.56	0.29	−0.04	−0.04	0.17	0.22	1.45
双鸭山	0.57	0.79	0.44	0.12	0.07	0.03	0.01	2.02
大庆	0.94	1.24	2.50	0.67	4.28	2.19	0.08	11.91
伊春	0.19	−0.01	0.34	0.01	0.08	0.00	0.00	0.60
佳木斯	0.66	0.84	0.73	0.06	0.19	0.02	0.03	2.53
七台河	0.19	0.05	0.35	0.00	0.07	0.01	−0.02	0.64
牡丹江	0.51	0.64	2.04	0.21	0.12	0.03	0.09	3.64
黑河	0.62	0.25	0.49	0.01	0.09	0.01	0.03	1.49
绥化	0.90	1.03	1.31	0.20	0.21	0.04	−0.04	3.65
上海	44.21	71.28	30.13	21.89	19.79	5.69	22.12	215.12
江苏								
南京	12.07	15.89	2.68	4.30	7.09	0.59	4.00	46.62

续表

城市	交通运输、仓储和邮政业	批发和零售业	金融业	房地产业	科学研究、技术服务和地质勘查	居民服务、修理和其他服务业	住宿及餐饮业	E_i
无锡	1.86	3.79	2.97	1.38	0.98	0.29	1.80	13.06
徐州	3.64	2.44	1.82	0.51	0.58	0.04	0.13	9.18
常州	1.27	1.27	1.78	0.49	0.75	–0.01	1.39	6.94
苏州	4.01	7.21	3.72	4.03	1.00	0.37	2.79	23.12
南通	0.71	1.42	2.66	0.07	0.77	–0.03	–0.16	5.44
连云港	2.60	1.34	1.96	0.20	0.51	0.22	0.08	6.93
淮安	1.24	0.98	1.31	0.64	0.15	0.08	0.26	4.66
盐城	1.88	1.47	2.31	0.58	0.29	0.18	0.54	7.25
扬州	1.35	0.56	0.91	0.50	0.73	0.05	0.53	4.63
镇江	0.72	0.89	1.52	0.76	0.66	0.00	0.32	4.88
泰州	1.51	1.30	1.35	0.23	0.29	–0.01	0.00	4.66
宿迁	0.43	0.73	0.27	0.24	–0.06	–0.04	0.04	1.62
浙江								
杭州	8.21	13.99	9.52	9.35	9.93	0.80	5.66	57.46
宁波	4.22	3.52	6.79	1.64	1.14	0.29	0.85	18.44
温州	2.16	1.45	4.74	1.31	0.34	0.01	0.79	10.81
嘉兴	0.83	1.49	1.79	1.39	0.56	–0.01	0.52	6.57
湖州	0.31	1.40	1.64	0.35	0.16	–0.01	0.66	4.52
绍兴	0.12	0.98	1.39	–0.04	0.04	–0.01	0.15	2.63
金华	1.38	0.62	2.76	0.30	0.04	0.14	0.32	5.56
衢州	0.29	0.33	1.85	–0.05	0.11	0.00	0.12	2.67
舟山	3.11	6.47	0.57	0.66	0.23	0.98	4.61	16.62
台州	0.33	1.26	4.33	0.35	0.27	–0.02	0.26	6.77
丽水	0.36	0.15	1.73	0.00	0.25	0.01	0.15	2.65
安徽								
合肥	5.99	6.41	2.73	2.70	3.15	0.02	2.09	23.09

续表

城市	交通运输、仓储和邮政业	批发和零售业	金融业	房地产业	科学研究、技术服务和地质勘查	居民服务、修理和其他服务业	住宿及餐饮业	E_i
芜湖	2.31	1.89	1.20	0.58	0.37	0.04	0.47	6.87
蚌埠	1.15	0.90	1.29	0.59	0.45	0.02	0.08	4.48
淮南	0.58	0.68	1.35	0.25	0.20	0.00	0.03	3.09
马鞍山	0.46	0.40	1.08	0.14	0.33	0.12	–0.03	2.50
淮北	0.26	0.01	0.47	0.06	0.02	–0.01	–0.03	0.78
铜陵	0.43	0.27	0.40	0.34	0.12	0.09	0.06	1.71
安庆	0.67	0.98	1.04	0.68	0.23	0.10	0.32	4.03
黄山	0.32	0.19	0.70	0.20	0.12	–0.01	0.50	2.02
滁州	0.73	0.54	0.98	0.21	0.33	0.00	0.05	2.83
阜阳	1.49	1.53	2.42	0.35	0.08	–0.01	0.02	5.89
宿州	0.35	18.13	1.04	1.57	0.88	2.42	1.53	25.92
六安	15.80	17.69	0.49	0.25	0.65	10.98	7.57	53.43
亳州	1.30	1.28	1.15	0.41	0.13	0.03	0.21	4.50
池州	0.34	0.32	0.62	0.12	0.15	0.03	0.17	1.76
宣城	0.27	0.52	0.92	0.23	0.12	0.00	0.03	2.08
福建								
福州	2.82	5.77	2.00	3.55	3.43	0.34	1.94	19.85
厦门	5.03	5.91	2.32	4.53	1.27	1.48	3.13	23.67
莆田	0.24	1.88	0.68	0.36	–0.03	0.02	0.29	3.43
三明	0.69	0.51	1.38	0.19	0.16	0.01	0.05	3.00
泉州	0.58	2.38	1.11	0.98	–0.47	0.02	0.94	5.55
漳州	0.43	0.97	1.26	1.20	0.23	0.05	0.33	4.47
南平	0.98	0.49	1.26	0.36	0.27	0.02	0.26	3.65
龙岩	0.82	1.49	2.11	0.42	0.20	0.04	0.31	5.39
宁德	0.83	0.90	1.73	0.31	0.07	0.08	0.20	4.11
江西								
南昌	2.28	6.07	1.94	1.24	1.92	0.02	0.97	14.44

续表

城市	交通运输、仓储和邮政业	批发和零售业	金融业	房地产业	科学研究、技术服务和地质勘查	居民服务、修理和其他服务业	住宿及餐饮业	E_i
景德镇	0.62	1.10	0.43	0.36	0.31	0.05	0.17	3.04
萍乡	0.22	0.19	0.81	0.14	0.09	0.01	–0.02	1.44
九江	1.02	0.63	0.60	0.38	0.79	0.01	0.36	3.78
新余	0.21	0.09	0.24	0.08	0.06	0.01	0.16	0.85
鹰潭	0.38	0.24	0.19	0.08	0.08	–0.01	0.11	1.07
赣州	0.91	0.53	0.93	0.70	0.31	0.22	0.27	3.86
吉安	1.14	0.57	0.92	0.20	0.25	0.06	0.20	3.33
宜春	1.18	1.41	1.45	0.23	–0.04	0.00	0.18	4.40
抚州	0.93	0.33	0.62	0.43	0.01	0.15	0.03	2.51
上饶	0.29	1.00	0.85	0.34	–0.07	0.03	0.21	2.64
山东								
济南	4.12	9.24	8.40	3.83	2.80	0.39	2.04	30.81
青岛	6.04	6.49	4.70	2.99	1.86	0.73	2.03	24.84
淄博	0.56	2.18	1.34	0.83	0.12	0.01	0.36	5.40
枣庄	0.45	1.04	0.49	0.53	0.02	0.05	0.14	2.74
东营	0.19	0.62	0.65	0.22	0.56	–0.01	1.00	3.23
烟台	3.69	2.51	1.96	3.00	1.42	0.06	0.79	13.43
潍坊	1.26	3.18	1.03	1.20	0.38	–0.02	0.59	7.61
济宁	1.16	1.62	3.31	0.52	0.19	0.03	0.51	7.34
泰安	1.01	3.23	2.20	0.96	0.42	0.21	0.36	8.39
威海	1.07	1.18	0.85	1.48	1.12	0.10	0.52	6.31
日照	2.23	1.29	0.43	0.36	0.02	–0.02	0.18	4.49
莱芜	0.52	0.45	0.20	0.61	–0.02	0.06	0.07	1.88
临沂	1.53	4.55	2.40	1.11	0.66	0.11	0.32	10.68
德州	1.08	2.57	1.49	0.97	0.48	0.19	0.47	7.25
聊城	1.45	1.19	3.40	0.43	0.06	0.00	0.28	6.83

续表

城市	交通运输、仓储和邮政业	批发和零售业	金融业	房地产业	科学研究、技术服务和地质勘查	居民服务、修理和其他服务业	住宿及餐饮业	E_i
滨州	0.75	1.08	0.69	0.46	0.01	0.12	0.09	3.21
菏泽	1.07	1.03	1.61	0.57	0.30	0.04	0.14	4.75
河南								
郑州	5.90	8.06	7.33	5.21	5.00	0.20	2.40	34.11
开封	0.60	3.14	0.30	0.80	0.27	0.20	0.48	5.79
洛阳	1.07	2.77	2.03	1.24	2.64	0.06	0.55	10.36
平顶山	0.72	1.73	1.22	0.58	0.37	0.11	0.34	5.07
安阳	0.80	1.09	1.02	0.47	−0.03	0.01	0.14	3.50
鹤壁	0.08	0.36	0.32	0.18	0.08	−0.01	0.09	1.10
新乡	0.62	1.17	0.66	0.58	0.37	0.01	0.21	3.64
焦作	2.48	2.24	1.09	0.31	0.18	0.19	0.13	6.62
濮阳	0.54	1.01	0.28	0.41	0.07	0.23	0.02	2.56
许昌	0.38	1.53	0.45	0.85	0.27	0.13	0.37	3.97
漯河	0.61	1.11	0.29	0.28	−0.04	−0.01	0.08	2.31
三门峡	0.58	0.57	1.02	0.06	0.07	0.04	0.12	2.46
南阳	1.83	3.40	1.42	0.49	1.14	0.16	0.61	9.06
商丘	1.72	4.09	0.63	1.83	−0.04	0.17	0.29	8.68
信阳	1.37	3.78	0.61	1.19	0.76	0.20	0.52	8.43
周口	1.32	3.44	1.00	0.73	0.11	0.07	0.06	6.73
驻马店	1.63	3.62	0.57	1.57	0.40	0.24	0.43	8.45
湖北								
武汉	8.21	15.77	5.84	5.32	6.92	0.50	4.22	46.77
黄石	0.63	0.73	0.25	0.24	0.33	0.02	0.19	2.40
十堰	0.68	10.58	1.43	1.46	0.14	1.01	0.79	16.09
宜昌	4.21	8.88	0.46	1.57	1.70	0.64	2.16	19.62
襄阳	1.87	10.90	0.61	1.40	1.71	0.42	1.32	18.24

续表

城市	交通运输、仓储和邮政业	批发和零售业	金融业	房地产业	科学研究、技术服务和地质勘查	居民服务、修理和其他服务业	住宿及餐饮业	E_i
鄂州	0.55	0.56	0.09	0.25	0.05	0.11	0.41	2.03
荆门	1.24	3.06	0.47	0.15	0.28	0.04	0.51	5.74
孝感	0.79	6.13	0.41	1.53	0.23	0.94	2.87	12.90
荆州	1.22	1.20	1.07	0.28	0.36	0.04	0.25	4.42
黄冈	0.29	1.66	1.01	0.30	0.06	0.03	0.17	3.53
咸宁	0.63	0.53	0.42	0.20	0.11	−0.01	0.16	2.03
随州	0.25	0.62	0.25	0.07	0.13	−0.01	0.15	1.45
湖南								
长沙	3.58	5.99	5.56	3.68	4.11	0.39	2.39	25.71
株洲	0.43	0.85	1.30	1.51	0.36	0.14	0.35	4.94
湘潭	6.02	3.84	1.06	0.57	0.37	0.70	0.91	13.47
衡阳	0.86	0.90	1.68	0.77	0.40	0.09	0.49	5.19
邵阳	0.74	0.68	1.91	0.24	0.06	0.07	0.03	3.73
岳阳	0.51	1.40	1.62	0.42	1.35	0.16	0.48	5.95
常德	0.65	1.25	0.86	0.49	0.93	0.12	0.41	4.71
张家界	0.19	0.11	0.36	0.05	0.01	−0.01	0.41	1.12
益阳	0.23	0.28	1.84	0.09	0.03	−0.01	0.06	2.52
郴州	0.51	1.00	1.65	0.80	0.64	0.04	0.38	5.02
永州	0.68	0.38	0.84	0.17	0.25	0.04	0.02	2.38
怀化	1.00	0.20	0.69	0.42	0.18	−0.01	0.08	2.56
娄底	0.45	0.27	0.51	0.10	0.05	0.14	0.09	1.60
广东								
广州	26.24	24.57	8.95	17.51	11.99	2.48	9.43	101.18
韶关	0.48	0.71	0.85	0.52	0.17	0.03	0.37	3.12
深圳	19.57	23.86	6.60	17.88	6.89	1.56	8.90	85.26
珠海	1.65	3.05	1.15	2.69	0.78	0.20	2.13	11.64

续表

城市	交通运输、仓储和邮政业	批发和零售业	金融业	房地产业	科学研究、技术服务和地质勘查	居民服务、修理和其他服务业	住宿及餐饮业	E_i
汕头	0.92	2.37	1.58	0.53	0.09	−0.02	0.47	5.93
佛山	2.09	4.07	1.33	2.81	0.77	0.26	1.29	12.63
江门	1.16	2.04	1.96	0.73	0.15	0.08	0.84	6.97
湛江	1.92	2.18	1.86	0.69	0.35	0.06	0.70	7.76
茂名	0.79	2.01	1.06	0.67	0.18	0.00	0.34	5.05
肇庆	0.61	1.63	0.75	0.55	0.09	0.02	0.41	4.07
惠州	0.92	1.54	2.71	1.23	0.02	0.00	0.52	6.92
梅州	0.49	0.72	0.83	0.17	0.19	0.00	0.14	2.54
汕尾	0.18	0.45	0.17	0.02	−0.05	−0.01	0.12	0.87
河源	0.43	0.44	0.93	0.61	0.04	0.12	0.25	2.83
阳江	0.58	0.79	0.43	0.25	0.07	0.01	0.20	2.33
清远	0.28	0.76	1.03	0.77	0.04	0.07	0.52	3.47
东莞	0.44	3.65	0.94	1.37	0.06	1.02	1.98	9.46
中山	0.60	2.38	0.85	1.59	−0.05	−0.04	1.03	6.36
潮州	0.19	0.36	0.36	0.16	0.05	0.01	0.10	1.23
揭阳	0.08	1.96	0.50	0.06	−0.08	0.02	0.29	2.83
云浮	0.22	1.31	0.30	0.18	0.00	−0.01	0.24	2.24
广西								
南宁	3.51	3.59	4.06	2.41	2.95	0.11	1.54	18.17
柳州	1.04	1.23	0.53	1.02	1.00	0.07	0.19	5.07
桂林	0.58	1.03	1.43	0.73	0.63	0.08	0.66	5.14
梧州	0.33	0.25	0.57	0.21	0.24	0.00	0.03	1.63
北海	0.27	0.24	0.59	0.22	0.23	0.01	0.22	1.78
防城港	0.58	0.06	0.10	0.16	0.05	0.00	0.07	1.01
钦州	0.35	0.34	0.26	0.19	0.16	−0.01	0.05	1.33
贵港	0.49	0.33	0.70	0.07	0.11	0.04	0.04	1.78

续表

城市	交通运输、仓储和邮政业	批发和零售业	金融业	房地产业	科学研究、技术服务和地质勘查	居民服务、修理和其他服务业	住宿及餐饮业	E_i
玉林	0.54	0.59	0.59	0.26	0.34	0.00	0.07	2.38
百色	0.67	0.55	0.32	0.11	0.21	0.00	0.09	1.95
贺州	0.10	0.08	0.58	0.02	0.15	0.00	0.03	0.97
河池	0.56	0.34	0.47	0.10	0.15	0.00	0.07	1.69
来宾	0.12	0.14	0.39	0.13	0.17	0.00	–0.01	0.95
崇左	0.14	0.24	0.34	0.10	0.32	–0.01	0.08	1.22
海南								
海口	4.68	3.44	2.40	4.44	1.23	0.16	1.55	17.91
三亚	0.42	0.43	0.91	1.17	0.08	0.14	3.12	6.28
儋州	0.60	4.20	–0.30	0.00	0.02	0.45	1.70	6.67
重庆	21.97	16.01	10.44	10.72	5.86	1.14	4.92	71.05
四川								
成都	39.21	63.70	7.49	14.77	14.35	29.23	34.95	203.70
自贡	1.03	0.27	0.80	0.26	0.20	0.03	0.07	2.65
攀枝花	0.78	2.38	0.66	0.45	0.39	0.60	0.59	5.85
泸州	0.89	0.97	0.69	0.51	0.07	0.01	0.05	3.18
德阳	0.61	0.60	1.19	0.27	0.40	0.03	0.19	3.28
绵阳	0.85	1.20	1.74	0.74	3.48	0.60	0.36	8.96
广元	0.47	0.28	0.76	0.10	0.06	0.01	0.07	1.76
遂宁	0.08	0.44	0.38	0.97	–0.02	0.03	1.40	3.28
内江	0.58	0.15	0.78	0.18	0.00	0.00	0.07	1.76
乐山	0.61	0.61	0.64	0.40	0.42	0.12	0.09	2.89
南充	0.91	0.66	1.65	0.59	0.25	0.07	0.24	4.36
眉山	0.45	0.41	0.13	0.25	0.18	–0.01	0.13	1.54
宜宾	0.61	0.18	1.55	0.33	0.05	0.05	0.02	2.78
广安	0.33	0.19	0.92	0.15	0.03	–0.01	0.05	1.66

续表

城市	交通运输、仓储和邮政业	批发和零售业	金融业	房地产业	科学研究、技术服务和地质勘查	居民服务、修理和其他服务业	住宿及餐饮业	E_i
达州	0.88	1.08	1.02	0.15	0.38	0.06	0.05	3.63
雅安	0.22	0.20	0.41	0.06	0.00	0.02	0.06	0.97
巴中	0.44	0.26	0.29	0.35	0.01	0.04	0.80	2.19
资阳	0.44	0.40	0.95	0.31	0.20	−0.01	0.00	2.29
贵州								
贵阳	6.65	4.12	1.70	4.20	2.39	0.67	0.97	20.69
六盘水	0.08	0.36	0.40	0.16	0.09	0.01	0.02	1.13
遵义	0.58	1.55	0.70	0.77	0.52	0.03	0.20	4.35
安顺	0.26	0.45	0.55	0.42	0.18	0.09	0.11	2.05
毕节	0.21	0.90	0.68	0.34	1.38	0.17	0.07	3.75
铜仁	0.19	0.29	0.78	0.11	0.35	0.01	0.08	1.81
云南								
昆明	9.69	9.24	2.40	3.80	4.56	0.75	3.42	33.87
曲靖	0.30	1.72	0.29	0.51	0.15	0.08	0.56	3.63
玉溪	0.13	2.47	0.50	0.66	0.18	0.05	0.29	4.28
保山	0.14	0.70	0.20	0.53	0.14	0.00	0.23	1.95
昭通	0.14	0.49	0.19	0.25	0.31	−0.01	0.19	1.56
丽江	0.23	0.47	0.22	0.28	0.26	0.01	0.51	1.97
普洱	0.21	0.39	0.24	0.08	0.52	0.02	0.03	1.49
临沧	0.17	0.41	0.14	0.45	0.03	0.06	0.07	1.34
西藏								
拉萨	1.29	7.92	0.58	0.02	0.63	1.90	4.09	16.43
陕西								
西安	14.27	10.06	7.28	6.20	12.22	0.85	4.93	55.81
铜川	0.14	0.60	0.44	0.19	0.10	0.01	0.10	1.57
宝鸡	0.50	2.27	0.85	0.39	0.36	0.01	0.77	5.15
咸阳	0.60	1.24	1.43	0.43	0.48	0.00	0.55	4.73

续表

城市	交通运输、仓储和邮政业	批发和零售业	金融业	房地产业	科学研究、技术服务和地质勘查	居民服务、修理和其他服务业	住宿及餐饮业	E_i
渭南	0.76	1.52	1.82	0.37	0.68	0.66	0.61	6.43
延安	0.69	1.05	0.12	0.24	0.31	0.06	0.56	3.04
汉中	0.62	0.81	1.78	0.28	0.46	0.03	0.23	4.21
榆林	1.66	1.30	0.58	0.18	0.44	0.04	0.49	4.70
安康	0.26	0.81	0.89	0.20	0.19	0.01	0.39	2.75
商洛	0.52	0.32	0.53	0.08	0.19	0.00	0.14	1.79
甘肃								
兰州	1.72	2.13	1.93	2.49	3.43	0.01	0.97	12.68
嘉峪关	0.02	0.02	0.14	0.08	0.02	0.19	0.18	0.66
金昌	0.13	0.09	0.10	0.01	0.01	0.00	0.02	0.36
白银	0.10	0.05	0.53	0.06	0.06	0.00	−0.04	0.76
天水	0.32	1.11	0.35	0.23	0.48	0.00	0.28	2.78
武威	0.13	0.16	0.30	0.08	0.14	0.01	0.06	0.88
张掖	0.30	0.25	0.24	0.15	0.47	0.01	0.07	1.48
平凉	0.35	0.32	0.29	0.18	0.19	0.03	0.15	1.51
酒泉	0.29	0.48	0.60	0.05	0.20	0.02	0.28	1.92
庆阳	0.29	0.35	0.33	−0.01	0.12	−0.01	0.15	1.21
定西	0.28	0.09	0.24	0.15	0.07	0.00	0.11	0.94
陇南	0.64	1.99	0.15	0.29	0.05	0.19	1.53	4.84
青海								
西宁	3.15	1.39	1.25	0.57	1.38	0.02	0.26	8.02
海东	0.08	0.09	0.18	0.04	0.19	0.00	0.04	0.61
宁夏								
银川	0.85	1.34	2.48	0.87	0.81	0.01	0.21	6.57
石嘴山	0.02	0.09	0.28	0.07	0.11	0.01	0.03	0.61
吴忠	0.04	0.12	0.29	0.02	0.08	−0.01	0.12	0.66
固原	0.24	0.08	0.17	−0.01	0.12	0.00	0.06	0.66

续表

城市	交通运输、仓储和邮政业	批发和零售业	金融业	房地产业	科学研究、技术服务和地质勘查	居民服务、修理和其他服务业	住宿及餐饮业	E_i
中卫	0.17	0.03	0.24	0.04	0.07	0.00	0.00	0.54
新疆								
乌鲁木齐	9.29	2.97	1.69	1.57	2.25	0.08	0.82	18.66
克拉玛依	0.06	-0.03	0.18	0.68	0.11	0.15	0.00	1.16

由表 8-15 可以看出，北京、上海和成都的外向功能量均在 200 以上，广州在 100 以上，具有非常强的集聚和扩散功能。天津、深圳、杭州、重庆和西安的外向功能量在 50 以上，南京、武汉的外向功能量在 40 以上，哈尔滨、郑州、济南和昆明的外向功能量在 30 以上且都较为接近。因此，从外向功能量的角度来看，北京、上海、成都和广州为同一层级，天津、深圳、杭州、重庆、西安、南京、武汉为同一层级。下面我们继续从城市流强度值来分析各城市的集聚和扩散能力。

表 8-16　我国层级增长极网络各个增长极网络流倾向度与网络流强度

城市	G_i/ 万人	GDP_i/ 万元	N_i(元 / 人)	K_i	F_i/ 万元
北京	791.52	256691300	324301.85	0.3819	98033824.17
天津	286.04	178853900	625265.56	0.2432	43490742.46
河北					
石家庄	99.54	59277293	595499.72	0.2165	12835208.00
唐山	88.07	63548675	721578.25	0.1451	9223182.50
秦皇岛	32.48	13493526	415462.82	0.2019	2723878.28
邯郸	76.10	33370903	438524.79	0.0994	3317590.33
邢台	44.84	19757460	440611.49	0.0972	1919814.64
保定	100.60	34771269	345644.35	0.1185	4119964.33
张家口	36.96	14659911	396647.98	0.1706	2501171.10
承德	29.62	14385741	485601.19	0.1605	2308364.65

续表

城市	G_i/万人	GDP_i/万元	N_i(元/人)	K_i	F_i/万元
沧州	51.89	35446800	683124.81	0.1550	5493113.47
廊坊	45.95	27063015	588981.98	0.1220	3300871.33
衡水	28.63	14201825	496050.44	0.1570	2229495.18
山西					
太原	104.05	29556045	284048.26	0.2305	6812024.87
大同	40.23	10257962	255014.59	0.0954	978687.08
阳泉	25.37	6228625	245548.21	0.0767	477887.54
长治	42.57	12704767	298468.68	0.0763	969505.73
晋城	35.57	10493400	295009.52	0.0874	917418.90
朔州	18.89	9180640	485886.97	0.1079	990560.59
晋中	35.05	10911041	311309.09	0.1319	1438982.93
运城	35.22	12223486	347058.96	0.0833	1017766.00
忻州	23.95	7161357	299060.27	0.1263	904366.02
临汾	36.47	12051761	330451.40	0.1255	1512496.87
吕梁	35.19	9953079	282824.61	0.0673	669944.19
内蒙古					
呼和浩特	41.14	31735900	771346.63	0.2503	7942806.35
包头	38.86	38676300	995283.02	0.1305	5047742.25
乌海	9.31	5722261	614543.57	0.0837	479044.32
赤峰	33.50	19332792	577179.25	0.0921	1780282.84
通辽	29.20	19493818	667676.54	0.0752	1465954.06
鄂尔多斯	31.29	44179341	1411809.82	0.1158	5116593.62
呼伦贝尔	43.00	16208500	376971.67	0.1178	1909244.99
巴彦淖尔	14.64	9153800	625353.54	0.1073	982289.67
乌兰察布	15.77	9388700	595393.46	0.1165	1094158.06
辽宁					
沈阳	129.26	55464498	429078.24	0.2218	12301410.46
大连	107.75	68101998	632011.30	0.1998	13610160.10

续表

城市	G_i/万人	GDP_i/万元	N_i(元/人)	K_i	F_i/万元
鞍山	47.90	14619713	305211.30	0.1378	2014756.84
抚顺	24.97	8650721	346487.59	0.1124	971987.27
本溪	22.77	7667098	336785.84	0.0924	708087.88
丹东	22.99	7512352	326736.23	0.1480	1111953.86
锦州	29.27	10328139	352871.97	0.1535	1585476.38
营口	25.66	11562477	450601.40	0.2461	2846054.86
阜新	15.24	4078179	267525.08	0.1098	447745.30
辽阳	15.78	6541758	414683.59	0.0872	570235.60
盘锦	44.21	10071351	227806.05	0.0334	336790.62
铁岭	22.83	5880423	257570.99	0.0978	574948.07
朝阳	24.34	7165334	294391.17	0.1437	1029824.85
葫芦岛	21.69	6473518	298500.38	0.1031	667457.21
吉林					
长春	125.88	59864200	475580.35	0.1687	10101402.57
吉林	39.03	24535091	628700.27	0.0824	2022665.40
四平	19.24	11938035	620344.57	0.1216	1451984.29
辽源	12.71	7652485	602060.11	0.0641	490701.33
通化	27.46	9475914	345073.09	0.0828	784703.99
白山	17.02	6966243	409290.26	0.0613	426839.65
松原	26.39	16516898	625822.61	0.0730	1205640.76
白城	20.73	7001392	337704.55	0.1199	839716.87
黑龙江					
哈尔滨	130.40	61016096	467924.18	0.2510	15313018.23
齐齐哈尔	37.65	13253110	352017.58	0.1940	2571104.06
鸡西	25.77	5183793	201135.04	0.0824	427074.42
鹤岗	18.84	2641031	140150.87	0.0767	202657.27
双鸭山	14.96	4373971	292299.59	0.1348	589539.32
大庆	51.67	26100031	505084.34	0.2304	6013419.58

续表

城市	G_i/万人	GDP_i/万元	N_i(元/人)	K_i	F_i/万元
伊春	16.98	2512167	147932.90	0.0355	89226.73
佳木斯	16.63	8450332	508183.66	0.1523	1287017.32
七台河	8.94	2166414	242439.37	0.0720	156049.63
牡丹江	25.40	13681181	538730.98	0.1434	1961609.17
黑河	12.04	4708056	390966.36	0.1240	583878.71
绥化	26.75	13163122	492112.44	0.1366	1797954.05
上海	627.78	281786500	448864.58	0.3427	96558282.27
江苏					
南京	205.19	105030200	511868.02	0.2272	23864514.54
无锡	113.34	92100200	812601.02	0.1153	10614571.03
徐州	99.82	58085200	581899.42	0.0919	5340227.05
常州	68.50	57738600	842899.27	0.1014	5853562.36
苏州	288.69	154750900	536045.24	0.0801	12393093.78
南通	205.34	67682000	329609.43	0.0265	1793426.62
连云港	47.48	23764800	500522.33	0.1459	3466572.21
淮安	68.75	30480000	443345.45	0.0678	2067321.93
盐城	87.43	45760800	523399.29	0.0829	3794532.94
扬州	102.13	44493800	435658.47	0.0453	2017310.82
镇江	47.97	38338400	799216.18	0.1018	3902785.15
泰州	110.00	41017800	372889.09	0.0423	1736472.71
宿迁	48.58	23511200	483968.71	0.0332	781646.90
浙江					
杭州	290.13	113137223	389947.23	0.1980	22405912.27
宁波	151.86	86864911	571997.11	0.1214	10546028.62
温州	104.60	51015586	487704.85	0.1033	5271206.20
嘉兴	80.55	38621104	479492.46	0.0816	3150846.07
湖州	50.23	22843743	454821.79	0.0899	2053760.62
绍兴	136.83	47890304	350011.10	0.0192	920598.17

续表

城市	G_i/万人	GDP_i/万元	N_i(元/人)	K_i	F_i/万元
金华	92.66	36849362	397673.72	0.0600	2212695.25
衢州	20.69	12515883	605055.86	0.1291	1615684.08
舟山	46.99	12411989	264141.07	0.3537	4389642.30
台州	94.14	38986594	414132.44	0.0719	2804212.10
丽水	18.44	12102414	656476.89	0.1440	1742739.12
安徽					
合肥	148.02	62743777	423894.32	0.1560	9788138.09
芜湖	45.68	26994385	590950.56	0.1503	4058298.14
蚌埠	27.35	13858228	506688.26	0.1640	2272347.78
淮南	30.40	9638395	317005.54	0.1016	979573.27
马鞍山	22.26	14937617	671012.79	0.1124	1678328.20
淮北	21.47	7990337	372239.16	0.0364	290702.62
铜陵	17.08	9573000	560516.19	0.1000	957344.66
安庆	34.14	15311776	448449.67	0.1181	1807963.56
黄山	11.58	5768174	498270.10	0.1743	1005282.26
滁州	24.47	14228257	581511.83	0.1159	1648369.14
阜阳	33.67	14018589	416295.64	0.1749	2451884.88
宿州	77.50	13518116	174427.30	0.3344	4520921.94
六安	109.05	11081469	101618.80	0.4899	5429302.93
亳州	23.55	10461044	444218.89	0.1912	2000613.99
池州	10.74	5890196	548624.39	0.1636	963695.24
宣城	16.29	10578243	649306.58	0.1275	1349227.55
福建					
福州	156.83	61976395	395188.56	0.1266	7843889.92
厦门	139.15	37842662	271954.72	0.1701	6436225.48
莆田	51.96	18234281	350906.91	0.0661	1204779.99
三明	24.01	18608197	774934.70	0.1248	2323143.85
泉州	149.59	66466294	444317.47	0.0371	2465532.06

续表

城市	G_i/万人	GDP_i/万元	N_i(元/人)	K_i	F_i/万元
漳州	56.00	31253456	558090.45	0.0798	2492577.37
南平	24.70	14577378	590239.38	0.1477	2153672.74
龙岩	31.36	18956670	604472.16	0.1719	3258283.66
宁德	31.51	16231142	515074.86	0.1304	2117109.49
江西					
南昌	125.98	43549927	345686.47	0.1146	4991682.20
景德镇	19.24	8401484	436635.80	0.1578	1325774.17
萍乡	21.01	9982752	475233.36	0.0684	682480.29
九江	43.52	20961347	481601.01	0.0869	1822284.56
新余	14.42	10361912	718544.31	0.0592	613426.54
鹰潭	14.72	6953489	472245.81	0.0725	503875.76
赣州	57.72	22071959	382409.00	0.0669	1476555.11
吉安	37.32	14613721	391619.73	0.0894	1305774.39
宜春	45.84	17819520	388744.86	0.0960	1711316.96
抚州	37.71	12109070	321077.11	0.0665	805489.02
上饶	43.38	18177664	419006.24	0.0609	1106530.26
山东					
济南	135.90	65361165	480958.94	0.2267	14819719.19
青岛	145.41	100112900	688495.09	0.1708	17101570.86
淄博	84.00	44120100	525236.78	0.0643	2837681.48
枣庄	44.90	21426335	477204.41	0.0610	1307944.33
东营	43.20	34796000	805477.88	0.0749	2605421.81
烟台	103.46	69256587	669394.77	0.1298	8989072.81
潍坊	85.75	51706000	603000.19	0.0888	4589806.76
济宁	85.22	43018200	504762.71	0.0861	3704907.59
泰安	69.29	33167900	478668.53	0.1210	4014525.21
威海	58.68	32122000	547412.48	0.1076	3456286.69
日照	31.06	18024900	580343.86	0.1444	2603618.42

续表

城市	G_i/万人	GDP_i/万元	N_i(元/人)	K_i	F_i/万元
莱芜	16.78	7027600	418705.80	0.1122	788754.90
临沂	92.40	40267500	435813.85	0.1156	4656103.77
德州	55.49	29329900	528569.52	0.1306	3831176.25
聊城	47.29	28591800	604604.35	0.1444	4130043.04
滨州	50.61	24701013	488097.68	0.0635	1567975.65
菏泽	52.21	25602400	490335.93	0.0909	2327157.42
河南					
郑州	200.85	81139666	403973.56	0.1698	13778436.40
开封	53.75	17551002	326537.56	0.1078	1892031.36
洛阳	75.39	38201075	506726.88	0.1374	5248201.53
平顶山	54.99	18251414	331876.48	0.0922	1681967.66
安阳	57.49	20298494	353078.08	0.0609	1236209.02
鹤壁	23.29	7717894	331409.35	0.0472	364264.38
新乡	66.34	21669705	326633.34	0.0548	1188015.32
焦作	54.25	20950796	386216.13	0.1221	2558617.30
濮阳	41.49	14495555	349347.72	0.0618	895959.65
许昌	48.78	23777133	487403.13	0.0813	1933519.77
漯河	33.76	10819257	320507.90	0.0684	740334.51
三门峡	25.07	13258631	528908.72	0.0982	1302327.33
南阳	94.68	31149653	328989.91	0.0957	2979705.31
商丘	77.08	19891538	258049.82	0.1126	2239944.40
信阳	63.16	20378010	322617.06	0.1335	2720760.70
周口	72.49	22638615	312278.73	0.0929	2102962.92
驻马店	71.58	19729881	275643.62	0.1181	2329889.67
湖北					
武汉	213.26	119126100	558597.97	0.2193	26125636.83
黄石	30.74	13055500	424690.64	0.0782	1020541.51
十堰	66.32	14291500	215505.09	0.2426	3466651.04

续表

城市	G_i/万人	GDP_i/万元	N_i(元/人)	K_i	F_i/万元
宜昌	94.26	37093600	393533.06	0.2082	7721419.01
襄阳	100.99	36945100	365812.63	0.1806	6671418.02
鄂州	22.09	7978200	361105.83	0.0917	731862.91
荆门	39.48	15210000	385216.40	0.1455	2212604.93
孝感	82.59	15766900	190895.51	0.1562	2463457.54
荆州	42.41	17267500	407135.21	0.1042	1798721.97
黄冈	67.53	17261700	255603.17	0.0522	901060.99
咸宁	22.97	11079300	482260.15	0.0885	980273.81
随州	14.84	8521800	574237.54	0.0975	831278.83
湖南					
长沙	120.93	93569088	773734.35	0.2126	19892122.03
株洲	45.64	24884543	545224.63	0.1083	2693952.53
湘潭	47.24	18667869	395130.66	0.2850	5321215.93
衡阳	53.51	28530158	533134.47	0.0969	2765034.25
邵阳	37.44	15302577	408727.04	0.0997	1525976.12
岳阳	46.90	31008720	661110.35	0.1268	3932169.82
常德	41.74	29538202	707754.43	0.1128	3332239.46
张家界	8.64	4930990	570934.50	0.1293	637557.32
益阳	26.93	14931802	554405.45	0.0935	1396549.23
郴州	35.92	22041285	613664.23	0.1398	3081651.24
永州	32.61	15658072	480117.50	0.0728	1140531.53
怀化	26.31	14003368	532222.83	0.0975	1364641.65
娄底	29.73	14001393	470904.15	0.0538	753923.69
广东					
广州	325.23	195474420	601027.01	0.3111	60810508.92
韶关	33.52	12183920	363526.57	0.0932	1135948.56
深圳	456.23	194926012	427251.48	0.1869	36425800.45
珠海	73.12	22263708	304468.88	0.1591	3542897.28

续表

城市	G_i/ 万人	GDP_i/ 万元	N_i(元 / 人)	K_i	F_i/ 万元
汕头	57.45	20809729	362198.09	0.1033	2148922.11
佛山	171.72	86300002	502554.13	0.0735	6347281.25
江门	59.54	24187806	406275.35	0.1170	2830038.70
湛江	52.32	25844327	493999.54	0.1483	3833836.84
茂名	46.46	26367435	567480.95	0.1087	2865528.83
肇庆	42.35	20840190	492129.08	0.0960	2000903.08
惠州	96.09	34121671	355094.88	0.0720	2458365.10
梅州	28.92	10455668	361531.37	0.0877	917298.86
汕尾	23.76	8284882	348743.16	0.0367	304207.53
河源	27.90	8987162	322137.82	0.1013	910550.53
阳江	24.25	12707564	524090.25	0.0963	1223661.84
清远	32.55	13877104	426274.30	0.1067	1480720.81
东莞	231.24	68276868	295265.75	0.0409	2791875.02
中山	80.95	32027780	395667.49	0.0785	2515657.09
潮州	20.17	9768303	484286.61	0.0611	596594.72
揭阳	41.34	20068992	485506.46	0.0686	1376177.49
云浮	21.81	7783051	356919.18	0.1028	800147.54
广西					
南宁	97.45	37033300	380031.01	0.1865	6904951.17
柳州	58.47	24769396	423627.17	0.0868	2149679.72
桂林	42.71	20548216	481057.25	0.1203	2472065.54
梧州	19.94	11756486	589681.80	0.0815	958701.40
北海	14.53	10066500	692636.37	0.1226	1234201.91
防城港	9.73	6760383	694840.69	0.1042	704496.36
钦州	21.78	11020466	506041.29	0.0611	673252.28
贵港	18.44	9587564	519910.42	0.0964	924315.00
玉林	33.94	15538300	457851.81	0.0702	1090705.66
百色	22.18	11143094	502314.51	0.0879	979001.85

续表

城市	G_i/万人	GDP_i/万元	N_i(元/人)	K_i	F_i/万元
贺州	10.19	5181900	508468.09	0.0954	494462.88
河池	18.91	6571808	347569.43	0.0895	588139.62
来宾	12.75	5891105	462069.20	0.0742	436904.68
崇左	13.50	7662005	567539.11	0.0904	692531.18
海南					
海口	51.42	12576653	244606.77	0.3483	4380621.79
三亚	13.11	4755567	362737.94	0.4786	2276241.05
儋州	40.37	2577835	63858.06	0.1652	425942.95
重庆	412.88	177405900	429676.69	0.1721	30526965.52
四川					
成都	552.73	121702335	220183.30	0.3685	44850456.63
自贡	20.28	12345637	608777.23	0.1309	1616103.79
攀枝花	28.02	10146839	362116.81	0.2088	2118792.78
泸州	38.43	14819105	385587.85	0.0828	1226941.25
德阳	31.76	17524542	551832.41	0.1033	1809448.73
绵阳	52.60	18304207	347979.46	0.1704	3119442.79
广元	16.87	6600100	391321.10	0.1043	688333.32
遂宁	33.18	10084521	303975.87	0.0989	997477.62
内江	28.05	12976712	462588.30	0.0629	816086.71
乐山	26.53	14065848	530124.56	0.1088	1530407.66
南充	45.17	16514004	365631.53	0.0965	1592893.88
眉山	20.60	11172317	542450.82	0.0748	835668.00
宜宾	35.32	16530529	468028.40	0.0788	1302221.72
广安	15.52	10786241	694967.37	0.1068	1152106.23
达州	37.61	14470836	384725.55	0.0966	1398382.41
雅安	11.28	5453272	483321.84	0.0858	467859.26
巴中	30.10	5446605	180954.54	0.0727	395853.63
资阳	18.20	9434411	518448.29	0.1260	1188793.04

续表

城市	G_i/万人	GDP_i/万元	N_i(元/人)	K_i	F_i/万元
贵州					
贵阳	105.74	31577001	298615.17	0.1957	6179555.34
六盘水	23.04	13137000	570224.37	0.0489	642061.68
遵义	42.66	24039400	563477.14	0.1020	2451139.87
安顺	18.89	7013500	371302.72	0.1086	761515.17
毕节	32.91	16257900	493953.90	0.1138	1850610.96
铜仁	21.07	8569700	406781.19	0.0858	735042.05
云南					
昆明	133.60	43000780	321870.32	0.2535	10900907.16
曲靖	46.86	17751063	378778.23	0.0774	1373251.06
玉溪	28.26	13118823	464284.51	0.1515	1987864.98
保山	20.04	6133904	306157.89	0.0972	596169.38
昭通	24.13	7655307	317242.16	0.0645	493785.97
丽江	10.30	3092899	300389.36	0.1916	592668.01
普洱	17.19	5675443	330117.32	0.0865	491027.72
临沧	15.01	5508172	366971.71	0.0891	490598.80
西藏					
拉萨	47.73	4249500	89030.00	0.3443	1462968.24
陕西					
西安	199.20	62571800	314118.46	0.2802	17530696.16
铜川	11.50	3116070	271023.88	0.1367	426075.42
宝鸡	41.13	19321400	469755.03	0.1251	2417834.35
咸阳	55.81	23909700	428393.28	0.0847	2024825.45
渭南	46.80	14886210	318094.32	0.1373	2043826.16
延安	33.65	10829110	321798.83	0.0902	976859.63
汉中	29.97	11564920	385880.64	0.1403	1622686.69
榆林	42.06	27730540	659288.70	0.1116	3096093.57
安康	18.77	8428616	449135.74	0.1464	1233907.69

续表

城市	G_i/ 万人	GDP_i/ 万元	N_i(元 / 人)	K_i	F_i/ 万元
商洛	19.82	6992980	352785.26	0.0901	629933.17
甘肃					
兰州	68.57	22642318	330220.35	0.1849	4187341.82
嘉峪关	7.75	1534089	197913.77	0.0846	129753.44
金昌	10.22	2078152	203393.43	0.0354	73474.93
白银	16.02	4422085	275968.09	0.0476	210376.57
天水	23.23	5905136	254219.43	0.1197	707032.91
武威	13.40	4617272	344654.84	0.0658	303648.71
张掖	13.17	3999436	303733.10	0.1126	450470.86
平凉	17.65	3673000	208090.19	0.0856	314347.80
酒泉	14.92	5779341	387396.84	0.1286	743107.79
庆阳	17.69	5978324	338020.05	0.0682	407517.38
定西	15.57	3310768	212615.79	0.0605	200437.85
陇南	19.91	3398884	170712.41	0.2431	826238.17
青海					
西宁	34.21	12481677	364904.77	0.2344	2925749.61
海东	7.36	4227986	574181.57	0.0825	348773.09
宁夏					
银川	35.46	16177071	456222.90	0.1853	2998262.08
石嘴山	8.88	5135744	578616.70	0.0687	352977.71
吴忠	9.58	4424283	461993.73	0.0686	303373.67
固原	6.79	2398058	352920.28	0.0970	232610.45
中卫	6.47	3391289	524058.75	0.0840	284857.59
新疆					
乌鲁木齐	72.67	24589766	338355.27	0.2568	6314979.75
克拉玛依	16.73	6209989	371191.04	0.0691	429207.18

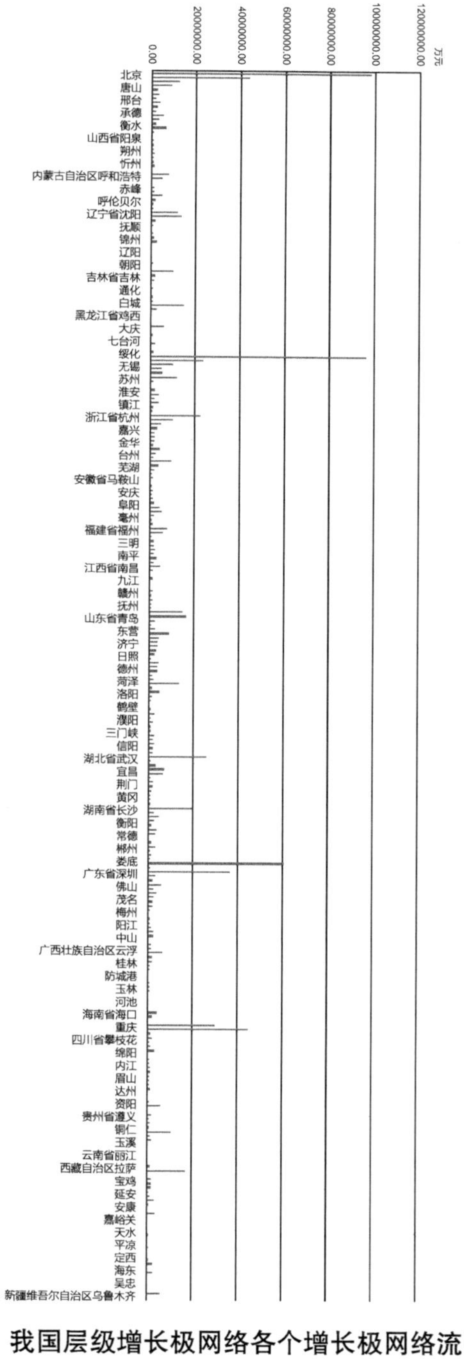

图 8-2 我国层级增长极网络各个增长极网络流强度

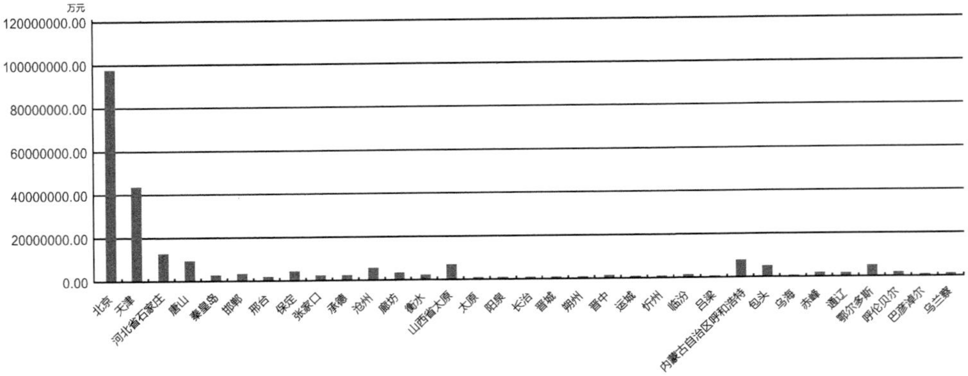

图 8-3　华北地区各个增长极网络流强度

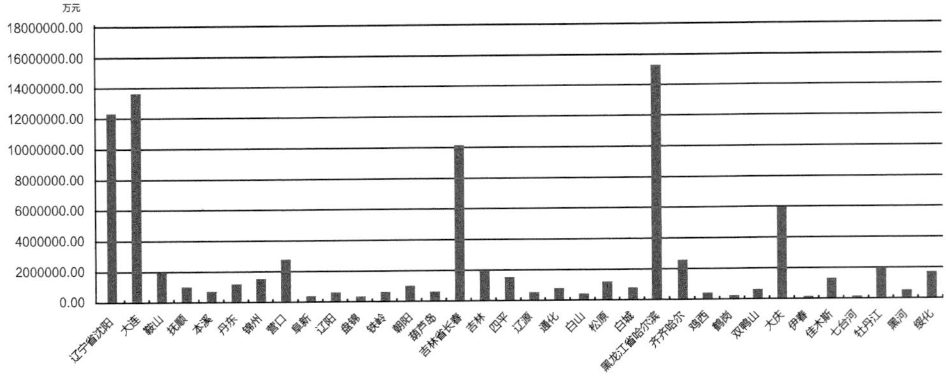

图 8-4　东北地区各个增长极网络流强度

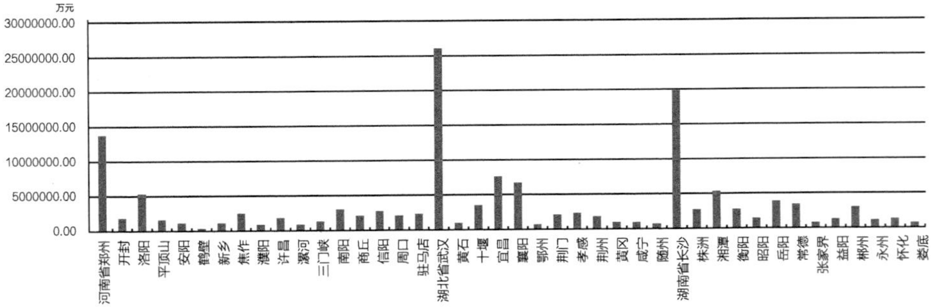

图 8-5　华中地区各个增长极网络流强度

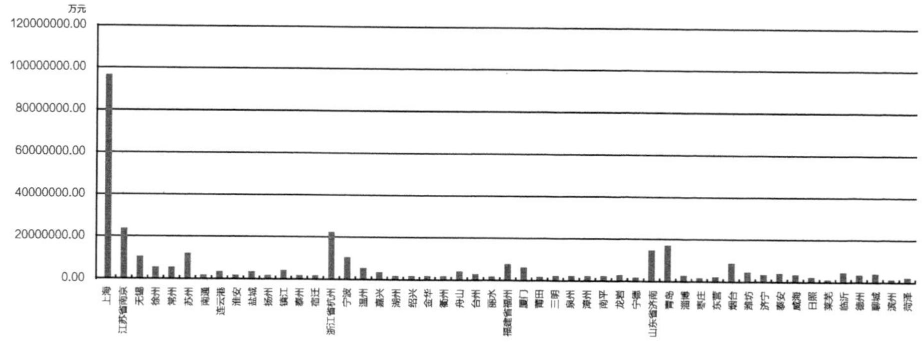

图 8-6　华东地区（上海、江苏、浙江、福建、山东）各个增长极网络流强度

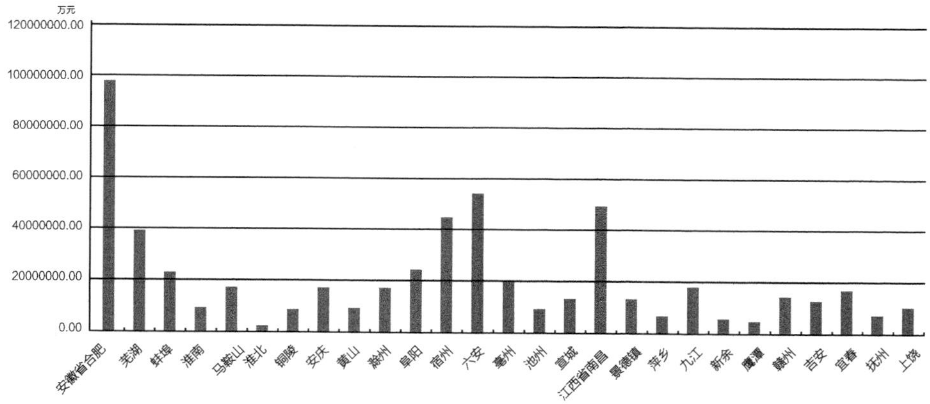

图 8-7　华东地区（安徽、江西）各个增长极网络流强度

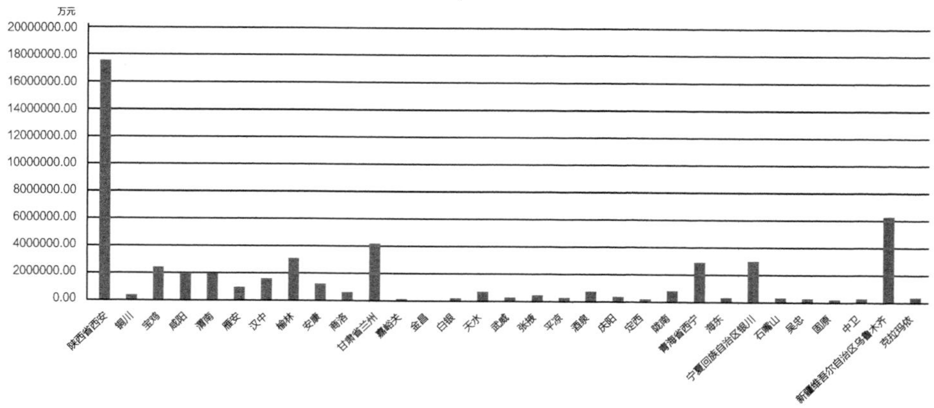

图 8-8　西北地区各个增长极网络流强度

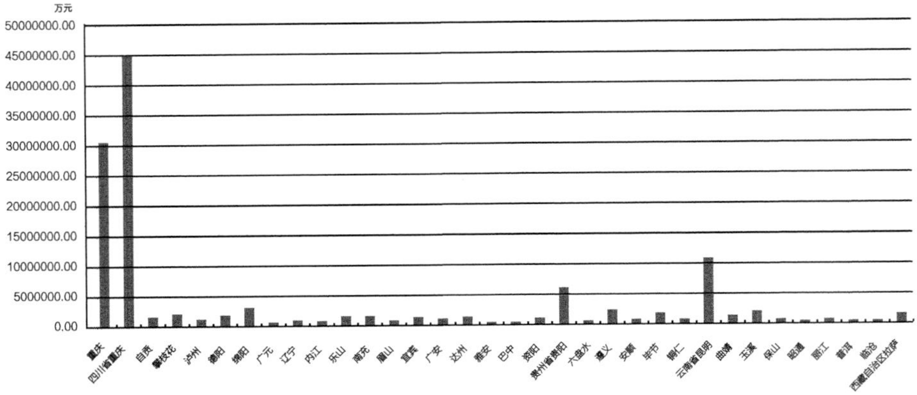

图 8–9　西南地区各个增长极网络流强度

从表 8–16 以及图 8–2 至图 8–9 的各城市流强度可以明显看出：各省份省会城市的城市流强度明显高于各省份其他城市，其中，北京、上海的城市流强度最高，北京和上海的城市流强度超过 9000 亿元，分别为 9803.3824 亿元和 9655.8282 亿元，为极高强度城市流金融增长极；天津、广州和成都超过 4000 亿元，哈尔滨、南京、杭州、济南、武汉、重庆、长沙、西安、昆明均超过 1000 亿元，为较高强度城市流金融增长极，其他各城市的城市流强度均较低。

分地区来看，华北地区的北京、天津的城市流强度较高，远高于本地区其他市，差距较大；东北地区的长春、大连、沈阳、哈尔滨、大庆这 5 个城市的城市流强度比其他城市高；华中地区的郑州、武汉、长沙的城市流强度较高；在华东地区（上海、江苏、浙江、福建、山东），上海的城市流强度远高于其他城市，南京、杭州、济南、青岛的城市流强度次之，华东地区（安徽、江西）合肥的城市流强度最高，宿州、六安和南昌的城市流强度次之；西北地区的西安城市流强度居第一位，且比其他城市高，乌鲁木齐和兰州的城市流强度位居第二、第三位；西南地区城市流强度最高的城市是成都，重庆居第二，昆明居第三，其他城市的城市流强度普遍较低。总体来看，我国各地区不同城市的城市流强度差别较大，相较于其他城市，省会城市的城市流强度相对较高，这说明各省会城市在网络联系中的地位和重要程度比其他城市高且较为重要，同时，不同城市之间的差别相对比较大。因此，构建层级金融网络支持体系对各城市优势互补、促进各城市金融发展及新型城镇化建设具有积极意义。

8.3 新型城镇化发展的层级金融网络支持体系的基本布局与功能定位

8.3.1 中国层级金融网络支持体系的构建

（1）构建原则

作为我国新型城镇化建设的重要推动力，构建层级金融网络支持体系需遵循以下原则。

一是系统性原则。构建层级金融网络支持体系要结合区域性规划与总体规划，重点关注城市相互之间的整体效应，避免单个城市各自为政造成空间畸形发展和区域经济不平衡。避免各城市“摊大饼”式地扩展市镇用地，实现层级金融网络资源的优化配置和合理布局。

二是功能互补原则。功能互补是层级网络的重要特征，因此要积极将网络体系内各城市区位、资源、功能等特点考虑在内，实现城市间金融功能配套协作。根据层级金融网络的特点和各城市的自身优势，实现区域内合理分工协作，将经济、社会、生态、环境等因素有机结合，达到层级金融网络系统的放大效应。

三是系统动态性原则。层级金融网络支持体系是一个特殊的城市规划系统，城市规划系统结构的不断重组与变化，要求层级金融网络支持体系规划要体现城市动态调整的方向和政策。因此，在构建过程中要充分考虑层级金融网络支持体系的发展规律、系统内部各城市发展状况及外部环境的复杂性与多变性，尽量使层级金融网络支持体系形成开放、科学的规划体系。

四是可持续发展原则。构建层级金融网络体系及实现可持续发展是各城市发展的内在要求。层级金融网络支持体系构建要处理好区域内各种金融资源开发、利用与整合的关系，同时更要强调内部各城市资源的整体调配，实现可持续发展。

（2）层级金融网络支持体系的构建

本章对我国主要金融中心城市的金融综合发展水平及城市流强度进行排名，如表 8–17 所示。

表 8–17 我国层级金融网络支持体系构建综合分析

城市	金融综合发展水平 F		城市流强度 / 万元	
	分值	排名	分值	排名
北京	6.99	1	98033824.17	1
上海	6.16	2	96558282.27	2
广州	3.76	3	60810508.92	3
成都	1.54	11	44850456.63	4
天津	3.51	4	43490742.46	5
深圳	3.30	5	36425800.45	6
重庆	3.21	6	30526965.52	7
武汉	1.67	10	26125636.83	8
南京	1.70	9	23864514.54	9
杭州	2.46	7	22405912.27	10
长沙	1.10	16	19892122.03	11
西安	1.17	15	17530696.16	12
青岛	1.35	14	17101570.86	13

续表

城市	金融综合发展水平 F		城市流强度 / 万元	
	分值	排名	分值	排名
哈尔滨	0.60	24	15313018.23	14
济南	0.79	18	14819719.19	15
郑州	1.39	12	13778436.40	16
大连	0.65	22	13610160.10	17
石家庄	0.60	25	12835208.00	18
苏州	2.41	8	12393093.78	19
沈阳	0.59	26	12301410.46	20
昆明	0.52	28	10900907.16	21
无锡	1.08	17	10614571.03	22
宁波	1.35	13	10546028.62	23
长春	0.72	21	10101402.57	24
合肥	0.76	21	9788138.09	25
福州	0.77	19	7843889.92	26
南宁	0.23	30	6904951.17	27
太原	0.20	31	6812024.87	28
厦门	0.62	23	6436225.48	29
乌鲁木齐	–0.01	32	6314979.75	30
温州	0.57	27	5271206.20	31
南昌	0.41	29	4991682.20	32

根据我国各城市金融综合发展水平与城市流强度的筛选结果，在全国范围内，可以构建一个以北京和上海为主的全国性金融核心增长极，以广州、深圳、天津、青岛、济南、石家庄、大连、哈尔滨、南京、杭州、苏州、武汉、长沙、郑州、成都、重庆、西安和昆明为主的区域性金融核心增长极。第九期“中国金融中心指数”评价了我国 31 个金融中心城市，其中包括 3 个全国性金融中心和 6 个经济区域的 28 个区域金融中心。从其发布的相关金融指数来看，上海和北京的金融中心综合竞争实力遥遥领

先于国内其他金融中心城市，具有全国性的影响力和辐射力。上海是中国的金融市场中心，而北京是全国性的银行中心、金融监管和决策中心。这两个城市不仅在综合实力上领先，发展速度上保持领先，在各分项指数方面也继续保持快速增长势头。同时，郑州首次进入区域金融中心“综合实力十强”。成都保持着西部金融中心地位，重庆、西安等西部城市与成都的差距进一步拉大。北京、天津、郑州、青岛和成都成为综合得分“进步五强”。天津、武汉、济南、青岛、长春 5 个金融中心排名上升 2 位以上。由此可见，本章中对我国层级金融网络支持体系的划分与定位与“中国金融中心指数”对我国 31 个金融中心城市的评价基本一致，这从另一个角度说明本章对我国层级金融网络支持体系的构建是合理的。总体来看，我国层级金融网络支持体系的构建如表 8-18 所示。

表 8-18　我国层级金融网络支持体系的构建

全国性金融核心增长极城市	北京、上海
区域性金融核心增长极城市	广州、深圳、成都、天津、青岛、济南、大连、哈尔滨、南京、杭州、苏州、重庆、西安、长沙、武汉、郑州、昆明、石家庄

8.3.2　分地区的层级金融网络支持体系的构建

本章借助我国主要金融中心城市的金融综合发展水平及城市流强度的排名，同时也考虑到各省省会城市对本省的影响力，综合以上因素，构建我国各地区的层级金融网络支持体系。

（1）东部地区层级金融网络支持体系的构建

东部地区包括北京、天津、河北、山东、江苏、上海、浙江、福建、广东、海南，地级以上城市有 89 个，2016 年年末常住人口 52951 万人，地区生产总值达 410186.44 亿元，占全国总 GDP 的 55.16%。东部地区聚集了我国的三大重要经济圈——长三角、珠三角和环渤海经济圈，是全国经济发展水平最高的地区。

通过上文分析，本章将东部地区层级金融网络支持体系中的核心层级金融增长极大致确定为北京、上海、广州、深圳4个城市，均为我国经济发展水平最高、金融体系最健全的城市。作为全国性的银行中心、金融监管和决策中心，2016年北京金融业实现增加值4270.82亿元，占全市GDP的16.64%，金融机构集聚，金融业已成为龙头和支柱产业。作为全国性金融中心，上海的很多金融指标在全球范围内位居前列，2015年，上海证券市场股票交易额位居全球第二，截至2016年年底，上海金融业产值达4762.50亿元，占总产值的17.34%，各类金融单位达到1473家，在沪经营性外资金融单位达242家。广州和深圳是华南地区（或珠江三角洲）的金融中心。2016年广州金融业增加值为1800亿元，占总产值的9.18%，过去5年，广州金融业增加值增长133%，增速领跑“一线城市”，超过北京、上海、深圳。2016年，广州金融业在直接融资、保险业、“新三板”等领域保持了强劲增幅。2016年，深圳金融业产值为2876.89亿元，占总产值的14.8%，着力建设成为“服务香港、深港合作”的区域性金融中心，促进银行、证券、保险持续均衡协调发展。

东部地区层级金融网络支持体系中的次核心层级金融增长极大致确定为天津、杭州、济南、南京、苏州、石家庄等6个城市。2016年，天津金融业增加值1793.57亿元，占GDP的比重为10.03%，加快建设金融创新运营示范区，滨海国家自主创新示范区和天津银行成为全国首批“投贷联动”试点，天津银行在港交所成功上市，实现天津金融企业上市零突破。作为浙江的省会城市，杭州发展居全国省会城市前列，2016年实现金融业增加值987.67亿元，增长6.5%，2017年杭州新增上市公司28家，增量创历史新高，超过北京，仅次于上海和深圳，上市公司总量和总市值均居全国前列，截至 2017 年 11 月，杭州拥有境内外上市公司 163 家，总数仅次于北京、上海和深圳，位列全国第四，合计总市值约 5 万亿元，位列全国第四，在省会城市中排名第一。济南作为山东的省会城市，2016 年金融业增加值 719.98 亿元，占 GDP 比重为 11%，截至 2016 年年末，全市共有各类金融机构 502 家，贷款余额居全省首位，居 15 个副省级城市第 9 位，占山东省的比重为 20.1%。南京作为江苏的省会，2016 年全年实现金融业增加值 1241.76 亿元，增长 14.0%，占全市地区生产总值比重为 11.8%。经国务院批准实施的《苏南现代化建设示范区规划》确立了南京作为“区域金融商务中心”的战略定位，南京积极推进区域金融中心建设，加强金融集聚，通过出台相关政策，形成了河西金融集聚区和新街口金融商务区联动协同发展的新格局。2016 年苏州金融业增加值 1330 亿元，占 GDP 比重为 8.7%，居全国第 8 位，拉动 GDP 增长 1.25 个百分点。加快苏州金融小镇建设，金融人才、金融机构大量集聚，但金融业增加值占 GDP 比重偏低，发展空间较大。2016 年石家庄在中国 31 个金融中心竞争力排行榜中居第 29 位，为吸引高素质金融人才，石家庄颁布了人才引进相关政策，明确引进人才在石家庄工作或创业的，可在户籍办理、住房保障、子女入学等方面享受优惠政策。

东部地区层级金融网络支持体系中的边缘层级金融增长极可以厦门、青岛、无锡、宁波、唐山、烟台、佛山 7 个城市为主。2016 年，厦门市金融业实现增加值 422.36 亿元，比上年增长 12.8%，占 GDP 比重为 11.2%，比上年提高 1 个百分点，占全市第三产业增加值的比重为 19.2%，比上年提高 0.9 个百分点。贷款增量突破 1000 亿元，创历史新高。金融基础设施较为完善，征信系统信息较为健全，覆盖面不断拓展，为厦门金融业的平稳健康发展奠定了良好基础。2016年青岛金融业增加值668.81亿元，占GDP比重达6.7%，成为拉动青岛市发展的支柱产业。2016年青岛跻身全球金融中心第46位，较上次排名大幅提升了33个位次，展现出新兴金融城市的实力。2016年年末，无锡金融机构各项本外币存款余额达14612亿元，比上年增长10.9%，各项本外币贷款余额10517.75亿元，比上年增长10.4%，金融信贷规模扩大，不良贷款金额和不良贷款率持续下降。出台相关政策，设立规模10亿元的贷款风险补偿和信用保证资金池，引导银行、保险等金融机构扩大对中小微企业的信贷支持。上市公司总数破百家，实现历史性突破。2016年宁波深化金融改革创新，优化融资结构，维护金融稳定，有力地支持了实体经济发展，全市金融运行平稳，金融供给方式和产品日趋丰富。年末全市共有133家证券公司分支机、1家证券投资咨询公司、1家期货公司、3家期货分公司和35家期货公司分支机构，年末境内上市公司达56家。2016年唐山金融业取得长足发展，年末金融机构人民币各项存款余额8279.90亿元，比年初增加823.1亿元，各项贷款余额4975.0亿元，比年初增加195.6亿元，拥有各类金融机构115家。年末拥有上市挂牌公司104家，新增46家。全年直接融资424.7亿元，其中，各类债券融资407.9亿元，股票融资16.8亿元。唐山路北区立足核心区位优势，以破解发展“瓶颈”、促进转型升级为出发点，谋划并建设了国际化水准的唐山金融中心。2016年烟台金融业快速发展，年末金融机构本外币存款余额7580.07亿元，比上年年末增长7.8%，本外币贷款余额4736.75亿元，比上年年末增长6.0%。全年证券期货市场交易额1.91万亿元，比上年下降46.5%。年末累计股民开户数88.39万户，比上年增长4.9%。新增“新三板”挂牌企业32家，累计73家。新增区域股权交易市场挂牌企业38家，累计119家。全年新增上市企业2家，全市境内外上市公司总数达到41家，上市公司融资额累计达到959.47亿元，资本市场“烟台板块”不断壮大。2016年年末，佛山金融机构本外币各项存款余额13281.61亿元，比年初增长11.91%，各项贷款余额8717.81亿元，比年初增长9.65%（见表8-19）。2016年国家开发银行广东分行与佛山市政府签订“十三五”时期合作备忘录，加强双方全方位合作，打造“银政合作”新典范。双创引导基金首批合作机构正式落地，促进投资机构和社会资本进入佛山产业投资领域，激发创新创业的发展，进一步打造资本和产业对接的平台，活跃佛山本土创投氛围，繁荣区域内资本市场。

表8-19　构建东部地区层级金融网络支持体系相关城市金融发展情况

类型	城市	金融机构存款余额/亿元	存款余额增长率/%	金融机构贷款余额/亿元	贷款余额增长率/%	保费收入/亿元
核心层级金融增长极城市	北京	138408.9	7.65	63739.4	8.85	1839
	上海	110510.96	6.5	59982.25	12.4	1529.26
	广州	47530.20	10.9	29669.82	8.7	1166.2
	深圳	64407.81	11.5	40526.90	24.9	834.45
次核心层级金融增长极城市	天津	30067.03	10.6	28754.04	6.8	529.49
	杭州	33386.04	11.8	26169.00	12.2	518.40
	济南	15537.40	9.6	13096.1	15.3	347.5
	南京	28355.89	7.1	22268.94	17.5	485.80
	苏州	25864.26	9.3	21924.44	14.2	524.57
	石家庄	11077.90	13.04	175.9	17.23	345.1
边缘层级金融增长极城市	厦门	9788.27	10.3	8617.24	13.9	162.60
	青岛	14673.80	11.54	12955.3	11.91	335.9
	无锡	14612.00	10.9	10517.75	10.4	316.68
	宁波	16989.30	5.0	16622.9	5.5	257.6
	唐山	8279.90	11.04	4975.0	4.09	4975.0
	烟台	7580.07	7.8	4736.75	6.0	206.48
	佛山	13281.61	11.91	8717.81	9.65	346.73

资料来源：2016年各市国民经济与社会发展统计公报，由笔者整理所得。

（2）东北地区层级金融网络支持体系的构建

东北地区包含黑龙江、吉林和辽宁三省34个地级市，曾经是东北亚最先进的工业基地，经济发展水平很高，但随着其他省份经济的快速发展，东北地区经济开始滞后。党的十六大提出要“支持东北地区等老工业基地加快调整和改造，支持资源开采型城市发展接续产业”，东北经济开始得到新的发展。2016年东北地区年末常住人口总数为10910万人，地区生产总值达52409.79亿元，占全国GDP的7.05%。

通过上文分析，我们可以将东北地区层级金融网络支持体系中的核心层级金融增长极大致确定为大连和沈阳。大连是社会与经济发展计划单列市，是中国东北存贷款、保费收入等各项金融资产数量最多、不良贷款率最低的城市，2016年金融业增加值为740亿元，占GDP比重为9%，巩固了金融业作为现代服务业支柱产业的地位，在支持服务地方经济中的作用持续增强。沈阳是东北地区最大的中心城市，金融规模总量稳步增长，质量效益显著提高，截至2015年年底，金融业产值达到526亿元，占总产值的7.2%。2016年全市新增中国银行辽宁分行总部等各类金融及金融服务机构54家，获准开展跨境人民币创新业务试点。

东北地区层级金融网络支持体系中的次核心层级金融增长极大致确定为长春和哈尔滨。长春是吉林省会，近年来，长春市全力以赴扶持金融业发展，力争建设成为区域性的金融创新中心，截至2016年年末，全市拥有银行信社类金融机构39家，保险公司34家，证券公司2家，证券公司分公司21家，证券营业部66家，上市企业23家。哈尔滨是黑龙江省会，截至2016年上半年，金融业产值达到219.4亿元，占总产值的9.1%，金融业实现地方税收31.3亿元，对地区生产总值增长贡献率12.2%，金融业增加值占地方公共财政预算收入的14.0%，成为哈尔滨市税收贡献份额较大的支柱产业。

东北地区层级金融网络支持体系中的边缘层级金融增长极大致确定为鞍山、大庆、吉林和齐齐哈尔。鞍山作为钢铁之都，2016 年全年实现地区生产总值 1440.8 亿元，经济总量在辽宁仅次于沈阳和大连。年末金融机构本外币各项存款余额 3235.1 亿元，比年初增加 125.7 亿元，比上年增长 4%，本外币各项贷款余额 2238.2 亿元，比年初增加 161.7 亿元，比上年增长 7.8%。金融业对经济发展的拉动作用明显。2016 年大庆全市实现地区生产总值 2610 亿元，同比增长 1.7%，年末全市金融机构本外币存款余额 2256.8 亿元，比年初增加 47.2 亿元，本外币贷款余额 957.5 亿元，比年初增加 23.7 亿元，金融机构规模不断壮大，信贷投放稳步增长，担保功能大幅增强。作为吉林的第二大城市，2016 年吉林实现地区生产总值 2531.3 亿元，比上年增长 6.9%，金融运行平稳，有效地保障了经济发展。2016 年年末，金融机构本外币各项存款余额 2695.9 亿元，比年初增加 202.8 亿元，本外币贷款余额 2114.8 亿元，比年初增加 405.6 亿元。保险事业健康发展，全市共有财险、寿险公司 28 家，其中财产险公司 12 家，寿险公司 16 家，保费收入 92.5 亿元。2016 年齐齐哈尔全市实现生产总值 1325.3 亿元，比上年增长 6.1%，全市金融机构各项存款余额 1714.2 亿元，比年初增长 7.8%，金融机构各项贷款余额 1560.8 亿元，增长 10.9%（见表 8-20）。金融业支撑作用增强，进一步向实体经济、重点领域和重点项目倾斜，对中小微企业贷款和涉农贷款投放总量明显增加。

表 8-20　构建东北地区层级金融网络支持体系相关城市金融发展情况

类型	城市	金融机构存款余额 / 亿元	存款余额增长率 /%	金融机构贷款余额 / 亿元	贷款余额增长率 /%	保费收入 / 亿元
核心层级金融增长极城市	大连	14701.7	7.03	11803.5	2.32	277.32
	沈阳	14446.3	2.9	12798.2	10.5	304.1

续表

类型	城市	金融机构存款余额 / 亿元	存款余额增长率 /%	金融机构贷款余额 / 亿元	贷款余额增长率 /%	保费收入 / 亿元
次核心层级金融增长极城市	长春	11122.2	11.7	9966.1	10.6	224.8
	哈尔滨	9804.0	1.2	9048.7	6.6	288.7
边缘层级金融增长极城市	鞍山	3235.1	4	2238.2	7.8	70.7
	大庆	2256.8	2.1	957.5	2.5	
	吉林	2695.9	8.13	2114.8	23.7	92.5
	齐齐哈尔	1714.2	7.8	1560.8	10.9	

资料来源：2016 各市国民经济与社会发展统计公报，由笔者整理所得。

（3）中部地区层级金融网络支持体系的构建

中部地区是我国重要粮食生产基地、能源原材料基地、装备制造业基地和综合交通运输枢纽，在经济社会发展格局中占有重要地位。中部地区包括山西、河南、湖北、安徽、湖南、江西 6 个省份，80 个地级市。2016 年年末中部地区常住人口总数为 36709 万，地区生产总值达 190808.46 亿元，占全国 GDP 的 25.66%。2004 年 3 月，政府工作报告中首次明确提出了“中部地区崛起”，到 2015 年中部地区实现经济发展水平显著提高、发展活力持续增强、可持续发展能力明显提升、和谐社会建设取得新进展的目标，这是实现东西融合、南北对接、推动区域经济发展的客观需要。

通过上文分析，我们可以将中部地区层级金融网络支持体系中的核心层级金融增长极大致确定为武汉和郑州。武汉是湖北省会，2016 年一季度，武汉市金融业实现增加值 265.14 亿元，同比增长 10.5%，增幅高出 GDP 增幅 3.6 个百分点，金融业增加值占 GDP 的比重达到 10.0%，支柱产业地位进一步巩固，金融业对经济的贡献作用不断提高。2016 年年末总部设在武汉的金融机构有 25 家，其银行密度居中部第一位。郑州是河南政治、经济、教育、科研、文化中心，其存贷款、保费规模在中西部位居前列，郑州交易所是全国四家期货交易所之一，是中西部地区唯一的国家级证券期货金融机构，2016 年金融业产值为 882 亿元，占 GDP 的比重为 10.87%。

中部地区层级金融网络支持体系中的次核心层级金融增长极大致确定为长沙、太原、合肥和南昌。长沙是湖南省会，拥有健全的金融机构体系，2016 年金融业产值达 568.43 亿元，占总产值的 6.1%，金融机构达到 1068 家，对经济增长的贡献持续增强。2013—2016 年，金融业增加值对经济增长的贡献达 5.6%，金融业市场体系日趋完善。太原是山西省会，近年来，其金融服务种类和服务效率等方面取得新突破，2016 年金融业增加值为 438.29 亿元，占总产值的 1.46%，拉动服务业增加值增长 2.8 个百分点。合肥作为安徽省的省会城市，“十二五”期间，合肥金融业增加值、存贷款余额、直接融资、保险收入、金融业带动就业能力等多个总量指标均实现翻番，全年社会融资规模 2956.52 亿元，比上年增加 1788.51 亿元，增长 153.1%。合肥科学构建适应实体经济发展需求的地方金融支持体系，拓宽融资渠道，有效做大金融总量，为全市经济迈向中高端新常态提供强有力金融支持，支柱地位日益强化。南昌作为江西的省会，2016 年全市金融机构本外币各项存款余额为 9627.56 亿元，比年初增长 12.8%，本外币各项贷款余额为 8707.23 亿元，比年初增长 15.2%，全市拥有证券分支机构 118 家，全年证券机构股民资金账户数 192.03 万户，比上年增长 33.2%。

中部地区层级金融网络支持体系中的边缘层级金融增长极大致确定为洛阳、襄阳、湘潭、宜昌和芜湖。2016 年前三季度，洛阳完成金融业增加值 165.7 亿元，同比增长 14.2%，高出 GDP 增长率 5.6 个百分点，金融业增加值占 GDP 的比重达到 6.11%，金融业作为全市重要支柱性产业的地位进一步增强。推进地方金融体制改革，深化政银企合作，实行金融对外开放，大力引进和设立各类金融机构，初步形成了银行、证券、保险及融资担保、小贷公司等多种业态并存，全国性、区域性、地方性金融机构协调发展的多元金融组织体系。2016年襄阳全市实现地区生产总值3694.5亿元，金融机构本外币存款余额3073.1亿元，比年初增加368.0亿元，金融机构本外币贷款余额1809.3亿元，比年初增加134.1亿元，全市保费收入81.1亿元，增长24.8%。全市共有银行业金融机构30家，证券公司17家，证券营业部26个，金融组织体系日趋完善，金融运营总量扩大，银政合作创新成效明显，加快金融改革创新，服务于实体经济发展，增强金融管理和服务功能，提高金融运行质量与效益，为襄阳经济社会发展提供了有力支撑。2016年湘潭全市地区生产总值1845.7亿元，比上年增长8.2%，年末全市金融机构本外币各项存款余额2027.5亿元，比年初新增249.7亿元，本外币各项贷款余额1386.2亿元，比年初新增117.3亿元，全年保费收入50.0亿元，比上年增长13.1%。年末全市上市公司数量4家，直接融资总额309亿元，其中，通过发行、配售股票共筹集资金43.0亿元。2016年湘潭直接融资工具获得快速发展，电子商业票据业务取得突破式进展，回购业务资金融出入结构转为净融入结构，金融市场发展迅速。2016年宜昌全市实现生产总值3709.36亿元，比上年增长8.8%，年末金融机构本外币存款余额3130.03亿元，比年初增加307.54亿元，本外币贷款余额2353.41亿元，比年初增加220.22亿元，全年保费收入82.88亿元，比上年增长26.6%，金融业稳定发展。2016年，芜湖全年实现地区生产总值2699.44亿元，比上年增长9.7%，年末金融机构本外币存款余额2915.78亿元，比年初增加367.10亿元，本外币贷款余额2852.59亿元，比年初增加361.03亿元，全年实现保费收入55.29亿元，比上年增长27.2%。2016年全市16家上市公司实现营业收入 1128 亿元，同比增长 17.12%，净利润 160 亿元，同比增长 21.21%。2016 年全市实现直接融资 445 亿元，同比增长 58.03%。16 家上市企业平均资产负债率为 31.23%，同比下降 0.74 个百分点，55 家非金融类挂牌公司平均资产负债率为 51.68%，同比下降 2 个百分点（见表 8–21）。

表 8–21　构建中部地区层级金融网络支持体系相关城市金融发展情况

类型	城市	金融机构存款余额 / 亿元	存款余额增长率 /%	金融机构贷款余额 / 亿元	贷款余额增长率 /%	保费收入 / 亿元
核心层级金融增长极城市	武汉	22196.21	14.5	20754.87	21.2	277.32
	郑州	19000.7	12.2	15422.4	21.8	463.4
次核心层级金融增长极城市	长沙	15488.77	10.11	13866.96	12.52	255.87
	太原	11497.49	6.2	12016.78	12.0	220.17
	合肥	13479.68	20.4	12064.18	18.6	213.25
	南昌	9627.56	12.8	8707.23	15.2	152.71
边缘层级金融增长极城市	洛阳	4982.4	19.1	3011.9	14.3	111.1
	襄阳	3073.1	13.6	1809.3	8.0	81.1
	湘潭	2027.5	14.0	1386.2	9.2	50.0
	宜昌	3130.03	10.9	2353.41	10.3	82.88
	芜湖	2915.78	14.4	2852.59	14.5	55.29

资料来源：2016 各市国民经济与社会发展统计公报，由笔者整理所得。

（4）西部地区层级金融网络支持体系的构建

西部地区自然资源丰富，但由于历史、自然和社会等原因，经济发展相对落后，与东部发达地区存在较大的差距。2000 年我国提出了“西部大开发”战略部署，提出到 21 世纪中叶，从根本上改变西部地区相对落后的面貌，建成一个经济繁荣、社会进步、生活安定、民族团结、山川秀美、人民富裕的新西部。西部地区包括内蒙古、新疆、宁夏、陕西、甘肃、青海、重庆市、四川、西藏、广西、贵州、云南12个省份、94个地级市。2016年末常住人口总数为37414万，地区生产总值达156828.17亿元，占全国GDP的21.09%。

通过上文分析，我们可以将西部地区层级金融网络支持体系中的核心层级金融增长极大致确定为重庆、成都、西安。重庆是长江上游地区经济中心和金融中心，2016年年底，重庆市金融业产值达1642.6亿元，占GDP比重为9.4%，重庆金融机构门类齐全，金融市场主体丰富，外资金融机构数量、金融机构网点和从业人员密度居中西部前列。成都是西南地区的科技中心、商贸中心、金融中心和交通通信枢纽，是中西地区金融机构种类最齐全、数量最多的城市之一，2016年年底，金融业产值达1386亿元，占GDP的比重为11.4%。2016年中国（深圳）综合开发研究院发布的第八期“中国金融中心指数”显示，成都金融中心综合竞争力排名中西部第一、全国第五位。建设金融总部商务区，打造国内首个金融业双创空间，发挥行业监管机构和金融总部机构聚集作用，重点发展总部金融、新型金融。西安是西部地区重要的金融、商贸中心和交通、信息枢纽，2016年，金融增加值达722.85亿元，占GDP比重为11.6%，年末全市金融机构本外币存款余额19488.38亿元，比上年末增长8.0%，本外币贷款余额15542.39亿元，增长11.3%。全年证券市场各类证券交易总额28913.55亿元，比上年下降46.2%。年末全市拥有上市股份公司33家，上市总股本490.08亿股，总市值5474.22亿元。金融业成为西安市第三产业第一大行业。

西部地区层级金融网络支持体系中的次核心层级金融增长极大致确定为昆明、乌鲁木齐、呼和浩特、南宁和兰州。昆明为云南省会，2016年昆明金融业增加值388.5亿元，占GDP比重为9.03%。昆明已引进各类金融机构65家、资金85亿元，拥有7家外资银行，在西部12个省份排名第三。金融组织体系不断完善，截至2016年年底，全市共有正规金融机构2186家，其中，银行业金融机构1598家、保险业金融机构488家、证券分支机构100家，初步形成了政策性银行、商业银行、地方金融机构、证券公司、保险公司等多层次机构并存的组织体系和服务体系。昆明区域性跨境人民币金融服务中心2010年7月揭牌，全市银行业金融机构积极开展跨境人民币业务，2011—2016年年底，全省跨境人民币结算累计3459亿元。乌鲁木齐作为新疆省会，2016年首家外国银行——巴基斯坦哈比银行落户乌鲁木齐，积极构建多层次资本市场，进入上市轨道企业10家，新增国内主板IPO企业3家，6家企业登陆“新三板”，丰汇小贷在美国纳斯达克上市。贵阳作为贵州省会，也是中国西部区域性中心城市，在互联网金融技术带来巨大变革的当下，紧抓历史机遇，相继成立了全球第一家大数据交易所、第一家众筹金融交易所、第一家大数据金融学院，也是移动金融五个试点城市之一，在2016年我国互联网金融十大创新城市中排名第五位。呼和浩特作为内蒙古省会，金融业已成为支柱产业。截至2017年年末，全市银行业金融机构独立法人和分行达到38家，保险业机构41家，证券分公司和营业部48家，信托公司1家，资产管理公司4家，财务公司3家，共有上市公司9家，“新三板”挂牌企业23家，培育拟在“新三板”挂牌企业32家，在内蒙古股权交易中心挂牌企业136家，“新三板”挂牌数量居全区首位。南宁作为广西省会，2016年全年地区生产总值3703.39亿元，比上年增长7%，年末全市共有金融机构32家，营业网点1218个，年末全市金融机构人民币各项存款余额8901.72亿元，比上年增长7.8%，人民币贷款余额9423.79亿元，增长14.52%，全市共有各类保险公司38家，全年保费收入146.98亿元，比上年增长19.57%。

兰州作为甘肃省会，2016年全市金融运行平稳，年末全市金融机构本外币各项存款余额为8707.76亿元，增长9.59%，本外币各项贷款余额为8663亿元，增长19.85%，实现原保费收入98.4亿元，增长13.9%。全市共完成直接融资282.56亿元，中小企业通过省股权交易中心实现直接融资18.374亿元。累计实现挂牌企业22户，其中18户企业成功挂牌“新三板”。

西部地区层级金融网络支持体系中的边缘层级金融增长极大致确定为包头、鄂尔多斯、银川、西宁、宝鸡和桂林。2016年包头地区生产总值达3867.6亿元，比上年增长7.6%，年末全市金融机构人民币各项存款余额3236.0亿元，增长19.4%，人民币各项贷款余额2403.1亿元，增长9.6%。全市共有保险公司37家，保费收入65.1亿元，比上年增长28.7%。2016年鄂尔多斯市全市地区生产总值4417.9亿元，同比增长7.3%。共有银行法人机构26家，银行营业网点671个，从业人员10409人。年末金融机构人民币各项存款余额首次突破3000亿元，达到3118.2亿元，同比增长15.5%，各项贷款余额2909.8亿元，同比增长7.7%。全市保险公司中心支公司33家，保费收入49.1亿元，同比增长15.7%。全市累计完成社会融资规模1410.03亿元，银行业金融机构累计为重点帮扶企业融资1185.56亿元，累计发放各项贷款6940.08亿元，转贷续贷1005.27亿元，全市银行业金融机构累计化解不良贷款329.37亿元，为实现转型发展提供强有力的金融支撑。银川作为宁夏省会，2016年全市实现地区生产总值1617.28亿元，同比增长8.1%，年末全市金融机构人民币各项存款余额3343.40亿元，增长9.7%，人民币各项存款余额3343.40亿元，增长9.7%，全年实现保费收入133.90亿元，增长29.6%。银川通过资本运作，强化地域优势，打造了若干传统产业集群，利用国有投融资平台，开阔视野，统筹布局新兴产业，引导社会资本参与跟进，真正实现了金融与产业融合。西宁作为青海省会，金融业增加值达到140亿元，同比增长14%，占GDP比重为11.2%，深入推进金融改革和供给侧结构性改革，加快构建现代金融体系，积极拓宽社会融资渠道，不断扩大社会融资规模，实现金融业整体平稳运行，紧抓银行信贷和资本市场融资，不断拓宽融资渠道，创新融资方式，扩大融资规模，有效满足社会融资需求。如表8-22所示，截至2016年12月底，西宁人民币贷款余额达到4633.43亿元，同比增长13.12%，占全省贷款余额的83.04%。全市在多层次资本市场上市挂牌的企业达到211家。2016年年末，宝鸡全市金融机构本外币各项存款余额2373.80亿元，增加270.94亿元，增长12.9%，本外币各项贷款余额1185.08亿元，增加141.74亿元，增长13.6%。全年新增各类金融机构5家，年末达121家，共有保险公司40家，营业网点208个，实现保费总收入69.25亿元，增长21.2%。年全市18家小额贷款公司注册资本12.35亿元，累计贷款投放71.07亿元，全年社会融资规模存量1764.59亿元，同比增长15.7%。全年证券市场各类证券成交额2661.79亿元，下降43.1%，基金交易量20.79亿元，下降59.0%，债券交易量122.62亿元，增长11.5%。2016年桂林金融机构数118家，年末金融机构本外币存款余额2979.80亿元，增长14.3%，本外币贷款余额1862.14亿元，增长17.8%。银行利润持续增长，不良贷款率控制在风险水平之内，2016年不良贷款率为1.78%。银行业的运营状况良好，为经济发展提供了较大的支持。保险公司29家，保费收入55.85亿元，比上年增长24.2%，上市公司6家。

表 8-22　构建西部地区层级金融网络支持体系相关城市金融发展情况

类型	城市	金融机构存款余额 / 亿元	存款余额增长率 /%	金融机构贷款余额 / 亿元	贷款余额增长率 /%	保费收入 / 亿元
核心层级金融增长极城市	重庆	32160.09	11.72	25524.17	11.19	601.61
	成都	35000	11.1	26900	14.5	864.3
	西安	19488.38	8.0	15542.39	11.3	352.35
次核心层级金融增长极城市	昆明	12655.68	6.8	13520.32	13.2	213.48
	乌鲁木齐	7406.60	6.0	5287.20	6.7	150.33
	贵阳	9978.84	12.7	9256.41	16.5	114.35
	呼和浩特	6178.8	15.2	7051.8	16.1	98.6
	南宁	8901.72	7.8	9423.79	14.52	146.98
	兰州	8707.76	9.59	8663.00	19.85	98.4
边缘层级金融增长极城市	包头	3236.0	19.4	2403.1	9.6	65.1
	鄂尔多斯	3118.2	15.5	2909.8	5.5	49.1
	银川	3343.40	9.7	4076.57	11.6	133.9
	西宁	3756.01	5.9	4633.43	13.1	46.99
	宝鸡	2373.80	12.9	1185.08	13.6	69.25
	桂林	2979.80	14.3	1862.14	17.8	55.85

资料来源：2016 年各市国民经济与社会发展统计公报，由笔者整理所得。

我国不同地区之间金融市场发展程度差别较大，存在地区间融资机制不发达状况，制约了金融对地区经济发展的整合作用及对新型城镇化建设的支持作用。这种状况产生的主要原因是地方政府对金融活动的行政干预，省与省之间存在的行政壁垒造成了金融分割，难以形成统一的金融市场。此外，由于目前各城市间经济合作存在壁垒，限制了单一或单层级金融增长极的极化效应与扩散效应，使空间作用力的范围和强度较小。因此，构建层级金融网络支持体系，培育优势互补的多层级金融增长极并进行合理布局和规划，协同发挥金融集聚和扩散效应，对于提升我国金融发展整体水平、推动经济跨越式发展及新型城镇化的可持续发展大有裨益。

8.4 层级金融网络支持体系的发展与完善

8.4.1 加强顶层设计 >>>

加强顶层设计是构建层级金融网络支持体系的基础，在构建层级金融网络支持体系之前制定科学、合理的规划，才有利于从整体上把握层级金融网络支持体系的构建原则和目标，明确不同层级金融增长极城市的具体定位，合理布局产业，发挥自身发展优势，协调不同层级增长极城市的发展路径选择，促进金融资源的整合利用，为层级金融网络支持体系的构建提供保障。

（1）合理定位不同层级城市金融发展战略

城市经济的发展需要有总体规划，关乎每个城市的发展方向。我国不同城市金融集聚的基础条件和外部环境差异较大，因此不同城市所具有的金融功能与经济地位也有所不同。在制定城市具体发展战略时，每个城市都要因地制宜，以自身发展情况为基础。对于金融集聚基础较好的城市，制定金融集聚战略有利于明确城市的发展方向与目标。根据目前我国不同城市的金融发展水平与金融集聚现状，应充分发挥比较优势，明确城市金融的定位，建立层级金融网络支持体系。在目前我国的全国性金融增长极城市中，北京是我国金融政策、金融监管和金融信息中心，上海也应加大金融发展力度，利用优越的地理位置逐渐向国际金融中心发展。在区域性金融增长极城市中，深圳毗邻香港，有着显著的区位优势，因此应加快建立与香港的金融合作关系，逐渐打造成区域金融增长极。天津、广州、杭州、成都、西安、郑州等城市，也应根据自身的金融业发展状况，借助自身的区位、交通、政策等相关优势，努力发展成为区域金融增长极。

（2）基于产品创新树立金融城市品牌

我国不同城市的基础条件及金融发展水平差异较大，因此，构建层级金融网络支持体系应该发挥不同城市的独特的核心竞争优势，创新产品，树立金融城市品牌。对于全国性金融增长极城市而言，北京可以充分借助市场、信息与政策等优势，树立金融产品创新化、金融交易规范化及金融政策透明化等金融城市品牌，以达到吸引更多金融机构和客户资源的目的，促进金融业快速、高质量健康发展。上海作为我国证券业和外汇交易中心，对中外金融机构和中介机构吸引力巨大，因此，上海可以在保持证券、外汇和期货市场优势的基础上，形成多元化发展态势，提高其国际影响力。深圳、杭州、成都、重庆、西安、郑州等区域性金融增长极城市可以借助自身金融优势发展成为区域金融中心，树立多元化金融城市品牌，为本地区经济发展提供有力的金融支持。

8.4.2 营造良好的金融发展生态环境

层级金融网络支持体系的构建、发展与完善需要良好的金融生态环境，努力营造积极创新、宽松有序的金融发展生态环境，有利于推动金融的发展，也有助于从整体上促进我国层级金融网络支持体系的构建。具体来说，可以从以下四方面着手。

（1）建设健康的政策环境

政策导向是促进层级金融网络支持体系构建与发展的不二法门。要实现我国各层级金融增长极的健康快速发展，吸引更多发展良好的金融机构和高质量人才，制定和出台更具吸引力的优惠政策势在必行。各层级金融增长极可以根据自身的发展目标与规划在租房和购房补贴、项目用地、工程建设规费、人才引进等方面制定相关优惠政策，依据金融机构在其资本情况、人才规模及在国内外影响力等方面的发展表现进行评分，根据评分结果对金融机构进行等级划分，并针对不同等级的金融机构制定不同的优惠政策，充分发挥政府主观能动性。

同时，加快扩大并完善金融后台中心建设，全方位支持金融前台发展，吸引更多的金融业务。各层级金融增长极要建立数据中心、呼叫中心、灾备中心、银行卡中心、培训服务中心等服务体系，保证金融服务全覆盖，在对各层级金融增长极经济发展产生长期拉动效应的同时，也能够大力推动产业结构优化升级。

（2）完善良好的法制环境

作为金融生态环境的重要组成部分，层级金融网络支持体系的构建及健康发展需要良好的法制环境。法制环境的完善，不仅要出台针对金融发展的相关具体法律法规，更要加强执法，保证良好的执法效果。目前，我国各层级金融增长极城市金融法制环境建设仍处在起步阶段，各类法律法规尚不健全，使得有些金融活动无法可依。此外，对已有相关金融法律法规执行不力，造成解决相关金融问题耗费较长的时间和极大的人力、物力，消耗极大，对优化金融生态环境产生了不良影响。因此，必须采取相关措施，在完善金融法律法规的同时，要提高司法效率，对破坏金融生态环境的机构和人员进行严厉打击，提高其违法成本，保证金融活动的有序进行，保证司法公平公正。

（3）营造宽松的创新环境

作为构建层级金融网络支持体系的重要动力之一，大力支持金融创新具有重要意义。金融创新是金融业的重要生产力，要求突破相关既定金融体制，设计的金融产品能够适应不断变化的市场环境，从而促进金融的健康稳定发展。由于当前我国不同层级增长极城市的金融市场环境的灵活程度存在差异，金融创新的相关激励政策也相对较为缺乏，使得当前我国金融创新相对比较薄弱，金融创新较少，缺乏真正意义上的创新。

要推动区域内金融的不断创新，就必须营造“百花齐放、百家争鸣”的创新环境。金融监管机构发挥推动作用，在区域金融业内树立“法不禁止即可行”的创新理念，进一步放宽对金融机构的监管，减少对金融业发展的随意干扰，注重程序合理性。

（4）优化金融人才培养环境

作为金融机构的核心资产，人才也是支撑金融业不断创新发展的决定性因素。随着近年来金融市场的不断完善，各层级金融增长极愈加重视人才引进战略。要构建我国层级金融网络支持体系，促进其不断完善和可持续发展，首先需要将金融人才的培养与引进工作提高到战略高度。优化金融人才的培养与引进环境，出台相关人才培养与引进的“一揽子”优惠政策，为金融人才提供一流的工作平台，为其提供一流的生活环境，从金融人才落户、住房、税收、医疗卫生、子女教育等方面入手，制定与金融人才切身相关的优惠政策，真正做到使人才不仅能进得来，还要留得住。此外，也要重视本土培养的金融人才，与引进人才一视同仁，为其提供充分的发展空间，避免本土人才外流造成的人才损失。其次，需要充分利用各层级金融增长极的高校教育优势，在为金融业输送新鲜血液的同时，借助后台服务中的培训机构，重视人才培养，有意识地培养高端金融人才。

8.5 确立不同层级的金融增长极建设策略

有学者研究证明，在建设我国各层级金融增长极的过程中，存在非理性同质竞争，即在邻近区域内，几个禀赋相似的经济体同时追逐区域金融龙头地位，争相建设区域金融中心。非理性同质化竞争会造成临近区域产业发展趋同，相关金融基础设施重复建设，造成资源浪费，不利于层级金融网络支持体系的构建和进一步良性发展。因此，制定具有针对性的区域金融政策，合理定位各区域发展目标，及时对各层级金融增长极的建设进行科学、合理的统筹规划，可以在一定程度上减弱区域竞争的非理性行为，实现优势互补。各层级金融增长极应立足自身优势，实现合理定位，充分扬长避短，进行分工合作、优势互补，避免金融资源重复配置，走特色化发展道路。各层级金融增长极建设的相关政策建议如下。

8.5.1 核心层级金融增长极建设策略 >>>

核心层级金融增长极是我国金融发展的重要拉动力量，我国核心层级金融增长极的相关城市必须以各自的资源禀赋、自身优势为基础，明确各自定位，避免恶性抢夺金融资源等非理性的盲目竞争。北京、上海、广州、深圳不仅要发挥好作为东部地区的核心层级金融增长极的作用，而且要发挥作为全国核心层级金融增长极的优势，辐射带动其他金融增长极发展。此外，核心层级金融增长极要积极“走出去”，通过出台一系列与国际惯例“接轨”的金融体制改革措施，实现与国际金融中心接轨，力争建设国际金融中心，提升金融辐射能力。

8.5.2 次核心层级金融增长极建设策略 >>>

现阶段，与核心层级金融增长极相比，次核心层级金融增长极在金融资源和发展上差距较大，集聚、辐射能力也相对较弱，但其具有独特发展优势。因此，我国次核心层级金融增长极要充分发挥政府主导作用，立足自身发展现状，大力进行金融基础设施建设，建立完善软硬件配套服务体系，不断优化金融发展环境，大力吸引外部金融资源，提高其承接并扩散核心层级金融增长极辐射的能力。同时要加强与核心层级金融增长极城市的交流与合作，利用地理等相关优势，充分发挥金融合作的作用，加强自身发展，主动承接并扩散核心层级金融增长极的辐射能力。

8.5.3 积极培育边缘层级金融增长极

为实现我国层级金融网络支持体系的健康、可持续发展，不仅要大力推动核心层级、次核心层级金融增长极的快速发展，还要在已建成的层级金融增长极的基础上，积极培育边缘层级金融增长极，实现在全国范围及各区域内形成金融辐射网络，从而充分发挥辐射带动作用，促进我国金融和经济的快速发展。因此，在积极谋划核心层级和次核心层级金融增长极的建设和发展，制定相关发展政策时，要积极关注我国其他城市金融发展的程度，适时选择、积极培育边缘层级金融增长极。

边缘层级金融增长极在金融发展总量和效率上，与次核心层级金融增长极相比有较大差距，因此，不仅要提高其金融发展总量和效率，还要培养其集聚能力和扩散能力，增强其与周围城市尤其是相近的次核心层级金融增长极之间的联系和互动，加强其自身增长极能力的建设，发挥其集聚和扩散功能，从而逐步构建与完善我国层级金融网络支持体系，以促进我国新型城镇化的可持续发展，带动我国经济健康稳定发展。

8.6 建立健全金融行业发展机制

8.6.1 制定差异化的金融行业培育机制

目前我国传统金融业规模庞大且整体发展迅速，但金融业内部各个行业机构发展并不十分成熟，因此，我国各层级金融增长极要在继续壮大以银行业、证券业和保险业为主的传统金融业的同时，进一步拓展新兴金融行业，同时培育为金融业提供服务的配套产业，形成完善健全的金融市场体系。

传统金融业的培育重点是要健全其分支机构体系、完善治理结构并形成灵活高效的监管体系，加强监管，并鼓励多元化发展思路。对于地区本土金融机构而言，要支持其深化金融改革，鼓励其通过引入战略投资来扩大发展规模，力争实现跨区经营，扩大本土金融机构的影响力和辐射力。对于新兴金融业而言，要为其创造较为宽松的发展环境，鼓励各地区大力引进，制定相关政策鼓励新兴金融业的发展。

此外，要大力发展农村金融，在满足“三农”金融需求的基础上，为金融业开辟更广阔的市场。大力培育村镇银行、农村信用社、农村商业银行等农村金融平台，为其提供政策、技术、资金等方面的支持。加快推进互联网金融发展，促进金融部门间的互联互通，提高金融部门的服务效率与质量。

8.6.2 实现金融产业布局的全面统筹规划

金融资源、金融人才、金融机构的大量集聚是层级金融网络支持体系形成的基础，因此，有计划、有意识地将相关金融发展要素进行有机结合和科学合理的空间规划，形成相对合理的结构配置，对层级金融网络支持系统的构建有积极意义，有利于最大限度地实现资源合理配置，充分发挥金融集聚的规模效应，避免盲目竞争造成的资源浪费。由于不同城市之间存在争夺层级金融增长极的竞争，城市各辖区之间也存在争夺金融功能区的问题。要想避免无序竞争，就需要政府全面地统筹规划，为各功能区提供差异化的优惠政策支持，避免不同区域金融功能重叠。通过制定相关金融产业布局战略，实现金融功能区的科学合理规划，从而最大限度地实现规模效应。

首先，对金融功能区进行合理的空间划分，对于核心层级增长极、次核心层级增长极的城市，综合分析各功能区比较优势，对各金融功能区重新进行定位，避免资源浪费；对于边缘层级增长极的城市，要对其金融功能区进行长远定位，明确各功能区职能，避免重复建设。其次，规划功能区内产业发展。在明确功能区定位后，围绕其功能定位，规划功能区内产业发展，选择区内相关入驻机构，制定相应优惠政策，确立以金融业为主、其他现代服务业为辅的发展思路，树立差异化发展原则，围绕产业特色制定长期发展规划，保障金融功能区充分发挥相关职能。再次，金融功能区的建设要围绕市场进行。建设初期，政府的扶持在很大程度上加快了这一建设过程，然而金融功能区的正常运转不能过多地以政府意见为导向，而应根据市场需求适当进行调整。最后，要使功能区内配套设施建设不断完善。在功能区建设过程中，交通、网络、餐饮、娱乐、购物及绿地等基础设施建设必不可少，相关配套设施的完善程度会对功能区人力资源的充足情况及对潜在入驻金融机构的吸引力造成直接影响。因此，配套设施的不断完善不仅有利于提高相关金融功能区的竞争力，还对保障金融功能区的可持续发展有积极意义。

8.6.3 提高金融资源整合效率

政府应当重视民间金融，并适当将其纳入国家宏观调控层面。一方面要加快地方性金融机构的发展，允许民间资本在合理范围内流入金融市场并参与金融投资，充实金融机构资本，提高金融资源的整合利用率。另一方面要尽快建立健全覆盖全国各类金融机构的征信体系，加强政府信用建设，为建设征信体系提供相应保障，实现金融信息共享，简化金融资源相关整合步骤，提高资源利用率。

此外，要不断加强多层次金融市场体系建设并加以完善，保证现有金融资源的充分利用。各层级金融增长极城市不仅要促使其自身金融市场深度与广度的不断扩展，从而不断加强金融产品与服务的创新力度，切实提高金融资源利用率，同时也要加快多层次金融市场体系的建设步伐，加强场外交易市场、产权市场的建设等。

8.7 优化产业发展的金融支持

金融发展对促进产业结构优化升级、推进产业城镇化发展有积极影响，目前我国金融支持产业发展中存在过度支持第二产业及生产领域的不合理状况，产业结构优化升级的方向对实现三大产业协调发展、促进产业结构优化升级及产业城镇化健康发展有不良影响，因此，要优化对产业发展的金融支持，适度加大对农业现代化、现代服务业及消费领域的金融支持力度，促进产业城镇化健康协调发展。

8.7.1 金融支持农业现代化 >>>

农业现代化作为“四化”之一，金融在支持农业现代化进程中发挥着巨大作用，可以在农产品生产、加工、运输、销售等环节提供优质的金融服务，满足农业现代化进程中资金融通、现金结算、科技进步、保险保障等金融需求。完善农村金融结构，发挥政策性金融机构对农业现代化外部环境的建设作用，发挥商业金融机构对发展壮大龙头企业的支持作用，以金融合作加强基础设施建设，以民间资本满足农户短期、小额资金需求。同时，要大力支持农业保险及农业风险投资基金的发展，降低农业经营风险，促进农村经济稳定。此外，在金融支持农业现代化发展过程中要坚持重点突出、特色鲜明的原则，加强对农业现代化建设的信贷支持，通过强化龙头企业成长带动农业现代化建设，加强建设农业现代化产业基地，促进农产品流通，提升农业科技在促进农业现代化发展中的贡献率，实现农村金融与农业经济协调发展。

8.7.2 金融支持现代服务业发展

现代服务业大多是知识密集型、技术密集型企业，具有能源消耗低、资源约束小的特点，要确立服务业尤其是现代服务业在国民经济发展中的主体地位作为我国产业结构优化升级的最终目标，金融作为国民经济发展的核心，必须大力支持现代服务业发展。但从目前的发展情况来看，服务型企业获得的信贷资金规模不足，对现代服务业的金融支持规模和结构存在一定问题，严重影响了服务业的后续健康发展。为促进现代服务业发展，必须加快开发面向现代服务企业的有针对性的、多层次、多元化信贷创新产品，选择加大对重点现代服务企业的直接融资，推动多元化现代服务业投融资体系的建立。

8.7.3 金融支持消费领域扩张

消费与新型城镇化发展相辅相成、相互促进。在人口城镇化方面，农村转移人口作为潜力巨大的消费群体，其空间流动会产生巨大的消费转移效用，农村转移人口的市民化进程也对住房、医疗卫生、教育、娱乐、交通通信等领域消费的增长具有刺激作用；在产业城镇化方面，作为产业结构调整的重要动力，结构的升级不仅可以促进社会经济结构调整和产业结构优化升级，而且带动了消费金融在我国的发展。因此，金融支持消费领域扩张应着眼于农民工与中等收入城市居民之间的消费结构差异，重点关注个人住房贷款、汽车金融及商业保险三个方面。在个人住房贷款方面，金融“国十条”中明确提出要“积极满足居民家庭首套自住购房合理需求”，银行应该加大住房贷款优惠力度，促进居民购房消费；在汽车金融领域，要重点关注汽车金融公司的发展，实现购车资金来源多元化；在商业保险方面，促进商业保险快速发展，以商业保险解决地区间、职业间的保障差异，不仅可以倒逼社会保障制度的改革，而且为商业保险的发展提供了良好机遇。

9 面向新型城镇化发展的层级金融网络支持体系发展路径与对策

近年来，随着我国全面深化改革的不断深入和经济社会的持续发展，人民的物质和精神生活要求不断提升，城镇化进程逐渐加速。在当前经济下行压力较大情况下，城镇化作为行业发展的综合体，是有效促进投资、推动建设、拉动内需、提振经济的重要引擎。实践表明，金融在城镇化进程中能起到重要作用，一方面，能直接提供强有力的资金支持，通过杠杆效应放大投资；另一方面，也能释放积极的“信号作用”，通过增信引导鼓励大量的社会资本投入。在这样的背景下，首先要确保有效的金融支持路径，为新型城镇化建设提供有力资金保障，政府及地区各部门应积极采取有效措施，加强城镇金融建设管理，完善各种规章制度，增强金融支持力度，推进新型城镇化建设发展。

9.1 新型城镇化建设的金融支持路径分析

新型城镇化的核心与本质是“人”的城镇化，不仅仅是所处地理位置的变化，而且是涉及人口迁移转变、产业结构调整、空间布局重塑等的系统工程。为了更加深入地研究金融支持新型城镇化的内在机理，本章将新型城镇化分解为土地城镇化、人口城镇化、产业城镇化、空间城镇化和生态城镇化，从五个层次提出相应的金融支持路径，形成新型城镇化理论的系统架构。

9.1.1 土地城镇化的金融支持路径 >>>

土地城镇化是指土地产权明晰，土地从传统单一的耕种用地向耕种用地、建设用地等多元化发展。明确的产权是土地城镇化的基础，完善的土地交易市场是土地城镇化的条件，而征地补偿制度则是土地城镇化的保障。为此，从以下几方面提出土地城镇化的金融支持路径。

9.1.1.1 提供便利的信贷支持，加快土地合理流转

农村居民需要大量的土地流转来促进大规模农业生产，但在信贷约束下大规模农业生产难以实现。在金融支持下，农村居民可以突破信贷约束，加快土地流转，特别是土地集中流转，从而有利于实现大规模农业生产或者家庭农场式生产。因此，提供便利的信贷支持、促进土地的合理流转是土地城镇化的金融支持途径之一。

第一，针对有土地流入需求的农村居民或乡镇企业，商业银行在审核其信用的同时，应精准地识别它们的资金需求，适当降低贷款门槛，向它们提供便利的信贷支持，以解决它们面临的农村信贷约束问题，从而加快土地合理流转，助推土地城镇化建设。

第二，鼓励互联网金融公司，如阿里巴巴蚂蚁金服公司，向欠发达地区农村居民或乡镇企业提供“旺农贷”等便利的资金融通，以解决它们的土地流转面临的资金紧缺问题。

9.1.1.2 设计金融理财产品，完善农村征地补偿机制

我国当前农村征地补偿机制还不够健全，尤其是在欠发达地区，失去土地的农村居民就意味着失去了长久的生计来源。针对这一问题，可以设计金融理财产品，完善农村征地补偿机制，此为土地城镇化的金融支持路径之二。

第一，金融机构可以为农村居民提供征地补偿方面的理财产品，使得失地农民在获得一定征地补偿金的同时，可以通过投资理财产品，持续地获得一定的金融理财收入，从而避免因失去土地而出现食不果腹的可能性。

第二，完善农村保险体系，设计多样化的金融保险产品，如仿照失业保险的安排，设计失地失业保险，向失地后同时面临失业的农民提供保险，为农村居民在失去土地后提供保障措施。

9.1.2 人口城镇化的金融支持路径

人口城镇化的金融支持是指金融系统通过调配资金，实现资源的优化配置，并提供优质的金融服务，来提升农村转移人口的技能和素质以及就业和创业能力，保障人力资本形成，以满足人口迁移转换所需条件，促进人口的城镇化。

9.1.2.1 强化农村金融供给，提高教育水平

在欠发达地区，农村教育质量普遍比较低，其直接原因是这些欠发达地区的教育基础设施不够完善、师资队伍的水平也普遍低下等，而根本原因是这些地区的农村教育投入不足。农村教育程度越高，农村居民就能走得越远，农村人口向城市转移的速度就会越快，人口城镇化就越容易实现。那么，人口城镇化的金融支持路径之一就是要强化农村金融供给，提

高教育水平，提升人口素质，具体路径安排可以参考以下几个方面。

第一，金融机构不仅要加大对公办教育的资金支持，对民办教育的信贷投放也要适当增加，引导民办教育成为公办教育的补充，并通过市场竞争机制，让提供更优质教育的学校能够发挥更重要的作用。

第二，金融机构要增加教育基础设施的信贷支持。大批进城务工人员必然要面临子女的教育问题，一般农村地区教育资源简陋，城市择校费用昂贵，并且原有教育设施承载能力有限，容易造成进城务工子女教育问题突出，因此应加大教育资金投放。通过金融体系，可以扩宽资金的供给渠道，在有政府的支持下，有目的地在金融市场上筹集进城子女教育专项资金，用于建设学校基础设施。

第三，鼓励金融机构承担社会责任，利用自身雄厚的资金优势，为一些家庭贫困的孩子提供无息助学贷款，为经济拮据家庭的子女提供教育助学贷款方面的帮助。

9.1.2.2 积极调配资金，加强农业人口职业技能培训

在增强基础教育的同时，金融支持也要注重对人员的职业技能培训。随着社会与经济的发展，对入世人员的知识能力、接受能力、创造能力等要求也在不断提高，传统农村人口掌握的技能可能并不能适应城镇生活的需要，使得他们在城镇无所适应，不能实现真正的城镇化。因而发挥金融系统调配资金的能力、加强农业人口职业技能培训是实现人口城镇化的金融支持路径之二。

第一，针对即将转出农村的劳动力人口，金融机构可以通过提供如低息贷款等信贷优惠，引导建立针对农村转移人口的技能培训机构，加强对农村转移人口的技能培训，既包括实践操作技能，又包括人际沟通技能等，使得他们能够尽快地拥有城市或城镇中工作、生活的能力。

第二，对于即将转出农村的准劳动力人口，金融机构在支持普通教育的同时，也应该支持职业教育，金融支持职业技能的培训就是要通过支持各类职业技术学校的发展，以使转移人员掌握一些专门的职业技能。金融支持鼓励私人或企业通过金融创新创建职业培训机构，同时完善金融服务，通过多维举措加快职业院校建设步伐，完善职业教育，逐步提高准劳动力的职业技能，使转移人口拥有更多的选择机会和空间。

9.1.3 产业城镇化的金融支持路径

金融支持产业城镇化的重点在于优化和升级产业结构，也就是说，金融支持通过发挥资本供给和资源配置的作用，使资金、土地、技术等生产要素满足产业结构合理化发展的需要，并能促进产业结构实现高度化，从而实现产业结构的优化配置，促进产业城镇化的发展。

金融支持产业协调发展就是要求金融支持能使经济活动中各产业间复杂而又密切的经济联系有序地进行。在经济发展中，不可避免地存在强势产业与弱势产业，而金融具有的趋利性可能会导致某些薄利但关系国家民生的产业发育不良，从而影响产业间的关联性。因此，金融支持产业协调发展要适当避免金融的趋利性，向关系国计民生的弱势产业倾斜。具体如下。

9.1.3.1 合理配置产业资金供给，促进产业关联方式协调发展

我国目前的金融支持主要集中于第二产业，对农业和现代服务业的支持力度较小，而农业和现代服务业的发展与国计民生息息相关。因此，金融支持应同样加大对现代农业和现代服务业的支持力度。

第一，对现代农业的支持，可从支持农业机械设备投入和生物技术运用上入手。第二，可以尝试通过融资租赁方式实现对农业设备的金融支持，在农业中普及大型的现代农业机器设备，实现机械化的集中生产，提

高生产效率。第三，在生物技术的运用方面，可以通过科技金融的方式进行推广，支持农业科技技术发展，把现代技术运用到农业上，提高农业产量。现代服务业中存在大量的中小企业，到目前为止，中小企业普遍面临的困境是融资难、融资贵。因此，金融支持现代服务业的重点要放在解决中小企业融资难的问题上，这就需要金融部门设计合理的金融工具来解决中小企业的融资困境，改革贷款制度，综合考量贷款风险，有针对性地推出小额贷款、抵押贷款、担保工具等，并根据实际情况不断改良金融产品，进行金融创新。

9.1.3.2 有序引导资金流向，加快产业间地位协调发展

金融支持产业间地位的协调就是要充分发挥金融支持的作用，让产业结构慢慢向第三产业为支柱的方向倾斜。对第二产业的金融支持目前占比较大，应更加看重其质量和前景，把重点放在那些公司发展前景良好或国家重点扶持的项目上。产业城镇化的最终目标是让第三产业发挥核心作用，因此，金融机构应在服务业领域充分发挥市场的资源配置功能，改善目前对第三产业的扶持力度，更多地将资本投入潜力大、收益好的部门，促使第三产业蓬勃发展，保证国民经济的健康运行。

9.1.3.3 科研开发加深技术革新，促进产业结构高度化

产业结构高度化主要表现在各产业部门之间的产值、就业人员和国民收入的比例变动上。新型城镇化要实现高效集能，要求产业部门生产要素从低效率演变为高效率。技术进步促进产业的发展，目前调节产业结构的一个重要任务是引导数量扩张型的粗放增长方式向内涵式集约增长方式转变，即技术密集型产业逐步取代劳动密集型和资金密集型的产业，并在发展过程中形成产业群规模。技术革新给经济带来的效益是显著的，但技术研发具有风险性，不成功的研发可能会导致企业资金难题或技术革新时

机的错失，造成企业发展困境。为了规避风险的过度集中，可以通过设立风险投资基金的方式来分散，即发行科研开发基金份额募集资金，共享收益，共担技术创新风险。

9.1.4 空间城镇化的金融支持路径

空间城镇化是实现最大空间价值的过程，各种生产要素由少到多地聚集，在城市发展的过程逐渐形成规模经济效应，规模经济效应带来城市的极大发展，进而形成空间集聚效应，空间集聚效应的发挥促使中小城市扩张并逐渐向大型城市转型，进而促进大型城市向城市群的发展，最终带动空间城镇化的发展。

金融支持空间城镇化主要通过对城市群的形成与发展发挥作用，城市群的形成对相应配套的金融系统有着较高的要求，在城市群形成过程中，面对区域的不断融合，为支持城市群的发展，金融支持要突破其区域性特点，增强区域间的融合，实现金融产业自身的大发展。

（1）丰富的金融系统与功能为城市的扩张与融合提供资金支持。金融支持空间城镇化就是要支持城市群的发展，城市群的发展是知识、资本、人资等不断聚集发展起来的长期过程，从中小城市到大型城市再到城市群，每一个过程中都缺少不了金融支持的助力。在满足城市扩张和融合的过程中，金融市场越完善，功能越健全、产品越丰富，金融支持发挥的作用就越大。

（2）金融市场一体化推动城市群发展的空间集聚效应。城市群的发展就是要打破城镇之间产品和要素的分割局面，实现产品与要素的集聚，因此，实现区域一体化必然要求金融市场一体化。为打破区域壁垒，金融应积极促进各城商行之间的合作，促进区域间的金融合并，形成与城市群配套的金融联盟，从而为城市群的资金配置、支付结算等提供便利，城市群的空间集聚效应能够更有力地促进城市群的发展。

9.1.5 生态城镇化的金融支持路径

随着我国城镇化的不断推进，城镇化发展动力不足和环境污染等问题日益凸显。生态城镇化阐述人与自然和谐、以人为本、可持续发展的理念。城镇化理念上升到生态文明的层次，是对过去一味追求经济增长而忽视环境问题的纠正。新型城镇化就是要改变之前以牺牲资源环境来获取高增长率的发展模式，走人与自然协调发展的道路。在人口不断向城镇聚集的过程中，不仅要注重提高居民的生活质量和幸福指数，还要考虑资源承载能力和城镇生态环境压力，协调人口、资源、环境与经济发展的关系，实现城镇的可持续发展。生态文明建设符合新型城镇化的目标，即实现人与自然和谐相处、促进经济的可持续发展，新型城镇化建设过程就是在践行生态文明理念，二者相辅相成、相互促进。

（1）树立公众生态环境保护意识

城镇化过程中的生态环境问题往往是全社会各层面对环境保护的意识不足而造成的，因此，在城镇化过程中就应该普及和提高对生态环境的认识，这是对生态城镇化一项非常紧迫而重要的工作。应广泛开展生态经济的宣传教育，组织各种形式的宣传活动。发展生态城镇化，就要宣传地方资源情况，宣传节约资源的重要性，宣传相关法律法规与政策，弘扬先进典型，揭露资源浪费现象，提高社会各界对生态城镇化的认识。宣扬生态和谐的概念，促进生态城镇化的发展，建立一个人与自然和谐发展的生态城市。此外，还应该开展绿色社区、企业、学校和家庭的模范创建活动，引导整个社会改变生产和生活的理念，推进生态城镇化发展，建立人与自然和谐发展的生态城镇。

（2）完善区域生态补偿制度

生态补偿制度的最大特点是将较为抽象的环境资源转化为经济资源，通过实施对资源环境定价的经济手段来达到保护生态环境的目的。完善区域生态补偿制度，必须要建立稳定的投入机制，完善重点生态区域的保护机制，推进横向生态补偿办法，并结合生态补偿制度在区域城镇化中推进精准扶贫，加快推进生态补偿制度的法律建设。同时，要解决好地区生态补偿的不均衡、单一性、不匹配和约束性问题，真正建立公平、高效的地区生态补偿制度。在区域生态城镇化的进程中，部分地区有些城乡居民因生态环境保护而牺牲了自我发展的机会，在这种条件下，加快生态补偿机制的完善和实施就显得尤为重要。通过地区生态补偿制度的执行，给予为环境保护做出利益牺牲和贡献的单位、家庭和个人一定的经济补偿，对部分企业由于环境污染所造成的外部性经济损失收取相应的补偿费用，达到地区生态环境保护的目的，进而推进地区生态城镇化的长期运行。

（3）优化城乡产业结构

随着城镇化进程的不断推进，越来越多的农村人口向城市转移，产业结构也会随之发生变化，城市的二、三产业在经济中所占的比重会越来越大，第一产业比重会逐渐降低。生态文明建设要求生产过程中降低能耗，减少污染物的排放，以减少对资源环境的压力，这就需要发展生态经济，即实现生态农业、生态工业、生态服务业的协调发展，发展生态产业也是实现生态城镇化的物质基础。在农村将现代科技成果和先进管理理念应用到种植、生产、包装及运输等环节中，大力发展高效生态农业，协调农业发展与资源、环境之间的矛盾；在城镇以节能环保的绿色科学技术为依托，发展低耗能、低排放、低污染、高效益的产业，减少高耗能、高污染的企业比例；结合各地自然资源发展生态旅游业、绿色商业服务业等生态服务业，实现经济发展与生态环境的良性互动。

（4）建立生态城镇化建设项目保险机制

生态环保、绿色经济注定短期经济效益不高，生态城镇化经济发展存在的风险对保险体系提出了新的要求。生态城镇化发展过程中面临开发风险、期限风险、产业风险，为适应生态城镇化建设项目自身发展的需要，金融保险领域在机构及产品上也应适应生态城镇化的特点，鼓励保险创新，为生态产业的发展提供风险保障，促进生态城镇化的良性发展。

9.2 基于金融支持路径选择的新型城镇化政策建议

9.2.1 加大对农民市民化过程中的金融支持

农民市民化是人口城镇化进程中最重要的内容。在这个过程中，大量农村剩余劳动力逐渐进入城镇，对于这些新增居民，如何合理安排并保障他们的生活、就业、教育等是金融支持人口城镇化过程中需要重点关注的问题。在前面分析金融支持人口城镇化途径的内在机理中，金融主要从城市环境建设和转移人口的技能培养等方面对人口城镇化进行支持。在金融支持人口城镇化的实证分析中，金融规模、金融效率和金融结构对人口城镇化有显著的正向促进作用，但目前我国城镇化的金融支持力度还远远不够，因此就现实情况而言，应该加大对城镇的硬环境及软环境建设，对转移人口的职业技能以及教育培养加强金融支持，从而促进人口城镇化的长期合理发展。

9.2.1.1 加强对新增人口住房的金融支持

农民向城镇转移时势必要面临住房问题，大部分农民的经济能力不是很好，他们可能没有经济条件在城市买房，合理解决新增人口刚性住房问题，需要政府和金融的合作，发挥政策性金融与商业性金融的支持作用。

（1）加大保障性住房的建设力度。政府可以建设新的保障性住房，也可以购买或租赁存量住房，扩大住房来源，满足部分农村转移人口的住房需求。为农村人口在迁入城镇初期提供过渡性住所，减轻困难群体住房支出等经济压力，节省初期生活费用、增加储蓄，帮助他们暂时渡过难关，有利于开展生活，为在城市的长期立足奠定基础。

（2）盘活存量住房。原有户籍城镇居民通常拥有多余的住房，通过税收、行政、法律法规等手段，鼓励城镇居民将多余的空置住房在市场流通或进入出租市场。研究探索向拥有多套住房的家庭征收房产税、空置住房征收税费，以及强制空置一定时间以上的住房进入租赁市场。

（3）规范和限制租金价格。借鉴欧美等发达国家的住房保障经验，评估房屋租赁价格，制定租赁指导价格并规范租赁价格，抑制租赁价格过快增长。鼓励延长租赁期限，保护租户权益。规范房产中介行为，力求形成透明、统一、稳定的房屋租赁市场。

（4）完善住房保障制度。厉以宁曾指出，解决好转移农民在城市中的住房问题是推动以人为核心的新型城镇化的首要环节。因此，当前应加快完善住房保障制度，为农民转移提供强大的政策支持。一方面是逐步提升金融服务水平，为农民进城购房提供更方便、快捷的服务，进一步加大农民自购住房的信贷支持力度，银行与农民共担购房风险，鼓励农民使用贷款进城购房；另一方面积极探索并实施财政补贴政策，鼓励经济水平相对比较发达的地方人民政府对迁入农民进城购买的首套商品房给予总购房价款一定比例上或相关税费上的补贴。另外，政府可以给予建立城镇保障性住房的商家一定的拿地优惠，严格限制购房者申购人员的资格，切实做到惠农。还要继续加速推动城市周边地带的改造工作，增加经济适用房的建设规模，真正让农民安居下来。

（5）加强公租房审核与动态监管。各地住房保障主管部门应根据本地区的实际情况，对申请条件进行调整，报本级人民政府批准后实施并向社会公示。对申请人的资格审核，不应只看提交的申请材料，要做一些申请家庭的背景调查，防范各类不符合条件的群体通过资格审核，并把审核通过的人员或家庭名单在专门的管理平台上实时公示，建立有偿举报和定期巡查机制，采取建立家庭档案与入户走访相结合、日常检查与专项督查相结合的方式进行定期巡查。地方政府应在公租房的供给端、分配端进行创新，同时对每套公租房的出租情况进行实时动态监测，并实行身份制度管理，避免出现转租转借现象。对一经查实的违规行为，取消相关家庭的保障资格，收回住房，5 年内不予配租配售保障性住房并记入不良信用档案。动态监管最关键的是将已超标或者已经不符合申请条件的人员调整出去，从而为符合条件且尚未取得公租房的申请人提供公租房。

9.2.1.2 加快户籍制度改革，提高户籍人口城镇化率

2016 年 2 月，习近平总书记对进一步推进新型城镇化建设作出重要指示："新型城镇化建设一定要站在新起点、取得新进展。要坚持以创新、协调、绿色、开放、共享的发展理念为引领，以人的城镇化为核心，更加注重提高户籍人口城镇化率"。

要通过公共服务全覆盖来弥补户籍制度改革无法惠及的人群。2014 年国务院出台的《关于进一步推进户籍制度改革的意见》拉开了城乡二元户籍制度改革的序幕，然而仅仅依靠户籍改革推进城镇化和市民化还远远不够。在差别化的落户政策下，城镇户籍特别是大城市户籍依然是稀缺资源，户籍制度改革无法惠及每家每户，只有推进基本公共服务全覆盖，才

是户籍制度改革和户籍人口城镇化的重点。通过实行居住证制度，推进城镇基本公共服务的均等化，尤其是着力解决农业转移人口在城市就业中不能或不想落户的基本公共服务问题。

合理完善城市布局，优先将一批有潜力的中小城市做大、做强是解决户籍人口城镇化问题的方向。我国户籍人口城镇化所面临的一个重要问题是，大城市数量太少，而广大中小城市和小城镇对于高素质人才吸引力不足，从长远来看，势必造成我国城镇化的困境。因此，必须要转变我国城镇化发展的思路，将大城市作为支点来提高我国户籍人口的城镇化率，着力发展一批有潜力的中小城市，使我国的城市序列分布更协调、合理。

9.2.1.3 在严控大城市人口增长的前提下，使大城市落户政策向中低端人群倾斜

目前，我国大城市的发展程度远远高于中小城市。同时由于大城市户籍的落户门槛较高，人口城镇化过程中的精英化色彩较重。相较于中小城市，超大城市、特大城市和大城市的落户政策更偏向于那些高学历的迁移人口。但我们也应该看到，大城市的发展并不完全依靠那些高学历、高层次的人才，同时也离不开中低端劳动者，如果只限制劳动技能较低的迁移人口的落户，不仅在短期内会造成社会不公平的局面，而且从长远来看更会导致人力资本的不合理配置，从而造成巨大的“知识浪费”。因此，大城市的户籍人口城镇化方向应当在严格控制人口数量的前提下，有序、适度地向中低文化程度的劳动者开放。

户口迁移不仅是社会资源再分配的一部分，是新型城镇化战略无法绕开的环节，更是重新赋予公民自由迁徙和定居的权利的过程。因此，我们在审视户口迁移现象时，必须以“人的城镇化”为出发点和落脚点，推动

农村转移人口市民化，促进我国新型城镇化的健康发展。

（1）加大对新增人口再就业与创业的金融支持

城乡户籍制度改革的艰巨性、长期性和农村劳动力非农职业技能的缺失，是农村劳动力实现转移就业所面临的主要问题。农村转移劳动力再就业是世界各国在各个时期都会遇到的问题，它的表现形式是农村剩余劳动力向城市转移而实现在城市中就业。有效解决农业转移劳动力的再就业问题，不仅影响到城乡建设和协调发展，还将影响到经济社会发展全局和小康社会的实现。具体来说：首先，农业转移劳动力的再就业有利于农村土地流转，对于促进农村土地的集约化经营及农业的现代化、规模化发展作用巨大；其次，农业转移劳动力的再就业有利于提高农民的非农收入，对于农民的市民化转型能够起到极大的促进作用；最后，农业转移劳动力的再就业有利于开阔农民视野，增强农民的职业劳动技能及综合文化素质，不仅能够满足工业化发展对高素质劳动人员的需求，而且对于城镇化建设的推进也将起到积极作用。

（2）提高对再就业与创业培训的认识

在促进农业转移劳动力再就业的过程中，应努力提高城镇化变迁的主体——农业转移劳动力的思想认识。首先，应提高农业转移劳动力对转移再就业的认识，应让他们认识到转移就业既是变化所致，又是发展要求，转移就业的深层意义还在于国家、社会及个体的发展，是进步的标志与象征。其次，应提高农业转移劳动力对转移就业培训的认识。转移就业培训不仅仅是简单的转换谋生方式，本质是促进农业劳动力由“体力型”向“技能型”“职业型”及“现代型”公民转变。最后，应提高农业转移劳动力对职业技能培训的认识。农民要成为新型职业人，满足新型城镇化建设的要求，就必须认识到职业培训的意义和作用。

（3）加强再就业的职业培训

农村劳动力整体素质偏低，缺乏从事非农职业所必需的技术能力，势必影响到其向城市转移就业的实施，也不利于整个新型城镇化的建设。对农村劳动力进行有效的非农职业技能培训是一项庞大工程，需要社会各方面的配合，协调一致，进而形成教育合力。

一是多方培训主体参与。在农村劳动力的转移就业培训中，除了以农村劳动力为主的受训主体外，还要发挥政府、企业、培训机构和学校的主体作用。其中，政府充当管理者角色，具有统筹规划、宏观协调等职能。因此，政府必须充分发挥应有的作用，科学合理布局，制定相关的政策法规，比如目前正积极推进的“精准扶贫”工作需要包括农民职业培训活动；采用减免税收等经济手段鼓励企业积极参与培训，统筹安排农业、工商、人力资源和社会保障部门以及教育培训部门及其机构等各方面力量，共同做好农村转移劳动力就业培训工作。企业是落实和检验农村劳动力转移就业培训的重要场所，是培训中不可替代的主力军。因此，要充分发挥企业的功能，引导和鼓励企业积极参与非农职业技能培训，充分发挥自身的资源优势，提供技能培训所必需的实践场地，提高培训的针对性和有效性，帮助受训者顺利就业。培训机构也是农村劳动力转移就业培训的重要力量。一方面，政府、培训机构和学校应联合在各乡镇设立初级职业技术培训学校，为农村劳动力转移提供一般性职业技术培训；另一方面，更迫切需要的是各级各类职业技术学校应发挥教育培训机构的职能，为农村劳动力转移就业提供职业技能培训，充分发挥主体作用。政府应做好培训的统筹协调，企业做好岗前技能的培训，培训机构和学校作为农村劳动力转移就业培训的重要后备力量，这样才是真正的培训主体多方参与，有利于农村劳动力实现顺利转移就业。

二是培训经费联合承担。农村劳动力转移就业培训的工程庞大、复杂，资金投入巨大，仅靠一方的力量犹如杯水车薪，根本无法达到预期目标，必须由多方共同承担。因此，只有政府、企业、学校和农村劳动力个人明确各自的职责，共同承担培训经费，才能真正实现农村劳动力就业的顺利转移。政府是农村劳动力转移和就业培训的规划者，应当投入主要资金。因为国家财政收入是取之于民并用之于民的，所以政府可以用一部分财政收入作为农村劳动力转移就业培训的投入资金；或把农村的相关投入，如“精准扶贫”投入的一部分资金用来进行有针对性的职业培训。除此之外，企业作为培训主体也责无旁贷。企业作为农村劳动力转移就业培训的直接受益者，应把部分利润作为转移就业培训的资金投入。这是因为农村劳动力参加就业培训后，他们的非农职业技能会得到明显提高，从而提高劳动效率，增加企业收入。当然，作为教书育人的专门机构，培训学校和机构必须为培训提供必要的师资和教学资源及其相应的经费。农村劳动力作为转移就业培训的最终受益者，也应根据自身经济状况支付适当的培训费用，积极参加转移就业培训，提高非农职业技能，最终使自己融入城市并找到合适的职业岗位。

9.2.2 加大金融支持力度，引导产业结构优化升级

促进产业结构的合理优化是金融支持产业城镇化的关键，在分析金融支持产业城镇化途径的内在机理中，金融支持通过支持产业结构的合理化和高度化来促进产业城镇化。金融支持产业城镇化的实证分析中，金融规模的扩大对产业城镇化有显著的正向促进作用，从长远来看，金融效率和金融结构对产业城镇化的效用也很明显，但实证结果表明目前我国金融支持产业城镇化存在明显的不足，出现这种情况的原因是目前我国新型城

镇化的推进主要依靠的是政府的扶持，由于项目本身的特性，金融资源往往更倾向于一些利高项目，社会的金融资源、民间资本没有得到很好的调动，因此，对于产业城镇化的金融支持，应发挥各类金融机构的效用，充分调动金融的积极性，合理优化三大产业，对传统产业进行现代化改造，对新兴产业进行资金支持，活跃中小企业的发展等。

9.2.2.1 加大金融对农业现代化的支持

我国地广人众，农业是保障社会民生必不可少的产业之一，传统农业的分散性、组织化程度低、效率低的特性，不利于三大产业的结构协调。现代农业具有集约高效、产业链化的特性，因此，应加大对现代农业的金融支持，促进农业现代化。

（1）探索“小而精”农业模式，鼓励小农家庭经营发展

在全面现代化的语境下，农业现代化是我国农业发展未来的方向。现代农业不同于传统农业，现代农业生产要运用先进的农业技术和现代的生产要素，其对农业经营主体的体质具有新的要求，近年来，各地方政府为了推进农业现代化，积极培育各种农业经营主体。“小而精”农业模式符合我国人多地少的国情，能够将小农家庭经营的优势与现代农业特色有效地结合起来，这种模式是由各方力量共同塑造的，面向生产的引导扶持机制为小农户分担了农业现代化成本；能人带动的合作竞争机制解决了小农户与大市场的对接问题，在实践中取得了不错的经济社会效果，对我国的农业现代化具有重要意义。

北京郊区L村蔬菜种植基地就属于典型的“小而精”农业模式。

高技术投入。L村蔬菜园注重对现代技术的应用，以此提高农民抵御自然风险和市场风险的能力，同时增加菜农的市场收益。目前，菜农运用现代技术和管理理念来改造传统的蔬菜种植方式。L村拥有123栋高标准

的日光温室，高标准的日光温室极大地提高了蔬菜生产和管理的科学性和自动化水平，有自动卷帘机、排风扇和防虫网等先进设备，以及管道灌溉和田间记录等管理方式。除此之外，菜农会定期参加各种技术培训，他们与政府和公司的农技员也经常保持联系，并在专家的指导下，应用先进的蔬菜生产技术和管理模式。

高资本投入。高品质蔬菜的生产和高技术投入都需要大量资金。北京属于温带季风气候，夏天容易洪涝，冬天比较寒冷，蔬菜种植最大的投资就是建设设施大棚。2014—2015 年，在政府“菜篮子”工程的推动下，L 村的菜农分批次地重建了设施大棚。一栋现代化的日光温室需要 14 万元，一栋春秋大棚需要 1 万 ~2 万元。现代化的日光温室既可以防涝也可以保暖，能够全天候种植蔬菜，春秋大棚一般只适合在春季和秋季种植蔬菜。为了保障蔬菜的品质，菜农需要使用优质的农资，主要是种子和肥料。优质农资的价格也比较高，每年每个棚的生产资料也需要投入两三千元。现代农业发展需要投入大量的资金，政府的“菜篮子”工程会给予菜农较多的惠农补贴。不过，大棚多的农户一般会在乡镇信用社申请三年期的无息贷款。

小规模农户家庭经营。L 村的菜农都是长期种菜的，菜农群体基本上没有大的变化，目前他们的年龄主要在 50~70 岁。每户种菜的规模不大，最多的一户有 7 个棚，种植面积 8 亩。一般来说，一户人家有 3 个大棚，一个大棚占地 8 分左右，加之大棚空隙间的露天土地，一户人家共经营 4~5 亩土地。由于 L 村的蔬菜品牌效益较好，菜农的收入相对有保障，一个日光温室的年平均纯收入能够达到两三万元。蔬菜种植都是家庭劳动力投入，没有雇用工人，而且与农户家庭生命周期相关。他们年轻时，主要是妇女在家种菜，男性在外打工，并辅助妇女种菜；五六十岁的菜农还是妇女在家种菜，男性在外面找一份轻松的工作，顺便帮助妇女种菜；60 岁以上的菜农，一般是夫妻共同在家里边带孙子边种菜。可见，L 村的蔬菜种植是以家庭为单位的小规模农户经营，而且现代化蔬菜种植的主体是中老年人，他们的种菜收入构成了家庭收入的重要来源。

“小而精”农业模式的实现离不开政府的引导扶持。现代农业是资本密集型的经营方式，农业生产经营需要投入巨大的资本。小农户是无资本优势、保守型的，单个的小农户难以承担农业现代化的成本。因此，鼓励资本下乡发展农业成为地方政府推动农业现代化的重要举措。很多地方政府大力扶持农业企业，而不是将农业收益留给大部分农民。然而，资本下乡的经济效益并不明显，大多是亏本经营的。北京市政府的政策扶持面向的是真正的生产者，用于改善生产条件。主要表现在以下几个方面：一是改善水、电等基础设施。蔬菜园区的道路全部硬化，大棚通电，灌溉也都实现自动化。二是改造蔬菜大棚等生产设施。蔬菜大棚改造得越先进，自动化程度就越高，一栋日光温室造价 14 万元，政府补助 11 万元。三是政府对农药、化肥等农资进行补贴，对育苗也有一定的补贴，农民的投入主要是购买种子。四是政府还为农民提供很多社会化服务，如定期组织农民参加技术培训，定期检测土壤和蔬菜质量，还为农民打农药和提供农机服务等。政府的这种选择引导小农户改造蔬菜种植设施而不是直接把大量的资金发给他们的扶持方式，大大激发了农民的生产积极性，不仅为本地农民分担了农业现代化的成本，也推动了农业现代化进程。

（2）发展高效生态农业，实现农业绿色转型

贵州省三穗县雪洞镇食用菌产业扶贫示范点引进食用菌栽培技术，种植香菇、木耳两个品种，集中发展扶贫生态农业园，致力脱贫攻坚。改革开放以来，我国经济飞速发展，取得了举世瞩目的辉煌成就，但经济发展

加速了，环境污染也加剧了。就现代农业来说，近30年来的发展呈现出“高污染、高排放、高能耗、低效率”的基本态势。为了保障农业的可持续发展，必须发展高效生态农业，以缓解、减少农业复合性污染。高效生态农业就是在保护生态农业、改善农业生态环境的前提下，遵循生态学、生态经济学的规律，运用系统工程方法和现代科学技术，有机耦合集约化经营与生态化生产的农业发展模式。它以市场绿色消费需求为导向，以提高农业市场竞争力和可持续发展能力为核心，并具有高产高效与优质安全的特征。

农牧结合与循环利用是促进种地与养地走上良性发展轨道的重要技术措施。理论分析表明，秸秆含有同粮食不相上下的热量和营养，关键是要通过牲畜进行转化。但人们往往只利用不足一半的光合产物（粮食），而另一半（秸秆）则被白白烧掉了，不仅浪费了资源，还严重污染了环境。从这个意义上讲，中国畜牧业的发展潜力应在山东、河南、河北等农业大省，而不是内蒙古、新疆、西藏这些生态脆弱的地区。统计数据显示：内蒙古在2015年畜牧业的产值为1158亿元，国家投入的退化草原治理费用就高达几百亿元；而同年山东畜牧业产值为2500亿元。就净效益而言，内蒙古畜牧业产值是在8666万公顷草原上获得的，而山东是在760万公顷耕地上获得的，养殖的牛羊等食草动物主要利用的就是农业废弃物——秸秆，两者相差10倍。

种养结合。多年来我们十分重视保障耕地的数量，对耕地质量保护却疏于推进。只有数量与质量并重，才能真正保障粮食的安全生产与有效供应。尤其是土地承包经营，要严格实施种地与养地结合的制度，以3年为一个测定周期，检查土壤有机质与主要养分增减状态——减少了要补偿，增加了要奖励，从而促进农民保护土地的积极性。

产业集聚。政府、金融、保险、科研、高校等部门需要完善和优化管理，为现代高效生态农业发展提供政策与资金保障；同时，还要引入市场机制，实施多元化投入，扶持家庭农场因地制宜地发展高效生态农业，引导更多企业参与乡村高效生态农业产业集群开发，因势利导，构建不同产业形态的高效生态农业园区，形成规模效应，从而带动更多农民从事产业化生产与集约化经营。

由此可见，发展高效生态农业不但有助于壮大产业经济，而且发展空间很大。有序结合互补、回归传统是最好的途径之一，核心问题是在光合产物转化上做文章，将动物生产叠加到作物生产中，以增加单位农田面积的经济产出，同时有效治理畜牧业的废弃物可能造成的污染。

9.2.2.2 加大金融创新，全面改善中小企业融资环境

中小企业的发展推动着城镇化的建设，但金融机构融资服务的缺失导致了中小企业普遍存在融资难、融资贵的问题。

（1）积极发展地方中小金融机构

就目前而言，中小型企业的融资大多是通过以银行系统为主的间接渠道实现的。中小型企业数量众多，质量良莠不齐，在市场风险难控的背景下，以四大国有银行为主的大型银行对中小型企业并不太感兴趣，导致中小企业申请贷款手续复杂、门槛较高。因此，发展服务于中小型企业的地方中小金融机构是当前解决中小企业融资难的必然选择。

服务当地城镇的发展是地方中小金融机构的目的，它主要是吸收当地资金然后使用于当地的经济建设，所以，中小型金融机构更加注重当地中小型企业的发展，为中小企业的融资提供便利。例如，在合理范围内放宽中小企业融资条件，简化贷款流程，减短贷款时间，对良好的中小企业提供信贷优惠等。另外，中小金融机构必须做好风险预警与防范，结合贷款

与企业财务，对企业做信用评审，减少金融风险所带来的损失。在发展地方中小金融机构的过程中，地方政府的支持和监督是不可或缺的。由于中小企业规模小，不稳定性又大，且往往缺少稳定的抵押担保，中小型金融机构承受着巨大的金融风险。因此，地方政府必须对金融机构进行积极的政策引导，比如通过资金成本优惠、税收减免等方式来调整中小金融机构风险与收益不相符的问题。

（2）拓宽中小企业的直接融资渠道

直接融资大致可分为股权融资和债权融资。中国证券市场的门槛比较高，适合中小企业的创业板和二板市场的门槛更是致使许多企业达不到上市规格，而降低上市门槛的做法也会扰乱股票市场，因此，短时间内利用股票市场进行融资并不适用于中小企业。

在债券市场，信用级别较高并且发展稳定的优质中小企业通常承受得住一定的市场风险，因此，在法律法规允许的前提下，这类企业可运用债券市场发行中短期债券的方式获得融资。在基金市场，目前现存的各种风险基金可以为具有发展前景的中小企业的融资提供另一种渠道，同时，风险投资基金的高风险高收益的特性也给企业提高自身潜力方面带来了很大的挑战。

9.2.2.3 强化金融支持现代服务业的发展

产业城镇化的重点是优化升级产业结构，最终实现现代服务业的主体地位。现代服务业通常具有“重知识和技术含量、轻固定资产”的特点，是响应了党的十八大中提出的“走新型工业化道路、建设资源节约型和环境友好型社会的战略要求”。由于现代服务业种类繁多，且技术含量也高低不同，金融机构必须进行金融创新，发行多层次的信贷产品，创建多层次的金融服务系统，因地制宜地满足现代服务业的各种融资需求。

9.2.3 加强金融市场改革，完善现代金融体系

空间城镇化是高层次的城镇化，金融支持空间城镇化本来就对金融系统有很高的要求，其途径仍在机理分析中，它主要支持发展大城市及城市群，提升空间价值，这也是对金融系统支持能力的一种挑战。通过实证分析发现目前我国针对空间城镇化的支持尚有局限，充分发挥民间资本、商业性金融、政策性金融以及政府的作用有助于支持空间城镇化，因此，发展高层次的城镇化，必须不断地加强金融市场的改革，完善现代金融体系。

9.2.3.1 发展多元化的投融资模式

（1）引入民间资本，加强投融资体制改革

新型城镇化有庞大的资金需求，仅仅依托当前的地方财政和商业银行的支持并不适用于长远发展。改革开放以来，中国一直以市场经济为导向，大量的民间资本聚集于社会，但长期以来，由于非正规化等因素不被政府认可，致使民间资本的价值得不到相应的体现。党的十八大的召开，对民间资本的合理化和正规化的改革给予了思路。国务院颁布的《关于改革铁路投融体制加快推进铁路建设的意见》中提到铁路建设可向民间资本开发，在《关于金融支持经济结构调整和转型升级的指导意见》中，也提出“尝试由民间资本发起设立自担风险的民营银行”，在《关于加强城市基础设施建设的意见》中，提出允许民间资本参与经营性项目建设与运营等，对投融资体制的改革，充分证明了我国民营资本在促进社会建设中至关重要。

政府的指导和协调与民营资本的合理运用也是息息相关的，在遵守法律法规的前提下，有针对性地建立民间金融机构，有条理地推进地方小额

贷款公司、融资担保公司等有融资功能的非金融机构的合规发展，进而激活社会资本，促进经济转型升级。

（2）扩展金融产品的创新，加强金融支持力度

目前，商业银行是我国新型城镇化建设的重要部分，是新型城镇化基础设施建设融资的支柱。而且将来来很长时间内商业银行依旧具有重要作用，因此，银行必须不断扩展金融产品的创新，探索支持新型城镇化基础设施建设的新方式。

一方面，银行需要设计与推行以基础设施建设为主的信贷理财产品。主要思路是先充分吸收社会上的闲散资金，再将筹募来的资金对企业发放贷款，最后把贷款收益根据合约的规定分发给投资者。这种信贷理财产品数量灵活，投资者可自主购买，并且对拓宽城镇基础设施建设投融资途径、加强银行与企业的交流、缓解企业的融资困境、降低银行资产负债和获取潜在客户具有重要的作用。

另一方面，发展土地储备贷款。土地的高保值增值性促使土地成为优质的担保抵押物。土地储备贷款是指银行向借款人发放的用于土地收购、前期开发以及整理，以此提升土地的出让价值的短期周转贷款。但是，因为土地储备贷款金额大，政府干预成分多、政策性强，银行管理经验尚不足，导致土地储备贷款风险比较大，其中主要风险包括政府信用风险、政策性风险、法律风险、银行经营管理风险等方面，因此银行必须严格做好土地的评估、贷款用途监督、合约的约束等来防患未然。

9.2.3.2 完善现代金融管理体系

构建城镇化金融功能体系的支撑之一是完善现代金融的管理体系，采取必要的制度建设。金融对新型城镇化的支持力在一定程度上取决于金融管理体系的发展，完善的金融管理体系可以有效地防范和化解金融风险的

产生，可以从制度上更有效地发挥市场的资源配置功能，促进我国金融体系的全面发展。现有的我国金融管理模式是“一行两会”垂直分业监管为主，地方政府的金融管理体制为辅。新型城镇化的建设依附于地方金融的支持，因此，完善地方政府的金融管理体系对于新型城镇化的可持续发展具有重大意义。首先，必须合理地划分和明确中央与地方金融管理的职责，并且加强信息沟通，中央职能部门可提供指导与协调；其次，地方政府通过成立特定的金融工作组、金融研究院等方式为地方金融发展提供智力支持。

9.2.4 我国新型城镇化建设的融资途径选择

新型城镇化的融资方式应当并且能够多样化，最主要的还是要发挥政府的主导作用。但这并不意味着新型城镇化建设中市场作用的减弱，恰恰相反，亟须进一步强化市场的作用，形成有针对性的融资模式和方式，这对形成兼顾短期与中长期发展所需要的多元化融资结构至关重要。将来我国新型城镇化建设的资金不能单单依靠地方政府的举债，也要从政策性金融机构的改革、完善财税体制和鼓励社会资本参与等多途径来保证所需资金的可持续供给。因此要确保新型城镇化建设资金的投入，就要确定一个基本的思路：一是确定政府投入的重点和投入来源；二是要建立多元化的融资机制；三是要理顺社保投入的分担机制。以下融资途径是我国新型城镇化建设中可能选择的融资方式。

（1）采取公私合营 PPP 模式

PPP 模式——公私合作制，是指政府与企业间为了提供公共产品和服务、基于具体项目的合作融资模式，适合能够有长期的稳定收益的基础设施项目的建设。PPP 模式有三个特点：利益共享、合作关系以及风险共担。

在英国，PPP 被广泛应用，如地铁、道路、水厂、电厂等基础设施的投资建设，也有很多非营利性设施的建设，如学校和医院。PPP 模式不仅能卸去政府财政上的“重负”，还能引导财政资金、调动社会资本。在城镇化建设过程中，英国政府很多建设项目都采用了 PPP 模式，收到了很大成效，也解决了资源短缺的问题。

未来，我国政府在新型城镇化建设中需要负担的投入主要包括规划设计阶段的投入，道路、绿地等公共基础设施和公共服务设施的建设资金等，都可以采取政府主导引入、中长期市场化运作的模式，并充分利用民间资金来解决。例如，把电、水、气等基础设施项目运作商品化，通过特许经营的模式，让商业资本或民间资本进入运营，这会大大减轻政府财政投入的负担。铁路和高速公路的运营等都可以采取这种模式获得长期持续的资金。此外，还可以采取产业政策支持的方式，让当地农业企业或落户企业进行相应的投资。这种模式也许很快就会投入使用，以解决国有资金的不足，并给民营资金和商业资金一席生存空间。

（2）完善地方政府债券发行机制

目前，我国的资本市场正在逐步走向成熟阶段，未来可发挥独特的融资渠道作用。市政债券在发达国家已经成为一种成熟的资本市场工具。然而，《中华人民共和国预算法》明确规定地方政府不得发行地方政府债券。而城投债作为一种直接融资方式，融资过程比较规范，债务信息也相对透明，融资成本低，也是较为接近市场化的市政债券融资方式。为地方政府通过债券方式直接融资积累了宝贵经验，为我国今后的债券体系打下了坚实的基础。待其成熟后可参与到基础设施建设的融资建设中去。随着银行贷款以及政信合作等融资渠道的收紧，城投债的作用将会愈加重要。发行股票、设立产业基金、资产证券化都不失为一种市场化的融资方式。

①完善地方政府债券发行额度管理，满足地方发展实际需要。首先，建议扩大债券发行主体，赋予市县政府及设区的中心城市自主发债权。其次，设置科学的遴选指标，创建发债项目可行性研究的论证机制。一是结合资金特点与项目期限进行设计，如前期项目资金流缺乏，运营期资金流入，可选取宽期限的专项债券。二是考虑受益群体范围。全国性区域性项目工程建设涉及区域间协调，由省级政府直接发起便于管理和沟通；假设只是某个城市的地铁项目，就可以下放权力，由市级的发起方参与。三是思考项目的融资规模。对于融资规模较大的项目，尝试引入分期滚动的举债方式；对于规模相对较小的项目采用一次性举债。最后，建议前置新增专项债券的项目考核，用“先有项目后有额度”代替“先有额度后有项目”。长远来看，对于标准化的、纯粹把项目的收益作为担保的债券融资方式，可以一定程度地放开额度，并且考虑让地方政府自主选择实际的发行量。此外，设立激励机制，对债务状况及债券管理良好的省份可提高适量的债券发行额度。

②搭建差异化的地方政府债券定价机制，提升债券市场化的定价水平。地方政府债券可区分定价，对于一般债券而言，可继续采用盯住国债利率的方法确定利率水平，但对于盯住项目收益的专项债券而言，可适时放开利率限制，充分体现项目的市场化定价，提升定价机制的有效性。

③加强地方政府对债券资金的管理。地方政府债券属于政府债务，债券资金的使用关乎地方政府的财政状况，因而要在使用上严加管理。对于地方政府债券资金的管理可以从以下几方面入手：一是地方政府要将债券资金全部纳入预算管理，及时编制预算方案，严格按照预算安排使用债券资金；二是财政部门及其派出监督机构要对债券资金的使用和管理进行全过程的监督管理，及时了解资金是否到位以及使用情况，并根据工程进度

逐步拨付，严禁拖延、挪用；三是建立规范的地方政府债券信息公开披露制度，对所有使用债券资金的基建项目情况都予以公示，债券资金的流向与使用过程都需公开透明，由社会公众共同监督。

（3）充分利用保险市场中长期资金

中国的保险市场即将进入快速发展阶段，保费规模每年在快速递增，未来的保费增长依然很强劲。在城镇化建设过程中，一个主要的问题就是城市新增人口对教育、医疗的巨大需求，对社会保障的需求更多，因为他们无论是从经济基础，还是从未来收入来说，都比原有的城市居民人均要少，因此，提高他们自身的技能非常必须，只有技能提高了才有高收入并带动高消费。同时，还要考虑农村本地居民，部分已经进城的农民在丧失了劳动力之后又失去了土地，年龄也大，被雇用的机会减少，同时进入了发病和养老高峰期，如何保障他们的生活和养老也是一个基本问题。因此，无论是在城市还是农村，保险市场都将大有作为，保费资金将呈现出高速增长态势。

为此，城镇化建设中可以充分利用保险特性和资金长周期的特点，契合基础设施建设资金长周期的需要，大力发展保险市场，让人身保障的长周期的资金在城市基础设施建设领域发挥保障作用。

参考文献

[1] FRIEDMAN, WOLFF. World City Formation [J] . International Journal of Urban and Regional Research, 1982 (1) : 6768.

[2] ALBERT, HIRSCHMAN. The Strategy of Economic Development [M] . Boulder Colorado : Westview Press, 1988.

[3] McGee T. The emergence of Desakota Regions in Asia: Expanding a Hypothes is [J] . Environment Development & Sustainability, 1991.

[4] JEAN G. Megalopolis: the urbanized northeastern seaboard of the United States [J] . Economic Geography, 1963, 39(2): PP183–184.

[5] Scott. Global City Regions: Trends, Theory, Policy [M] . Oxford: Oxford University Press, 2001.

[6] Patrick Mcleod.McMaster University Archive for the History of Economic Thought [J] . Reference Reviwes, 2014, 28(2): PP19–20.

[7] Clark, C. A. The Conditions of Economic Progress [M] . London : Macmillan, 1940.

[8] Hoffinann Walter G. Stadien and Typender Industrialisterung [M] . Ein Beitrag zur quantitaticen Analyse historischer Wrtschaftsprozesse, 1931.

[9] Hayes B. Metrical Stress Theory: Principles and Case Studies [J] . Phonology, 1995, 20(3): PP437–464.

[10] Welfens. Portfoliomodell und langfristiges Wachstum: Neue Makroperspektiven [J] . Eiiw Discussion Paper, 2008.

[11] Jukka J. Matti P. ICT as a Source of Output and Productivity Growth in Finland [J]. Telecommunications Policy, 2007.

[12] Todaro M. P. A Modle of Labor Migration and Urban Unemployment in Less Developed Countries [J]. The American Economic Review, 1969.

[13] Morris R. J. Rodger R. The Victorian City: A Reader in British Urban History [M]. Harlow Addison-Wesley Longman Ltd, 1993.

[14] Mellor J. W. Agriculture on the Road to Industrializatio [J]. Economic Development and Cultural Change, 1998, 46(3): 650-658.

[15] Liu G. The Myth of Informatization in Rural Areas: The Case of China's Sichuan Province [J]. Government Information Quarterly, 2012, 29: 85-97.

[16] Zhang K., H. L. and Song S. F. Rural-urban Migration and Urbanization in China: Evidence from Time-series and Cross-section Analyses [J]. China Economic Review, 2003, 14 (3): 386-400.

[17] [德] 马克思. 政治经济学批判 [M]. 北京：人民出版社，1971.

[18] 周一星. 城市地理学 [M]. 北京：商务印书馆，1995.

[19] [美] 舒尔茨. 经济增长与农业 [M]. 北京经济学院出版社，1991.

[20] 姚士谋，张平宇，余成. 中国新型城镇化理论与实践问题 [J]. 地理科学，2014, 6 (6)：641-647.

[21] 蔺雪芹，王岱，任旺兵. 中国城镇化对经济发展的作用机制 [J]. 地理研究，2013，32 (4)：691-700.

[22] 黄群慧. 新常态、工业化后期与工业增长新动力 [J]. 中国工业经济，2014 (10)：5-19.

[23] 罗永乐. 西部地区新型工业化水平动态分析——基于西部大开发的视角 [J]. 经济地理，2012，32 (2)：27-32.

[24] 王锋. 制度变迁与我国农业现代化的实现 [J]. 经济学家，2015, 7 (7)：65-71.

[25] 龙冬平，李同昇，苗园园，等. 中国农业现代化发展水平空间分异及类型 [J].

地理学报，2014，69（2）：213-226.
［26］赵昕．信息化与工业化互动机制研究［D］．北京：北京邮电大学，2015.
［27］李霞，朱艳婷．城乡二元体制下工业化与城镇化协调发展研究［J］．四川大学学报（哲学社会科学版），2012（3）：109-115.
［28］刘玉．农业现代化与城镇化协调发展研究［J］．城市发展研究，2007，14（6）：37-40.
［29］谢康，肖静华，周先波，等．中国工业化与信息化融合质量：理论与实证［J］．经济研究，2012（1）：4-16.
［30］张铁龙，崔强．中国工业化与信息化融合评价研究［J］．科研管理，2013（4）：43-49.
［31］方维慰．我国信息化与农业现代化融合机制探析［J］．江苏行政学院学报，2014（6）．
［32］曾福生，高鸣．中国农业现代化、工业化和城镇化协调发展及其影响因素分析——基于现代农业视角［J］．中国农村经济，2013（1）：24-39.
［33］冯献，崔凯．中国工业化、信息化、城镇化和农业现代化的内涵与同步发展的现实选择和作用机理［J］．农业现代化研究，2013，34（3）：15-19.
［34］潘竟虎，胡艳兴，刘晓，等．中国地级及以上城市“四化”协调发展效率的时空分异测度［J］．地理科学，2016，36（4）：512-520.
［35］李扬，张建军，李向辉．中国新四化融合发展水平的测度与评价［J］．统计与决策，2017（7）：129-133.
［36］马孝先．中国城镇化的关键影响因素及其效应分析［J］．中国人口，2014，24（12）：117-124.
［37］李会涛．湖北省“四化”协调发展评价及政策研究［D］．武汉：武汉理工大学，2013.
［38］王轩．吉林省县域经济“四化协调”发展研究［D］．长春：吉林大学，2015.
［39］杨鹏．我国实现“四化同步”的制度障碍和理论思考［D］．洛阳：河南农业大学，2014.

［40］陈志峰，刘荣章，郑百龙，等．工业化、城镇化和农业现代化“三化同步”发展的内在机制和相互关系研究［J］．农业现代化研究，2012，33（2）：155-160.

［41］吴振明．工业化、城镇化、农业现代化进程协调状态测度研究——以中国西部地区为例［J］．统计与信息论坛，2012，27（7）：101-105.

［42］李刚，魏佩瑶．中国工业化与城镇化协调关系研究［J］．经济问题探索，2013（5）：72-79.

［43］龙兵，杜同庆．农业信息化在我国农业现代化中的作用研究［J］．现代化农业，2012（5）：57-60.

［44］朱海玲，龚曙明．中国工业化与城镇化联动和互动的研究［J］．统计与决策，2010（13）：112-114.

［45］刘彦随，刘玉．中国农村空心化问题研究的进展与展望［J］．地理研究，2010，29（1）：35-42.

［46］谢春，李健．中国特色新型工业化评价指标体系构建及实证分析［J］．系统工程，2011（3）：74-80.

［47］蓝庆新，彭一然．论“工业化、信息化、城镇化、农业现代化”的关联机制和发展策略［J］．理论学刊，2013（5）：35-39.

［48］汪晓文，杜欣．中国城镇化与农业现代化协调发展的测度［J］．统计与决策，2015（8）：121-124.

［49］肖红波，王道龙，王济民，等．从世界工业化、城镇化和农业现代化发展规律探讨中国三化同步的标准及发展路径［J］．农业现代化研究，2013，34（2）：133-138.

［50］徐维祥，舒季君，唐根年．中国工业化、信息化、城镇化、农业现代化同步发展测度［J］．经济地理，2014，34（9）：1-6.

［51］张旺，周跃云，胡光伟．超大城市“新三化”的时空耦合协调性分析——以中国十大城市为例［J］．地理科学，2013，33（5）：562-569.

［52］王发曾．中原经济区的新型城镇化之路［J］．经济地理，2010，30（12）：

1972–1977.

[53] 夏春萍，刘文清．农业现代化与城镇化、工业化协调发展关系的实证研究——基于 VAR 模型的计量分析［J］．农业技术经济，2012（5）：79–85.

[54] 陈江龙，高金龙，卫云龙．工业化、城镇化和农业现代化三化融合的内涵与机制——以江苏省为例［J］．农业现代化研究，2013，34（3）：274–278.

[55] 黄安胜，许佳贤．工业化、信息化、城镇化、农业现代化发展水平评价研究［J］．福州大学学报（哲学社会科学版），2013（6）：28–33.

[56] 黄祥芳，陈建成，周伟．江西省 11 市“四化”耦合协调发展水平测度［J］．城市问题，2015（3）：67–74.

[57] 陈斌开，林毅夫．发展战略、城市化与中国城乡收入差距［J］．中国社会科学，2013（4）：81–102.

[58] 唐浩，贺刚．中国特色新型工业化综合评价指标体系的构建与实证研究［J］．软科学，2014，28（9）：139–144.

[59] 戚晓旭，杨雅维，杨智尤．新型城镇化评价指标体系研究［J］．宏观经济管理，2014（2）：51–54.

[60]［荷］保罗·埃尔霍斯特，J. Paul Elhorst. 空间计量经济学［M］．北京：中国人民大学出版社，2015.

[61] 王洋，方创琳，王振波．中国县域城镇化水平的综合评价及类型区划分［J］．地理研究，2012，31（7）：1305–1316.

[62] 龚迎春，冯娟，罗静．中原经济区“三化”协调发展水平的时空特征研究［J］．地域研究与开发，2013，32（3）：158–161.

[63] 张琳，邱少华．新型工业化、信息化、城镇化和农业现代化协调发展评价研究［J］．山东社会科学，2014（4）：124–129.

[64] 张建军，蒲伟芬．西部区域层级增长极网络发展战略构想［J］．科技进步与对策，2006（09）：49–51.

[65] 刘云生．金融成熟度及其评价研究［J］．金融与经济，2009，（12）：33–35.

[66] 马经．迈向金融强省——广东金融改革发展研究［M］．北京：中国金融出

版社，2007.
[67] 李松辉. 区域创新系统成熟度的测定与实证研究 [D]. 武汉：华中科技大学，2005.
[68] 周业安，赵坚毅. 我国金融市场化的测度、市场化过程和经济增长 [J]. 金融研究，2005（4）：68–79.
[69] 刘云生 . 广东金融成熟度研究 [D] . 广州：华南理工大学，2010.
[70] 陈宏. 中国经济增长的可持续性 [M]. 北京：中国财政经济出版社，2008.
[71] 李健 . 中国金融发展中的结构问题 [M] . 北京：中国人民大学出版社，2004.
[72] 周立，王子明 . 中国各地区金融发展与经济增长实证分析：1978—2000 [J]. 金融研究，2002（10）：1–13.
[73] 何运信 . 中国金融发展的区域差异和与区域协调发展研究进展与评论 [J] . 经济地理，2008（6）：968–972.
[74] 陈晨 . 基于金融成熟度模型的关中——天水经济区区域金融发展策略研 [D] . 西安：西安电子科技大学，2013.
[75] 高新才，李阳 . 中国农村金融成熟度测量与研究 [J] . 南京师大学报（社会科学版），2009（1）：64–69.
[76] 刘士义 . 我国新型城镇化的内涵及金融支持路径 [J] . 城市发展研究，2017，24（7）：63–67.
[77] 朱金萍 . 新型城镇化进程中财政与金融的协同作用 [J] . 中国集体经济，2017（18）：57–58.
[78] 杨国瑰，孙文选 . 关于我国新型城镇化建设中金融支持路径及策略研究 [J] . 当代经济，2017（14）：6–7.
[79] 张玲，赵守玉 . 金融支持对城镇化的影响——基于 2006—2015 年省级面板数据 [J] . 当代经济，2017（9）：56–57.
[80] 李春宇 . 金融支持新型城镇化建设的实证研究——以黑龙江省为例 [J] . 城市发展研究，2017，24（3）：153–158.
[81] 徐天阳 . 中国新型城镇化进程中的金融支持影响研究 [J]. 中国国际财经（中

英文），2017（24）：265.

［82］仲德涛．新型城镇化进程中的金融创新研究［J］．重庆理工大学学报（社会科学），2017，31（11）：26–32.

［83］舒鑫，林章悦．平衡与深化：产城融合视角下新型城镇化的金融支持［J］．商业经济研究，2017（18）：154–156.

［84］胡朝举．金融支持新型城镇化：作用机理、模式工具与优化路径［J］．甘肃社会科学，2017（4）：249–255.

［85］徐夕湘，何宜庆，陈林心．基于 VAR 模型的福建省新型城镇化的财政金融支持研究［J］．发展研究，2017（6）：55–61.

［86］丁佐霞．我国金融支持对新型城镇化的影响研究［D］．长沙：湖南科技大学，2017.

［87］何源．我国新型城镇化进程中金融支持路径研究［J］．对外经贸，2015（11）.

［88］胡馨月．欠发达地区新型城镇化建设中的金融支持路径研究［D］．恩施：湖北民族大学，2016.

［89］张美婷．我国新型城镇化建设中的金融支持研究［D］．南京：东南大学，2015.

［90］高立红．我国新型城镇化进程中的金融支持研究［D］．北京：首都经济贸易大学，2016.

［91］王曼怡，李勇．城镇化发展与金融支持研究——以北京远郊区县城镇化为例［J］．人民论坛，2010（29）：94–95.

［92］陈雨露．中国新型城镇化建设中的金融支持［J］．经济研究，2013（2）：10–12.

［93］陈意新．我国生态城镇化发展的金融支持问题研究［J］．经济研究导刊，2016（11）：134–135.

［94］胡雪萍，吕衍超．构建长效机制推动区域生态城镇化发展［J］．学术论坛，2017（1）：78–85.

［95］冷波．“小而精”农业模式的实现机制与效应分析［J］．中国视点，2018（4）：

103–111.
[96] 环球工程咨询 . 农业现代化：高效生态农业是必然选择 [EB/OL] .http://www.sohu.com/a/144676405_783770 - 2.html，2017–05–30.
[97] 何爱霞 . 成人教育社会学研究 [M] . 青岛：中国海洋大学出版社，2007.
[98] 黄陈 . 新型城镇化背景下成人教育促进农业转移劳动力再就业 [J]. 成人教育，2017（4）.
[99] 雷小波，郑培 . 浅议新型城镇化背景下农村劳动力转移就业培训 [J] . 交流平台，2017（1）：118–119.
[100] 王龙 . 农业转移人口市民化难点及路径探究 [J]. 合作经济与科技，2018（7）：26–27.
[101] 侯亚杰 . 户口迁移与户籍人口城镇化 [J] . 人口研究，2017（4）：82–96.
[102] 谭燕 . 新型城镇化背景下的新城建设 [J] . 中国房地产，2016（16）.
[103] 孙新华 . 强制商品化："被流转" 农户的市场化困境 [J] . 南京农业大学学报（社会科学版），2013（5）.
[104] 贺雪峰 . 工商资本下乡的隐患分析 [J] . 中国乡村发现，2014（3）.
[105] 李文静 . 新型城镇化背景下地方政府融资新渠道及风险管理研究 [D]. 济南：山东大学，2017.03.
[106] 杨帆，安晓冉 . 我国地方政府债券融资的问题与对策 [J] . 财政金融，2018（6）：71–73.
[107] 杨国瑰，孙文选 . 关于我国新型城镇化建设中金融支持路径及策略研究 [J]. 当代经济，2017（14）：6–7.
[108] 韩立红，王雪梅 . 用生态文明理念引领新型城镇化建设 [J] . 人民论坛，2017（7）.
[109] 陆大道 .2000 年我国工业生产力布局总图的科学基础 [J] . 地理科学，1986（2）.
[110] 陆大道. 区域发展及其空间结构 [M] . 北京：科学出版社，1995.
[111] 陆大道 . 关于"点—轴"空间结构系统的形成机理分析 [J] . 地理科学，

2002（1）：1-6.

［112］魏后凯．区域开发理论研究［J］．地域研究与开发，1988（1）：16-19.

［113］赵旭．区域开发中“三角增长极”初步探索［J］．国土开发与整治，1994（3）.

［114］陆玉麒．区域发展中的空间结构研究［M］．南京：南京师范大学出版社，1998.

［115］张建军．中国西部区域发展路径：层级增长极网络化发展模式［M］．北京：科学出版社，2009.

［116］窦欣．基于层级增长极网络化发展模式的西部区域城市化研究［D］．西安：西安电子科技大学，2009.

［117］吴传清，周晨晨．增长极理论在中国的新发展：基于学说史视角的考察［J］．贵州社会科学，2013（10）：47-52.

［118］聂洪智．西南地区金融中心建立的选择性研究［D］．重庆：重庆大学，2015.

［119］冯钦．西部城市金融辐射力实证研究与多层级金融增长极的构建［D］．重庆：重庆大学，2012.

［120］高万东．中国区域金融竞争力比较研究［D］．长春：东北师范大学，2014.

［121］韩哲．中国区域金融业发展非均衡性研究［D］．长春：吉林大学，2014.

［122］王乔．金融聚集与金融中心建设［D］．成都：西南财经大学，2013.

［123］张晓燕．金融产业集聚及其对区域经济增长的影响研究［D］．济南：山东大学，2012.

［124］吴桢．金融生态环境影响金融主体发展的区域差异研究［D］．兰州：兰州大学，2015.

［125］任淑霞．金融集聚与城市经济增长研究［D］．北京：北京邮电大学，2011.

［126］宋儒君，俞艳霞．中国城市打造区域金融中心的现状及其发展对策［J］．商业经济研究，2015（19）：76-77.

［127］彭小兵．重庆的区域金融竞争优势——兼谈在写作中谋划金融竞争优势争夺区域金融主导权［J］．中国市场，2010（24）：83-85.

［128］杨慧，倪鹏飞．金融支持新型城镇化研究——基于协调发展的视角［J］．陕西财经法学学报，2015（1）：1–12.

［129］李文，庄亚明．中国西部新型城镇化建设综合测度及金融支持研究［J］．经济问题探索，2017（1）：72–81.

［130］陈元．开发性金融与中国城市化发展［J］．经济研究，2010（7）：4–14.

［131］段文清，刘海二．金融支持与城镇化建设［J］．西南金融，2013（9）：3–6.

［132］黄国平．促进城镇化发展的金融支持体系改革和完善［J］．经济社会体制比较，2013（4）：56–66.

［133］姚会元，杨森，张伟．新型城镇化建设中金融支持模式研究［J］．宏观经济管理，2014（4）：34–35.

索 引

后　记

2019年年末，中国的新型城镇化率已经达到了60.6%，预期2020年我国新型城镇率可能将突破62%，我国正处于城镇化加速发展的关键时期。以新型工业化和农业现代化为两翼，信息化为牵引，新型城镇化为载体的“新四化”融合发展模式是全面推进中国现代化进程、实现伟大中国梦的基本路径。如何高质量推进新型城镇化建设不仅关系到中国传统二元社会结构的历史性大变革，更是涉及中国由“富”变“强”、实现中华民族伟大复兴的关键问题。2020年4月，国家发展改革委印发了《2020年新型城镇化建设和城乡融合发展重点任务》的通知，提出了“坚持新发展理念，加快实施以促进人的城镇化为核心、提高质量为导向的新型城镇化战略，提高农业转移人口市民化质量，增强中心城市和城市群综合承载、资源优化配置能力，推进以县城为重要载体的新型城镇化建设，促进大、中、小城市和小城镇协调发展，提升城市治理水平，推进城乡融合发展，实现1亿非户籍人口在城市落户目标和国家新型城镇化规划圆满收官，为全面建成小康社会提供有力支撑”的新要求，这为我国新时期全面高质量推进新型城镇化建设指明了发展方向，提出了更明确的要求。

要高质量推进新型城镇化建设离不开现代金融体系强有力的支持，特别是我国经济发展进入新常态以后，经济发展中的金融特性越来越突显出来，资本市场的筹资和融资的功能显著增强，国民经济“晴雨表”的作用愈加显现，新型城镇化发展如果没有了金融体系的密切配合与支持将会变得寸步难行。因此，本书从面向新型城镇化发展的金融支持体系视角入手，全面、深入地分析了当前我国新型城镇化发展现状、存在的主要问题以及面临的各种挑战和形势，对以新型城镇化为核心的“新四化”融合发展水平进行了量化测度，对我国新型城镇化发展的金融需求及其金融约束进行了量化测度，并全面分析了我国各省域金融发展的现状及区域金融成熟度水平。在此基础上，对我国各省域的新型城镇化发展的金融支持体系现状及存在问题进行了深入的分析，最后创新性地提出了构建“中国新型城镇化发展的层级金融网络支持体系”的战略构想，可以为新型城镇化发展提供科学、合理、可行的全方位金融支持。本书还从土地政策、人口政策、产业发展政策以及空间格局等层面，为新型城镇化发展提出了相应的发展对策与建议。

本书是国家社会科学基金项目“面向新型城镇化发展的金融支持体系”（编号：15XJL006）的最终成果，项目组的团队成员包括研究生李杨、郝喜梅、周妹妹、王喆、刘兵、孙晓卿、张素敏、孙倩倩等同学，在课题研究过程中，还得到了西安电子科技大学科学研究院人文社科办公室，经济与管理学院李耀平书记、柴建副院长等领导、专家及同人的大力支持与帮助，特别是发展中国家科学院院士、国际系统与控制科学院院士、西安电子科技大学经济与管理学院名誉院长汪寿阳老师，对本项目的研究提出了宝贵的意见，他们提供的很多有益意见和建议对于完善项目研究成果发挥了重要作用，在此向他们一并致以诚挚的谢意！

另外，本书的出版还得到了中国经济出版社贺静编辑等的大力支持和帮助，为成果出版提供了细致入微的审阅和校对等，在此表示深深的感谢！

对于本书中存在的不足之处，也恳请读者朋友给予批评和指正。谢谢！

2020 年 3 月 7 日